「私はこれについて公に発言しなければならない」2017年8月、バージニア州シャーロッツビルの白人至上主義者の集会を報じるテレビの映像を見ながら、ジョー・バイデンはマイク・ドニロンにいった。「これまでとはまったくちがう。これ [illegible] 国に対する根本的な脅威だ」数 [illegible] いを私たちは生き抜いている” [illegible] に寄稿した。その言葉が、その [illegible]

「いいですか、あなたは何者であるかを示して立候補しなければなりません」バイデンが3度目の大統領選挙挑戦を考えていた2019年初頭に、ドニロン（写真左）はバイデンにいった。「そして、それを変えようとするなら、家に帰ったほうがいい。わざわざやるには及ばない」“マイク・D”と呼ばれるドニロンは、数十年にわたってバイデンのもっとも親しい腹心の政治顧問、文章家、戦略家で、2020年のバイデンの選挙運動の核になった“魂”という概念を築くのを手伝った。ドニロン、ロン・クレイン（写真中央）、アニタ・ダン（写真右）が、バイデンの側近の重要メンバーだった。

「きみは私に忠実ではない！」2017年8月、トランプは電話でポール・ライアン下院議長をどなりつけた。ウィスコンシン州の共和党下院議員のライアンが、シャーロッツビルの白人至上主義者の集会についてトランプが“どちらの側にも責任がある”といったのを非難した直後だった。ライアンはどなり返した。「それで終わりですか？　私にも話をする時間がありますか？　あなたはアメリカ合衆国大統領です。これを是正し、双方が道徳的に同等だと宣言しないのが、道徳を指導する立場にある大統領の義務です」

「ティラーソンが大統領を“間抜け”とは呼ばなかったと否定できた理由を知っているか？」上院共和党院内総務のマコネルは、トランプ政権の元国務長官レックス・ティラーソンの発言について、ケンタッキーなまりで冷ややかに同僚たちにたずねる。「なぜなら、彼は大統領を“クソったれの間抜け”と呼んだからだ」

「大統領、このままの路線では選挙に負けると思います」2020年4月、内密の話し合いで、ウィリアム・バー司法長官はトランプに告げた。「大統領は自分が戦士であるのを誇っています。彼らが破壊者を当選させたいと思っていた2016年には、それが功を奏しました。いまも彼らは破壊者を望んでいますが、まったくのクソ野郎は望んでいません」

「そうか、うんざりしているのか？」2020年7月、選挙運動中に熟練の世論調査責任者トニー・ファブリツィオに向かって、トランプが大声できいた。無党派の有権者が、トランプのパンデミック対策に感情的に疲弊していることを示す最新の世論調査データに、トランプはオーバル・オフィスで怒りをあらわにした。「うんざりしているのか？　ああ、こっちもクソ疲れ果ててうんざりしているんだ」

2020 年 6 月 1 日、ラファイエット広場を通って歩くトランプのあとに従っていたときに、マーク・エスパー国防長官（中央）が、マーク・ミリー統合参謀本部議長（右）にいった。「はめられた」戦闘服姿のミリーも同感だった。「これは最低だ。政治的行事だ。私はここを離れる」大統領と軍上層部のパレードは、ほとんどが平和的な抗議者だったのを広場から法執行機関が排除するのと同時に行なわれた。トランプ大統領（前列左）に、バー司法長官、エスパー国防長官、ミリー統合参謀本部議長がつづいていた。うしろのほうに上級顧問のジャレッド・クシュナーとイバンカ・トランプ、マーク・メドウズ首席補佐官がいる。

「この状況は反乱法の発動を求めていないと思います」エスパー国防長官は、2020 年 6 月 3 日 にトランプにいい、その直後に、現役部隊を人種差別の騒擾と抗議行動のさなかにあるワシントン DC の街路に配置することに公に反対した。「きみは私の権限を奪った！」トランプが甲高く叫んだ。

2020年8月11日、カマラ・ハリス上院議員はバイデンの副大統領候補に選ばれた。ハリスはかつてバイデンが委員長をつとめた上院司法委員会における一勢力で、統治の経験と政治資本で候補の座を射止めた。カリフォルニア州司法長官だったころにハリスは、デラウェア州司法長官だった故ボー・バイデンと絆を結んでいた。2021年1月20日、ハリスは初の女性で、ブラック・アメリカンで、南アジア系の副大統領に就任した。

「大統領は20日に宣誓することにはなりませんよ。大統領が20日に宣誓するような筋書きは、どこにもありません」2021年1月5日、オーバル・オフィスでマイク・ペンス副大統領はトランプにいった。何週間も容赦なく圧力をかけて、バイデンの勝利を議会が認証するのを阻止するよう求めてきたのに、ペンスが自分の要求に応じなかったので、トランプは愕然とした。

2021年1月6日、議会警察の警察官たちは押し寄せる群衆と暴徒に圧倒された。暴徒は壁をよじ登って、窓ガラスを割った。鉄パイプや自分の楯で殴られた警官もいた。侵入した暴徒は、上院議場に押し入った。下院ではトランプ支持者たちがドアを叩き、警察官たちが銃を抜いた。警察官たちは、伏せて物蔭に隠れるよう議員たちに命じた。

「マイク・ペンスを吊るせ！」議事堂の大理石の廊下を徘徊し、バルコニーから巨大な青いトランプの旗をふりながら、トランプ支持者たちがくりかえし叫んだ。「マイク・ペンスを連れ出せ！　ペンスはどこだ？　見つけろ！」外ではペンスを吊るすために俄作りの絞首台が建てられていた。暴徒はナンシー・ペロシ下院議長のオフィスを荒らした。「議長はどこだ？」だれかがわめいた。「議長を見つけろ！」

「彼はこれを望んでいたのだと思う。これが気に入っているのだと思う」2021年1月6日、ミリー統合参謀本部議長は、暴徒が議事堂を襲撃しているさなかに下院議員との電話で打ち明けた。「支持者たちがとことん戦うことを、彼は望んでいる」2日後にミリーは、暴動は“議事堂放火事件”の前触れかもしれないという恐怖に直面した。1933年にヒトラーは危機をでっちあげて、ドイツで全権を掌握した。そのトランプ版かもしれないと思った。

2020年2月4日、ペロシ下院議長は、トランプが一般教書演説を行なったあとで、その原稿のコピーを破いた。1年近くたって、トランプ支持者が議事堂で暴動を起こしたあとで、ペロシはミリー統合参謀本部議長に電話していった。「私たちの国は独裁者に乗っ取られ、嘆かわしい状態になっている」さらにいった。「彼はその場で逮捕されるべきよ」

「私にとって人生でもっとも大切な人々が、立候補してほしいと私にいいました」2019年2月にバイデンはいった。3度の苦しい大統領選挙運動のあいだも、度重なる家族の危機と悲劇のために国政に復帰するのをバイデンが思いとどまりそうになったときも、妻のジルがバイデンのそばにいた。写真は2021年1月20日にホワイトハウスの北側玄関に到着したバイデン大統領と大統領夫人が抱き合っているところ。

「私たちが実行できなかったら、権威主義者が進撃してくる」2021年2月3日、バーニー・サンダース上院議員は、バイデンにいった。せきたてるようなブルックリンなまりのしわがれた声が、オーバル・オフィスに鳴り響いた。サンダースは長年、政界では非主流派で、2020年の大統領予備選挙ではバイデンの敵だったが、いまではバイデンの主要な盟友で、1兆9000億ドルの救済法案の成立を助け、バイデンを進歩派寄りにさせた。

「彼らはそれを私に強引に押しつけようとしているんです」2021年3月5日の電話で、マンチンはバイデンにいった。「もっと下手に出てもいいのに」ウエストバージニア州選出の穏健保守派上院議員のジョー・マンチンは、仲間の民主党議員たちがバイデンの1兆9000億ドルの救済法案に土壇場で変更を加えたことに激怒した。何時間も交渉した末に、マンチンは結局賛成に投票した。「このあときみは、政策合意をまとめられる上院議員だと見られる」バイデンはマンチンにいった。

「大統領」2021年4月、アントニー・ブリンケン国務長官はバイデンにいった。「これはとてつもなく苦しい決定でした」大統領らしく下された。「大統領が決断したことを私は称賛します」バイデンがアフガニスタン問題を熟考するあいだ、ブリンケンはNATO同盟国との連絡役と政策オプションの信頼できる裁定者をつとめた。ブリンケンは、バイデンが上院議員だったころから20年以上、その役割を果たしていた。

ロイド・オースティン国防長官は、わざと目立たないようにしていた。しかし、舞台裏では、アフガニスタンについてバイデンが検討するあいだ中核をなす人物だった。3段階か4段階で米軍がゆっくりと“水流制御式”に撤退すれば交渉の梃子になるかもしれないので、それを考慮するよう同僚に依頼した。それは昔ながらの“条件付き”手法を思わせるとバイデンがいい、オースティンは結局それを自分の提案から取り下げた。

「近ごろは、墓地へ行くだけでもつらく、息子のボーのことを思わずにはいられません」バイデンは、アフガニスタンとイラクでの死者が埋葬されているアーリントン国立墓地第60区の白い墓石のあいだを歩きながらいった。その前にバイデンはアフガニスタンから撤兵するという決定を発表していた。バイデンは数百基の墓石のほうを向いて、つらそうにいった。「あれを見てください」

「バイデン家のひとりとして、ぼくに約束して」脳腫瘍で死ぬ直前の2015年5月に、ボー・バイデンが父親にいった。「なにが起きてもだいじょうぶだと」イラクに出征して青銅星章を叙勲されたボーの人生と死は、消えない悲嘆を父親にもたらし、アフガニスタンからの米軍撤退の決定を宿命視させるなど、深遠な影響をあたえつづけた。

「アメリカ合衆国大統領としてこういう決定を下すときには、自分の決定の人道面と人的代償を直視しなければならない」バイデンがアフガニスタンから撤退すべきかどうかを考えているときに、ジェイク・サリバン国家安全保障問題担当大統領補佐官はいった。バイデンはしじゅう、「ジェイク、きみはどう思う？」ときいた。

「いま大統領は、中程度の感情空間で毎日、執務室にはいっている」大統領首席補佐官のロン・クレインは、ひそかにそういったことがあった。「朝に私がはいっていって大統領に伝える報せはどれも、彼がこれまでの人生で伝えられたものよりも悪い報せではなかった」バイデンがデラウェア州を懐かしんでいることを、クレインは知っていた。「彼はホワイトハウスで暮らすのが居心地悪いんだ」

「そうだな。先送りせず、ここで私が全責任を負う」2021年4月、バイデンはブリンケン国務長官とサリバン国家安全保障問題担当大統領補佐官にいった。アフガニスタンからの米軍撤退が、アフガニスタン政府崩壊とタリバンによる残虐な人権侵害の可能性を怖れる共和党と民主党の批判派の政治攻撃の的になることは承知のうえだった。

「民主主義が炎上し、上院はバイオリン弾きみたいに操られている！」2021年に投票権法の抜本的改革に民主党が苦戦しているときに、下院民主党院内幹事のジェームズ・クライバーンがいった。1年前にバイデンが予備選挙で敗退寸前だったときに、サウスカロライナ州のキングメーカーのクライバーンは、黒人女性を最高裁判事に指名することに同意すればバイデンを支持するという取引を結んだ。

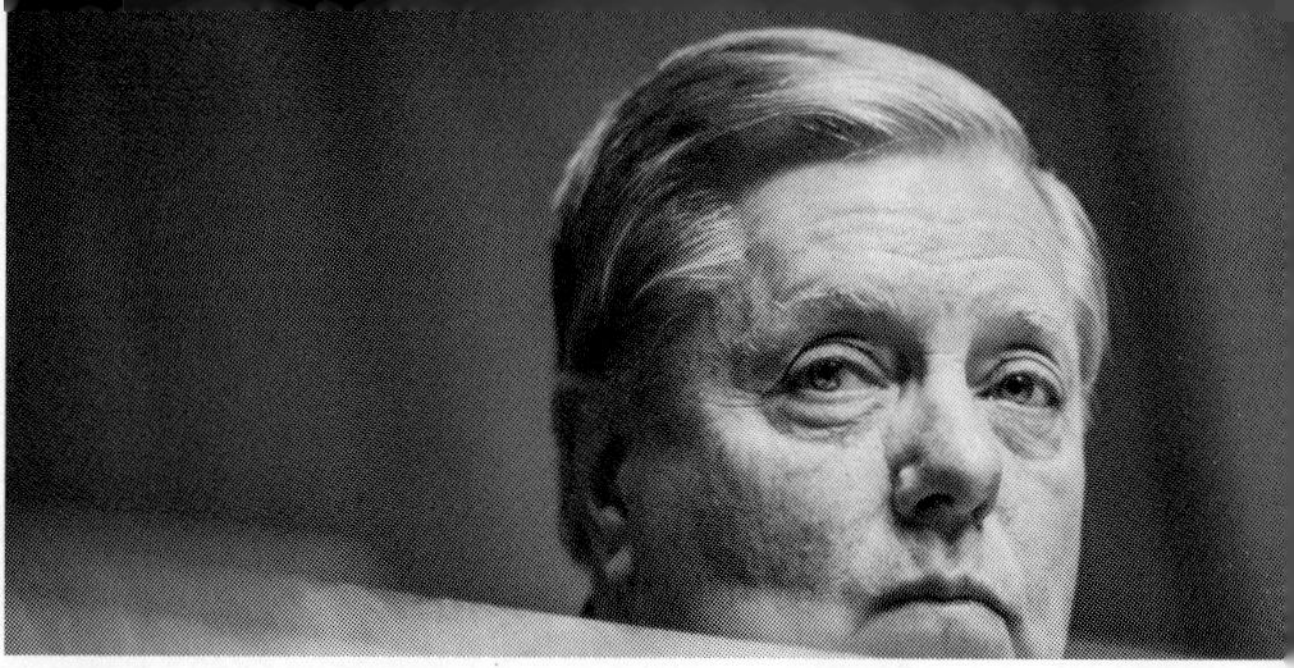

「あなたは大統領の仕事に失敗したんですよ」2021年夏にリンゼー・グラム上院議員はトランプにいった。トランプが、不意に電話を切った。「いいですか、あなたを責めはしません」翌日にグラムはいった。「私だって電話を切ったでしょう！」だが、選挙への不満から気持ちを切り替えて、2022年の選挙に注意を集中するようふたたびトランプをうながした。グラムは、アルコール依存症の患者がもう一杯飲むのをとめようとしているカウンセラーのようなものだった。トランプは2020年の選挙に勝ったという過去の美酒を飲みたがっていた。

「2020年のトランプは、2016年のヒラリーに似ていました。お金、時間、エゴがありすぎたんです」トランプの長年の戦略家ケリーアン・コンウェイが、2021年夏にトランプにいった。10億ドル以上が集まった2020年のトランプの選挙対策本部は、スタッフと盟友たちの仲が悪く、分裂していた。2016年のあまり世話が焼けなかった選挙運動とはちがい、「今回のあなたにはハングリー精神と気炎万丈の態度がありませんでした」コンウェイはいった。

「私たちは服従しない」2021年6月26日、トランプは、オハイオ州ウェリントンで宣言した。舞台に復帰し、彼に魅了されている数千人の支持者の大規模集会をひらいて、2024年にカムバックすることを示唆するアジ演説を行なった。「私たちは屈服しない。私たちは降伏しない。私たちは折れない。絶対にあきらめない。絶対に後退しない。絶対に、断じて降伏しない」それは戦時の演説だった。

2021年7月9日の電話で、バイデン大統領はロシアのウラジーミル・プーチン大統領に、ランサムウェア攻撃を行なっているロシアの犯罪組織を取り締まるよう要求した。「そちらが取り締まれないか、取り締まらないのなら、私がやります」バイデンはいった。会話の終わりに、バイデンはつけくわえた。「いいですか、大統領、大国には大きな責任があります。大きな弱みもあります」アメリカのサイバー攻撃能力が無敵であることを、プーチンは知っていた。バイデンは、それ以上いうのを控えた。バイデンはほとんど、ロシア大統領を直接脅迫する段階に達していた。

国家の危機

ボブ・ウッドワード
ロバート・コスタ
伏見威蕃＝訳

日経ビジネス人文庫

両親に永遠に捧げる
アルフレッド・E・ウッドワードとジェイン・バーンズに
トムとディロン・コスタに

PERIL
by
Bob Woodward and Robert Costa

Published by arrangement with the original publisher,
Simon & Schuster, Inc.
through Japan UNI Agency, Inc., Tokyo

「この危機の冬、私たちにはやることが大量にあるのです」

——ジョセフ・R・バイデン・ジュニア大統領

二〇二一年一月二〇日、アメリカ連邦議会での就任演説

著者の個人的覚書

オーストラリア出身で二七歳の弁護士兼ライターのクレア・マクマレンは、本書で私たちのアシスタントとして働いてくれた。彼女は調査報道とリサーチについて私たちの全面的な協力者で、もっと深く掘り下げ、さらなる質問をし、いっそう正確を期するよう私たちに強く求めた。たとえ困難な局面でも、すべての段階で注意を集中し、機転がきき、頼りがいがあった。どの段階も細心の注意を払って実行すると彼女は決意していた。

クレアが過酷な仕事に創造的に没頭したのは、求められたからではなかった。どの日もどの時間も、彼女が進んで捧げたのだ。みずから進んで早い時間にやってきて、夜晩《おそ》くまで残り、週末もほとんど私たちと仕事をした。また、彼女はこのプロジェクトに、人権問題や外交政策や人間性についての明晰な洞察力をもたらしてくれた。彼女の仕事における将来性は無限にひろがっている。彼女は最高だ。

私たちはこれからも彼女の友情と献身に感謝しつづけるだろう。

登場人物

トランプ政権

第四五代アメリカ合衆国大統領……ドナルド・J・トランプ
第四八代アメリカ合衆国副大統領……マイク・ペンス
大統領首席補佐官……マーク・メドウズ
国家安全保障問題担当大統領補佐官……ロバート・オブライエン
国家安全保障問題担当大統領副補佐官……マシュー・ポッティンジャー
大統領上級顧問……
　イバンカ・トランプ
　ジャレッド・クシュナー
　スティーブン・ミラー
大統領顧問……
　ケリーアン・コンウェイ（二〇一七年一月二〇日～二〇二〇年八月三一日）
　パット・チポロン
　ホープ・ヒックス
大統領首席戦略官……スティーブ・バノン（二〇一七年一月二〇日～二〇一七年八月一八日）

副大統領首席補佐官……
ニック・エアーズ（二〇一七年七月二八日～二〇一九年一月一日）
マーク・ショート（二〇一九年三月一日～二〇二一年一月二〇日）
国家安全保障問題担当副大統領補佐官……キース・ケロッグ
副大統領上級顧問……
マーティ・オブスト
グレッグ・ジェイコブ
トム・ローズ
報道官……ケイリー・マクナニー

トランプ政権閣僚・閣僚級

国務長官……マイク・ポンペオ
国防長官……
ジェームズ（ジム）・マティス（二〇一七年一月二〇日～二〇一九年一月一日）
マーク・エスパー（二〇一九年七月二三日～二〇二〇年一一月九日）
国防長官代行……クリストファー（クリス）・ミラー
司法長官……ウィリアム・バー

トランプの選挙対策本部

選挙対策本部長……ビル・ステピエン
上級顧問……
　ブラッド・パースケール
　ジェイソン・ミラー
法律顧問……マット・モーガン
トランプの顧問弁護士……
　ルディ・ジュリアーニ
　シドニー・パウエル

バイデン政権

第四六代アメリカ合衆国大統領……ジョセフ・R・バイデン
第四九代アメリカ合衆国副大統領……カマラ・ハリス
ファースト・レディ……ジル・バイデン
大統領首席補佐官……ロン・クレイン
国家安全保障問題担当大統領補佐官……ジェイク・サリバン
大統領顧問……スティーブ・リケッティ

バイデン政権閣僚・閣僚級

国務長官……アントニー・ブリンケン
国防長官……ロイド・オースティン
国家経済会議（NEC）委員長……ブライアン・ディーズ

バイデンの選挙対策本部

選挙対策本部長……グレッグ・シュルツ
上級顧問……アニタ・ダン
政治顧問……マイク・ドニロン

バイデンの家族

長男……ボー・バイデン（二〇一五年五月三〇日死去）
次男……ハンター・バイデン

議会

上院民主党院内総務……チャック・シューマー
民主党上院議員……
エリザベス・ウォーレン

トム・カーパー
クリス・クーンズ
バーニー・サンダース
デビー・スタベノウ
ジョン・テスター
ジョー・マンチン
上院共和党院内総務……ミッチ・マコネル
共和党上院議員……
リンゼー・グラム
テッド・クルーズ
スーザン・コリンズ
ロブ・ポートマン
リサ・マコウスキー
マイク・リー
ミット・ロムニー
下院議長……
ポール・ライアン（共和党、二〇一五年一〇月二九日～二〇一九年一月三日）
ナンシー・ペロシ（民主党、二〇一九年一月三日～）

下院民主党院内幹事……ジェームズ・クライバーン
民主党下院議員……
　アレクサンドリア・オカシオコルテス
　アダム・スミス
　エリッサ・スロトキン
　リサ・ブラント・ロチェスター
下院共和党院内総務……ケビン・マッカーシー

インテリジェンス・コミュニティ
統合参謀本部議長……マーク・ミリー
中央情報局（ＣＩＡ）長官……ジーナ・ハスペル
国家安全保障局（ＮＳＡ）長官……ポール・ナカソネ
連邦捜査局（ＦＢＩ）長官……クリストファー・レイ

公衆衛生機関
食品医薬品局（ＦＤＡ）長官……スティーブン・ハーン
アメリカ国立アレルギー・感染症研究所（ＮＩＡＩＤ）所長……アンソニー・ファウチ

プロローグ

二〇二一年一月六日、ドナルド・トランプ大統領の支持者たちがアメリカ連邦議会議事堂を襲撃した。その二日後の午前七時三分、米軍の制服組トップのマーク・ミリー統合参謀本部議長は、機密の裏ルート回線で中国人民解放軍のトップの李作成上将（連合参謀部参謀長）に至急扱いの電話をかけた。

李や中国指導部が、アメリカの立法府に対する前代未聞の攻撃の映像をテレビで見て驚愕し、混乱していることを、ミリーは幅広い情報源から知っていた。

李はミリーに質問を浴びせた。超大国アメリカは不安定になっているのか？　崩壊しそうなのか？　なにが起きているのか？　米軍はなにかをやるつもりなのか？

「不安定な事態に見えるかもしれません」ミリーは、五年前から知っている李を落ち着かせようとした。「しかし、あれが民主主義の本来の性質です、李将軍。私たちは一〇〇％安定しています。すべて順調です。しかし、民主主義はときどき乱雑になることがあるんです」

一時間半かけて——通訳が必要なので、実質的には四五分だったが——李を安心させることができた。

電話を切ったときミリーは、状況は深刻だと確信した。李はいつもとはちがって動揺していて、米中を大惨事の瀬戸際に追い込みそうだった。

中国はすでに、アメリカの意図を怪しんで高度の警戒態勢をとっていた。大統領選挙投票日の四日前の二〇二〇年一〇月三〇日、アメリカがひそかに中国攻撃を計画していると中国が信じていることを、機密情報が示していた。やけっぱちになったトランプが危機を引き起こして、自分が救い主になり、それを利用して選挙に勝つのではないかと、中国は考えていた。アメリカが秘密攻撃を計画しているという中国の主張が非常識きわまりないことを、ミリーは知っていた。そのときもミリーは、落ち着くよう中国を説得するために、おなじ裏ルートで李に電話をかけた。米中関係が長期にわたってつづいていることに触れ、アメリカは攻撃を計画していないと断言した。そのときは李をなだめることができ、習近平国家主席に意図が伝えられるはずだと確信した。

だが、それから二カ月後の一月八日、議事堂襲撃事件によって中国の懸念が激しくなったことは明らかだった。「私たちは中国のことを理解していない」ミリーは統合参謀本部の幹部にいった。「そして、中国も私たちのことを理解していない」

トランプがいつも衝動的で予測できないのを、ミリーは間近で目にしていた。選挙の余波でトランプが精神的にかなり参っていることが、事態をさらに悪化させていると、ミリーは思っていた。いまのトランプはまったく常軌を逸していて、高官たちにどなり散らし、つぎつぎと現われる選挙関連の陰謀理論について自分自身のパラレルワールドを打ち立てていた。

大統領執務室《オーバル・オフィス》でトランプがわめき散らす光景は、新兵を人間扱いせず口汚くののしり、毒々しく怒りをぶつける海兵隊一等軍曹を描く一九八七年の映画『フルメタル・ジャケット』の一場面に似ていた[1]。

「なにが大統領の怒りの引き金になるか、見当もつかない」ミリーは幹部にいった。事件とプレッシャーが重なって、いつか大統領が軍事行動を命じるのではないか？

大統領は米軍全体の最高司令官なので、ひとりの人間にとてつもない権力が集中している。憲法上、大統領は独断で軍隊を派遣できる権限がある。

ミリーは、トランプが戦争を望んでいるとは思ってはいなかったが、イラン、ソマリア、イエメン、シリアでやったように軍事攻撃を行なう意志があるのは明らかだった。

「私は絶えず彼に注意した」ミリーはいう。「どこでなにを攻撃するかによって、戦争に巻き込まれることもありうると」

国民は議事堂襲撃が国内政治にあたえる影響に注目していたが、ミリーは国際的なリスクがきわめて大きい新時代にアメリカが突入したと、ひそかに認識していた。ひとつの突発的事件や誤解が大惨事に拡大しかねない、まさに一触即発の状況だった。

それが国民には見えにくいところで、急速にひろがっていた。アメリカとソ連が戦争をはじめる一歩手前だった一九六二年のキューバ危機のときの緊張と、いくつかの面で似通っていた。

六二歳のミリーは、プリンストン大学ではホッケーの選手だった。身長一七五センチで、背すじをぴんと張っている。中国がつぎになにをやるか、ミリーにはわからなかった。だが、陸軍に三九年勤務し、何度も出征して悲惨な戦闘を経験していたので、怯えて攻撃されると思い込んでいるときの敵がもっとも危険だということを知っていた。

ミリーはいう。中国のような敵が戦いを望むときには、「〝先手有利〟と呼ばれるもの、あるいは〝真珠湾攻撃〟を選択して、攻撃する可能性がある」

中国は軍の大々的な拡充に投資し、超大国の地位をものにしようとしていた。[2]

わずか一六カ月前、北京の天安門広場で目を見張るような軍事パレードが行なわれ、[3] 毛沢東以後もっとも強大な中国の指導者習近平は、「中国の人民と国家が躍進するのを阻止できる勢力はどこにもない」と述べた。また、中国は最新の〝勝敗を逆転させる《ゲーム・チェンジング》〟兵器――音速の五倍の速度で飛翔できる超音速ミサイルを公開した。[4]

ミリーは幹部にいった。「サイバーと宇宙でも、アメリカのような大規模な工業国の複雑な社会に大きな損害をあたえられる戦闘能力が存在する。中国にあるきわめて強力なツールを使えば、それをあっというまにやることができる、中国はこういった戦闘能力すべてを築きあげている」

中国は攻撃的なウォー・ゲーム（かなり現実に近い状況とデータによる模擬演習）を行ない、台湾に向けて毎日、軍用機を飛行させていた。[5] 中国本土の沖にある独立した島国を、中国は自国領だと見なし、アメリカは台湾を護ると約束している。昨年、李上将は、必要とあれば中国は台湾を〝断固として叩きのめす〟と宣言した。[6] 台湾だけでも、重大な紛争の火種だった。

南シナ海で中国は、これまでになく軍の進出を強化し、人工島に軍事基地を設置し、世界全体にとって重要な航路で米艦に、ときには息を呑むような危険を冒して、好戦的に挑みかかっていた。[7]

台湾と南シナ海で米海軍の航行の自由作戦の演習がまもなく行なわれる予定で、米空軍の爆撃機演習の予定もあるので、ミリーはかなり心配していた。

できるだけ戦時に近い状況で攻撃をシミュレーションする演習は、しばしば威張って喧嘩をふっかけるような感じの大がかりな作戦行動になる。国際法上認められている各国の領海に対する中国の根拠なき主張（スプラトリー諸島のこと）への対抗措置として、米艦がそこへ故意に接近して高速航行する。

腹を立てた中国艦の艦長たちは、米艦のすぐうしろを航行したり、前を横切ったりして、米艦の針路を変えさせようとする。大型艦の場合、急な針路変更はきわめて危険だ――悲惨な連鎖反応を起こしかねない事故のきっかけになる。

統合参謀本部議長は米軍将校のなかで最高の地位で、大統領の最高軍事顧問でもある。監督と顧問がその権限であることが、法律で定められている。つまり、統合参謀本部議長は軍隊の指揮系統には属していない。しかし実際には、オマール・ブラッドレー、マクスウェル・テイラー、コリン・パウエルなど、軍事史に残る象徴的な将軍数人は、その地位で絶大な権力と影響力を握った。

一月八日に李将軍と話をした直後、ミリーは、中国を担当するインド太平洋軍司令官のフィリップ・デービッドソン海軍大将に秘話回線で電話をかけた。

議長が司令官ではないことをあらためて示すために、ミリーは〝フィル〟と呼びかけてからいった。「きみがやることを私は指図できない。しかし、今回はこれらの演習を再考できないだろうか。アメリカ国内で起きていることを思うと、中国に挑発だと判断されかねない」

デービッドソンは、ただちに演習を延期した。

予定されていたこれらの作戦行動は、アメリカとイギリスが先制核攻撃を開始するのではないかとソ連の指導者たちが信じ込んだ一九八〇年代の類似した事件の再発を招きかねなかった。「エイブル・アーチャー」[8]と呼ばれる北大西洋条約機構（NATO）の軍事演習に、ソ連は深甚な疑念を抱いた。のちに中央情報局（CIA）長官や国防長官を歴任するロバート・ゲーツがいった。[9]「エイブル・アーチャーでもっとも恐ろしかったのは、核戦争の瀬戸際まで行ったかもしれないということだった」

ミリーもそれを心配していた。いまがその瀬戸際だった。

アメリカの外交政策で中国は、もっとも慎重な取り扱いを要する危険な関係にある。だが、一月六日の暴動は中国を刺激しただけではなく、ロシア、イラン、その他の国々が高度に警戒して、米軍とアメリカ国内の政治的事件を監視する事態を招いていることを、アメリカが得た情報が示していた。

「世界の半分がクソ神経質になっている」ミリーはいった。多くの国々が軍の活動のテンポを速め、スパイ衛星に指示を出していた。中国は早くも情報収集・監視及び偵察（ＩＳＲ）衛星を使って、アメリカが常軌を逸したこと、普通ではないこと、なんらかの軍事作戦の実行準備をしていないかどうかを、真剣に調べていた。

ミリーはいまでは、目覚めているときはずっと完全な警戒態勢で、宇宙とサイバー空間での作戦、ミサイル発射、艦艇と航空機と地上部隊の動き、諜報活動を監視していた。バージニア州マイヤー＝ヘンダーソン・ホール統合基地にある統合参謀本部議長公邸、クオーターズ6にはほとんどすべての部屋に秘話電話機があり、国防総省《ペンタゴン》の作戦室、ホワイトハウス、世界中の統合軍／特定軍司令官と、ただちに連絡できる。

ミリーは、統合参謀本部の陸軍参謀総長、海軍作戦部長、空軍参謀総長、海兵隊司令官に、すべてを〝常時〟見張るよう命じた。

ミリーは国家安全保障局（ＮＳＡ）のポール・ナカソネ長官に電話して、李との電話について説明した。ＮＳＡは世界中の通信を傍受している。

「緊張が高まっている」ミリーはいった。「見張りをつづけてくれ。くまなく調べてくれ」中国に集中しつつ、ロシアが状況につけこんで〝便乗〟しようとしていないか確認してほしい。

「私たちは担当範囲を見張っていますよ」ナカソネが断言した。

ミリーは、ジーナ・ハスペルＣＩＡ長官に電話して、李との電話から読めた情報を伝えた。

「万事を積極的に見張ってくれ。全方位を」ミリーは、ハスペルにいった。「いまは何事も軽視してはいけない。二〇日正午まで無事に切り抜けたいだけだ」――ジョー・バイデンの就任式のことだ。

なにが起きるにせよ、ミリーはアメリカ国民と全世界に知られることなくアメリカの国家安全保障機構の総動員を監督していた。

ミリーは李に、アメリカは〝一〇〇％安定〟しているし、一月六日の暴動は〝乱雑な〟民主主義の一例に過ぎないといったが、それはまやかしだった。

じつはまったく逆で、一月六日の襲撃は、ジョー・バイデンが合法的に勝利を収めた選挙が憲法によって認定されるのを妨げるために政府を転覆させる目的で、立案され、調整され、同時に実行されたと、ミリーは確信していた。

それはまぎれもなくクーデターで、〝反逆罪〟にほかならないと、ミリーはいった。トランプはいまだに、ミリーが〝議事堂放火事件〟と呼ぶものを狙っているのかもしれない。[10] 一九三三年、アドルフ・ヒトラーは、市街のテロ活動と国会議事堂が放火されるという状況のさなかで、ナチ党とともに全権を掌握した。

選挙はバイデンが勝つように仕組まれていて、勝機を奪われたのだとトランプが信じて、公でも内輪でもそう明言してはばからなかったので、一月六日の想像を絶する凶暴な襲撃がもっと大がかりななにかの前哨戦だった可能性は排除できないと、ミリーは思った。

ミリーは、憲法で定められた日程に注意を向けた。トランプが大統領でいられるのは、あと一二日だけだ。平和裏に政権が移行されるように手を尽くそうと、ミリーは決意していた。

ミリーの副官がなんの前触れもなくオフィスにはいってきて、手書きのメモを渡した。〝ペロシ議長が大至急、お話ししたいとのことです。話題：継承。修正第二五条〟。

カリフォルニア州選出の民主党下院議員ナンシー・ペロシ下院議長の大統領継承順位は、副大統領に次ぐ第三位なので、アメリカの核兵器の指揮統制について詳しい説明を受けていた。下院議員を三四年つとめる熟練の議員で、国家安全保障、軍事、情報などすべての問題に熱心に関与している。

ミリーは、秘密扱いではない私用の携帯電話でペロシの電話を受け、補佐官に聞こえるようにスピーカーホンにした。

以下は著者が入手した通話の書き起こしである。

「どういう予防措置が使えるかしら？」ペロシがきいた。「精神的に不安定な大統領が軍事的な敵対行為を開始したり、発射コードを手に入れて核攻撃を命じたりするのを防ぐのに。

この錯乱した大統領がもたらしている緊急事態ほど危険なものはないわ。私たちの国と民主主義に対する偏向した攻撃からアメリカ国民を護るために、私たちはあらゆることをやる必要があります」

トランプが国防長官代行に指名したクリストファー・ミラーがまだ上院の承認を得ていない

ので、米軍の制服組のトップのミリーに電話したのだと、ペロシはいった。

「そのシステムには抑制手段がいくつもあると申しあげられます」ミリーはいった。「間違いなくそういうものが機能すると断言できます。核の引き金は安全ですし、私たちは絶対に――常軌を逸したこと、違法なこと、不道徳もしくは倫理に反することが、絶対に起きないようにします」

「どうやってそうするの？　フットボールとかいうものを彼から取りあげるの？」

大統領の上級軍事顧問が携帯しているブリーフケースがフットボールと呼ばれていることを、ペロシはよく知っていた。それには核兵器使用のための封緘《ふうかん》された発射認証コードと、攻撃の種類と目標の選択肢を記載したブラック・ブックと呼ばれるものが納められている。

「まあ」ミリーはいった。「手順《プロシージャ》がありますから。発射コードとそれを実行するのに必要な手順があります。ご安心ください。統合参謀本部議長として、そのようなことは起きないと断言します」

「それで、起こりうることが懸念されたら、あなたはどういう手順を踏むの？」

「一〇億分の一秒でもそう思ったとしても――私には直接の権限はありません」ミリーはいった。「しかし、私なりに悪いことが起きるのを防ぐ力がいろいろ……」

ペロシがさえぎった。「アメリカ国民は、これについてたしかな安心感を必要としているのよ、将軍。これについて公になにをいう用意があるの？」

「率直にいって、そのつもりはありません、議長。公には、いまはなにもいうべきではないと思います。個人として私がなにをいっても、一〇種類もの異なる方向で誤解されるでしょうね」

「だったら、具体的に大統領を名指ししないで、客観的に話をしましょう」ペロシがいった。「大統領はあらゆる力をあたえられ、その力を持っている——力という言葉をくりかえすわ——そこにどんな予防策があるの？」

「予防策は私たちにいまある手順です」ミリーはいった。「適格な権威者からの認証、評価、指示があることが必要とされ、それらは合法的でなければなりません。それに、核兵器のいかなる使用にも、筋道の正しい理論的根拠がなければなりません。核兵器だけではなく、武力行使の場合もおなじです。

ですから、揺るぎない確実なシステムがあると確約できます。この大統領だろうと、ほかの大統領だろうと、正式な認証なしに核兵器を違法に、不道徳的に、倫理に反して発射する可能性はまったくない……」

「それに、核だけではなく武力行使でもそうだといったわね？」ペロシが念を押した。

「まったくそのとおりです」ミリーはいった。「当然のことですが、たとえばイランで事変が起きることを、おおぜいが心配しています。私はそれをタカのように厳重に見張っています。毎時間、海外の物事を見張っています。国内でもおなじで、戒厳令や反乱法のようなことに注意しています。

いまのようなときは、議長、これについては私を信頼してくれなければなりません。私が保証します。約束します。これについてなにも公にいえないのは、権限がないし、五〇種類もの異なる方向に誤解されるからですが、アメリカの軍は巌のごとく安定しているし、武力行使にあたって、違法なこと、不道徳なこと、倫理に反するようなことはなにもやりません。絶対にやりません」

ペロシが口を挟んだ。「でも、彼は違法で不道徳で倫理に反することをやったのに、だれも阻止しなかった。だれも。ホワイトハウスのだれもとめなかった。これがこんなふうに拡大したのは、大統領がそう目論んだからよ。大統領が扇動し、ホワイトハウスではだれもそれに手を打たなかった。ホワイトハウスではだれも、彼をとめるようなことをやらなかった」

「それに反論するつもりはありません」ミリーは答えた。

「それで、あなたはそれが起きないようにするつもりだというのね？」ペロシはきいた。「すでに起きているのに。私たちの民主主義への攻撃が起きたのに、そんなことをやってはならないと、だれもいわなかった。ひとりとして」

「いいですか、議長、核兵器を発射するのと、暴動を扇動するのは……」

「そのふたつがちがうことくらいわかっているわよ。ご丁寧にどうも。私がいいたいのは、彼が議事堂を襲撃させることすらとめられなかったのに、ほかになにをやるか、だれかにわかっているの？　ということよ。だいたい、これに関して彼に媚びへつらっていない人間が、ホワイトハウスの幹部にいるかしら？」

ペロシはなおもいった。「だれだろうと、理性的な考えの持ち主なら、彼に加勢するわけがないでしょう？　私たちはこれにものすごく大きな影響を受けているのよ。これは小さな事件ではないのよ。見過ごせるようなことではないのよ。起きてしまったんだから、気を取り直して前へ進もうというようなことではないのよ。彼は深刻な傷痕を残した。上層部に心の傷を負わせた。議会やそのほかのものに襲いかかった。その罪を免れることは許さない。またそういったことをやるような権限をあたえてはならない」

ペロシは、ウォーターゲート事件で一九七四年に辞任したリチャード・ニクソン大統領を引き合いに出した。

「ニクソンがやったのはずっと小さいことだったのに、共和党は彼に〝辞任しなければならない〟といった。もっと低レベルのことだったのに〝辞任しなければならない〟と。いまの共和党は全員がこういう態度を容認しているわけだし、ホワイトハウスにまともな頭の人間はいないのかしら？　議事堂に行くなと公言するような人間よ。

彼らがぐるになってこの詐欺を企んで――こういう――〝なんの関わりもないと彼はいっています〟というきのうの動画をこしらえたのは、自分たちもまずいことになるとわかっているからよ。これはひどいけど、彼はなにをやるかわからない。正気じゃない。そう、正気じゃないのよ。ずっと前からそうだった。だから、彼の精神状態のことは知らないなんていわないで。彼は正気じゃないし、彼がきのうやったことがそのさらなる証拠よ。とにかくあなたがいってくれたことに感謝しているわ」

「議長」ミリーはいった。「私はすべてについて、あなたに賛成です」

「彼がなんらかの形でなにかの敵対行為を開始しようとするのを阻止するためになにが行なわれているのか、彼から権力を取りあげるのにどういう手立てが講じられているのかと答えを要求している同僚たちに、どういえばいいのよ？

それに、唯一の方法は彼を追い払うことよ。だって、彼が議事堂に突撃したり、反乱を煽ったり誘発させたりしているのを阻止する勇気がある人間が、あそこにはひとりもいないからよ。そして、彼はアメリカ合衆国大統領としてあそこにいる。あなたは私の質問に答えてくれたわね。ありがとう、将軍、ありがとう」

ペロシは、間を置いてからきいた。「国防総省のあの間抜け、国防長官代行は、これについてなんらかの力を持っているの？　彼に電話したらほんのすこしでも役立つかしら？」

「私はあなたがおっしゃったことすべてに一〇〇％賛成です」ミリーは答えた。「統合参謀本部議長の私に確約できるのは、たったひとつのことだけです。それを知っていただきたい――心の奥底で知っていただきたい。米軍は武力の使用にあたって、核攻撃であろうと外国におけるなんらかの攻撃であろうと、違法なこと、常軌を逸したことはやらないと、私は一一〇％確約します。私たちは絶対にやりません……」

「それで」ペロシがきいた。「違法なこと、常軌を逸したこととは、どういう意味？　だれが違法だと判断するわけ？　彼はもうそれをやり、だれもそれになにもやらなかった」

「ですから、私は米軍の使用について申しあげているのです」ミリーはいった。「軍事的に打ちかかり、攻撃することをいっているのです。国内と海外の両方、あるいはそのどちらかにおけるアメリカの軍事力のことです」

「それを聞いて安心したというつもりはないわ」ペロシがいった。「でも、私があなたにそれを質問したとはいうわ。念のために伝えておくけど。どうしてかというと……[11]」

「約束しますよ」ミリーはいった。「あなたに約束し、米軍内部でそういうことを阻止するのが、私にできる精いっぱいのことです」

「では」ペロシがいった。「あなたがオーバル・オフィスのいかれたヘビ穴と正気じゃない一家を制覇することを願っているわ。もう介入があってもいいはずじゃないの。共和党は手を血で汚しているし、彼がああいうことをやるのを後押しした連中もみんな手を血で汚し、私たちの国に心の傷を負わせた。

ここで働いている理想主義的な若者たちもそうなのよ。二大政党の両方の人々がたいへんな心の傷を負っている。この男が正気を失っていて、だれもがそれを知っているのに、だれもそれに対して行動しないからよ。だから私たちは、修正第二五条に共和党指導部の何人かの賛同を得て、大統領を辞任させようとしているのよ。

でも、私たちの国は、政府の行政府以外の部門に対して権力をふるおうとする独裁者に乗っ取られ、嘆かわしい状態になっている。その独裁者はまだ居座っている。逮捕されるべきなのに。その場で逮捕されるべきよ。自分が大統領でいられるように、彼は私たちに対してクーデターを起こした。彼を取り除く方法があるはずよ。でも、このことであなたの時間を無駄にしても仕方がないわね。感謝するわ。ありがとう、将軍。ありがとう」

「議長、私の約束を信じてください。私はこの組織のことを知っているし、私たちはだいじょうぶです。核兵器の使用を命じられるのは、大統領ただひとりです。しかし、その決定をひとりで下すわけではないのです。命令するのはひとりでも、発射するには何人もが必要です。ありがとうございます、議長」

ペロシのいうことには一理あると、ミリーは気づいた。ペロシの深甚な懸念には、じゅうぶんな根拠がある。核兵器を使用する場合の手順、技術、手段と装備、管理については、核時代の夜明けからずっと分析され、議論され、そしてときには変更がほどこされてきた。

核兵器の使用は〝合法的〟でなければならないし、軍には厳密な手順があると、ミリーはつねづね口にしていた。

しかし、どれほど細かく調整されて実行されていても、絶対に間違いがないといえるシステムはない。核兵器の管理には人間が介在しているし、自分も含めて人間はミスを犯すものだと、ミリーは知っていた。実際問題として、大統領が核兵器を使用すると決断したなら、法律顧問や軍幹部のチームが阻止できる可能性は低い。

ウィリアム・J・ペリー元国防長官は何年も前から、アメリカの核兵器の使用は大統領のみが統御していると唱えていた。[12]

二〇二一年初頭に寄稿した記事で、ペリーは述べた。[13]「大統領は就任したとたんに、核戦争を開始する絶対的な権限を得る。トランプは数分のあいだに原子爆弾数百発もしくはたった一発を爆発させることができる。セカンドオピニオンは必要としない」

ペロシの強い要求と中国の明らかな警戒心によって、求められずとも自動的にセカンドオピニオンが挿入されるようにする方法をミリーは探そうとした。

ミリーは、〝理論に基づく可能性のもっとも暗い瞬間〟という言葉を編み出した。微妙な言葉遣いだが、現実味を帯びていた。トランプ大統領が無法者になり、求められている手順を通さずに軍事行動や核兵器使用を命じるという暗い可能性は、理論的にはありうることだった。

軍がトランプを制御するか信頼するのは無理だろうと、ミリーは感じていた。想定外のことを考えて、必要な予防措置をすべて講じるのが、軍幹部の自分の仕事だと、ミリーは確信していた。

ミリーは隠れ歴史家を自負していて、数千冊の蔵書があった。

「シュレジンジャー式にやろう」トランプを封じ込め、軍の通信・指揮の権限をできるだけ高い立場で統制するにはそれが必要だと、ミリーは考えた。

一九七四年八月に、ジェームズ・シュレジンジャー国防長官が、弾劾に直面していたニクソン大統領やホワイトハウスからの直接命令にそのまま従わず、まず自分と統合参謀本部議長ジョージ・ブラウン将軍に確認するよう米軍幹部に命じたことを指している。

ウォーターゲート事件でニクソンが辞任した二週間後、《ニューヨーク・タイムズ》が〝ニクソン政権の最後の日々をペンタゴンが厳格に制御〟という見出しでそれをすっぱ抜いた。[14]

シュレジンジャーとブラウン将軍は、ニクソンが指揮系統を迂回して指揮官か部隊に単独で連絡し、攻撃を命じて、国や世界を混乱に陥れるのではないかと恐れた。ふたりはずっとそういうリスクを嫌っていた。

ニクソンとトランプは恐ろしいくらい似ていると、ミリーは思った。一九七四年のニクソンは、いらだちを強め、孤立して、かなり飲酒し、やけになって、当時の国務長官ヘンリー・キッシンジャーといっしょにひざまずいて祈りながら、絨毯を叩いた。[15]

ミリーは、行動することにした。国家軍事指揮センター（NMCC）の幹部将校をただちに招集した。NMCCは国防総省《ペンタゴン》の作戦室で、軍事行動か核兵器使用に際して、国家指揮権者《NCA》——主として大統領もしくはその正当な代理者もしくは後継者——からの緊急行動命令の伝達に使用される。

NMCCは統合参謀本部の一部で、ひとつ星の将軍（准将）もしくは提督（少将［下級］）に指揮され、五交代制のチームが休日なしに二四時間詰める。

ひとつ星の将官ひとりとNMCC作戦幕僚に指名されている大佐数人が、さっそくミリーのオフィスにはいってきた。ほとんどが、統合参謀本部議長のオフィスに一度も足を踏み入れたことがなかった。そこにいるのが不安で、当惑していた。

ミリーは理由を説明せずに、核兵器発射の手順《プロシージャ》と過程《プロセス》を確認しようとした。大統領だけが命令を下すことができると、ミリーはいった。

だが、そこでミリーは、統合参謀本部議長である自分が直接、関与しなければならないことをはっきりさせた。現在の手順では、国防長官、統合参謀本部議長、法律顧問らが秘話通信網の音声会議を行なわなければならない。

「きみたちが電話を受けたときには」ミリーはいった。「だれからの電話であろうと、この過程があり、手順がある。なにを命じられても、きみたちは手順を踏むのだ。過程を通すのだ。そして、私もその手順の一部だ。参加すべき人間が通信網に参加するように、きみたちは手配しなければならない」

ミリーはなおもいった。いま強調していることに疑念があるようなら、「とにかく私が確実にこの通信網に参加するように手配してくれ。

忘れるな。とにかく忘れてはいけない」この注意は核兵器使用だけではなく、軍事行動を求めるどんな命令にも適用されると、ミリーはいった。私は意思決定と行動のループ内にいなければならない。

まとめとして、ミリーはいった。「この厳密な手順は、不注意な過ちや事故を避けるために明確に設計されている。世界でもっとも危険な兵器が、悪意をもって、あるいは故意ではなく、不法に、不道徳に、倫理に反して発射されるのを防ぐためだ」

それがミリーの〝シュレジンジャー式〟だったが、集まっているNMCC幹部将校たちにその言葉は明かさなかった。

当直員と各シフトの全員にこの再確認を徹底するようにと、ミリーは念を押した。

「彼らは休日なしで二四時間詰める。毎日、一日ずっと」当直チームは、手順を一日に何度も実施する。

疑いがあれば、なにか変則的なことがあれば、ただちに私に直接、電話してほしい。その前に行動しないこと。

ミリーは、自分を指差した。

それから、ひとりひとりの前に行って、目を見ながら、理解していることを確認した。

「わかったか？」ミリーはきいた。

「はい、議長」

「わかったか？」べつのひとりにきいた。

「はい、議長」

「わかったか？」

「はい、議長」

「わかったか？」

「はい、議長」

ミリーはそれを宣誓だと解釈した。

午後零時三分、音を消してCNNに合わせてあるオフィスのテレビの画面をニュースの字幕が流れていることに、ミリーは突然気づいた。[16]

〝ペロシ下院議長は、トランプが「軍事敵対行動を開始する」か「核攻撃を命じる」のを防ぐことについて統合参謀本部議長と話をしたと述べた〟。

「どういうことですか？」ひとりの将校がきいた。

CNNの報道をよく聞くと、ペロシがこちら側の発言を明かしていないことに、ミリーはすぐさま気づいた――彼女がミリーに対していったことだけを述べている。ニクソンを引き合いに出したことには触れていない。しかし、ペロシが公に述べたことはおおむね正確だった。

トランプはこの最後の日々に、第二次世界大戦以来、念入りに築きあげられてきたアメリカの民主主義と世界秩序の弱体化を誘発することができるだろうか？　とミリーは思った。

ミリーは、トランプが大統領としての宣誓を反逆罪に近いやり方で破ったと考えていた。そういう不安定な最高司令官が軍を不適切に使用するのを許すつもりはなかった。

ニクソンの最後の日々の四七年後にシュレジンジャーの手法を復活させたのは、必要なことであり、賢明な阻止行動で、入念に調整されていたと、ミリーは確信していた。

自分は大統領を倒そうとしているのか？　統合参謀本部議長が権限を超えて、強大な力をみずから握ろうとしたのだと主張するものもいるかもしれない。

だが、自分の行動は、国際秩序の歴史的な断裂や中国やそのほかの国との偶発的な戦争や核兵器使用が起きないようにする誠実な予防措置だと、ミリーは確信していた。

1

四年ほど前の二〇一七年八月一二日、デラウェア州リホーボス・ビーチの別荘で週末をのんびり過ごしていたジョー・バイデンは、テレビでトランプ大統領の断片的な映像を見た。バージニア州シャーロッツビルの白人至上主義者の集会とそれに抗議する人々との暴力的な衝突は双方に責任があると、トランプはいい張っていた。

自分が所有するニュージャージー州のゴルフ場で、トランプはアメリカ国旗四本の前で語り、「じつに数多くの側に、憎悪、偏狭な考え、暴力がある」と宣言した。[1]

激怒したバイデンは、電話機をつかんで〝マイク・D〟ことマイク・ドニロンに電話をかけた。五九歳のドニロンは、バイデンのもっとも親しい腹心の政治顧問で、白髪交じりの髪、もじゃもじゃの眉毛、眼鏡、ひそひそ声など、外見と物腰が近所の聖職者のようだった。[2]

ドニロンは、バイデンとおなじようにアイルランド系カトリックの家族のなかで育った。母親はロードアイランド州サウスプロビデンスの地元組合のオルグで、父親は教育委員会の委員長だった。[3] ドニロンは四〇年にわたりバイデンの状況分析係をつとめていて、ジョン・F・ケネディの主な顧問ふたり――弟の戦略家ロバート・F・ケネディとスピーチライターのセオドア・ソレンセン――を混ぜ合わせたような存在だった。

バージニア州アレクサンドリアの自宅のなかでは携帯電話の受信状態がよくなかったので、ドニロンは裏のデッキに出た。

白人至上主義者の衝撃的な映像が、ケーブルニュースで延々と流れていた。炎をあげるトーチを持っているものも多く、〝ユダヤ人に乗っ取られるな〟やナチスが採用したスローガン〝血と土〟を唱えていた。南軍のロバート・E・リー将軍の馬鹿でかい銅像の撤去に抗議するために、彼らは〝ユナイト・ザ・ライト〟集会の前夜、バージニア大学のキャンパスへ喧嘩腰でデモ行進していった。

衝突がつづいていた八月一二日、自称反ユダヤ主義者が運転するダッジ・チャレンジャーが〝愛〟、〝連帯〟、〝黒人の命も重要《ブラック・ライブズ・マター》〟などと書かれたプラカードを持った人々がひしめく中心街に突っ込み、白人至上主義者に対する抗議デモに参加していた三二歳のヘザー・ハイヤーが死亡した。[4]

「私はこれについて公に発言しなければならない」バイデンはドニロンにいった。「これまでとはまったくちがう。これはもっと邪悪だ。もっと危険だ。ほんとうに国に対する根本的な脅威だ」

ドニロンは、バイデンが心の底から不安に思っているのを、その声から察した。バイデンは感情をかき乱されやすく、話がくどかったが、シャーロッツビルの件ではふだんよりもいっそう長々としゃべりつづけた。

「歴史のこの瞬間がこれまでとまったくちがうのは、アメリカ国民が立ちあがって、国の価値観と憲法を護らなければならないからだ。なぜなら、それをやる大統領がいないからだ」

バイデンは、これまでの半生でトランプの反応のようなものを一度も見たことがなかった。アメリカ合衆国大統領のトランプは、憎しみに立ち向かう側と憎しみを抱く側の両方に同等の倫理があると断言し——白日のもとに姿を現わした白人至上主義者やネオナチに、安全な逃げ場を提供した。

「前代未聞だ」お気に入りの言葉を、バイデンは口にした。「トランプは、この国でもっとも邪悪な最悪の衝動に命をあたえようとしている。

やつらは顔を隠そうともしていない！」バイデンは大声をあげた。「あそこであああいうことができるとやつらが思ったのは、アメリカ合衆国大統領が自分たちの味方だと信じているからだ」

なにもせずにいることはできない。なにか——論説か、寄稿か、演説——の起草を手伝ってもらえないか？

八年のあいだ副大統領をつとめたあと、七四歳で身長一八三センチのバイデンはそれまで公職から遠ざかっていた。年齢のせいで髪は真っ白になり、顔は日焼けして皺が深かった。

バイデンは、前政権の当事者は新大統領について公式に意見を述べるのを避けるという伝統的な決まり事を守ろうとしてきた。慣れるまで口出しはやめよう。しかしいま、その決まり事はもう適用しないと、ドニロンに告げた。

「演説しなければならない」バイデンはいった。「きわめて明確な意見をいう必要がある」

人々が沈黙をつづけると、アメリカの市民社会の枠組みがぼろぼろになり、暴力行為が街にはびこるようになると、バイデンは論じた。トランプは、裁判所、マスコミ、議会を全体的に攻撃している――独裁者が自分の権力を制限する機構を解体するときの典型的な手口だ。

「わかった」ドニロンはいった。「これから書きます」老バイデンは、いまだに要職にあるかのように、ふたたび打ち込んでいた。

ドニロンが起草しているあいだに、バイデンはその土曜日の午後六時一八分にツイートした。[5]

〝つく側はたったひとつだ〟。

いかにもバイデンらしかった――きっぱりとしていて高潔だった。それに、ソーシャルメディアでは、いくらか支持が得られた。しかし、大評判にはならなかった。元副大統領は、過去の銘柄だ。

トランプはそれを見逃さなかった。[6]八月一五日、ニューヨークのトランプ・タワーでの記者会見で、「両方の側に責任がある」と主張した。それに、「両方の側に非常に立派な人々がいる」

バイデンとドニロンのあいだで、草稿が行き来した。

バイデンの切迫した気持ちをどう伝えようかと、ドニロンはじっくり考えた。言葉遣いは？

過度に興奮しているような口調ではなく、警戒を呼び覚ます必要があると、ふたりの意見は一致した。二〇一〇年に医療保険制度改革法《オバマケア》（ACA）が成立したあとでバイデンがささやいたとされる言葉を使うなら、この憂慮すべきアメリカの時代の〝一大事《ビッグ・ファッキング・ディール》〟に、どう立ち向かうのが得策か？[7]

ふたりはもっと大きい主題を探そうとした。バイデンのカトリックの信仰と宗教性を想起させるように組み立てることすら検討した。価値観によって構成される根源的な感じのもの。バイデンの楽観主義と国の精神を捉えているようなもの。しかし、それはなにか？

ドニロンは、〝魂《ソウル》〟という言葉を探し当てた。だれもトランプと結び付けて考えない言葉だった。バイデンはその言葉が気に入った。ぴったりだ。

二週間以内に、バイデンの名で八一六語の記事が《アトランティック》に掲載された。〝この国の魂のための戦いを私たちは生き抜いている〟という見出しだった。[8]

「トーチに照らされている正気を失った怒れる顔。一九三〇年代のヨーロッパで聞かれたのとおなじ反ユダヤ主義の憎悪に満ちた言葉の再来のシュプレヒコール」バイデンは述べた。「ネオナチ、クー・クラックス・クランの団員、白人至上主義者が、暗い部屋や僻地の山野や匿名性の高いウェブから出てきて、白日のもとに姿を現わした」

デモの余波について、バイデンは書いた。「アメリカの道徳的な良心が蘇りはじめた」

この論説が出ると、バイデンの内輪での演説にはあらたな熱意がこもるようになった。

「民主主義が既定の事実だと思っているひとはいますか？」二〇一七年九月一九日、非公開の催しでバイデンは企業の経営者たちに問いかけた。「そう思っているようなら、考え直したほうがいい」

ミスター沈黙《サイレント》として知られるドニロンは、めったにいない優秀な聞き手だった。バイデンが、「マイク・D、そこにいるのか？」ときくまで、ドニロンが電話会議に出席しているのをバイデンの補佐官たちは忘れることが多かった。

ああ、ひとことも漏らさずに聞いて、徹底的に考えようとしている、とドニロンは答える。だが、沈黙にはひとつの目的があった――バイデンが強く望んでいることが明確になる。今回、ドニロンは、〝魂《ソウル》〟という言葉で強力ななにかを自分たちが掘り当てたと感じていた。演説の原稿を作成するとき、そうなることもあれば、そうならないこともある。

〝この国の魂のための戦い〟は、〝国があなたがたになにができるかを問わないでほしい。あなたがたが国のためになにができるかを問うてほしい〟というJFKの有名な就任演説の指令に比べれば、さほど大きな共感は得られなかった。しかし、もっと深く掘り下げた基本的な問いかけではあった。あなたがたの国はなにか？　トランプ政権でそれはどう変わったのか？

2

二〇一七年夏、共和党は重大な岐路にあった。上下両院で権力を握っていることには満足していたが、トランプとシャーロッツビルでの事件に対する彼の反応に大きな不安を感じるようになっていた。二〇一二年の大統領選挙でミット・ロムニーの副大統領候補だったポール・ライアンも、そのひとりだった。

長身で黒髪の中西部出身のライアンは、さまざまな面でトランプとは正反対だった。過酷な〝P90X〟エクササイズを熱心にやり、昔気質の家庭人で、二十代前半から連邦議会《キャピトル・ヒル》の内情に通じていた。二〇一五年一〇月に、ライアンは下院議長に選ばれた。

トランプの人格《パーソナリティ》はライアンを当惑させた。彼みたいな人間には会ったことがないと、友人に語った。

共和党幹部が大統領候補トランプの勝利を疑っていた二〇一六年の選挙運動中も、ライアンはトランプに協力的だった。しかし、二〇一六年一〇月に《ワシントン・ポスト》が過去に収録された映像に女性への猥褻《わいせつ》発言があったと暴露すると、ライアンのトランプ支持は崩れはじめた。ライアンは〝胸が悪くなった〟と公にいうようになった。[1] トランプが勝ち、ライアンは不意打ちされた格好になった。トランプを相手にしなければならなくなった。下院議長は大統領権限の継承順位でマイク・ペンス副大統領に次ぐ第三位で、それを避けることはできない。

ライアンは、道徳観念がなく、損得勘定で動く人物に対処する方法を、自分ひとりで研究しはじめた。最初はそれをやるのが難しかった。ライアンは〝政策通〟を自負していたが、社会保障やメディケアの政策を学ぶために精神医学にまで手を出すほどではなかった。[2]

やがて、共和党に献金している裕福なニューヨークの医師が、ライアンに電話をかけてきて、こういった。「自己愛性パーソナリティ障害がどういうものか、理解する必要がありますよ」

「なんですか？」ライアンはきき返した。

その医師が簡略な報告書とメールをライアンに送り、〝反社会的なパーソナリティの人間に対処する最善策〟についての考えを伝えた。《ニューイングランド・ジャーナル・オブ・メディシン》の難解な記事のハイパーリンクも送ってきた。

報告書には『疾病及び関連保健問題の国際統計分類・第10版』（ＩＣＤ－10）が含まれていた。[3] ライアンは一週間かけてそれを研究し、トランプはパーソナリティ障害だと確信した。

ライアンがそこから得たのは、人前でトランプに恥をかかせてはいけないということだった。自己愛の強い人間に恥をかかせると、きわめて大きな危険を冒すことになる。脅かされるか批判されたと感じると、逆上して襲いかかるおそれがある。

ライアンは、二〇一六年一二月九日に、自分の研究結果を実地に試した。[4] 次期大統領と政権移行会議を持つために、まもなく下院議長首席補佐官をつとめるようになるジョナサン・バークスを含めた上級補佐官とともに、マンハッタンのトランプ・タワーを訪れた。ライアン、バークス、ほか数人は、光り輝くエレベーターに乗り、黙っていた。エレベーターに盗聴装置があるかもしれないと、バークスは思っていた。トランプはひそかに録音するという評判がある。

上に到着すると、一行は二六階のトランプのオフィスに案内された。ライアンとトランプがふたりきりで話ができるように、バークスが立ってドアを閉めようとした。

「いや、いや、あけておくんだ」トランプがいった。

「わかりました」バークスはいって、腰をおろした。

トランプが、長年の秘書で側近のローナ・グラフを大声で呼んだ。

「ローナ！　ローナ！　コーヒーを持ってきてくれ。うまいやつを。ポール・ライアンが来ているんだ」トランプは馬鹿でかい声でいった。「彼にはうまいコーヒーを飲んでもらわなきゃならない！」

トランプの取り巻きがぶらぶらはいってきて、また出ていった。だらしない身なりの保守派戦略家スティーブ・バノンは、極右で反ライアンのオンライン・ニュース《ブライトバート》から引き抜かれてトランプ陣営に加わった。次期国家安全保障問題担当大統領補佐官のマイケル・フリンと、イバンカ・トランプも現われた。

まあ、これがニューヨークだ、とバークスは思った。

ライアンが税やヘルスケアについて熱心に話すあいだ、トランプはうなずき、着信音が鳴っている携帯電話を見おろした。ＦＯＸニュースのショーン・ハニティからだった。トランプが電話に出て、ライアンと補佐官たちは黙った。

「ああ、ポールといっしょだ」トランプが、ハニティにいった。「ほう？　彼と話がしたいのか？」

トランプは、ライアンの顔を見てから、スピーカーホンに切り換えた。「ショーン、ポールと話をしろ」トランプが命じ、ハニティは七分間話をした。

トランプが大統領に就任したあとも、支離滅裂な態度は変わらなかった。トランプは不意にとっぴな決定を下し、軽んじられたと思い込むと腹を立てた。

二〇一七年四月二六日、アメリカは北米自由貿易協定[5]（ＮＡＦＴＡ）から脱退するとトランプが宣言するつもりだという噂を、ライアンは聞きつけた。ＮＡＦＴＡはカナダ、アメリカ、メキシコを結び付けている条約だった。ライアンはトランプに、公に面目を失う恐れがあると告げた。

「株式市場を大暴落させますよ」ライアンは警告した。トランプはひきさがった。

二〇一七年八月一五日、長く尾を引く決裂が起きた。コロラド州でライアンが家族とともにハイキング旅行を楽しんでいると、八人編成の警護班のひとりが、衛星電話機を持って近づいてきた。

補佐官のひとりが、悪い報せを伝えた。トランプがまたもやシャーロッツビルの事件は〝両方の側に責任がある〟といったのだ。マスコミがコメントを求めている。ライアンは溜息をついた。今回は、トランプを公に叩かざるをえない。

ライアンは山の斜面に独りで立ち、辛辣な声明を口述して、そのあとでツイートした。[6]

通常の携帯電話の電波が届くところに戻ると、ライアンの携帯電話の着信音が鳴った。トランプからだった。

「きみは私に忠実ではない！」トランプがわめいた。

ライアンはどなり返した。「それで終わりですか？　私にも話をする時間がありますか？　あなたはアメリカ合衆国大統領です。これを是正し、双方が道徳的に同等だと宣言しないのが、道徳を指導する立場にある大統領の義務です」

「この人々は私が大好きなんだ。私の味方なんだ」トランプがいい返した。「私を支援する人々の背中を刺すことはできない」

シャーロッツビルにいたのは、白人至上主義者やネオナチですよ、とライアンはいった。

「ああ、そうだな。悪い連中もいた」トランプはいった。「それはわかっている。それは支持しない。そういうものすべてに反対する。しかし、なかには私の味方もいるんだ、なかにはいい人間もいるんだ」

ライアンはそのあとでトランプの首席補佐官で退役海兵隊大将のジョン・ケリーと話をした。

ライアンがツイートしたことは正しいと、ケリーはいった。

「ああ、あのことでは彼を殴る必要があった」ケリーはいった。「心配するな」

二〇一八年三月二一日、ライアンはべつのうんざりする出来事を切り抜けた。[7] トランプが一兆三〇〇〇億ドルの〝包括歳出予算法案《オムニバス》〟（アメリカの歳出予算法案は本来一二本に分かれているが、そのうちの複数法案を一本化したもの）に拒否権を行使すると脅したのだ。FOXニュースで評論家がそれを酷評したのを、トランプは聞いていた。拒否権を行使されると、政府閉鎖になりかねない。ライアンはホワイトハウスへ行った。

ライアンが到着すると、トランプはすぐさまどなりはじめた。オムニバス法案は嫌いだし、コアな支持層と衝突することになるといった。

「これはひどい政策合意だ！　だれがこんなクソみたいなものを承認した？」トランプはきいた。だれも答えなかった。

「これはクソだ。ひどい政策合意だ」トランプが、いっそう怒りをつのらせていった。

「壁はどうした！　これには壁がない！」

「大統領はこれに署名しなければなりません。私たちが可決したばかりです」ライアンはいった。「つまり、論議しつくされたんです。これは軍事。これは復興。これは退役軍人」

オムニバスに国境の壁建設費用が一六億ドルしか組み入れられていないことについて、トランプがまた文句をいうと、その金額は大統領が自分の予算案で要求したとおりですと、バークスが指摘した。

「だれが承認した？」トランプがきいた。

だれも口をきかなかった。

一時間後に、ライアンがいった。「署名するのですか、しないのですか？」

「ああ。いいだろう。署名する」トランプがいった。

ライアンとパークスはそこを出て、ペンスの補佐官を長年つとめ、トランプの議会担当補佐官を引き受けたマーク・ショートと話し合った。

「あれはいったいどういうことだったんだ？」ライアンはきいた。

「ここでは毎日こんなふうだよ」ショートがいった。

「まったくもう。なんてこった」ライアンはいった。

二日後、不機嫌なトランプは、法案に正式に署名する段になって、また躊躇した。

その朝のFOXニュースで、保守派コメンテーターのピート・ヘグセスが、典型的な〝泥沼予算〟だと評した[8]（トランプは旧来の政治家を「泥沼（スワンプ）」と呼ぶ）。〈フォックス＆フレンズ〉の共同司会者のスティーブ・ドゥーシーが、〝壁がない〟と嘆いた。トランプが、〝拒否権行使を考えている〟とツイートした[9]。

午前零時までにトランプが予算案に署名しなかったら、政府が閉鎖する。

ライアンは、当時国防長官だったジム・マティスに電話をかけた。トランプはマティスを〝狂犬《マッド・ドッグ》〟と呼んでいる。

「さっさとホワイトハウスへ行って、トランプを押さえつけてこれに署名させてくれ」ライアンはいった。「あなたがあそこに立っていれば、彼は署名するだろう」マティスは予定をすべて変更して、ペンス副大統領とマーク・ショートと何時間か話し合い、トランプに署名させるよう促した。結局トランプは署名した。

二〇一八年初頭には、ライアンは我慢できなくなっていた。税改革法案は成立してトランプが署名した。ウィスコンシン州にいるライアンの子供三人は、まだ長じていないので、いっしょに時間を過ごすことができる。ライアンはティーンエイジャーのころに父親を亡くしていた。[10]

二〇一八年四月一一日、ライアンはつぎの選挙では立候補しないと宣言した。[11]まだ四八歳だった。政治メディアの世界はびっくりした。ライアンは大統領候補になる可能性があると考えられていた。そうでなくても、長年にわたって共和党の指導者だったボブ・ドールのようになるはずだった。

ライアンはすぐに、ケンタッキー州選出の上院共和党院内総務ミッチ・マコネルに会いにいった。ライアンとマコネルは、トランプを管理するために協力してきた。用心深く計算高いことで知られている七六歳のマコネルも、トランプは論理や助言に抵抗する異様な人間だと見ていた。

院内総務のオフィスにはいっていったとき、マコネルが泣くのではないかと、ライアンは思った。

「きみはたいへん才能に恵まれた男だ」マコネルがいった。「私たちは最高の関係だった」だが、マコネルは心を痛めていた。マコネルとライアンは、共和党の両院のトップだった。いわばフィールドの監督だった。

ライアンが辞めたら、トランプはなんの束縛も受けなくなるのではないか？　彼を抑えようとする人間がほかにいるだろうか？

「きみがフィールドを放棄するのを見たくなかった」マコネルはいった。

3

ジョー・バイデンはこれまで二度、一九八八年と二〇〇八年に大統領選挙に出馬したが、いずれも失敗に終わった。一度目は演説の盗用と学生時代の論文の盗用を告発されて予備選挙前に立候補をとりやめた。[1]二度目は失言癖のせいで、予備選挙の途中で撤退した。

二度目の失敗のあと、バイデンは選挙運動用の自伝『*Promises to Keep*』（『守るべき約束』未邦訳）のペイパーバック版三六五ページに、新しいプロローグを書き足した。[2]一九七二年に三〇歳で新人上院議員だったときに、最初の妻ネイリアと幼い娘ナオミが自動車事故で恐ろしい死を遂げたときからずっと、劇的なことをつぎつぎと経験してきた人生と大統領選の駆け引きをくぐり抜けて進みつづけた男の物語が、本人の言葉でつづられている。

ペンシルベニア州スクラントンでバイデンが暮らした少年時代、父ジョー・シニアは、けっしてあきらめず、けっして弱音を吐かない人物だった。バイデンは書いている。「父には自分を憐れむ時間などなかった。

〝立てっ！〟が父の決まり文句で、私の人生を通じてそれが反響しつづけてきた。[3]世界が頭の上に落ちてきたら？　父はいうだろう。〝立てっ！〟。みじめな思いでベッドに寝ていたら？　立てっ！　フットボールのフィールドでぶっ倒されたら？　立てっ！　成績が悪かったら？

立てっ！　女の子の親がカトリックのフィールドの男の子と付き合うのを許さなかったら？　立てっ！

小さなことではなく、大きなことだった――自分の声しか聞こえなかったときも。手術のあとで、上院議員、しゃべれなくなるかもしれませんよといわれたら？　立てっ！　新聞にバイデンは盗用者だといわれたら？　立てっ！　妻と娘――ジョー、申しわけないが、手の施しようがなかった、といわれたら？　立てっ！　ロースクールで落第したら？　立てっ！　バ、バ、バ、バ、バ、バイデンと吃音が出たときにからかわれたら？　立てっ！」

二〇〇八年の予備選挙で敗北したバイデンは、残念賞を手に入れた。まもなくアメリカ初の黒人大統領になるイリノイ州選出のバラク・オバマ上院議員が、副大統領候補にバイデンを選んだのだ。オバマは外交政策と予算交渉でバイデンに重要な役割をあたえた。[4]つぎの選挙で大統領に立候補するのに好適な位置であることは明らかだった。

だが、二期目の終わりが近づくとオバマ大統領は、つぎはヒラリー・クリントンの番だと強力にほのめかすようになった。[5]二〇〇八年の予備選挙でも、ヒラリーはオバマと接戦を演じたし、国務長官の重責を見事に果たしていた。彼女に勝つのは難しいと、オバマはバイデンにきっぱりと告げた。

バイデンは、出馬の考えを捨てなかった。オバマのことは好きだった。ふたりは親しかった。だが、バイデンは側近に、つぎの選挙でオバマの指示に従わなければならないとは思わないといった。

二〇一五年二月六日金曜日の夜、バイデンの末息子ハンターと当時の妻キャスリーンが、ワシントンDCのウッドワード邸の晩餐会にやってきた。ウッドワードの妻エルサ・ウォルシュとキャスリーンは、ふたりの子供たちが通っていたクエーカー教徒の私立学校シドウェル・フレンズ・スクールを通じて友人になっていた。

ハンターのアルコール依存症、薬物中毒、財政問題は、その後、マスコミで大きく取りあげられる。だが、ウッドワードもウォルシュも、そういったことはほとんど知らなかった。イエール大学ロースクール卒でロビイストのハンターが二〇一四年一〇月にコカイン検査で陽性だったため、米海軍予備役を除隊になったことを仄聞《そくぶん》していただけだった。[6] ハンターの兄のボー・バイデンが脳腫瘍に命を脅かされていたことも知らなかった。それはバイデン家の家族だけが知っていた秘密だった。

晩餐会でウォルシュはふたりにきいた。お父さまは大統領選挙に出馬するつもりなの？

四五歳で痩せていて漆黒の髪のハンターが、すぐさまイエスと答えた。キャスリーンは、ダイニングルームのテーブルを囲んで内輪だけで話をしながら、数日前のことを思い出していた。バイデンが電話をかけてきて、晩餐を食べにいってもいいかときいた。だいじな話がある。

家庭内暴力の被害者に協力していたキャスリーンは、皿に盛っていたスパゲティを鍋に戻して、近くの家から〝じじ《ポプ》〟が来るのを待つことにした。

やってきたバイデンは、出馬することにしたと説明した。ハンターとキャスリーンは、大喜びしているようだった。ようやくジョー・バイデンの時代が来るかもしれない。

二〇二一年の回顧録『*Beautiful Things*』(『美しい物事』未邦訳)にハンター・バイデンは書いている。[7]「父が大統領になるまで引退しないだろうということを、ボーも私もずっと知っていた。それが私たち三人の共通の夢だった」一九七二年の自動車事故の日、ボーとハンターも乗っていたのだが生き延びた。ハンターは、父親を〝妨害した〟ホワイトハウス西棟《ウエストウィング》の懐疑的な連中を嫌っているとも書いている。

ウッドワードとウォルシュは、たいして驚かなかった。大統領になるという志は、バイデンの人格に深く植え付けられている。つねに大統領選挙に出馬しているような感じに見えた。

二月にハンターがそう明言したことを聞いたバイデンの補佐官たちは、その時点ではバイデンの決意に気づいていなかったと断言した。だが、バイデンはしばしば、いま考えていることを漏らさず、家族だけに伝えることがある。

三カ月ほどあとの二〇一五年五月三〇日、[8]ボー・バイデンが四六歳で亡くなり、イラクに出征して青銅星勲章を叙勲され、デラウェア州司法長官を二期つとめた生涯を終えた。[9]

ジョー・バイデンは打ちのめされた。

「これは個人的にものすごくつらい時期になるだろう」バイデンは、三年近く首席補佐官をつとめていた主な政治的同胞のひとり、スティーブ・リケッティにいった。

「家族として切り抜けることができるだろうが、これを切り抜ける方法はたったひとつしかない」バイデンはいった。「つまり、きみが私を働かせつづけ、忙しくさせてくれることだけだ」

ドニロンとおなじ白髪交じりだが、髪が薄くなっているリケッティは、テレビに登場したり、インタビューを受けたりするのを厭わず、バイデンのことが大好きだった。立ち直りが早く、おおらかで、友情に厚かった。仕事がほしいとバイデンがいうのであれば、忙しくさせる方法はいくらでもあると思った。予定を組み、行動させる。

リケッティはあとでこのときのことを同僚に、「かなり残酷に思えることもあった」と語っている。

だが、忙しくすることは、大統領選挙をもう一度厳しく見直すことでもあった。

出馬して勝つのにじゅうぶんな時間が残っているかどうか、正直な評価を下してほしいと、バイデンはドニロンに頼んだ。

二〇一五年一〇月二〇日の〝出馬か不出馬か〟の最終会議でドニロンは、ヒラリーは本選挙で攻撃を受けやすいし、民主党予備選挙でもバイデンより脆弱であるかもしれないと、強気な意見を述べた。

ドニロンは、そのときのことを回想して周囲に述べている。「彼が出馬できるという見方からぶれたことは一度もなかったし、勝てると思っていた」

だが、バイデンを見守っているうちに、ボーの死がたいへんな重荷になっていることに、ドニロンは気づいた――二番目の子供、三人目の家族を亡くしたのだ。バイデンは心痛で張り裂けそうになっていた。いつものんびりした笑みを浮かべていたのに、いまは歯を食いしばっている。

「これをやるべきではないと思います」ドニロンは、ついにバイデンにそういった。

ドニロンが出馬に反対する助言をするのは、それがはじめてだった。バイデンはそれを友人からの最善の助言だと受け止め、ドニロンは声明をまとめるよう命じられてその場を離れた。

翌日、バイデンはオバマと並んでホワイトハウスのローズガーデンに立ち、大統領選挙に出馬しないことを発表した。[10]

4

バイデンは、まったくなじみのない毎日を楽しもうとした。公職を離れた暮らしを。しかし、周囲の人間は信じなかった。「魚は泳ぐ、鳥は飛ぶ、バイデンは選挙に打って出る」友人のひとりがそういった。

バイデンはリケッティにいった。「これまでやってきたことをつづけたいと思っている。生涯ずっと取り組んできたこと、私がもっとも興味を持っていることに取り組むには、どうすればいい？」

バイデンとリケッティは、バイデンのこれからの人生の根幹をおおまかに描いた。バイデン財団、バイデン・キャンサー・イニシアティブ、ペンシルベニア大学のペン・バイデン・センター・フォー・ディプロマシー・アンド・グローバル・エンゲージメントとデラウェア大学のバイデン・インスティテュート。

「ヒラリーが立候補するだろうし、貢献する方法を見つけよう」バイデンはいった。

一年後の二〇一六年一一月八日、バイデンは投票結果を見守るために、米海軍天文台の敷地内にある副大統領公邸に上級補佐官たちを集めた。

最初のうちは順調で、ヒラリーの勝利が予想されていた。バイデン夫人のジルは安心して、本を一冊とグラスのワインを手に、寝室にあがっていった。

ジルとジョー・バイデンは、一九七七年に結婚した。[1]当時、フィラデルフィアで教師とたまにモデルをやっていたジルを、バイデンが見初めた。空港のビルボードで見て、電話番号を調べたのだ。バイデンは五回プロポーズして、やっと結婚の承諾を得た。

ジルはバイデンが息子ふたりを育てるのを手伝い、アシュリーという娘を儲けた。その後、教育博士号を取得し、ノーザン・バージニア・コミュニティ・カレッジで英語を教えた。ジルは熱狂的なランナーで、自分は内向的だと思い、演説をしてスポットライトを浴びるのが嫌だったが、夫の熱烈な擁護者だった。

夜が更けるにつれて、当選予想の針がトランプのほうに傾きはじめた。[2]ジョー・バイデンは不安になった。午後一〇時三六分、トランプはオハイオ州を勝ち取り、午後一〇時五〇分にフロリダ州を勝ち取った。午前二時二九分、AP通信はトランプの勝利を宣言し、衝撃を受けたヒラリーがまもなく敗北を認めた。

バイデンは電話に没頭した。「なんてことだ。世界がひっくりかえった」といった。

公邸の一階を歩きまわりながら、バイデンは友人たちに、ヒラリーが苦戦するのではないかとずっと感じていたと語った。トランプは労働者階級の庶民の民主党支持層をたいして争うこともなく奪ったように思えた。

「先の選挙では、組立ラインで働いて年間六万ドル稼ぐ男や、レストランでウェイトレスをやって三万二〇〇〇ドル稼ぐ妻の話は、ひとこともなかった」[3]バイデンは、その後、二〇一七年にペンシルベニア大学で講演したときにそういった。

一月二〇日、バイデンはトランプの〝アメリカの大虐殺〟就任演説をじっと聞いてから、二冊目の回顧録『約束してくれないか、父さん――希望、苦難、そして決意の日々』の執筆を再開した。[4]ボーのことを考え、書く機会だった。リケッティが何人かに説明したように、「自分の生活で前進する道を探した」。人間は気力がなえてしまうような悲劇ですら潜り抜けて、記憶のなかで目的を見出せることを、バイデンは示そうとした。

まもなく、バイデンの家族のことがニュースになった。ハンターの妻キャスリーンが、薬物使用と不倫を理由に離婚届を一二月にそっと提出し、つづいてハンターの資産凍結を法廷に申し立てた。三月一日、《ニューヨーク・ポスト》は、ハンターがボーの寡婦ハリーと交際していることを報じた。[5]

ジョー・バイデンは、ニューヨークの新聞に声明を発表した。〝このような悲しい出来事のあとで、ハンターとハリーがお互いを見出してふたたび人生を組み立てられるようになったことは、私たちみんなにとって幸運でした。私とジルはふたりを全面的に応援しますし、私たちはふたりのために喜んでいます〟。

ハンターにとっては暗い時期だった。父親の行為に娘たちが落ち着きを失ったと、回顧録に書いているし、事業も崩壊しはじめていた。顧客がハンターを見限った。〝もっと悪いことに、私は以前の悪い状態に戻りはじめた〟。薬物中毒に。[6]

ジョー・バイデンの二冊目の回顧録『約束してくれないか、父さん』は、シャーロッツビルの事件の三カ月後にあたる一一月に刊行された。ありのままで、バイデンは自分を呑み込もうとしている心の奥のむなしさを書き記していた。だが、今回、〝立てっ！〟といったのは、人生の終わりに差しかかったボーだった。

「約束して、父さん。なにが起きてもだいじょうぶだと。ぼくに約束して、父さん」この本によれば、ボー・バイデンはそういった。

「私はだいじょうぶだ、ボー」バイデンは答えた。

「ちがう、父さん」ボー・バイデンがいった。「バイデン家のひとりとして、ぼくに約束して。約束の言葉がほしいんだ、父さん。約束して、父さん」

「私は約束した」とバイデンは書いている。

ボーは父親の健康を気遣っていったのだが、多くの人々はこの題名を、ボーがバイデンに大統領選挙に立候補する約束を求めたのだと解釈した。

二〇一八年中盤の下院議員選挙の時期に、バイデンは本を宣伝するための全国ツアーを開始した。

ルイジアナ州選出下院議員で唯一の民主党員で、強力な議会黒人議連《コーカス》の会長をつとめる四四歳のセドリック・リッチモンドが、黒人民主党員のために選挙区を歴訪してほしいと、バイデンに頼んだ。

リッチモンドは民主党の期待の星で、有能な戦略家だった。[7] 議会の同僚たちは、彼がいずれはじめての黒人下院議長になるのではないかと思っていた。リッチモンドは、政策について内密に根回しするのを好み、議会と党の全体に人間関係をひろげていた。

リッチモンドは、花形運動選手のような体格で、押し出しもよかった。モアハウス大学ではセンター兼ピッチャーで、[8] そこからロースクールに進んだ。年に一回行なわれる議会の野球の試合では、唯一の本物の名選手だという評判をとっていた。

バイデンがどこでも歓迎されることに、リッチモンドは気づいた。ほかの大物たちは、国の特定の地域では用心される。だが、バイデンは「国のどこの選挙区でも、来るのを嫌がられない」とリッチモンドは周囲の人々にいった。リベラルなニューヨーク、中西部、保守的な少数民族が多い郊外、南部でも。

マイク・Dも、バイデンがどういう反応を示されるかを観察していた。二四州で六五人の候補を積極的に支援する前副大統領を取り巻く現実の政治情勢はどうなのか。ドニロンが抱いていた重要な疑問は、「バイデンがいまも党と国で本物の名声を維持しているのか？」ということだった。答えはイエスだと、ドニロンは結論を下した。新著は一週間にわたり《ニューヨーク・タイムズ》のベストセラー第一位だった。[9] バイデンには大衆を惹きつける力がある。

ドニロンとリケッティは、また選挙運動を行なってはどうかとバイデンを説得した。データが党の路線の急変を示していると、ふたりはバイデンにいった。民主党の有権者の動機や優先事項が、トランプのせいで変わった。なにはさておいてもトランプを追い出したいと、彼らは願っている。

ミシガン州の全米トラック運転手組合員の息子で、敗北した一九八八年のアイオワ州予備選挙からずっとバイデンのもとで働いてきた世論調査担当のジョン・アンサローネが、バイデンの選挙区歴訪のために〝アンソのカード〟と呼ばれているスライドを出してきて、候補者と献金者をざっと見せた。

一枚のスライドに、アンサローネは書いていた。〝民主党に投票する人々の多くは、進歩的な扇動者よりも主流派の候補を支援する傾向がある〟。

最後のスライドは結論付けていた。〝重視すべきなのは、有権者に若い世代のリーダーシップへの切迫した要求がないことだ〟。

バイデンは、出馬するともしないともいわなかった。本心を隠して、スライドによって論じられることを眺めていた。

「セドリック、本の宣伝のツアーでそっちに行くのだが、なにかきみのお役に立てるかな?」二〇一八年六月にニューオーリンズに立ち寄る前に、バイデンはリッチモンドにきいた。

「資金集めは必要ありません」リッチモンドはいった。彼の議席は安泰だった。その代わり、ジョセフ・M・バーソロミュー・ゴルフコースで一ラウンドしましょうと提案した。コースに名前が冠されているバーソロミューは、ルイジアナ州のすばらしいカントリークラブの多くを設計したが、南部は人種隔離が厳しく、本人はそれらのコースでプレイできなかった。[10]

バイデンが現われたとき、送ってきたのが出版社の社員ひとりだけだということに、リッチモンドは気づいた。警護班も補佐官もいない。

最初の九ホールをまわったあとで、雨が降りはじめたので、一行はクラブハウスに移動した。年配の黒人ゴルファー三〇人が、そこでバイデンを待っていた。リッチモンドが、食事と飲み物をトレイに用意させていた。

部屋のなかをまわって質問するバイデンを、リッチモンドは観察した。お仕事はなんですか？　引退したのですか？　好奇心は本物のようだった。ベトナム帰還兵が何人かいたので、亡くなった息子が陸軍法務部将校としてイラク出征を志願したのだと、バイデンは彼らに語った。ボーの脳腫瘍のこと、息子を失って心に傷を負ったことをつぶさに話した。政治演説はしなかった。

「立候補すべきですよ」ひとりがいった。つぎつぎと賛成の声があがった。「立候補！」という声が最高潮に達した。

「立候補するという約束はしませんよ」バイデンはいった。「ただ、私たちがドナルド・トランプを打倒できる立場に達することだけを望んでいます。私が彼を打ち負かす人間になる必要はありません」

バイデンは、彼らと二時間過ごした。リッチモンドは、政治家がそんなふうに人と正直に接するのをはじめて目にした。

5

おなじ年の夏、ミッチ・マコネルはトランプを協調させようと骨折っていた。とくに肝心なのは判事だった。連邦裁判所の判事を右寄りにすることが彼の大きな実績になるかもしれないと、マコネルは考えていた。

トランプはたいがいマコネルに同調するし、トランプのホワイトハウスの法律顧問ドン・マクガーンはマコネルと密接に協力して、保守派の判事候補たちと秘密の人脈を築いていた。[1]だが、トランプが判事を選ぶ基準はイデオロギーではなく、承認を勝ち取ることなので、気が変わりやすかった。

トランプは、アンソニー・M・ケネディの引退で空席がひとつできた最高裁判事に、ブレット・カバノーを指名した。カバノーが上院司法委員会の公聴会に出席する直前の二〇一八年九月一六日に、クリスティン・ブラジー・フォードという大学教授が名乗り出た。カバノーと自分がティーンエイジャーだったときに、カバノーに性的暴行を受けたと、フォードは非難した。[2]

ブラジー・フォードはただちに、九月二七日に上院司法委員会の公聴会に召喚された。

その朝、トランプはマコネルに電話をかけた。カバノー指名を取り下げるべきか？

「フォード博士の証言のあとで話をしませんか？」マコネルはいった。「ハーフタイムのようなものだと思って」

トランプは同意した。待つことにした。

ブラジー・フォードは用心深く遠慮がちで、証言のあいだずっと、信用できるとおおかたに見なされた。トランプは落ち着かず、マコネルとたえず連絡をとっていた。カバノーの証言を聞くまで待つことにした。おなじ日のカバノーの証言は、緊張がにじみ、自己弁護的ではあったが、正当だと称賛された。

ブラジー・フォードとカバノーの証言後に、トランプはまた電話をかけた。

「カバノーのことをどう思う？」トランプはきいた。

「カバノーはラバの小便より強いと思います」マコネルはいった。

「なんだって？」トランプはきき返した。

ケンタッキーでは、ラバの小便よりも強いものはないんです、マコネルはいった。「変えないほうがいい」

マコネルはさらにいった。「それに、どのみちこれはさっさと片付ける必要があります。一一月以降も多数党でいられるかどうか、わかりませんから」

マコネルは、カバノーをすばやく承認させなければならなかった。選挙前にもうひとり判事候補を承認させるには、そうするしかないと確信していた。カバノーが支援を得られないか、辞退したら、それが望めなくなる。

一〇月六日、上院は五〇対四八でカバノーの最高裁判事就任を承認した。

選挙運動に出かけられることで活気づいたジョー・バイデンは、二〇一八年の議会選挙で最後の六日間に一三都市をまわった。そして、一一月六日、民主党が議席を増やした。下院で四〇議席増加して過半数を占め、ナンシー・ペロシが議長に返り咲いた。共和党は上院で過半数をなんとか維持した。

リッチモンドとその首席補佐官バージル・ミラーは、アポイントメントをとって、議事堂に近いコンスティテューション・アベニュー一〇一番地の事務所でバイデンに会った。

「ドナルド・トランプに勝てるのは、あなただけかもしれません」リッチモンドはいった。「やるべきだと思います」立候補して、トランプに打ち勝ってほしい。

リッチモンドは、ニュージャージー州選出のコリー・ブッカー上院議員及びカリフォルニア州選出のカマラ・ハリス上院議員と親しかった。黒人民主党議員ふたりは、大統領候補に名乗りをあげるだろうと予想されていた。しかし、リッチモンドは何度もバイデンに勧めた。当選する見込みが何事にも勝るというのが、リッチモンドの考えだった。まず勝たないと統治できない、といういい方をした。

「私が適任かどうか、自信がない」バイデンは答えた。彼はほんとうに気が進まないのだと、リッチモンドは察した。「私でなくてもいい。私の問題ではない。ほかのだれかにできる」

リッチモンドは、議会黒人議連がトランプを攻撃していることが重要だといった。おおぜいがあなたを支持するはずですと、リッチモンドはいった。あなたは黒人コミュニティとすばらしい関係にある。バーソロミュー・ゴルフコースにバイデンが行ったときのことに触れた。

リッチモンドはなおもいった。「いいですか、アフリカ系アメリカ人は高く評価していますよ。一、あなたはほんとうに信頼できる。二、バラク・オバマの後押しがあることも評価している。三、民主党がトランプを打倒できなかったら、私たちのコミュニティが大きな損失をこうむることを、彼らは知っている」

バイデン支持層は黒人議連だけではなくヒスパニック議連や穏健派にも及んでいると、リッチモンドはつけくわえた。

二〇一八年の感謝祭には、不確定ながら部品が組み立てられはじめていた。引き締まった体つきでまだ四〇歳にもなっていないグレッグ・シュルツが、バイデンの選挙運動が開始された場合の非公式な選挙対策本部長だった。シュルツはドニロンとは正反対だった――魂《ソウル》ではなく事実《データ》を組織する現場の仕組みに注意を集中する、若い戦術家だった。

クリーブランドで生まれ育ったシュルツは、オバマの州担当ディレクターとして、オハイオ州でたてつづけに勝利を収めるのに貢献し、その後、バイデン副大統領の上級顧問をつとめた。

バイデンは、以前の補佐官たちと意見や不満を論じ合うことが多かったが、バイデンの政治《マシ》組織《ン》を順調に動かしつづけることに関しては、だれもがシュルツに頼っていた。シュルツはやりがいのある困難な仕事を抱えていた。このマシンはきしんでいたし、選挙運動が得意な人材は、バイデンの時代は終わったと思って、べつの候補と契約していた。

無価値な評価だったとはいえない。バイデンは選挙のための遊説では人気があるが、資金集めに成功したことはなかった。バイデンのソーシャルメディアのフォロワーは、好かれていた副大統領らしくそれなりの数だったが、政治的な存在感はほとんどなかった。

シュルツとその副官のピート・カバノーは、全米での選挙運動を組み立てる手順について、二〇一八年一二月に一一ページの詳細な意見書をバイデンに送った。[4] 各地の選挙本部、日程、旅程、スタッフに関する決定が含まれていた。四年前のブルックリンでのヒラリーの選挙運動は、巨大な怪獣なみだった。[5] バイデンの選挙運動は、忠実な支持者の小規模な中核グループから成っていた。

二〇一九年三月の第一週に立候補を宣言して開始するよう、進言されていた。

リッチモンドはコンスティテューション・アベニュー一〇一番地をたびたび訪れた。

「七四%やる気だ」あるときにバイデンがいった。すぐあとに、「八二%やる気だ」といった。

あのパーセントはなんだろう？ リッチモンドは不思議に思った。奇妙だ。

つぎは八五%。やがて八八%になった。

クソ、彼は確実に立候補する。リッチモンドは気づいた。バイデン流にイエスといっていたのだ。

6

二〇一八年が押し詰まったころに、トランプは陸軍参謀総長だったミリーを統合参謀本部議長に指名した。[1]ジョセフ・ダンフォード・ジュニア海兵隊大将の正式な任期が切れるまで、まだ一年あった。

肩幅が広く積極的な性質のミリーは自分の好みの将軍だと、トランプは補佐官たちにきっぱりといった。[2]陸軍士官学校卒のロビイストで、二〇一六年の大統領選でペンシルベニア州を勝ち取るのに貢献したとトランプが評価しているデービッド・アーバンが、ミリーを熱心に推薦したのだ。[3]アーバンは、CNNでトランプをつねに応援していた。トランプ政権の国防長官のジム・マティスは、デービッド・L・ゴールドファインを推していた。トランプはアーバンの意見を取り入れた。

ミリーを承認するための上院軍事委員会の公聴会で、無所属のメイン州選出上院議員アンガス・キングがいった。[4]「ミリー将軍、あなたが詳しく説明した数々のリスクや、国家防衛戦略に述べられているリスクを思うと、あなたの仕事はアメリカ合衆国政府で二番目に重要であると私は考えます。なぜなら私たちは危険な世界に生きているからです。それに、国際社会の緊張とリスクが高まっている時期に大統領の最高軍事顧問をつとめるあなたの地位は、とてつもなく重大かつ重要です。私がなにを質問しようとしているか、わかりますね」

「脅しに従うかということですね？」ミリーは答えた。

「そのとおりです」キングはいった。「答えは？」

「絶対に従いません。だれに脅されても、断じて従いません。私は最高の軍事的助言を行ないます。率直な助言を行ないます。正直な助言を行ないます。厳密な助言を行ないます。徹底した助言を行ないます。それに、どのようなときでも、そのようにします」

ミリーはひとりよがりで、独立していることを宣言して悦に入っていた。しかし、トランプに対処するための準備などどこにもない。組織の枠からはみだしている大統領を取り扱うための訓練課程や予備的な作業や学校はない。トランプは軍のイメージや用語を受け入れているが、それでいて軍の指導者たちを荒々しく批判する。こと政策に関しては、トランプは孤立主義者で、予想外の衝動に駆られる。アメリカ・ファーストは、しばしばアメリカ・オンリーになる。

新しい職務に就くとすぐに、大国間の戦争を防ぐのが自分の主な任務だと、ミリーは確信した。統合参謀本部議長公邸クオーターズ6の廊下の大きな本棚には、中国に関する厚い書物が数百冊あった。

統合参謀本部議長はトランプの最高軍事顧問でもあるので、その責務のためにミリーは〝接敵機動〟（戦闘態勢を有利にするために戦闘に先立って行なう機動）という基本戦術のことを考えた。戦場の煙のなかを通り抜けて、未知の事柄を一歩ずつ探り、前進しながら学ぶことだ。トランプ以前にも実践していたことだが、それがいまは日常生活になった。

ブリーフィング中にトランプが気を散らすことを、国防長官だったマティスが、〝どこにも通じていないシアトルの高速道路出口ランプ〟と表現したことがあった。[5] FOXニュースの話題のほうが〝ずっと彼の目に留まる〟。

トランプは、最大と最小の問題の両方を容赦なく追及した。米海軍の空母〈ジェラルド・R・フォード〉に異常なまでにこだわるようになった——維持費と〝アイランド〟と呼ばれる航空管制センターや艦橋がある上部構造物の交換について。

将軍も提督もどうしようもないビジネスマンだと、トランプは何度も文句をいった。ことに巨艦に関する調達や商取引が下手で、軍隊はつねにぼったくられるといった。

第三八代大統領にちなんで命名された〈フォード〉は、白い象（維持費ばかりがかかる無用のばかでかい物）のいい見本だと、トランプはいった。〈フォード〉のあらゆる部分をこきおろした——弾薬を揚げ降ろしするエレベーター、甲板から航空機を射ち出すためのカタパルト。

「私は建設業もやったことがある」ある会議で、トランプは軍の指導者たちにいった。「エレベーターのことは知っている。水に濡れれば故障しかねない」

だが、設計し直したアイランドをもっと艦尾寄りに設置することが、なによりもトランプを怒らせた。

「見た目がよくない。私には審美眼がある」トランプは、ミリーとの晩餐会でいった。

そして、自分の髪をなでつけた。

海軍上層部の将校たちがその後トランプに、アイランドを艦尾寄りに設置するのは、甲板に着艦する航空機のために滑走路を広くするためだと説明した。アイランドが中央寄りにあると、風の流れが悪い方向に向いて、パイロットが操縦に苦労する。

「とにかく見た目がよくない」トランプはいった。

トランプは何度も〈フォード〉の話題を持ち出し、ミリーは黙って聞いた。なにをいえばいいのか？　大統領は空母の見た目が気に入らないという。我慢して、怒りを吐き出させておくしかない。

二〇一八年一二月七日、トランプはジェフ・セッションズの後任の司法長官にウィリアム・バーを指名すると発表した。六八歳のバーは二六年前の一九九一年後半から一九九三年初頭にかけてジョージ・H・W・ブッシュ大統領の司法長官をつとめ、その後、ベライゾンに法務統括責任者として一四年間勤務した。[6]

保守派の共和党員のバーは、大統領の行政権の強力な支持者で、トランプの政策、減税、規制緩和を確実に支持していた。また、トランプとロシアの共謀容疑に対するモラー特別検察官の捜査は、大統領の権限を侵害していると、公に非難していた[7]――共和党の一部ですら、バーはトランプにへつらっていると見ていた。

「就任一日目からの、最初の選択だ」トランプはそういっていた。「彼以上にこの役職に有能で適している人間は、どこにもいない」

トランプとの面談でバーは、大統領とホワイトハウスは、司法省が行ない、司法長官が監督している刑事事件捜査とは距離を置くべきだと力説した。

刑事訴追には、厳密な基準があります。合理的疑いの余地がない証拠。だれかが訴追されるかどうかは、それに基づきます。刑事司法の決定と政治のあいだの壁を維持するのは、大統領、ホワイトハウス、司法長官、司法省の利益になりますと、バーは説明した。最初に司法長官をつとめたときに、身をもってそれを学びました。例外はありえないし、だれだろうとその壁を破ることは許されません。それは一定不変です。

まさに明確なことです、とバーはくりかえした。大統領が刑事司法の手続き——だれを訴追し、だれを訴追しないか——をいじくろうとすることを、私は許しません。「そういう話は聞きたくありません」バーはいった。「大統領に知らせるのが適切なことがあれば、こちらから伝えます」

トランプはバーのいい分を認めたが、理解しているのかどうかバーには確信がなかった。

「規則によれば、ボブ・モラーが解任されるのは、正当な理由があるときのみだとされています」[8] 一カ月後、上院司法委員会の承認公聴会で、バーは証言した。連邦捜査局（ＦＢＩ）長官を一二年つとめたモラーのことを、バーは数十年にわたり知っていた。モラーの名声は本物だし、どこからも影響を受けない仕事中毒の人間だった。「率直にいって、モラーがそういう正当な事由が生じるようなことをやるとは、想像できません」

バーはなおもいった。「大衆の関心が極端に強まっているいま、捜査を切りあげるのを是認するほうがよいと確信しています」あてつけがましくいった。「モラー氏が魔女狩りに加わるとは思えません」バーが指名される前に、トランプはロシア捜査を八四回にわたって〝魔女狩り〟と呼んだ。

バーはモラーを狙い撃ちするのを意図的に控えていた。公聴会が開始されてから約二時間後の休憩中に、バーは待合室に戻った。顧問たちが、聴聞会では強く出て、みごとな働きぶりだったといった。

バーの首席補佐官がやってきて、エメット・フラッドから電話があったといった。フラッドは最近、トランプの暫定的な法律顧問に就任した。「クライアント問題があると、フラッドがいっている」

「なんだって？」バーはきいた。

「大統領が怒り狂うだろうというんだ。あなたの発言を聞いて、あなたを選んだのは間違いだったと大統領は思っている。ボブ・モラーを褒めたことだよ」

ホワイトハウスでは、大統領夫人メラニア・トランプがそれとまったく逆のことをトランプにいっていた。

「あなた、頭がどうかしているんじゃないの？」メラニアは夫にいった。「このひとは選び抜かれた主役なのよ。見て」バーについてそう評した。「これこそ司法長官よ」

見た目がさえないセッションズと対照的なのは明らかだった。

外見を重視するトランプに通じやすい表現で、メラニアは説得していた。バーは身長一八三センチでかなり腹が出ていて、いかにも謹厳で知識が豊富な法律家に見えると、メラニアはいった。

トランプは後日バーにメラニアの評価を話して、それを重く見たのだと告げた。「きみは選び抜かれた主役だ」不精な感じの見かけは大目に見ることにしたようだった。力強い自信に満ちた声で、大物に見られたのだと、バーにはわかっていた。

自分もがっしりした体格のトランプが、バーに体重の話をした。「うまく維持しているな、ビル。その調子だ。気をつけろ。体重が減ると、皮膚がたるみはじめる」

モラーは、二〇一九年三月にようやく報告書を書きあげ、法律と規定によって、四四八ページの文書をバー司法長官に提出した。[9] バーと幹部補佐官が、それを読んだ。

「まったく信じられない」上院司法委員会委員長リンゼー・グラムに電話して、バーはいった。「二年もかかった末に、モラーは〝まあ、私にはわかりません。そちらで判断してください〟といっている」

トランプか彼の補佐官が違法に活動していたか、ロシアと共謀していたことを示す証拠を、モラーは見つけられなかった。しかし、トランプが司法妨害を行なったかどうかという重要な問題についてモラーは、注目を浴びた捜査史上もっとも難解な一文を書いていた。[10]〝この報告は大統領が罪を犯したと結論付けるものではないが、無罪を証明するものでもない〟。

バーは、検察官に関して、〝クソをするか便器から離れるか、どちらかにしろ〟という鉄則を信じていた。訴追するかしないか、どちらかに決めろということだ。検察官は無実について判断する立場にはない。バーは副長官と連名で、〝特別検察官の調査によって積み重ねられた証拠は、大統領が司法妨害を犯したと立証するにはじゅうぶんではないという結論に達した〟と述べる書簡を公表した。[11]

モラー報告書を四ページに要約した書簡とその結論は、モラー報告書そのものよりも激しい論議を引き起こした。多くの人々が激怒して、バーのことを、トランプの尻拭いをして従順に守ろうとするおべっか使いの忠臣だといった。

「完全な無罪が立証された」[12]トランプは、〝無罪を証明するものでもない〟というモラー報告書の一部を引用しているバーの書簡と矛盾することをいった。

モラー本人も、バーの書簡は自分の調査結果を歪曲していると苦情を述べた。[13]つづいて、元連邦検察官七〇〇人が論争に加わり、モラー報告書は大統領が司法妨害を何度も行なったことを示しており、大統領が訴追されないのは現職の大統領を起訴しないという司法省の政策によるものだと述べた。[14]

モラー報告全文公表を求める情報自由法訴訟で、ある連邦判事が、バーは〝モラー報告の調査結果をゆがめている〟と意見書を書いた。[15]べつの批判者はバーがトランプの手先として働いていると非難した。

モラーの捜査は事実上そこで終わったが、議論は何年もつづくことになる。モラーが探求した調査結果によってトランプが訴追されたり、弾劾されたりすることはなかった。

トランプは、大統領の地位に対する大きな脅威を乗り切った。録音されたインタビューで、トランプはウッドワードに語った。「見事だったのは、あれがぱっと消え失せたことだ。情けない泣き声ひとつで終わった。じつにすばらしかった。埃のなかで終わった[16]」

7

バイデンは立候補するかどうかをじっくり考えつづけていた。二〇一九年初頭、バイデンは、オバマのホワイトハウスで広報部長代行をつとめた経験があり、ワシントンDCの広報・政治コンサルタント会社SKDKのマネジング・ディレクターでもあるアニタ・ダンを招いて[1]、バージニア州郊外に借りた屋敷で会った。[2]

オバマの法律顧問だったボブ・バウアーと結婚しているダンは、民主党中道派の擁護者だった。彼女は誇り高いリベラルだと自負していたが、バーモント州選出のバーニー・サンダース上院議員が二〇一六年の予備選挙でヒラリーと対抗したときに運動を組織して以来、力を強めている進歩派《プログレッシブ》に同調してはいなかった。[3]

サンダースとその支持者たちは、自分たちの政治は〝リベラル〟の左の〝進歩派〟だと定義している。〝進歩《プログレッシブ》〟という言葉には、反体制や反企業の抗議精神があり――したがって、経済や文化の問題により強力な左翼の手法を用いる。進歩派はしばしば〝全国民にメディケアを〟や富裕税のような発想を採用するが、具体的な信条を表わす呼称ではない。

六一歳のダンは、ドニロンやリケッティとおなじ年代に属し、大統領の政治にはジミー・カーター政権からかかわってきた。手強く、信念が強く、したたかで、抜け目がないと見なされていた。

ダンには、バイデンに伝えたい重要な事柄がひとつあった。進歩派の波が全米を席巻したために民主党が下院を制することができたのだと二〇一八年の中間選挙で民主党は錯覚したが、それはたいへんな誤解だったと、ダンは指摘した。

二八歳の民主党の社会主義者のアレクサンドリア・オカシオコルテスが、ニューヨーク州の予備選挙で民主党下院総会議長に対して予想外の勝利を収め、サンダースの同盟者が進出したが、そんな波はなかったと、ダンはいった。

当選したバイデン風の民主党員に目を向けましょうと、ダンはいった。[4] 元CIA工作本部部員だったバージニア州のアビゲイル・スパンバーガー、共和党が長年維持してきた議席を奪い返したそのほかの民主党員たち。

バイデンは、ためらいを口にした。遅すぎるのではないか？ 選挙運動に長《た》けた人材が集まるだろうか？ 用心深く、不安気だった。二〇一五年にオバマ陣営の人間がこぞってヒラリーのもとへ走ったことを思い出しているのは明らかだった。

立候補すれば支持します、ダンはバイデンにいった。バイデンには明らかに優位な特徴がひとつある。ほとんどの候補者はメッセージを打ち立てるのに苦労する。バイデンの場合は、本人がメッセージそのものだった。

しかし、バイデンに指揮能力が欠けているのが、ダンは心配だった。決定を下すのが遅いことが知られているし、強力な立場で選挙を開始するのに欠かせない運営体制《オペレーション》がまだできあがっていない。人材採用の権限をあたえられている人間がだれもいないようだし、まだ確定していない選挙に参加するよう求めるのはためらわれるとバイデンは思っているようだった。

トランプに勝つことができるとバイデンが思うようなずば抜けた候補が現われたら、バイデンは出馬しないかもしれないと、ダンは結論を下した。

三月初旬、バイデンは副大統領第一期の最初の二年間、首席補佐官だったロン・クレインを呼んだ。

「こっちへ来て、選挙運動について話をしてくれ」バイデンはいった。

五五歳で、黒い髪が波打っているクレインは、何年も教鞭をとっていた大学学長のような風采だった。権力になじみ、政策の根底の細部にはさらになじみが深かった。悠然として社交的だが、自分の政治目標を混乱させようとするものがいれば、強引に押しのける。

クレインは二〇年以上前にバイデンの傘下にはいり、バイデンが委員長だった上院司法委員会の首席法律顧問をつとめた。バイデン陣営のアイビー・リーグ成績優秀者のひとりで、ハーバード大学ロースクールの優等卒業生、《ロー・レビュー》の編集者、バイロン・ホワイト最高裁判事の法務書記という経歴の持ち主だった。

クレインは、中央政界の序列とバイデンにも油断なく目を光らせていた。率直にこういったことがある。「ジョー・バイデンは二〇〇八年に大統領に立候補した。だれだって、大統領になれないと思ったら、立候補しないだろう？　民主党員の九九％が、ほかのだれかが大統領になるべきだと思っていたのは明らかだったが。バイデンは自分がなるべきだと思った。副大統領になっても、そういう気持ちをひきずるものなんだ」

二〇一六年には、バイデンの決断があまりにも遅かったので、クレインはヒラリーを応援した[5]。その決裂が、ずっとふたりにとってはつらかった。

「バイデンの脱落でこういう役目を果たしたのは、いささか心苦しかった」バイデンが立候補断念を発表する一週間前の二〇一五年一〇月、クレインはヒラリーの選挙対策責任者ジョン・ポデスタにそう書き送った。「彼らは私とは絶交だと思っているだろう――だが、私はチームＨＲＣ《ヒラリー》に参加してよかったと思っている」これはロシアにハッキングされたポデスタのメールから掘り起こされたものだ[6]。

ＡＯＬ創業者スティーブ・ケースが経営する調査会社に勤務していたクレインは、メリーランド州チェビーチェイスの自宅で車に跳び乗り、二時間かけてウィルミントンへ行った。二時間ずっとバイデンの選択肢を分析するのは、政治知識を駆使する高度な作業で、クレインはうっとりとそれにふけった。クレインはワシントンＤＣの半恒久的な政治クラブに属していて、いまは民間セクターにいるが、大統領の政治の世界に復帰できるチャンスに飛びついた。

「これをやらなければならないと感じている」ふたりで腰をおろすと、バイデンはいった。

「トランプが具現している政治は、どこかが根本的におかしいし、間違っている」

バイデンのつぎの言葉は、クレインの心から永久に離れないだろう。「この男は、本当はアメリカの大統領ではないんだ」

バイデンの確信は、クレインにとって意外だった。いつものうんざりする右顧左眄《うこさべん》や、重要な決定のプラスとマイナスをつつきまわすのを予期していたからだ。

一九八〇年代末に最初に大統領選挙に出馬したときのバイデンとまったくちがう口調だということにも、クレインは感銘を受けた。当時は、どういう種類の候補なら勝てるかということに賭けるのが、話題の中心だった。当時四四歳だったバイデンは、うってつけの世代だった。外見もふさわしかった。ケネディに似た姿を《ナショナル・ジャーナル》が表紙に載せ、当時はかなり誉めそやされた。

一九八八年はすべてが政治的な計算で成り立っていた――ホワイトハウス入りにはなにが必要かを、マーケティング部門が調査するようなものだった。結果は悲惨だった。

いまはまったくちがうと、クレインは感じた。これは政治論議ではない。トランプが壊したものを修繕する、ひとつの使命なのだ。ふたりはバイデンが勝てる州、民主党の青い壁（民主党の勝利がほぼ確実な一八州とワシントンDC）、選挙人団の話はしなかった。

立候補を表明している他の候補者たちは、アメリカはトランプのページから先へ進む必要があると主張していた。バイデンは、トランプについてひっきりなしに、ひょっとするととぎれることなく話をするといった。

「ご家族にとって耐えがたいことになりますよ」クレインはバイデンにいった。「トランプについてひとついえるのは、ルールがないということです。彼はあらゆる嘘、荒い言葉、意地の悪い言葉を、あなたとご家族に投げつけるでしょう」

ハンターの芳しくない面が、すでにマスコミに伝わっていた。アルコール依存症、薬物濫用、問題の多い海外の金融資産、ボーの寡婦との関係、多額のクレジットカード債務と税金滞納。元妻のキャスリーンは、麻薬と女性関係でハンターが家計をだいなしにしたと告発していた。[7]

クレインはなおも説いた。「あなたの家族は、これから起きることに対してほんとうに覚悟があるのですか？」ハンター問題を暗に示していた。

ある、とバイデンはいい張った。彼らはわかっている。

「あなたはこれから起きることに対する覚悟がありますか？」クレインはきいた。「これまでやってきたのとは、まったくちがう選挙運動になりますよ」

二〇〇八年に立候補したとき、バイデンと共和党候補のジョン・マケインは、オフレコの非公式ルートで話をして、対立があまり激しくならないようにした。

「今回は、電話で話はできませんよ」クレインはいった。「死ぬまで戦うことになります。制限は一切ありません。トランプはありとあらゆる道具を使うでしょう。合法であろうと非合法であろうと。公正であろうと不公正であろうと。事実であろうと虚偽であろうと。あなたとあなたの家族を滅ぼすために」

バイデンは譲らなかった。決断の線を越えていた。立候補するつもりだった。

通常の発表を行なうには、時間が足りなかった。優秀な選挙運動員はすでに、カマラ・ハリス上院議員や、進歩派としての評判を確立して勢力を固めているマサチューセッツ選出のエリザベス・ウォーレン上院議員のもとで働いていた。[8] インディアナ州サウスベンド市長で三七歳のピート・ブティジェッジ――同性愛者で退役軍人でローズ奨学生――は、絶賛されていた。[9] 一部の献金者や政敵にはひそかに、バイデンは過去の遺物だと軽視されていた。

バイデンとクレインの六時間に及ぶ話し合いは、午後四時すぎに終わった。

「私は勝つ」バイデンはクレインに告げた。

8

「いいかね」この時期に、ジョー・バイデンはマイク・ドニロンにいった。「決めるのは家族だ」

バイデンとジルは、二〇一九年二月初旬に家族会議をひらいた。孫五人も含まれていて、じりじりと出馬に近づいていることを補佐官たちにそれとなく伝えていた。

「あなたたち、どう思う？」ジルが孫たちにきいた。[1]「じじ《ポプ》はこれを考えているのよ」

バイデンの孫たちは興奮した。「ポプ、やらなきゃだめだよ！　やらなきゃだめだよ！」だが、ジョーとジル・バイデンはためらった。バイデンが出馬すれば、長く困難な選挙戦になり、悪意に満ちた攻撃が家族に浴びせられるとわかっていたからだ。

わかってる、ポプ。[2]孫たちはバイデンを安心させようとした。バイデンはその年の後日、孫たちがひとりひとり「自分が書いたお話をくれて、たいへんだというのはわかっていると伝えてくれた」それでも、バイデンと一家が全員、立候補に賛成している理由も書かれていた。

バイデンの孫ロバート・〝ハンター〟・バイデン二世は、父親ボーの葬式でバイデンといっしょに写っている写真を渡した。そのときロバートは九歳で、バイデンがしゃがみ、慰めるためにロバートの顎を片手でくるんでいた。

オンラインの右派勢力は活気づいて、バイデンのその仕草についてでたらめなことをいい立て、小児性愛者だとほのめかした。[3]ロバートは祖父に、選挙運動が汚い戦いになるのは知っているといった。

「私たちは何事も家族会議でやります」[4]二〇一九年二月二六日、バイデンはデラウェア大学で聴衆に向かっていった。立候補すべきだという〝総意〟があったと述べた。

「私にとって人生でもっとも大切な人々が、立候補してほしいと私にいいました」

バイデンは明かさなかったが、彼の家族は重大な危機のさなかにあった。[5]ハンター・バイデンは、クラック・コカイン中毒にさいなまれていた。バイデンの親しい友人たちは、ハンターのことがバイデンの頭を片時も離れないようだと、お互いに話し合っていた。

ハンターは治療センターから脱け出して、コネティカット州ニューヘブンのモーテルに隠れていた。かき集められるだけのクラック・コカインを吸い、夜中に通りをうろついたり、ポルシエで長距離のドライブをしたりしていた。〝死の願望〟があり、〝いつどこでもクラック・コカインを見つけられるのは〟自分に超能力があるからだと、回顧録に書いている。

〝悪行がとまらなかった〟。

ジョー・バイデンは、ハンターに頻繁にメールを送り、電話をかけて、健康状態と所在をたずねた。

〝なにも問題はないと、私は父にいう〟。ハンターは書いている。〝万事順調だと。でも、しばらくすると、父はもう信じなくなった〟。

二〇一九年三月、家族は干渉することにした。

〝ある日、三週間か四週間、むちゃなことをやっていると、母が電話してきた〟ハンターは回顧録に書いている。[6]

〝家で家族のお食事会をすると、母がいった。あなたも来て、何日かデラウェアに泊まりなさいと。もう長いあいだみんなで集まったことがなかったから、楽しそうだった。私はひどい状態だったが、心惹かれた〟。

〝着いたのは金曜日の夜だったと思う。家にはいると、いつものように明るく、居心地よさそうだった〟。娘三人――ナオミ、フィネガン、メイシーがいたので、ハンターは驚いた。〝なにかが起きそうと、そのときに気づいた……そこで、母と父を見ると、気まずそうな笑みを浮かべ、苦しげな顔をしていた〟。

ハンターは、部屋にカウンセラーがふたりいるのに気づいた。ペンシルベニアのリハビリテーション・センターで会ったことがあった。

〝いやだ〟。ハンターはいった。父親が怯えた顔で見たのを憶えている。

〝ほかにどうすればいいのかわからなかった〟。父親が懇願した。〝怖くてたまらない。どうすればいいのか教えてくれ〟。

〝これだけはいやだ〟。ハンターはいった。
〝最悪だった。最悪だった〟と、ハンターはそのときの気持ちを書いている。やがてすべてが、〝緊迫した悲痛な議論になった〟。ハンターが帰ろうとすると、バイデンが私有車道まで追いかけてきて、捕まえ、泣きながらぎゅっと抱き締めた。娘のひとりが、ハンターの車のキーを取りあげた。

愁嘆場を終わらせるために、ハンターは近くにあるメリーランドのリハビリテーション・センターに行くことに同意した。〝なんでもいいから頼む〟。ジョー・バイデンが懇願した。

だが、そこまで車で送られるとすぐに、ハンターはウーバーの車を呼んで、ホテルの部屋に戻り、またクラック・コカインを吸った。〝それから二日間、親の家にいた家族は全員、私がリハビリテーション・センターに無事に入所していると思っていた。私は部屋にいて、旅行カバンに入れてあったクラック・コカインを吸っていた〟。

そのあと、ハンターはカリフォルニア行きの航空券を予約して、〝逃げ、逃げ、逃げた〟[7]。〝行方をくらました〟とハンターは書いている。

9

許可が出たので、マイク・ドニロンはバイデンが立ち向かうことになる数々の罠について、意見書を用意した。つまるところ、ツイッター（現・X《エックス》）とレポーターの雑音を無視するのが肝心だった。〝ジョー・バイデンとして立候補する必要がある〟というのが、意見書の要点だった。

ドニロンは、意見書の内容をまとめて口頭でバイデンに伝えた。直截ないい方だった。

「いいですか、あなたは何者であるかを示して立候補しなければなりません。それはどういうことか？　あなたはずっとアメリカ合衆国の副大統領だった。この選挙を有権者にひとつのプロファイルを示してはじめられる。それは並はずれて強力だし、ありのままの自分でいることで、それを得ている。そして、それを変えようとするなら、家に帰ったほうがいい。わざわざやるには及ばない」

ふたりは〝魂《ソウル》〟という概念に立ち戻った。そのころには、それはバイデンのレトリックに植え付けられていただけではなく、歴史家ジョン・ミーチャムの二〇一八年の著書『*The Soul of*

America』（『アメリカの魂』未邦訳）がベストセラーになったおかげで、信奉者がおおぜいいる考え方になっていた。[1]

その年の冬、デラウェア大学でバイデンの後援会の司会をつとめたミーチャムは、「シャーロッツビルのことがあったから本を書いたんです」とバイデンにいった。[2]

テネシー州在住のミーチャムは、表立たずにバイデンやドニロンと親交を深め、言葉遣いや歴史上のちょっとした情報について電話で見識を提供した。ミーチャムの定義では、魂は価値観の組み合わせで、アメリカ人を神の恩寵に向かわせる力だという。

バイデンとドニロンは、協力をありがたく受け入れた。ミーチャムはケーブルニュースに頻繁に登場する有識者の多くとは異なり、バイデンのことを理解しているようだった。ミーチャムは非公式にゆっくりと、まだ発表されていないバイデンの選挙運動に向けて、〝権力の歴史家〟と呼ばれたアーサー・M・シュレジンジャー・ジュニアのような存在になった。[3]

「発表する」二〇一九年三月、デラウェア州の議員三人に向けて、バイデンはいった。バイデンは、クリス・クーンズとトム・カーパーの両上院議員と、デラウェア州のたったひとりの下院議員リサ・ブラント・ロチェスターを、コンスティテューション・アベニュー一〇一番地の昼食会に招いていた。

クーンズは、イエール大学ロースクールと神学大学院を卒業していて、バイデンのことを理解していると、つねに思っていた。ふたりとも信仰に篤い人間、デラウェアの人間だった。

クーンズはバイデンとは三〇年来の付き合いで、バイデンが政治家としてスタートを切ったのとおなじニューキャッスル郡議会の議員になった。ふたりは親しい友人でもあり、バイデンが副大統領になって上院議員を辞任した二〇一〇年に、上院補欠選挙に立候補するようボーがクーンズに勧めた。

バイデンが立候補すると聞いても、クーンズは驚かなかった。バイデンはシャーロッツビルのことや、アメリカの憂慮すべき分断について語った。バイデンの基本的な宣伝文句は磨き抜かれていた。

昼食会が終わると、カーパーとブラント・ロチェスターは帰っていったが、クーンズは残った。バイデンとふたりでデラウェア州の話をした。

「ジョー」クーンズはバイデンの目を見つめていった。「きみにひとつ助言したいことがある。それに、これは聞きたくないかもしれないが、リサは自分の能力で下院議員になった」ブラント・ロチェスターは、デラウェア州全州区選出の初の女性議員であり、初の黒人議員だった。[4]

「彼女はデラウェア州全州区で選ばれた議員だ」（デラウェア州の下院議席はひとつだけ）

「そうだな」バイデンはいった。「なにがいいたいんだ？」

「きみは市議会議長だった彼女の父親の話をした。ジョン・ルイスとも親しいという話をした」ジョージア州選出のルイス下院議員は、公民権運動の象徴だった。「この人物、あの人物に、支持されるだろうという話をした。

きみは彼女に敬意を表し、彼女の目を見つめて、〝下院議員、あなたの支持が得られれば光栄です〟といわなければならなかった」

バイデンは目をしばたたき、窓から外を見た。

「そうしたつもりだった」バイデンはいった。

「いや、そうしなかった」クーンズがいった。「彼女にノーといわれたくないから、気詰まりするんだろう。それに、私たちは軽くあしらわれたくないから、気詰まりする。でも、あえてきみにいうが、彼女にじっさいに敬意を表して支援を求めるのに、時間を注ぎ込む必要がある」

バイデンが怒るのではないかと、クーンズは一瞬不安になった。間を置いて、それ以上はいわなかった。バイデンが、クーンズの顔を見た。

「ああ、ボーがここにいたら、そういうだろう」

バイデンは物静かになった。「これは思ったよりも厳しくなりそうだ。そういう助言をしてくれる人間がいないからだ。約束してくれ。私がそういうことをやるのを見たら、私が怒っても、聞きたくないと思っても、私にいってくれ」

クーンズは、約束した。

「あの昼食会の流れをどんなふうに感じたかと、ふと思ったんだ」クーンズは、その後ブラント・ロチェスターに電話をかけてそういった。

沈黙が流れた。バイデンは敬意を示して自分たち三人に支援を求めたと思うかと、クーンズはきいた。

「ぜんぜんちがう」ブラント・ロチェスターがいった。「父が彼を支援したから、私も支援すべきだという口ぶりだったわ。でも、私は父じゃない」

「そうだね」クーンズはいった。「私にもそんなふうに聞こえた」すでにバイデンにその話をしたことは伏せてたずねた。「これを前副大統領に伝えたら、気を悪くするかな？」

「ちょっとむっとしたから、そうしてもらえると助かるわ」ブラント・ロチェスターがいった。

まもなく、ブラント・ロチェスターは土曜日にバイデンの自宅に招かれた。バイデンが大統領候補として適任かどうかに、重大な疑問を抱いていた。〝これをやる覚悟がほんとうにあるのかしら？〟と思った。〝彼しかいないの？〟ドアをノックした。だれも出てこなかったが、犬の鳴き声が聞こえた。

突然、バイデンが車で坂道を下ってくるのが見えた。コーヒーとベーグルを持っていた。食事を済ませたかどうかわからなかったので、とバイデンはいった。ふたりはバイデンの書斎に行った。ボマージャケットを着たボーの写真に、ブラント・ロチェスターは気づいた。

厳しい質問を望んでいると、バイデンはブラント・ロチェスターにいった。

党の進歩派と穏健派の溝をどうやって埋めるのかと、ブラント・ロチェスターは質問した。この運動をどういう人間に運営させるのか？　だれを閣僚にするつもりなのか？

バイデンの答えはとりたてて独創的ではなかったが、取り組みの熱心さに彼女は感銘を受けた。もっと質問してほしいと、バイデンは促した。家族は犠牲を払うことになるだろうが、立候補するよう激励してくれたのだと話すときには、つらそうだった。国内政策については、オバマケアを拡大するといった。

副大統領候補には女性を選ぶつもりだと、バイデンはブラント・ロチェスターに告げた。ブラント・ロチェスターは驚いた。バイデンはまだ、公にはなにもいっていない。

〝一期で退任する〟と公言するよう、みんなに圧力をかけられているが抵抗していると、バイデンはいった。

二時間半後、バイデンはブラント・ロチェスターを車まで見送った。帰る前にいっしょに短いお祈りをしましょうと、ブラント・ロチェスターがいった。ふたりは祈った。バイデンは機会をものにする定めなのだと感じながら、ブラント・ロチェスターは走り去った。

ほどなくブラント・ロチェスターはバイデン支持を表明し、ハーレムから保守的な中部地域に至るまでいくつもの州や教会をまわって、バイデンのために運動した。クーンズよりも熱心に、バイデンのために選挙運動を行なった。バイデンはブラント・ロチェスターに選挙対策本部の共同本部長を引き受けてもらい、副大統領候補選定委員会にも参加してもらった。

バイデンが当選したら依頼が押し寄せることを、ブラント・ロチェスターは心得ていた――助言、特殊な嘆願、推薦。だが、ブラント・ロチェスターはバイデンの近くにいて、時間を懸命に配分した。「話をよく聞く人だと、私はずっと思っていました」と彼女はいった。

バイデンの過去の習癖が尾を引いていた。候補者や選挙で選ばれた公職者の女性と会うときに抱き締めてキスをする嗜好[5]が、セクハラや暴行だとして、あらためてミー・トゥー運動に批判された。[6]

バイデンは以前から、自分の女性との交流を性的なものにしようとする共和党の無作法なやり口だとして、こういう批判を軽視していた。しかし、二〇一九年三月二九日には、共和党ではなく民主党の元ネバダ州議会下院議員の女性が、二〇一四年の行事で頭のうしろにキスをした〝下品で失礼な行為〟についてバイデンを非難した。

〝無様なキスでジョー・バイデンを見る目が変わった〟という見出しで、そのネバダ州の民主党員ルーシー・フローレスが、《ニューヨーク》誌に記事を書いた。[7]バイデンは啞然とした。側近との電話で、バイデンは傷つくとともに怒っているようだった。「私は絶対にそんなつもりは……」いいかけたが、言葉がとぎれた。

そして、数日後の演説でバイデンは、紹介してくれた組織の代表にはハグする許可をもらうようにしていると冗談をいった。[8]記者たちに、「自分がやったことに後悔していない」といった。激しい反応があった。バイデンはそのジョークをいうのをやめた。

ジルは自著で、夫はハグするのがあたりまえの家族の出身だと述べている。[9]だが、フローレスの件につづいて、バイデンに触られたとか、キスされたというような苦情をべつの女性六人が公にすると、バイデン夫妻は気まずい思いをした。ジルは夫にきっぱりといった。あなたは変わらなければならない。いますぐに。

「彼はひとと距離をあけるようにする必要があります」ジル・バイデンは、〈CBSジス・モーニング〉で語った。[10]名乗り出た女性たちは勇気があるといった。「ジョーはそういうメッセージを聞き入れました」

10

二〇一九年四月、バイデンとドニロンは、選挙戦開始の圧力を受けていた。すでに一九人の民主党候補が名乗り出ていた。過去数十年で最大の混戦だ。[1]

ドニロンは当初、バイデンはシャーロッツビルで演説すべきだと考えた。だが、バージニア大学を背景にすると、いろいろ厄介な問題が起きる。そこで、バイデンは彼らしくない役割を演じた。演出のきいた三分半の録画された動画を、ソーシャルメディアで共有した。より若々しく、現代的な手法だった。

スーツの上着に、シャツの襟ボタンをはずし、劇的なBGMとともにバイデンがいった。[2]「バージニア州シャーロッツビルには、人類史上の偉大な文書のひとつの作者が眠っています」トーマス・ジェファーソンのことだ。そこは「ここ数年間、この国を特徴づける瞬間の発祥地でもあります。

私たちがホワイトハウスをドナルド・トランプに八年間任せたら、彼はこの国の性格を永遠に根本的に変えてしまうでしょう。私たちが何者であるかを。そんなことが起きるのをじっと見守っていることはできません」

これになにが含まれていないかに着目したい。経歴はない。政策論議もない。ただシャーロッツビルと〝国の魂〟と、トランプが道徳を破っていることだけだ。

この声明のニュース報道は、一応確認するという程度のものだった。毎回出てくる候補者だ。政治記者の多くは、バイデンに興味が湧かなかった。好きな祖父だが、昔話ばかり聞かされる。進歩派は、バイデンをイラクと一九九四年施行の「暴力犯罪取締・法執行法」（バイデンが起草し「バイデン犯罪法」と呼ばれる）について民主党が犯した過ちの象徴、過去の遺物だとして、表向きは毛嫌いしていた。[3] この法律は有色人種に非常に不利益に働いた。アニタ・ヒルが最高裁判事候補クラレンス・トーマスにセクハラを受けたとする裁判への対応についても、バイデンはかなり批判された。

バイデンの側近内部では、ニュース報道の裏にある微妙な当てこすりに、ひそかに不満をつのらせていた。何度も敗北して早々と撤退したことがある年寄りの白人男が、もっとも多様性の高い大統領予備選挙に参加しているとほのめかされていた。彼がトランプに真正面から戦いを仕掛けているのが、彼らにはわからないのか？

バイデンは、ワシントンDCからウィルミントン行きのアムトラックに乗った。[4] 上院議員時代、家族がいる自宅へ帰るのに、毎晩そうしていた。〈ジャンニのピザ〉に寄って、ペパロニ・ピザのテークアウトを注文し、地元住民と話をした。それから、午後四時三〇分くらいにヘザー・ハイヤーの母スーザン・ブローに電話して、彼女の死を悼んだ。

その後、バイデンはフィラデルフィアの選挙資金集めの集会へ行った。[5] 翌日、ソーシャルメディアでの声明から二四時間で六三〇万ドルが集まったと報告された。初日に集めた資金としては、どの民主党候補者よりも多かった。

ドニロンは、反対意見、ことに〝魂〟という主題は曖昧で古臭いという意見のさなかでも、期待できると思っていた。バイデンはそういう人間なのだ。ありふれた民主党候補として、経済やヘルスケアについて公約して、ありふれた大統領選挙運動を行なうことだけは避けたいと、ドニロンは思っていた。なにかもっと大きな力が作用していた。

トランプのホワイトハウスは、驚いていた。論争好きな大統領顧問ケリーアン・コンウェイは、バイデンの動画を分析して、これではジョー・バイデンに勝ち目はありませんね、とトランプにいった。シャーロッツビル？

トランプは同意した。馬鹿げていると思った。

「彼がほかの候補を追い抜くには」コンウェイは、トランプにいった。「バラク・オバマのナンバー2だったのは自分だけだということを、みんなに念押しする必要がありました」オバマの支援がある、政府での完璧な経歴があるのだと。ところが、バイデンはオバマのことも自分の経験のこともいわなかった。

もっといい方法があると気づいたコンウェイは、自動的に選挙運動モードになった。バイデンはこういうべきだった。「政府での経験がじゅうぶんではないと、トランプのような大統領になりますよ。私のように議会に詳しくないと、トランプのような大統領になりますよ。オバマの時代が懐かしいのなら、あなたが選ぶのは私です」

コンウェイは、それをドジった宣言と呼んだ。「バイデンはつぎのチャンスも逃しましたね。宣言した日に、オバマ－バイデン陣営が二度制し、大統領が二〇一六年の選挙で制した州で六カ所か七カ所、精力的かつ熱心に遊説すべきでした」

前回選挙でトランプが僅差で勝ったミシガン州、ウィスコンシン州、ペンシルベニア州のことだ。[6]「バイデンは組合の人間に後援してもらうべきでした。〝あなたがたの支援がほしい〟と有権者にいうべきでした」

トランプはうなずき、バイデンを民主党の姿勢と一致しない、影響力がほとんどないか皆無の候補者だと酷評した。だが、バイデンがそれなりの銘柄《ブランド》であることも知っていた。銘柄の力を、トランプはよく知っていた。オバマ－バイデンは大統領選挙で二度勝利を収めている。目を光らせていようと思った。

〝レースに歓迎する、居眠りジョー〟。トランプは、ツイッターに書いた。[7]〝予備選挙で勝つ知性があることを願う。長いあいだあるのかどうか疑われているからね。不愉快なことになるぞ――不愉快な狂った考えを抱いている連中を相手にすることになる。しかし、あなたがやり遂げたら、出走ゲートで会おう！〟。

数日後、マリーン・ワン（大統領専用ヘリコプター）に乗る前に、トランプはホワイトハウスの芝生で記者たちと話をした。ヘリコプターのブレードがうなりをあげていた。トランプは上機嫌で、嘲《あざけ》るような口調でいった。

「若者になった気分だ。すごく若返った。信じられない」トランプは記者たちにいった。[8]「私は若くて元気いっぱいだ。

ジョーを見ると、どうなのかわからないね」

その日、ABCの〈ザ・ビュー〉に出演したバイデンは、トランプの言葉に対して、ふざけて一秒間うなだれてみせてから、怒ったように二度まばたきをして、それから笑みを浮かべた。[9]「いいかね」バイデンはジョークをいった。「彼が私よりも若くて元気いっぱいに見えるようなら、私は家に帰ったほうがよさそうだ」

バイデンは、トランプに油断のない目を向けていた。二〇一九年四月、バイデンは全米トラック運転手組合第二四九支部の騒々しい聴衆に自分のミドルクラス論を提示するために、ピッツバーグへ行った。

「私は組合の支持者だ」大衆に向けて、バイデンは告げた。[10]「二〇二〇年にドナルド・トランプを打倒できるとしたら、それはここからはじまる」

だが、夏になってアンサローネが示したアイオワ州の世論調査では、〝魂〟は失敗だった。[11]初戦が行なわれるアイオワ州の民主党員たちは、もっと大胆な経済方針を打ち出してほしいと願っていた。

ドニロンは譲らなかったし、バイデンも変更を求めなかった。それが〝国の魂〟だった。

11

セドリック・リッチモンドの政治の師、下院民主党院内幹事のジェームズ・クライバーンは、批判を何度も耳にした。またバイデンか？　どうして新しい血を入れないんだ？　黒人民主党員が、自分たちの代表を後押しすべきではないか？

しかし、サウスカロライナ州の民主党員のクライバーンにとっては、ふつうの年ではなかった。クライバーンはバイデンよりふたつ年上で、下院では最高位の黒人指導者だった。トランプを打ち負かさなければならない。

少年時代やチャールストンの公立学校教師だったころから不屈の運動家だったクライバーンは、私生活の時間も大切にしていた。[1]最近ではイタリアを中心とするファシストの歴史を研究している。トランプがアメリカのベニト・ムッソリーニになるのではないかと見ていた。

再選に敗れても、トランプはホワイトハウスを出ないのではないかと、クライバーンは思っていた。

二〇一九年六月二一日金曜日、蒸し暑いなかでバイデンは、クライバーンが年に一回ひらいている、魚のフライを出す野外パーティに出席するために、サウスカロライナ州コロンビアへ行った。民主党の大統領候補を目指すなら、かならず行かなければならない集まりだった。客はほとんどが黒人で、タラの切り身を揚げたものにホットソースをつけて食べていた。[2]

バイデンは、サウスカロライナのパーティ王に勢いをつけてもらい、支援を表明してもらう必要があった。

バイデンの選挙運動のニュース報道は、最悪の方向へ進んでいた。その週、バイデンは、中央政界にはかつて〝礼節をわきまえた〟時代があったと発言した。[3] そして、人種分離主義者の上院議員と協力したことに触れた。

「ジェームズ・O・イーストランドの会派にいたことがある」資金集めの集会で、バイデンはいった。[4] イーストランドは故人のミシシッピ選出上院議員で、人種分離主義者だった。「彼は絶対に私を小僧とは呼ばなかった。つねにわが子と呼んだ」

ジョージア州選出上院議員で人種分離主義者だった故ハーマン・タルマッジの話もした。

「私が知っているなかで、もっとも意地の悪い男だった。こういう男たちは枚挙にいとまがない。どういうことか、想像できるかな？　すくなくとも礼節というものがあったんだ。私たちは物事をやってのけた。ほとんどの物事で、同意はしなかった。だが、物事をやった。片付けた。しかしいまは、向こう側に目を向けると、敵扱いされる。反対派ではなく、敵だ。もう話し合いはできない」

この意見について記者団に追及されると、バイデンは自己弁護した。[5]

「私が上院に立候補したのは、人種分離主義者に賛成できなかったからだ」バイデンはいった。

謝るつもりはありますかと、記者たちはきいた。

「なにを謝るんだ？」バイデンは、驚いたしるしに片方の眉をあげた。「私の体に人種差別主義者の骨はひとつもない」

野外パーティで記者に質問されたとき、クライバーンはかならずバイデンを弁護した。[6]バイデンは善良な人間。それだけのことだ。しかし、支持は表明しなかった。予備選挙ではお気に入り候補の名前を明らかにしないのが、クライバーンのやり方だった。


その晩、自宅に帰ったクライバーンは、六〇年連れ添っている妻におおよその報告をした。クライバーンの妻のエミリーは、糖尿病との何十年もの戦いの終わりに差しかかっていた。クライバーンは、聴衆がジョー・バイデンにどよめくような歓声を送ったことに触れた。

図書館司書のエミリーは、炯眼の政治観察者で、クライバーンの目と耳だった。[7]いっしょに教会へ行くときに、メモ帳を持っていって、会衆の夫に対する反応を書き留めた。読み取った情報を夫に教えるのが好きだった。

「私たちがほんとうに勝って」トランプを打倒するには、「私たちの最善の候補はジョー・バイデンしかいないわ」その晩、静かな声でエミリー・クライバーンは夫にいった。

「おそらくおまえのいうとおりだろう」クライバーンはエミリーにいった。「ただ、それは一般的な考えではない。バイデンが予備選挙を切り抜けるようにするのが厄介だ」

一週間後、インディアナ州サウスベンド市長のブティジェッジが、マイアミの会場でバイデンに目を留めた。バイデンは顔を伏せて手首のロザリオに触れてから、最初の大統領予備選挙討論会のステージにあがるところだった。

バイデンがふりむいて、ボーのロザリオだと、ブティジェッジにいった。

バイデンは、すべての候補者の照準器に捉えられているようだった。荒々しい討論会だった。もっとも激しい攻撃を行なったのはハリス上院議員で、バイデンがずっと前にスクールバスに反対したことを非難した。

「それで、人種問題についてですが」ハリスはいった。[8]「これがまだ誠実かつ正直に話し合われていない問題だということは否めないでしょう」

間を置いて、右に目を向けた。「バイデン副大統領に向けて申しあげます。あなたが人種差別主義者だとは思っていません。共通の地盤を見つけることに取り組んでいることにも賛成です。

しかし、感情を傷つけられました」ハリスはいった。「この国で人種隔離政策を進めて評判と公職を得たアメリカの上院議員ふたりについて、あなたがいったことにです。それだけではなく、あなたはスクールバス反対について、彼らと協力しました。

それに、ご存じのように」ハリスは感情をこめた声でつづけた。「カリフォルニアにひとりの幼い少女がいました。彼女は公立学校の人種差別が撤廃されてから二年目のクラスにいて、毎日スクールバスで通学していました。その少女が私です」

ハリスの言葉は傷痕を残した。

バイデン家の人々は驚き、憤慨した。ハリス上院議員は元カリフォルニア州司法長官で、ボーがデラウェア州司法長官だったときに親しかった。

どうしてあんなことがいえるのか？

だが、翌週のクイニピアック大学の世論調査で、ハリスの支持率は急上昇し、トップのバイデンにほぼ追いついた。[9] 民主党有権者のなかで、ハリスはバイデンの二二%に次いで二〇%の支持を得ていた。

12

進歩派は、党をウォール街や海外政策タカ派から――それにバイデンから――なんとか遠ざけようと行動していた。ハリス上院議員の一線級への昇格は長つづきせず[1]、初秋にはサンダースとウォーレンの両上院議員が、選挙戦の左派の先頭に立っていた[2]。

バーニー・サンダースには、ヒラリーに打ち勝つ寸前に達したように見えた二〇一六年の選挙運動以来の熱烈な支持者がいたが、進歩派の政敵たちには体が弱いと見なされていた。一〇月一日にラスベガスで選挙運動中に心臓発作を起こしたサンダースは七八歳で、予備選挙に残れるかどうかも危ぶまれるようになっていた[3]。

だが、サンダースはすぐさま立ち直り――バイデンを集中攻撃した[4]。若いころは陸上競技の花形選手だったサンダースは、つねに立候補しつづけ、一九七〇年代からずっと全国で勝ち目の薄い選挙運動にいそしんだあと、一九八一年のバーモント州バーリントン市長選挙で青天の霹靂の勝利を収めた[5]。

サンダースとそのチームは、秋の選挙運動を腕ずくでやり抜けば、おそらく二〇二〇年にはバイデンと正面切って対決することになるだろうと予想していた。

「上院議員、そのうちに彼は格好の引き立て役になりますよ」サンダースが信頼する選挙対策本部長のファイズ・シャキールがサンダースにいった。サンダースを歴史の正しい側の進歩派に、バイデンを過去の存在に位置付ければいい。

サンダースは同意した。ブティジェッジやそのほかの候補者は、バイデンに対抗する中道であることを強調しようとしていた。出馬を目指しているビリオネアの前ニューヨーク州知事マイケル・ブルームバーグも同様だった。だが、サンダースは、そういった候補者たちが、自分と上院議員同士だったことがあるバイデンに打ち勝てるとは思っていなかった。

「われわれが打倒しなければならないのはジョー・バイデンだ」サンダースはいった。

シャキールはその後、周囲の人々にいった。サンダースは「つねにそう確信していた。それをひしひしと感じていた。

選挙戦にまつわるどの議論でも、どの会話でも、つねにバイデン、バイデン、バイデンだった。ブルームバーグやウォーレンやほかの候補とはべつだった」シャキールはいった。「なにしろ、サンダースはいつも、〝ジョー・バイデンはどうしている？　彼の選挙運営はどんなふうだ？〟といい、それだけを知りたがった」

ドニロンは、メッセージを大幅に刷新してほしいという執拗な要求に抵抗しつづけていた。バイデンの防火壁《ファイアウォール》（政敵を撃退するための鉄壁の地盤）だと確実視されていたサウスカロライナ州で一連のフォーカス・グループを組織した。

ドニロンは、彼らに動画を見せた。出馬宣言の動画と、べつの〝国の魂〟動画。参加者のほとんどは年配の黒人女性だった。重要になるはずだとクライバーンがいった有権者層だ。動画が映し出されると、女性たちが泣きはじめた。これが私たちの暮らしているアメリカだといった。私たちはそれが怖い。それを心配している。それが私たちの暮らしです。だからバイデンに勝ってほしいと思っています。

ドニロンは、そういう結果を同僚たちと話し合って勇気づけられ、その後こういった。「私はつねにその小さな情報を思い起こす。そのメッセージがとても強力で、有権者、ことにアフリカ系アメリカ人と年配者、サウスカロライナ州のアフリカ系アメリカ人の女性たちにとっては明確で、共感されたことを憶えている」

ツイッターの激しいエコーチェンバーの外で、ドニロンは述べた。この大統領選挙の核心には「根源的な恐怖がある」。

ドニロンはバイデンに情報を伝え、報告した。「彼らは泣きました」

だが、バイデンは助言を聞きたいようだった。世代によるちがいを承知していた。

「あなたのままでいればいいのよ」一〇月に、メリーランド州選出の下院議員イライジャ・カミングスの葬儀で、ペロシ下院議長がバイデンにいった。「あなたが本物であることを示すような形でそうすればいい。結局、人々はそれを見たいのよ。誠実さを。純粋さを」

ペロシはバイデンの選挙運動をずっと観察していて、最初のころにぐらついていたのを見ていた。予備選挙では中立を守るつもりだったが、個人としても政治の面でも、バイデンへの好意を隠そうとはしなかった。

「それから」ペロシはつけくわえた。「ちかごろの若者は、注意力が長続きしない。だから、私たちはみんな話を手短にしないといけないのよ」

その年末には、投票が行なわれる前にハリス上院議員とテキサス州選出のベト・オルーク下院議員が、当初の熱意とは裏腹に、選挙戦から脱落した。

バイデンは生き延びていたが、その選挙運動はまだぎくしゃくしていた。投票が早く行なわれる州では、サンダース、ウォーレン、ブティジェッジが猛進していた。

一一月にブルームバーグが選挙戦に跳び込み、数百万ドルの資金を宣伝と末端の運動に注ぎ込んだため、事態はいっそう複雑になった。[6] 出馬表明が遅かったため、ブルームバーグは、投票が早く行なわれる州での競争を回避するという、異例の手法に賭けた。

オハイオ州選出の民主党下院議員ティム・ライアンのようなバイデンの同盟者たちは、不安にかられた。バイデンはニュースから追いやられたように見えた。

「計画を信じよう」ピッツバーグ空港で行き合ったときに、バイデンはライアンにいった。

二〇一九年一二月五日、ウッドワードの著書『RAGE 怒り』のためのオーバル・オフィスでのインタビューでトランプは、民主党の大統領候補がだれになるか、予測を聞かせてほしいとウッドワードにいった。[7] ウッドワードは答えるのを避け、逆にトランプに聞き返した。

「率直にいって、ろくな候補がいない」トランプはいった。「困ったことだよ。民主党の候補者の顔ぶれには困惑を禁じえない。私はいずれかの候補と争うことになるかもしれないが、見当もつかない。選挙とはそういうものだ。そして、いまは私がだいぶ有利だ」

13

二〇二〇年一月、バイデンは党員集会に先駆けて、アイオワ州で休む暇もなく運動していた。各地へ行く合間に、長年の主な外交政策顧問のアントニー・ブリンケンと頻繁に会い、世界情勢の説明を受けた。

ブリンケンは、バイデンの国家安全保障問題担当副大統領補佐官を何年もつとめたあと、オバマ政権で国務副長官に就任した。[1] その後もずっと政府の外交政策や情報関連の要人と連絡を取りつづけ、政府外の人脈もあった。

専門家としても個人としての付き合いでも如才ない外交手腕を発揮するブリンケンは、髪を長くのばし、お父さんロックバンドを組んでいる。[2]

その一月、伝染力の強いウイルスについての情報が、中国から伝わってきた。[3] 一月二三日、もっとも人口が多い都市のひとつである武漢を中国政府がロックダウンし、住民一一〇〇万人が自宅から出ることを禁じて、集団発生《アウトブレイク》を抑え込もうとした。

ブリンケンはバイデンに、世界的な公衆衛生上の緊急事態が爆発するかもしれないと告げた。

ひょっとすると世界的大流行《パンデミック》になるかもしれない。それについて話をするよう、ブリンケンはバイデンを促した。

バイデンは、二〇一四年末から二〇一五年初頭にかけてオバマ政権でエボラ出血熱危機を監督したクレインと話をした。クレインは、エボラ出血熱が流行していた国からの入国者の追跡を指揮し、アメリカ疾病対策センター（CDC）と密接に協力した。[4]

先頭に立ってやるべきですと、クレインはバイデンに提案した。警告のホイッスルを大きく鳴らしましょう。

こういうアウトブレイクは、つねに予想以上に激しく、長期にわたると、クレインはいった。完全に消滅するまで終わらないし、対応が過剰か過少になる危険性があります。

まさに統治と組織化が重要な問題だと、ふたりは意見が一致した。トランプには処理できない。だが、バイデンにはできる。

バイデンとそのチームは、世界的な公衆衛生危機について旅行者に警報を発するために、日刊紙《USAトゥデイ》に寄稿した。[5]

一月二七日付に掲載された寄稿の見出しは、〝コロナウイルス・アウトブレイクに対処するのにトランプは考えられる最悪の指導者だ〟というものだった。〝すべて自然とうまくいく〟というトランプのツイートと、当選したらCDCとアメリカ国立衛生研究所（NIH）の予算を〝大幅に削減する〟という提案を、バイデンは激しく非難した。自分が当選したら〝つねに科学を擁護し、恐怖を政治に利用するようなことはしない〟と約束した。

その翌日、トランプの国家安全保障問題担当大統領補佐官ロバート・オブライエンが、機密《トップ・シークレット》(最高度の秘密区分。以下の区分は「極秘」と「秘」)の大統領日報《PDB》で、肺炎のようなものを引き起こす謎のウイルスのアウトブレイクが重大事になるだろうと、トランプに警告した。

レゾリュート・デスクに向かって座っていたトランプが、オブライエンを真剣なまなざしで見た。

「これは大統領在任中、最大の国家安全保障関連の脅威になるでしょう」オブライエンはいった。[6]

「それについて、私たちはなにをやるんだ?」トランプは、国家安全保障問題担当大統領副補佐官のマシュー・ポッティンジャーにきいた。ポッティンジャーは《ウォール・ストリート・ジャーナル》の記者として中国に駐在したことがある。そのウイルスでアメリカでは数十万人が死ぬと中国の優秀な情報源が確信していると、ポッティンジャーが告げた。

中国からアメリカへの渡航をやめさせましょう。大規模な公衆衛生危機が起きようとしていますと、ポッティンジャーはいった。アメリカ人が六七万五〇〇〇人死んだと推定されている一九一八年のスペイン風邪大流行に似たものになるかもしれません。

三日後、トランプは中国との旅行を制限したが、気が散っていた。まもなくスーパーボウルがある。民主党の大統領候補予備選挙、一般教書演説——それに、上院の弾劾裁判もある。厄介な悩みの中心は、トランプがバイデンについて抱いている不安だった。[7]トランプは公にはバイデンをたいしたことないと軽視していたが、本人も上級補佐官たちも、バイデンがヒラリーとはちがってブルーカラーの有権者層に強力な支持基盤があることを知っていた。トランプはヒラリーに接戦で勝ったため、これらの有権者の支持を崩されると、再選の見込みが危うくなりかねない。

前の年の二〇一九年七月二五日に、トランプはウクライナ大統領に当選したばかりのウォロディミル・ゼレンスキーに電話をかけた。ゼレンスキーは、ロシアと紛争中のウクライナにアメリカの軍事援助を求めていた。

トランプが後日公表を命じたその電話の筆記録によれば、トランプはゼレンスキーに、ウィリアム・バー司法長官および自分の顧問弁護士ルディ・ジュリアーニと、バイデン家について、ことに訴訟に直面していたウクライナのエネルギー企業ブリスマの取締役になっていたハンターの捜査に関して話をしてほしいと頼んだ。[8]

二月初旬、トランプは共和党が支配する上院の弾劾裁判で、職権濫用と議会妨害の容疑について無罪を宣告された。[9] 憲法は大統領解任には三分の二の賛成が必要だとしている。その六七票に、一〇票足りなかった。

ヒラリーの国務長官副補佐官とバイデンの国家安全保障問題担当副大統領補佐官をつとめたジェイク・サリバンも、バイデンの選挙運動ですばらしい業績を挙げていた。

四二歳のサリバンは、イェール大学ロースクール出身、ローズ奨学生で、スティーブン・ブライヤー最高裁判事の法務書記をつとめたこともある。サリバンはひどく痩せていて、用心深く、生真面目だった。バイデンは会議でよく質問した。「ジェイク、きみはどう思う?」

サリバンは、まもなく行なわれる党員集会と予備選挙について研究していた。いずれも明らかにバイデンにとって友好的な場所ではない――ほとんどが田舎に住む白人なのだ。

最初のうちにサリバンは戦略を編み出して、書き留めたものを持っていた。

四－三－二－一。

アイオワ州では四位、ニューハンプシャー州では三位、ネバダ州では二位、そして絶対に勝たなければならないサウスカロライナ州では一位。

二〇二〇年二月には、四－三－二－一計画は崩壊寸前で、選挙対策本部長のグレッグ・シュルツは、激しくなるプレッシャーにさらされていた。[10]

目につく人事刷新で激動が起きるのを嫌ったバイデンは、シュルツをはずしはしなかったが、アニタ・ダンをフィラデルフィアの選挙対策本部に派遣し、士気が落ちていた運動をわずかな予算で活気づけようとした。ダンが事実上の選挙対策本部長になった。

二月三日にアイオワ州でひらかれた党員集会では、完敗を喫した[11]――予想どおり四位だった。バイデンは一六%の票しか得られず、ブティジェッジ、サンダース、ウォーレンに大きく引き離された。三人の得票合計は七〇%を占めていた。

ニューハンプシャー州の予備選が近づくと、ブルームバーグが全国で支持を集めるようだとバイデンは競争できないかもしれないと、ダンが周囲の人々に警告した。最初の四州での競争のあと、一四州で一三五七人の代議員をめぐって争うスーパー・チューズデーが、三月三日に控えている。

バイデンはだれかを名指ししたり、非難したりはしなかった。だがダンにはバイデンが自己憐憫に陥っているようにも見えなかった。むしろバイデンは「われわれの計画はなんだ？　どうやって実行するんだ？」とたずねた。

資金が乏しいので、ダンはバイデンのスーパー・チューズデー向け活動を中止した。ミシシッピ州以東の現場スタッフは、サウスカロライナ州に送られた。ミシシッピ州以西のスタッフは、バイデンが労働組合からの支援をかきたてようとしているネバダ州に送られた。

アイオワ州で僅差の勝利を収めたブティジェッジは、世論調査で人気が急上昇し、二月一一日のニューハンプシャー州予備選を、首位を固めるチャンスだと見なした[12]。

ブティジェッジの進撃を鈍らせるために、バイデン陣営は〝ピートの実績〟という残酷で攻撃的な政治広告を制作して、バイデンの実績と比べた[13]。その政治広告でナレーターはこう語る。

バイデンとブティジェッジはいずれも「厳しい戦いに挑んできました」

「イランの核の脅威にさらされているときに、ジョー・バイデンはイラン核合意を成立させました」一転して、アニメのような陽気なBGMが流れる。「そして、ペットがいなくなる脅威にさらされているときに、ピート・ブティジェッジはペットのチップスキャナーの規制を緩める交渉をしました」

そんな調子でつづいた。経済とオバマの景気刺激策（二〇〇九年アメリカ復興・再投資法）におけるバイデンの働きぶりを褒めちぎり、「大恐慌から私たちの経済を救いました」いっぽう、「ピート・ブティジェッジは、装飾過多の煉瓦を敷いて、サウスベンドの繁華街の歩道を活性化しました」

だが、バイデン陣営にはテレビで宣伝するような資金がなかった。マスメディアに流してユーチューブで公開するのが、政治的に不可欠だと、ドニロンはバイデンを説得した。テレビの時間枠を買って政治広告を流すよりもずっと支持率をあげる効果がある。

「私は嫌いなんだ」バイデンはいったが、動画の公開に同意した。

六時間後に、バイデンはドニロンに電話をかけた。「おろせ。戻せ。もう流してほしくない。やめろ！」

手遅れだった。マスメディアが広告を取りあげ、評論家のなかには、バイデンが自暴自棄になっているというものもいた。ブティジェッジの補佐官たちは、この攻撃は棘々しく汚いワシントンDCの政治の昔ながらの典型だとレッテルを貼った。

バイデンは、ニューハンプシャー州の世論調査では五位だった。おまけに、選挙資金が枯渇しかけていた。

ニューハンプシャー州の投票の前夜、ジェイク・サリバンとバイデンの広報部長のケイト・ベディングフィールドは、ニューハンプシャー州マンチェスターのバーにいた。サリバンが紙ナプキンに新しい数字を書いた。

四－五－二－一。

ニューハンプシャー州は最悪だった。サンダースとブティジェッジが、それぞれ二五％の得票だった。穏健派のミネソタ州選出上院議員のエイミー・クロブシャーが予想を上回る二〇%を獲得した。ウォーレンは四位だった。

約八%の得票率で五位だったバイデンは、その晩にニューハンプシャー州を離れ、急いでサウスカロライナ州へ行った。

14

二月二三日日曜日、下院黒人議連が、チャールストンの埠頭に係留されている退役した巨大な空母〈ヨークタウン〉で集会をひらいた。サウスカロライナ州予備選挙まで、あと六日だった。

バイデンは、クライバーンに高みの見物をやめて支持してもらわなければならないと考えていた。その夜、晩い時間に空母に到着した。奥まった部屋で、クライバーンが待っていた。

クライバーンは、すぐさま本題を口にした。この集まりは厳然たる政治集会です。救い主の役割を演じてほしいのであれば、見返りに政治的な保障をもらいたい。運動でもホワイトハウスでも、黒人の有権者を優先してほしい。

バイデンは腕がなまっているから、尻を蹴飛ばす必要があると、クライバーンは思った。

「この支持をほんとうに成功させるのに、三つのことをやってもらいたい」クライバーンは、バイデンにいった。

「聞かせてもらおう」バイデンはいった。

「まず、演説をもっと短くして、要点をはっきりさせる」

　バイデンは黙っていた。

「私の助言は、父が助言してくれたことなんだ」聖職者の父親のことを思い出しながら、クライバーンはいった。話はわかりやすく、短くしろ。

「父ならこういうだろうね。〝忘れるな。話をするときには、父、息子、精霊。その三つ以外のことをいってはならない〟」クライバーンはいった。

「つぎの助言は、一〇－二〇－三〇だ」クライバーンがいった。[2] なんのことか、バイデンにはわかっていた。クライバーンがつねに唱えている連邦予算に対する貧困対策案の比率だ。〝いかなる連邦政府の計画でも、一〇％以上を、二〇％以上の住民が三〇年もしくはそれ以上、貧困線以下の生活をしている郡にふり向ける〟ことを意味する。

「一〇－二〇－三〇を採用する必要がある」クライバーンは、きっぱりといった。「公約に含まれているが、それを確実に実行しなければならない」

　最後に三つ目です。私には娘が三人いる。

　私は娘三人のことをたいへん誇りに思っているが、アメリカの歴史のこの時点でいささか不安に思っているのは、アフリカ系アメリカ人女性の最高裁判事がひとりもいなかったということだ。

　女性は四人。アフリカ系アメリカ人はひとりもいない。それは間違っている」

「私は最初のラテンアメリカ系最高裁判事の就任に貢献したし、アフリカ系アメリカ人女性の就任を楽しみにしている」バイデンはいった。

バイデンとクライバーンは、握手を交わした。

残った民主党候補者が、サウスカロライナ州予備選挙前の最終討論会のために、二月二五日にチャールストンに集まった。

バイデンはスポットライトを浴びていた。だが、サンダースもおなじだった。バイデンが二位につけた二月二二日のネバダ州党員集会で、サンダースは一位だった。ニューハンプシャー州とネバダ州で決定的勝利を収め、アイオワ州でも一位とタイに近かったサンダースが指名される可能性は、五年前には絵空事にすぎなかったが、いまは想像の範囲内だった。[3]

討論会で、クライバーンは最前列に座っていた。クライバーンは条件付きでバイデンを支持すると提案し、取引はほぼ成立していた。しかし、いまのところなにもリークされていなかった。バイデンが討論に失敗するか、最後までやり抜けなかったときには、クライバーンは支持を取り下げるかもしれなかった。

クライバーンは、はらはらしながら見守った。最高裁判事についての約束を持ち出すチャンスが何度もあったが、バイデンは空振りした。

休憩時間にクライバーンは、洗面所に行くと友人にいった。だが、バックステージにぶらぶらと歩いていって、バイデンを脇に呼び寄せた。

「いいか、最高裁に黒人女性を加えることを話すチャンスが、今夜あそこで二回はあった」クライバーンはいった。「その話をしないで舞台をおりるわけにはいかない。その話をする必要がある」

もちろん、わかっていると、バイデンはいった。

最後の質問への回答で、バイデンは的を射た。

「だれもが代表となるべきです。あらゆる人間が」バイデンはいった。[4]「私たちがそうすべきだというのが事実です——私たちは最高裁の話をしましたね。じっさいにだれもが代表者を持てるように、最高裁に黒人女性が加わることを、私は楽しみにしています」

観衆がどよめいた。クライバーンはうなずいた。

翌日、クライバーンはノース・チャールストンで演説を行なった。[5]

ダークスーツを着て輝く金色のネクタイを締めたクライバーンが見渡すと、娘のうちふたり、ジェニファーとアンジェラの姿が目にはいった。ふたりはあいだの席を空けて座っていた。クライバーンは、九月に亡くなった妻エミリーのことを思った。

「私はジョーを知っています」クライバーンはいった。「私たちはジョーを知っています。しかし、もっとも重要なのは」かすれた声でいい、右の人差し指で空気を突き刺した。「ジョーが私たちを知っていることです。

私は彼の心を知っています。どういう人物であるかを知っています。どういう人物か、わかっているんです！」クライバーンはいった。「この国がいまどんな状況にあるか、私は知っています」

バイデンは、両手を組み合わせて、クライバーンの右に立っていた。クライバーンが熱烈な支持を口にするのを聞いて、感情を昂らせ、涙ぐんでいた。それはそのときのバイデンに必要なすべてだった。政治的な爆発の瞬間だった。

バイデンの選挙には、何カ月にもわたって苦情がつきものだった。[6] 齢をとりすぎている、遅すぎる、活力が足りない。中道すぎる。過去の人間だ。党の幹部も報道陣も——だれもがそういう決まり文句をくりかえしていた。もうそうではない。バイデンはサンダースの攻撃をかわすことができる位置についた候補者だった。黒人の民主党員を結集できる唯一の候補者だった。トランプを打倒できる唯一の候補者だった。

予備選挙前夜のその週の金曜日、CNNのインタビューでクライバーンは、バイデンはすくなくとも一五～一六ポイント差で勝たなければならないと、厳しい意見を口にした。[7] その晩、セドリック・リッチモンドが、飲みながらクライバーンをたしなめた。

「あまりうれしがらせないでほしいね」リッチモンドはいった。「私たちはまだ勝っていないんだ。それなのに突然、一五ポイントか一六ポイントの差をつけて勝ってほしいというのか？ あなたのおかげで賭け金が吊りあがったよ」

クライバーンは、バイデンがもっと大きい差をつけて勝つだろうと確信していた。「サウスカロライナ州のことを、私はよく知っているんだ」といった。それに、サンダースが二〇一六年につまずいてから、黒人有権者の支持を集めるのに飛躍的な進歩を遂げたものの、進歩派の白人層を興奮させたのとおなじように黒人層を奮起させる方法をまだ見つけていないことを、クライバーンは知っていた。

翌日の二月二九日に、バイデンはサウスカロライナ州の票を四八・四%獲得するという驚異的な勝利をものにした。それまでほぼ先頭を走っていたサンダースは急降下し、一九・九%しか得られず、大差をつけられて二位に終わった。ブティジェッジとクロブシャーは、いずれも一桁の得票だった。

バイデンの予備選挙の夜の集会で、満面に笑みを浮かべたジル・バイデンは、夫とともに舞台に立ち、クライバーンをハグした。カーティス・メイフィールドの〈ムーヴ・オン・アップ〉が大音量で流れ、支持者たちがバイデンのブルーのポスターを掲げた。

「私の相棒、ジム・クライバーン！　きみが私を復活させたんだ！」バイデンは群衆に向かっていった。「それに、私たちはすごく元気いっぱいだ」

ブティジェッジとクロブシャーは、ダラスへ行き、バイデンに会って支持を表明した。テーブルに登って演説をするのが好きな若いテキサス人のベト・オルークも、それに倣った。最後の対決が行なわれるスーパー・チューズデー前日の三月二日は、これらの候補者が団結する集会になるはずだった。

サンダースが怖れていたことが、にわかに現実になった。民主党の多くがバイデンのもとに駆け戻って、選挙戦に終止符を打とうとした――サンダースが復活する見込みは絶たれた。本選でサンダースはトランプに負けるだろうと、彼らは確信していた。

競争相手だった候補者たちが来ると、バイデンは感激した。[8]

「こんなことは前にいったことがないと思うが、彼は私の息子のボーを思い出させる」集会前の催しで、ブティジェッジと並んで立ったバイデンはいった。プレスされた白いシャツに濃紺のネクタイを締めたブティジェッジは、海軍予備役でアフガニスタンに出征したことがあり、いかにも清潔な感じの若者だった。

「たいがいの人間にとっては、たいして意味がないことかもしれない。だが、私にとっては最高の誉め言葉なんだ」バイデンはいった。

バックステージで、クロブシャーと夫のジョン・ベスラーが、ジョーとジル・バイデンに会った。彼らのやりとりは丁重だった。そのとき、選挙運動の若い写真家キャメロン・スミスが泣いているのに、クロブシャーが気づいた。

「キャム、だいじょうぶよ」クロブシャーはいった。「これでいいの」

バイデンがスミスのほうへ行って、父親のように片腕で抱いた。「キャム、私たちはみんな協力するんだ。心配することはないよ」

ジル・バイデンも、バックステージで泣いた。カタルシスだった。なにもかもが順調になってきた。

クロブシャーはジル・バイデンに、討論のあいだ何度もあなたのほうを見ましたといった。温かく快活な〝いい顔〟だったので。それに、私の回答にときどき賛成してうなずいてくれましたねと、笑みを浮かべてクロブシャーは指摘した。

集会のあと、オルークと妻のエイミーが、バイデンといっしょにファストフード・チェーンの〈ワタバーガー〉で晩い食事をした。バイデンは元気いっぱいで、カウンターの向こうの店員と握手をして、サインをした。

バーガーを食べ、シェイクを飲みながら、三人は子供たちの話をした。オルークの子供たちはかなり成長していた。もうすぐ大学に進むのだと気づいたバイデンは、何十年も前にあちこちのキャンパスを訪れたことを思い出した。

リトル・アイビーの一校で、バイデンが進学を考えていたマサチューセッツ州のエリート校アマースト大学を、父親が嫌っていたことを、バイデンは思い出した。

「〝食堂で働いて、金持ちの若者の給仕をしなければならないんだぞ〟と父はいった」バイデンはオルーク夫妻に話した。

父親の最終学歴はスクラントンのセント・トーマス・アカデミーという高校で、アマーストを訪れたくなかった。そこでは居心地悪く、場違いなところにいるように思えるからだった。

「やられたよ」コロンビア大学を出ているオルークは、あとでそのやりとりについていった。「バイデンがそのことで傷ついたのがよくわかったからだ」父親の屈辱を五〇年も感じつづけていた。

オルークは、その晩のことをある定期刊行物に書いている。〝父親の感情を理解する能力は、バイデンの非凡な才能の一部だ〟。

15

サンダースの選挙対策本部長のファイズ・シャキールは、まもなく以前のボス、ネバダ州選出の上院議員で元上院民主党院内総務のハリー・リードからの電話を受けた。リードはバイデンを支持していた。

「よく聞け、ファイズ」リードはいった。「私が大きな圧力を受けているのをわかってほしいだけだ」

シャキールは、サンダースに電話をかけた。「ハリー・リードがジョー・バイデン寄りになっているようなら」シャキールはいった。「ほかにも多くの動きが起きているにちがいありません。ハリー・リードは独りでは動きませんから」党の指導者たち、献金者たち、官僚たちは——これを終わらせたがっています。

スーパー・チューズデーで、バイデンはさらに一〇州を制した。南部、中西部、ニューイングランドで勝利を収め、テキサス州を勝ち取った。勝敗を左右する三月一〇日のミシガン州の予備選挙でも、バイデンが勝った。お偉方が声明を出しただけではない。有権者が答えを出している。

その晩、フライトの途中でサンダースがシャキールを呼び寄せた。バイデン陣営に電話をかける潮時だった。

「彼らの運動に進歩派が演じる役割はあるかときいてくれ」サンダースが小声でいった。「ただそれだけきくんだ。これを彼らがどこへ進めるつもりなのか、ようすを見よう」

サンダースとその同盟者がヒラリー陣営と民主党全国大会寸前まで戦いつづけ、彼女をエリート主義の穏健派だと非難した二〇一六年とはちがい、サンダースは物事を進めるためにバイデンを支持しようと考えていた。[2] 改革に向けて、進歩派の考えを取り入れた政治目標に向けて、ジョーを動かすことができるかもしれない。

バイデンは、民主党の内戦を避けることができるはずだった。大統領選挙の歴史上、もっとも劇的な方向転換になる。

バイデンは、新しい世界と向き合った。いまでは実質的に民主党の大統領候補だった。だが、パンデミックがバイデンの選挙運動計画をひっくりかえした。

ウイルスがひろがり、あちこちの州の知事が大規模集会を禁止しはじめたので、バイデンは自分が姿を現わす選挙運動を見合わせた。[3] バーチャルな活動に集中することにした。

飛行機で移動して集会をまわるせわしないマラソンから、シークレット・サービスの警護官に囲まれてデラウェア州の自宅に引きこもる生活への移行は、奇妙な感じだった。[4] リアルなイベントの代わりに、バイデンは一日ずっと電話かオンライン会議で補佐官や支持者と話をした。

テレビのインタビューも受けた。トランプはバイデンをからかって、「地下室のバイデン」と呼んだ。[5]

サンダースを傘下に引き入れたとはいえ、民主党の団結を維持するのが最優先事項だった。歓迎されていると左派が感じられるように、かつての政敵を近づけておかなければならない。トランプを打倒するには、ひとりとして傍観者がいてはならない。

エリザベス・ウォーレンの兄ドン・リードが、新型コロナウイルスのために二〇二〇年四月下旬に亡くなった。[6]リードは元空軍兵士で、ベトナム戦争を経験していた。三月のスーパー・チューズデー後に予備選から手を引いたウォーレンは、数十人からの電話をさばいた——型通りのお悔やみがほとんどだった。

やがて、バイデンから電話がかかってきた。

「こんなことは間違っている。絶対に間違っている！」バイデンはウォーレンにいった。ドン・リードのことは知らないが、「あなたのことをとてつもなく誇りに思っていたにちがいない」とバイデンはいった。

男と女のきょうだいには、特別なつながりがあると、バイデンはいった。妹のバレリーとよくいっしょに自転車に乗ったことを話した。

「幼いときにできた内面的なつながりが、永遠につづく」バイデンはいった。そこで笑った。「私たちはふたりとも七〇代になったのに。

しかし、子供のころ私たちを結び付けたこういうもの、死んだあとも私たちを人間として結び付ける」

バイデンは、パンデミックと経済に話題を変えた。本格的な行動に踏み切らないと、国は大惨事の危機に瀕する。

大規模な経済改革と財政出動の〝計画《プランズ》〟を運動の基盤にしていた進歩派のウォーレンは、活気づいた。バイデンは歩み寄るとほのめかしているのか？

「これはよくない状況だし、私たちは崖っぷちに立っている」バイデンはきっぱりといった。

「それに、この男は」トランプは「それを否定しようとしている」

なにかをやらなければならないという切迫した気持ちになっていると、バイデンはいった。大きな影響をあたえられるような方策を。

バイデンは、ウォーレンをはじめとして支援してくれる党内の勢力への感謝を述べて、民主党が団結することには、大きな意味があるのだといった。ウォーレンはバイデンが感動しているのを察した。

「あなたのような若手なしでは、これをやることはできないんだ」バイデンはウォーレンにいった。話し合いは三〇分つづいた。

二〇二〇年四月二七日、トランプの配下の優秀な共和党世論調査責任者トニー・ファブリツィオが、当時トランプの選挙対策本部長だったブラッド・パースケールに、ありのままを語る辛辣な三ページの報告書を送った。[7] 政治運動の名誉の殿堂入りにふさわしい文書だった。

〝私たちは敵を目にしてきたし、その敵は私たちだ〟ファブリツィオは書いている。自分たちはバイデンを定義づけるのに失敗し、彼が自分のイメージを自由に示すのを許している。報告書はトランプの選挙戦に不吉な予測を提示していた。トランプは大敗北への道をたどっている。

出だしにファブリツィオは書いた。〝あなたは私がいかにも心配性なことをいうのにうんざりしているでしょうが、以下の説明は、私たちがただちにバイデンを定義づける必要があることを示す否定しがたい論拠だと思う。

いまの私たちの点数は低い……経済に関する楽観の崩壊、CV〔コロナウイルス〕がすべてに及ぼす衝撃、とくにPOTUS《米大統領》の対応への国民の捉え方が、三重苦になって私たちにのしかかっている。逆にいえば、バイデンはずっとおおむねMIA（戦闘間行方不明）で、全米メディアを巡ったり地方メディアに直接出向いたりして、全体で着実にイメージを回復していった〟。

ファブリツィオはなおもいう。〝経済が二カ月間奇跡的に回復するか、バイデンが自滅しない限り、バイデンが大々的に参戦していなかった二月の時点の形勢を私たちが取り戻す見込みはほとんどない〟。

ファブリツィオは、選挙戦の世論調査と研究を、その時点で一〇項目にまとめていた。パンデミック中にトランプが指揮をとっているのは不利益だと、ファブリツィオは警告した。

また、POTUSは〔コロナウイルス〕対策を力強い立場で開始し、対話を支配し、

毎日のブリーフィングに膨大な聴衆を引き付けているが、有権者は得てしてそこで生じる意見の相違や矛盾のみを取りあげる。

ファブリツィオは、自説の結論を強調した。

私たちが何度も目にしてきたように、最大の問題はPOTUSの政策ではなく、彼の気性と態度に対する有権者の反応である。

ファブリツィオは、全国大会で民主党がバイデンをべつの候補と交替させるだろうという噂を否定した。[8] 右派のメディア界でひろまった噂が、オーバル・オフィスに流れ込んでいた。トランプは絶えずそれを取りあげた。

〝POTUSがこの意見に賛成する傾向があるのはわかっている〟。ファブリツィオは書いている。だが、馬鹿げた思い付きだと斥けた。

〝バイデン陣営が完全に自滅しない限り〟、バイデンが候補になるはずだと、ファブリツィオは書いている。五月に〝数字を動かすほど重要な重みのある攻撃を数週間つづける〟ことが不可欠である。

ファブリツィオは、パースケールが彼の助言に従うとは思っていなかった。[9] パースケールはトランプの娘婿で顧問のジャレッド・クシュナーと親しいし、不愉快な政治的事実をジャレッドはたいがいトランプから隠していると、ファブリツィオは確信していた。

がっしりした体つきで灰色の顎鬚をたくわえたファブリツィオは、悪い報せをオーバル・オフィスでトランプにじかに伝えることにした。

「大統領、選挙戦で大統領のことが毎日、話題になるようだと、私たちは負けるでしょう」ファブリツィオはいった。「バイデンのことが毎日、話題になるようなら、私たちが勝つでしょう。そしていまは、ジョー・バイデンがなにもやっていないので、選挙戦の話題はつねに大統領のことです」

16

トランプ大統領のもとで司法省を一五カ月運営してきたウィリアム・バー司法長官も、二〇二〇年四月には、トランプが自分の再選の勝ち目をぶち壊していることを心配していた。反省会をやる必要がある。

トランプになにをいえばいいかについて、バーはふたりの人間に相談した。ひとりは四七年連れ添っている妻クリスティーンだった。図書館司書のクリスティーンは、ロバート・モラー夫人のアンと親しかった。[1]

「人を本人そのものから救うことはできないわ」クリスティーンはバーにいった。「この男は自分の流儀に凝り固まっているし、これが彼のありのままの姿だから、あなたがそれを変えるのは無理でしょうね」

「わかっている」バーはいった。「やってみるよ」トランプとその政権に最善の利益がもたらされるように司法省を運営しつづけ、「トランプが再選されるようにがんばることを願う」

だが、悔しい思いをしていると、バーは打ち明けた。「世の中のことはよく知っているから、恨んではいけないとわかっているが、どうしてもそう感じる。私も含めたおおぜいの人間が、彼に力を貸して中央政界のシステムに彼を順応させようとしている。トランプが埒を越えないように導いている。問題は、「トランプが強情で状況が見えていない」ことだと、バーはいった。二八年前にはじめて司法長官に就任したときに、ジョージ・H・W・ブッシュ大統領のもとでおなじような尽力をしたことを、バーは憶えていた。

一九九二年三月、ブッシュが再選の立候補で世論調査のトップに立っていたとき、バーは当時の住宅都市開発長官ジャック・ケンプとともに、閣議後にブッシュに会いにいった。[2]

「大統領、現在の路線では大統領が負けると、私たちは思っています」バーはいった。ケンプも同感だといった。ブッシュは愕然とした。国内問題と経済にもっと注意を払わなければならないというのが、ふたりの主張だった。適切な助言だったことが、後日にわかった。経済についてきちんと調整された主張を打ち出せなかったことが、ブッシュの敗因のひとつだった。

バーは、ジャレッド・クシュナーに確認し、トランプとふたりきりで会えるようにした。トランプにそれを聞かせる必要があるし、ほかの高官も立ち寄らせると、クシュナーがいった。だが、バーが安打《ヒット》を放てるかもしれないので、やんわりと介入する先頭バッターをつとめることになった。

バーは、オーバル・オフィスではなく狭いダイニングルームへ行き、席についた。不愉快な進言か聞きたくない話をするために来たのだと悟ると、トランプはいつも議事妨害まがいの長話をするので、バーは心を鬼にした。

「議事妨害はやめてください、大統領、お願いします」バーはいった。「私がいうことを真剣に受け止めていただきたいと、心から願っています。話を聞いてくださることが、私にとって重要なのです」

トランプがうなずき、話を聞くというそぶりをした。

「大統領、このままの路線では選挙に負けると思います。私はほかの閣僚よりも国内のあちこちに行く機会が多く、平均的な中流層の男たちとよく話をします。警官やブルーカラーの労働者たちです。大統領の支援者には、まだひとりも会っていません。そばに来て、〝やあ、おれたちは大統領が大好きだし、あんたも大好きだ。いっしょに自撮りしようぜ。やあ、うれしいね。ありがとう〟というような連中ですよ」

バーはいった。「ところが、こういった連中は小声でいうんです。〝大統領に自分をわきまえろといってもらえないか？　頼むからツイートをやめろといってくれ。自分が自分の敵になってるんだから〟。

今回の選挙で重要なのは郊外です」バーはいった。「大統領はこれからも支持者層の耳目を集めるでしょうし、突拍子もないことばかりつづけていたら、なんの得にもなりません。それに、共和党員や大統領の政策をおおむね好んでいる無党派との関係も修復する必要があると思います」

バーは間を置いて、自分の考えを要約した。「彼らは大統領をとんでもないクソ野郎だと思っています」

トランプはひるみもせず、傷ついたふうもなかった。

「私の意見では」バーはいった。「これは支持者層中心の選挙ではありません。大統領の支持者層は批判的になっているし、大統領は支持者層を追い払おうとしている。重要な州の郊外の無党派や共和党のなかにも、大統領をクソ野郎だと思っている有権者はおおぜいいます。彼らは大統領がクソ野郎のように行動すると考えている。大統領はそれを計算に入れなければなりません。そのことをよく考えるべきです。

そう、大統領は自分が戦士であるのを誇っています。彼らが破壊者を当選させたいと思っていた二〇一六年には、それが功を奏しました。いまも彼らは破壊者を望んでいますが、まったくのクソ野郎は望んでいません。ですから、大統領はもうひとつの得意なことに方向転換しなければなりません。民衆の支持を強く求めるのです。それに、今回の選挙で肝心なのは、そのことだと思います。それから、私が心配しているのは、大統領がどういうわけか首都政財界《ベルトウェイ》の虜になっているのではないかということです。大統領の支持基盤のスポークスマンを自任する連中が、自分たちの望むことを大統領にいう。彼らの要求で、大統領は溺れかけている」

バーは、ホワイトハウス西棟に自由に出入りできる利益団体のことを考えていた——銃器関連の組織、連邦政府の官僚機構内のリベラルを付け狙う行政監視団体ジュディシャル・ウォッチの指導者、FOXニュースのパーソナリティ。

「もうひとつの基本的主題は」バーはいった。「これは利己的だとわかっています。大統領は私たちが司法省でやっている仕事にいらだっていますからね。でも、じっさいのところ、こういう人たち、ウィスコンシン州、ペンシルベニア州、ミシガン州の父さんや母さんは、なんの関心もないと思います」ロシア疑惑捜査の扱いについて、ジェームズ・コミー前FBI長官を訴追することなど、庶民にとってはどうでもいい。

「大統領の支持者層は、コミーやそのほかの人間が有責だと見なされるのを望んでいるでしょうが、有権者の大部分はそう思ってはいません。大統領の不満のたねなどどうでもいいんです。それに、その話になると、自分の不満ばかりいっているように見られます。国民は自分たちの未来のことが心配なのです。新型コロナウイルスなどのせいで、経済のことを心配しています。大統領はコロナ前の実績と、アフター・コロナで国を立て直したのが自分だということを話すべきです。れっきとした実績があることを示し、国をどこへ率いていくかという展望を伝える。大統領が話すべきことは、それがすべてです。べつのこと、抱えている不満などは、いっさい話してはなりません」

「ビル」トランプが応じた。「こいつらは残虐だ。私は戦わなければならない。私には支持者層が必要だ。私の支持者層は、私が強いことを願っている。それが私を支持する人々なんだ」

「私の評価を申しあげます、大統領」バーはいった。「大統領はぎりぎりになってそれをやってのけることができたと、私は思います。前回、女性器《プッシー》をわしづかみにできると発言したあと、大統領は我に返り、なにもかも知り尽くしてはいなかったと気づき、ケリーアンやそのほかの人々のいうことに耳を傾けるようになりました。そして、一カ月くらい行儀よくしていた。有権者は流動的だから、それでじゅうぶんでした。今回は前と異なることがふたつあるのを、私は心配しています。だからいま、こうして話をしているのです。

いまの有権者は、流動的ではありません。前回は公人としてのあなたを彼らは知らなかったから、進んでチャンスをあたえました。いまは多くの人々が、大統領について考えを決めています。大統領がどういう人間かわかったと、彼らは思っています。ですから、流動的ではないのです。それに、もうひとつの異なる点ですが、これは厄介な問題だと思います。それは、大統領がご自分を政治の天才だと思っていることです。

ご自分を天才だと思っているから、だれの話も聞かない。人々の望みを知っていると、大統領は思っている。大統領は間違っていると思います。大統領は間違っているといわない支援者には、まだ一度も会っていません。この人々は、大統領が大好きで、大統領がでたらめをいっても許します。でも、それは我慢しているからです。大統領がそんなふうに行動したら、彼らは支持しないでしょう。それに、大統領が積極的に魅力をふりまいて、こういった郊外で生じている損害の一部を修復しないと、大統領は負けると思います」

「私は戦士でなければならないんだ」トランプはいった。「私に戦う意志があったから、ここへたどり着いたんだ。私に戦う意志があるのを、彼らは好む。私は戦わなければならない」六五〇〇万票得られれば勝てると補佐官たちがいっていると、トランプはいった。

トランプが支持者層を活気づけ、田園地帯であらたな選挙人を獲得できれば勝てるという意味で補佐官たちはそういったのだろうと、バーは確信した。「統計がものをいう戦場ではありません」バーは警告した。「相手方もそれはやっています」

17

バーが懇願したにもかかわらず、トランプは変わろうとしなかった。

二〇二〇年五月四日、医療保険制度改革法《オバマケア》（ＡＣＡ）を検討するために、トランプは政治と法律の補佐官のトップをルーズベルトの間に集めて会議をひらいた[1]。

二〇〇〇万人以上のアメリカ国民に医療保障を提供するこのヘルスケア法案への異議を、最高裁が審議していた。

「大統領」バーは横槍を入れた。「この訴訟には勝てませんよ。九対ゼロで棄却されなかったら、ましなほうでしょう」

オバマケアは、すでに二度も最高裁で違憲訴訟が争われたが、どちらも乗り切っていた。テキサス州とそのほかの共和党主導の州の司法長官一七人が違憲だと訴えていて、トランプはそれに連邦政府も加わることを望んでいた。

だめ、だめ、絶対にだめです。バーはいった。

「大統領、今年は選挙の年ですよ。最高裁のリベラルが、この訴訟を受けるほうに票を投じたのは、大統領が負けるのが目に見えているからです。私たちはコロナ・パンデミックのさなかなんですよ。それなのに大統領は、国民が医療を受けられるかどうかを不安に思うように仕向けようとしています。しかも、代案を示していないから、私たちは負けます。私たちは強制加入を無効化したんです」

二〇一七年、共和党が支配する議会はこの医療保険制度改革法の核となる条項のひとつ——強制加入——の罰金をゼロにし、実質的に無効化した。したがって、個人が医療保険に加入しなくても罰金を受けることはない。

「あれは勝利でした」バーは論じた。「勝利を宣言し、つぎはもっといい法案を出すと約束しました。しかし、どうしてもこんなことをやるのですか？　私たちは勝てませんよ。政治的にマイナスなだけです」

「テキサスに味方しなければならない」トランプはいった。「私の支持基盤だ」

「テキサス州司法長官は、アメリカ合衆国大統領ではありません」バーはいった。「彼には彼の選挙民がいて、大統領には大統領の選挙民がいます。私たちの政策をテキサス州にアウトソーシングしているとは知りませんでしたね」

「わかった。考える」トランプはいった。またしても支持基盤を持ち出した。

「大統領」ケリーアン・コンウェイがいった。「大統領の支持基盤については、多少わかっているつもりです。私は数十年、共和党の世論調査を担当してきました。これは負け犬です。大統領のためになりません。二〇一八年に議席を減らしたのは、ヘルスケア問題のせいだったんですよ、大統領。どうして敵陣営が有利になるようなことをするんですか？」アメリカ国民二〇〇〇万人から健康保険を奪う法律改革運動の一翼を担うのは、アメリカ合衆国大統領にふさわしくない。

大統領顧問パット・チポロンが、コンウェイの意見を支えて、賛成ですといったが、あらたな根拠はつけくわえなかった。

議論はふたたびバーに委ねられた。「大統領、この訴訟は最悪ですよ」バーはいった。「私たちの主張は笑えるとしかいいようがない」

テキサスとそのほかの共和党が主導する一七州が、議会が強制加入の罰金を廃止したのだから、法案そのものと保障と保護も撤廃されるべきだと主張していた。

「この件は損切りしましょう」バーはいった。「この法律はだれにも撤廃できませんよ」もっと的を絞り、法律の手付かずの部分を考慮すべきだと、トランプを促した。

この異議に首をかしげる共和党員が何人もいた。[2]「テキサス司法省の主張ほどひどいこじつけは、聞いたことがない」テネシー州選出の共和党上院議員ラマー・アレクサンダーはいった。

バーが予想したとおり、最高裁はトランプ政権の主張を斥け、二〇二一年六月一七日、七対二でオバマケアを維持する裁定を下した。

「この出生地主義を、きみたちはどうするつもりだ？」ある日、トランプがバーとチポロンにきいた。世論調査の数字が悪化していた二〇二〇年春、トランプはたえずそれをふたりの前で持ち出した。

バーは首をふり、笑みを浮かべることすらしなかった。トランプは性懲りがない。バーはそれを一九九三年のビル・マーレイの映画にちなんで、〝聖燭節の日《グラウンドホッグ・デイ》〟（もとはマーモットが冬眠から出る日のことだが、この映画［邦題は『恋はデジャ・ブ』］によって、延々とくりかえされることを指すようになった）と呼んでいた。[3] この映画では、超自然現象で時間のなかに閉じ込められ、おなじ一日が永遠にくりかえされて苦しめられる。

出生地主義は一八六八年に付け加えられたアメリカ憲法修正第一四条を根拠とし、アメリカで生まれるか帰化したものはすべて〝アメリカ市民である〟とされる。

トランプは、アメリカで生まれても親が不法入国者の場合は市民権をあたえないという大統領令を発しようとした。それにより、アメリカは彼らに市民権を認める書類を発行しなくなる。そのような命令は、アメリカの政治と憲法の歴史を転覆させる。バーとチポロンは何週間もかけて、それが複雑な法律問題だということを大統領に説いた。立てるべき論拠はありますと、バーはいった。しかし、それをやるには議会に法案を成立させるよう求めなければならない。議会には法律を微調整し、憲法の修正条項の定義を改める力があります。しかし、大統領令でそれをやろうとしても、うまくいきません。激しい批判を浴びます。裁判で執行停止になりますと、バーはいった。

「それに、選挙の年に、アメリカ人一〇〇〇万人以上の市民権に疑いを差し挟むことになるんですよ」バーはいった。

「遡及法にはしない」トランプはいった。命令は不法移民の今後の子供のみに適用する。

「しかし、遡及しないということはできませんよ」バーはいった。「要するに、彼らは市民ではないというわけですからね。過去の子供たちもすべて市民ではないというのが前提になります。その点について、どうやって彼らを安心させるのですか？」

トランプは、彼らを安心させたいとは思っていなかった。この連中はほとんど民主党支持者だと、トランプは信じていた。市民権がなければ、投票できない。

「特定の免許証やそのほかのものを持たせるために人々を市民にしなければならないと、さまざまな法律で定められています」バーはいった。選挙権もそのひとつだった。

トランプはこれに関して、延々とおなじことをつづけられる能力を備えているようだった。押して、押して、押して、押して、押しつづけた。ついにチポロンが力尽きた。

「ビル」チポロンがバーにひそかに打ち明けた。「私たちは地雷を踏んでいる。これから逃れられる方法があると思うか？」これだけ精いっぱい抵抗したのだから、大統領に譲歩してもいいのではないか？　どうせ訴訟に耐えられないのは明らかだ、とチポロンが持ちかけた。

バーはかつて、大統領、行政府、省庁に法的助言をあたえる、司法省の強力な部門、法律顧問局に所属していたことがあった。ブッシュ・シニア政権の最初のころにその職務につき、三九歳の法律家として大統領の権力の憲法問題に深く関わるようになった。

「いや、譲歩しない」バーはいった。「これについては私が圧力を引き受ける」

五月一四日の朝、トランプはＦＯＸニュースに、司法省とＦＢＩの元高官たちは、訴追されて当然だと告げた。[4]

「私が共和党ではなく民主党だったら、みんなとっくの昔に刑務所に入れられていたはずだ」五〇年の長期刑だと、トランプはいった。「こういうことをやった人間は、刑務所へ行くべきだ……これはすべてオバマだ。すべてバイデンだ」コネティカット州連邦検事ジョン・ダーラムによって行なわれている捜査のことだった。ダーラムは現在、トランプの選挙運動とロシアとの共謀疑惑をＦＢＩがどう取り扱ったかを調べている。[5]

バーには、トランプが力の及ばないところで芝居がかったことをやっているように思えた。[6]ダーラムの調査については忍耐しなければならないと、バーはトランプにいっていた。パンデミックのせいで司法省の業務そのものが遅れている。ダーラムにはやらせておけばいい。

バーは、翌日の記者会見向けの短い演説を用意していた。政治家が「司法制度を政治的武器に使う」のに辟易していると述べた。バイデンとオバマをターゲットにすることで、トランプは事実上、ダーラムの仕事の信用を失墜させようとしていた。トランプがそういうことをつづければダーラムは辞めるだろうと、バーにはわかっていた。

「人々が責任の所在を知りたがっているのはわかっていますし、私たちはそれに取り組んでいますが、そういうふうにはなりません。私たちが政治的にこれを行なうことはありませんし、意趣返しの応酬にはなりません」バーはトランプにいった。そして、権力濫用と判断されたことはすべて法的に犯罪に等しいと見なすと、最高裁が先ごろ裁定したことを念押しした。その回答を憎悪していると、トランプはいった。

18

「デラウェア州のまんなかで、ジョー・バイデンは地下室のまんなかに座っている。独りきりで。隠れている。軽んじられて」トランプの広告はそう宣言した。[1]〝パンクサトーニー・ジョー〟という刺々しい表現もあった。[2]一年に一度、地中の巣穴から出てきて冬の長さを予想する年中行事に使われる〝パンクサトーニー・フィル〟というマーモットになぞらえたのだ。トランプ陣営は、バイデンが最後に記者会見を行なってから何日が過ぎたかを、毎日ツイートするようになった。

民主党も、バイデンが何カ月も選挙遊説に姿を現わさないことを不安視していた。バイデンは町や市の集会で有権者と交流し、握手をすることで有名な候補者だった。バイデンの六ポイントのリードは、二〇一六年の選挙の相当する時期のヒラリーのリードよりも小さかった。

だが、トランプが自分を相手に戦うのをほうっておく戦略が、うまくいきはじめているようだった。大統領がパンデミック対策に失敗しつづけるあいだ、バイデンのリードは二桁に拡大した。[3]二〇二〇年四月二三日の記者会見でトランプは、ウイルスと戦うために消毒液を注射してはどうかといった。[4]

その間、自分も失敗製造機になりかねなかったバイデンは、孤立していることを予想外の贈り物として利用していた。ふつうなら大統領候補は選挙遊説で片時も休めない。

大衆もメディアも知らなかったが、バイデンはアメリカの最高の医療専門家ふたり――オバマ政権時に公衆衛生局士官部隊軍医総監だったビベク・マーシー博士と、煙草との戦いで知られる食品医薬品局（ＦＤＡ）の元長官デービッド・ケスラー博士――から、ウイルスについて毎日説明を受けていた。

マーシーとケスラーは、アメリカ中の政府や企業の専門家に何時間も電話をかけて集めた最新情報に基づいた新型コロナウイルス報告書を毎日、バイデンのために書きあげて用意した。さらに信頼のおけるボランティアの小規模なチームが公に、あるいは内密に調べあげた情報がもたらすデータで、それを補っていた。当初、毎日の報告書は地図、図表、グラフを含めて八〇ページに及んでいた。

電話かＺｏｏｍで四五分の予定だった口頭の説明は、たいがい一時間半に延びた。ケスラーとマーシーは、トランプの言動と、自分と世界が直面しているものを理解していないことに、心底から懸念を抱いていた。

「つねに軽く見せたかった」二〇二〇年三月のインタビューで、トランプはウッドワードに語った。[5]「いまも控え目にしたいと思っている。パニックを起こしたくないからだ」

おなじ月のすこし前にも、自分の見解をツイートしていた。[6]〝去年、ふつうのインフルエンザでアメリカ人三万七〇〇〇人が死んだ。年平均二万七〇〇〇～七万人が死んでいる。なにも閉鎖されず、生活も経済もつづいている。現時点で、コロナウイルスの感染例は五四六、死者は二二人だ。それをよく考えてくれ！〟。

トランプは一週間後に国を閉鎖したが、即座に開放するという話をしはじめた。「私たちの国は閉鎖するようにはできていない。こういうことには向いていない国なんだ」[7]三月二三日のホワイトハウスの記者会見で、トランプはいった。「アメリカはまもなくふたたびビジネスのために開放されます」

トランプは完全に思い違いをしていると、マーシーは思った。新型コロナウイルスは氷山のようなものだ。空中を漂う感染力の強いウイルスの感染例はわずかしか報告されておらず、検査も限られた数しか行なわれていないが、膨大な数の探知されていない感染者がいる。アメリカにもすでにウイルスがいるし、あっというまに感染が拡大するにちがいなかった。

バイデンは、マーシーとケスラーとともに公衆衛生の科学に没頭し、毎日の個別指導を求めた。バイデンは質問製造機だった。このウイルスはどうやって人体を攻撃するのかと質問した。

感染している人間の咳やくしゃみの飛沫か、あるいは正常な呼吸の飛沫が、鼻や喉にはいり込んで、細胞の表面に多数あるＡＣＥ２（アンジオテンシン変換酵素２）という受容体を攻撃して、細胞を乗っ取り、増殖します、とふたりは説明した。[8]肺は樹木状の呼吸器で小さな肺胞が末端にあり、やはりＡＣＥ２が豊富にあり、ウイルスはそこへ行って、肺の細胞を破壊します。

ウイルスが血管や心臓などのさまざまな細胞や組織を攻撃できることも、ふたりは説明した。

ワクチンの開発状況は？　バイデンがきいた。

二種類あります、ふたりはいった。ひとつは細胞が抗体を増やすスパイクたんぱく質を製造できるようにするアデノウイルス型ワクチンで、ウイルスに対する防御の効果的な兵士です。もうひとつはｍＲＮＡ――〝ｍ〟はメッセンジャーです。このワクチンは、細胞にスパイクたんぱく質を製造するよう指示することで、免疫反応を稼働させます。ＤＮＡに調理法を教え込むようなものです。感染したときにウイルスを撃退する方法を、体が記憶します。ｍＲＮＡの場合、ウイルスの変異種が現われたときには、ワクチンの成分を変えることができます。

「もっと詳しく知りたい」バイデンはそういうことがあった。「道理に合わない」ということもあった。「なぜ？」とか、「その科学はどういう仕組みだ？」

三月一九日のトランプとのインタビューで、ウッドワードはトランプに、ウイルスに関する科学知識について教わるために、国立アレルギー・感染症研究所（ＮＩＡＩＤ）のアンソニー・ファウチ所長とふたりだけで話をしたことがあるかどうかと質問しかけた。[9]

「ああ、それもいいが」トランプはいった。「正直いってそんな時間はない、ボブ。いまのホワイトハウスは多忙なんだ。多くの物事が起きている。おまけにこれだ」

これは一生に一度のリーダーシップの試練かもしれないと自問したことはありますか？　とウッドワードは質問した。「ない」トランプは答えた。

マーシーは、バイデンがとことん詳細を知りたがることに驚いた。バイデンはふたりの説明をくまなく調べて、さらに質問した。このウイルスはどうして肌の色が濃い人間、黒い肌や褐色の肌のアメリカ人に厳しい影響をあたえているのか？

医師ふたりは、ヘルスケア、教育、金融資産の不平等の固定化が、もとから脆弱な層をいっそう脆弱にしていると説明した。黒人や褐色の肌の人々は、ウイルスに感染して入院するか死ぬ可能性が高い。

ワクチンが開発されたら、平等に配布することが不可欠だと、バイデンはいった。「私たちはさいわい、主導するチャンスにめぐまれている」バイデンはいった。「私たちみんなで、どう実行するか、パンデミックにどう取り組むか、それを封じ込めるかを、いっしょに考え出さなければならない」三人は詳細なウイルス対処計画を作成しはじめた。

自分たちの毎日のブリーフィングはまもなく打ち切られるはずだと、マーシーは確信していた。選挙運動の時間が、そのためにかなり割かれている。ところがブリーフィングは長くなり、いっそう詳しいものになった。

マーシーはいった。「そろそろ終える時間です。一部はあしたにまわしてもかまいません」

「いや、だめだ」バイデンはいった。徹底的に話し合おう。

これを切りあげるか、短くしましょうか？　マーシーはバイデンの選挙政策部長のジェイク・サリバンにきいた。

この船は彼が操縦していると、サリバンはいった。これを究めたいと思っている。強い関心を抱いている。だから、彼に操縦を任せればいい。

ウイルスが自分の選挙を特徴づけるだけではなく、当選すれば自分の大統領の職務を特徴づけるのだとバイデンが悟っていることを、マーシーは感じ取った。

マーシーは、人を落ち着かせる声の持ち主の〝ミスター・ベッドサイド・マナー〟だった。開業医でもあり、患者の自己診断は正確であることが多いので、患者の話を聞くのに時間をかけるのが有益だと知っていた。

バイデンが三度目の大統領選挙立候補を決断する前に、マーシーはウィルミントンで会ったことがあった。その後『*Together: The Healing Power of Human Connection in a Sometimes Lonely World*』（『共に：孤独な世界で人とのつながりが生む癒しの力』未邦訳）という著書を上梓するマーシーは、孤独感や孤立が精神と肉体の健康に影響することについて、バイデンと話し合った。[10]

ウイルスのブリーフィング中にバイデンは、おしゃべりをするために電話をかけてくる友人たちのことを引き合いに出した——選挙遊説中に話をした人々に、バイデンはよく携帯電話の番号を教えた。ウイルスが人々を孤立させ、精神衛生に影響をあたえていることは明らかだと、バイデンはいった。子供たちは学校に行けず、働いている人々とおなじように社会的接触を失っている。パンデミックは社会の基礎を食い荒らしていると、バイデンはいった。

19

五月下旬、アメリカ全土の一四〇以上の都市で、激しい抗議行動が湧き起こった。[1] ミネアポリスの警官デレク・ショービンが、四六歳の黒人男性ジョージ・フロイドの首を膝で七分四六秒押さえて殺すところを、動画に捉えられたからだった。[2]

毎晩、抗議行動が、暗くなってから警察と略奪者の暴力的な衝突にエスカレートすることもあった。そういう映像が、ケーブルニュースで何度もくりかえし流された。

その時期のインタビューで、トランプはウッドワードに語っている。[3]「彼らは放火したり、強奪したりする。彼らは無政府主義者《アナーキスト》で悪党だ。悪いやつらだ。きわめて危険な連中だ。

彼らはきわめて巧みに組織化されている。〝アンティファ〟が指揮している」白人至上主義者などと対立している反《アンチ》ファシスト運動だと、トランプは指摘した。

ホワイトハウスのスピーチライティング責任者で、トランプ政権のもっとも保守的な上級顧問で三四歳のスティーブン・ミラーは、この騒乱に対し強硬的だった。[4] ミラーが暴力行為について大統領を焚きつけたり勢いづかせたりしているのだと、同僚たちは確信していた。

明確な主張があり、手厳しく、体にぴったりしたスーツと細いネクタイがトレードマークのミラーは、トランプの〝アメリカの大虐殺〟就任演説の原稿作成を手伝っていて、イスラム教徒が多数を占める国からの入国禁止という問題の多い政策の発案者でもあった。つねにオーバル・オフィスに残って、自分の目論見を進める好機を待っているようだった。

現代のラスプーチンがいるとしたら、それはミラーだと、ミリー統合参謀本部議長は結論を下した。

ミリーは参謀たちに、毎日の機密《SECRET》報告書〝国内騒乱国家概観〟を作成させていた。この報告書は、人口一〇万人以上のアメリカの都市における最新の暴力行為を追跡していた。フロイド殺害事件から一週間もたっていなかったときに、ミリーはオーバル・オフィスでトランプに報告書を順序立てて説明していた。

「大統領」オーバル・オフィスのソファのひとつに陣取っていたミラーが声を張りあげた。「彼らはアメリカを焼き尽くそうとしています。アンティファ、黒人の命も重要《ブラック・ライブズ・マター》、彼らはアメリカを焼き尽くそうとしている。大統領は反乱を抱え込んでいます。野蛮人が門の前にいます」

レゾリュート・デスクの前で席についていたミリーが、さっとふりむいた。「黙れ、スティーブ」

「大統領」ミリーは、トランプのほうに向きなおった。「彼らは焼き尽くそうとしていません」両手を前で平らにしてのばし、肩の高さまであげてからゆっくりとおろして、落ち着かせる仕草をした。毎日のSECRET報告書の情報を読みあげた。

「大統領、アメリカには人口一〇万人以上の都市が二七六ほどあります。この二四時間のあいだに大規模な抗議行動があったのは、二都市でした」ミリーはいった。「そのほかの都市では抗議デモの参加者は二〇～三〇〇人でした」テレビでは火災や暴力の画像が流れているが、ほとんどの抗議行動は平和的なものだった――最近の超党派の報告書によれば、約九三％が平和的だった。

「彼らはスプレー式の塗料を使いました、大統領」ミリーはいった。「それは反乱ではありません。あそこの人物は」オーバル・オフィスの壁に飾られたエイブラハム・リンカーンの肖像を指差した。「あそこのあの人物、リンカーンは、反乱に遭いました」一八六一年、南北戦争のはじまりとなった米陸軍サムター要塞への砲撃に、ミリーは言及した。

「あれは反乱でした」ミリーはいった。

「アメリカは人口三億三〇〇〇万人の国です。大統領がご覧になっているのは、ごく少数の人間の抗議行動です」マーチン・ルーサー・キング牧師が暗殺されたあとで、首都やそのほかの場所で起きた一九六八年の暴動とはちがい、大きく荒れ狂うような状況ではないと、ミリーはいった[5]。

会議に出席していたバーには、ミリーのミラーに対する腹立ちがよくわかった。バーもミラーに黙れといったことがあった。それに、ミリーは最近、よくバーに電話して、オーバル・オフィスの会議で意見を述べて、軍のための遮熱材と防壁の役目を果たしてほしいと頼んでいた。

「いいか、スティーブ」バーはいった。「きみにはこういうことについて口をきけるような実戦経験がない。そうだろう？　こういうことは、繊細に取り扱わないといけない。成功するたびに、ウェーコを抱え込む」一九九三年にFBIがブランチ・ダビディアンの教団本部を包囲して急襲し、子供と妊婦二五人を含む信者七六人が死亡した事件のことだ。[6]

「用心しなければならない」バーはいった。「自分がなにをやろうとしているか、知る必要がある。そういうことを口先だけでいうのはやめろ。きみがいうような対決があるのなら、私たちが手を打つことはできる。しかし、いまは軍の使用は必要とされていない」軍の投入は「非常ボタンを押す選択肢」、最後の手段だといった。

ミリーは、国家安全保障問題担当副大統領補佐官キース・ケロッグ退役陸軍中将のほうを向いた。トランプの忠臣のケロッグも、会議に出席していた。

「キース」ミリーはいった。「これは一九六八年とはまったくちがう。きみは一九六八年には陸軍中尉で、第82空挺師団の師団長とともに配置され、この建物の屋根にいたはずだ」当時、リンドン・B・ジョンソン大統領は、戦闘部隊を首都に展開させた。[7]

「一九六八年にはデトロイト、シカゴ、ロサンゼルスで、何万人もが抗議デモに参加し、暴動を起こした。これはそのときとはまったくレベルがちがう」

「そのとおりです、大統領」ケロッグはいった。

抗議行動は監視されるべきです。ミリーはいった。「私たちはそれに注意を払わなければなりません。それは重要です」しかし、それは地元の警察や法執行機関、市長や知事の問題です。

「これは米軍が部隊をアメリカの市街に展開させるような問題ではありません、大統領」

ミリーは、組織的な人種差別と治安維持の問題を、用心深くトランプに示した。

「これは。警察の残虐行為を長年経験してきたコミュニティの鬱積した怒りです」ミリーはいった。

トランプは、なにもいわなかった。


二〇二〇年六月一日、トランプは激怒していた。

アメリカ全土で抗議者の規模が拡大し、抗議行動が激しさを増していた。週末ずっと、ホワイトハウスのゲート前のやかましい抗議デモのことで、トランプは動揺していた。ホワイトハウスに向かう一六番ストリートの歩行者用の部分が、じきに〝ブラック・ライブズ・マター広場〟と改称され、さまざまな集団の中心地になって、警戒する警官の数も増えた。

前日の五月三一日の夜、ホワイトハウスから三〇〇メートルしか離れておらず、しばしば大統領の教会と呼ばれていた歴史的建造物のセント・ジョンズ米国聖公会教会で、地階の託児所が放火された。シークレット・サービスの警護官がトランプを掩蔽壕《えんぺいごう》に避難させるという一幕もあった[8]。

焼け焦げ、板を打ち付けられて閉鎖された教会と、その表で繰り広げられていた光景は、アメリカを揺るがしている騒乱がトランプの玄関先まで迫っていることを物語っていた。

六月一日午前一〇時三〇分前後に、トランプは会議のために幹部をオーバル・オフィスに集めた。

トランプは彼らに、法と秩序を回復させる厳重な取り締まりを行ないたいと告げた——現役の正規軍部隊を一万人、首都に配置する。反乱が起きたと宣言するだけで大統領が国内で現役の軍隊を使用する権限を得られる、一八〇七年の反乱法について、トランプは質問した。

「私たちは弱いと見られている」トランプは、腹立たしげにいった。「強いと見られていない」腕組みをして、レゾリュート・デスクに向かい、座っていた。

マーク・エスパー国防長官が、トランプの質問の大部分をさばいた。トランプの〝私たち〟が〝彼自身〟であることを、エスパーは知っていた。

五六歳で、顎が角ばり、縁の細い眼鏡をかけているエスパーは、一九六〇年代の広告業界の幹部たちを描いたテレビドラマ〈マッドメン〉のエキストラのような風貌だった。それに、目立たないようにしていた。だが。一九八六年に陸軍士官学校を卒業し、陸軍に二一年間勤務した、国防についての経験が豊富な被任命者だった。〝鋭い声で鳴くワシ《スクリーミング・イーグルズ》〟という綽名《あだな》の第101空挺師団の歩兵将校として一九九一年の湾岸戦争で戦い、青銅星章を叙勲されている。その後、州兵として勤務し、ハーバード大学ケネディスクールで修士号を、ジョージ・ワシントン大学で行政学博士号を取得した。

エスパーは、議会に補佐官として勤務したあと、レイセオン社のロビイストをつとめ、トランプによって陸軍長官に任命され、つづいて国防長官代行から、ようやく国防長官に昇りつめた。

「大統領、反乱法を適用する必要はありません」エスパーはいった。「州兵が地元におりますし、これにもっと適しています」州兵は志願者の予備役から成り、国家的な危機にしばしば協力してきた。

バーが口を挟み、法執行機関をさらに投入することもできるといった。それが国内の抗議行動に対処する従来の手順だった。バーはＦＢＩと連邦検察官を連携させ、さまざまな都市で起きていることを把握していたし、ほとんど毎日、ミリーと話をしていた。

「大統領」バーはいった。「市街の法と秩序を守るためなら、私は正規軍を使用するのをためらいません。その必要があれば、ということです。しかし、いまはその必要はありません。正規軍は必要ないのです。さまざまな都市でいろいろなことが起きていますが、市が乗り出せば処理できます。それをやるための資源が市にはじゅうぶんにあります。なにしろ州兵や州警察を使えるのですから。

たいへんな事態に見えるのは、メディアがそういうふうに報じているからです。しかし、こういった都市のいくつかでは、通りの一角に三〇〇人くらいいるだけで、うしろで燃えている車は一台だけです。第82空挺師団は必要ありません」

だが、トランプは譲らなかった。ホワイトハウスとセント・ジョンズ教会のあいだにある広さ七エーカー（東京ドーム〇・七個分）のラファイエット広場で集会が予定されている日没の前に、危機対応の精兵として名高い第82空挺師団を本拠地ノースカロライナ州フォート・ブラッグから首都に呼び寄せたいといった。

エスパーはトランプに、第82は最大規模で最新鋭の武器を備えた敵と戦うよう訓練されていると説明した。群衆規制や一般市民の騒乱に対処する訓練は受けていません。この仕事にまったく適していない兵士たちです。

トランプがますます喧嘩腰になったので、エスパーは心配になった。歩み寄りの材料をあたえたほうがいいかもしれない。第82空挺師団をワシントンDCに呼べと、トランプが公式に命じるかもしれない。トランプをなんとかして落ち着かせる必要があった。

「大統領」エスパーはいった。「こうしましょう。第82には、フォート・ブラッグから北に移動するよう警戒命令を出します。でも、市内には入《い》れない。間に合うように州兵をここに呼べます。それがだめで、制御できなくなっても、第82が予備兵力としてあります」

ミリーは、エスパーの妥協案に賛成した。ブラック・ライブズ・マターの抗議者たちと、敵を殺すための戦闘訓練を受けている米軍部隊が対決し、予測不能の流血の事態になることは、ミリーもエスパーも望んでいなかった。

トランプはじっと座っていた。腕組みしたままだった。どなりはじめ、顔が真っ赤になった。トランプの車輪がまわりはじめたことを、エスパーは察した。エスパーは身じろぎしなかった。

補佐官がひとり、あわててはいってきた。「大統領、知事たちが電話会議で、大統領と接続されました」

トランプは立ちあがり、シチュエーション・ルームへおりていった。電話会議でトランプは、デモ参加者を厳重に取り締まるべきだと知事たちに告げた。[9] いつものまるめこむ口調ではなかった。好戦的ないい方だった。

「制圧しなければならない」命令を下すような感じで、トランプは知事たちに告げた。[10]「制圧できないのであれば、時間の無駄だ。彼らに蹂躙される。あなたがたはろくでなしの群れだと見なされる。制圧し、逮捕し、裁判にかけ、刑務所に送って長期間、服役させるのだ」

「大統領がいったように街路を制圧しなかったら、法執行機関の対応はうまくいかない」おなじような口調で、バー司法長官が知事たちに告げた。「街路を統制する必要がある」

エスパーが、おなじ意見をいった。「同感だ。私たちは戦場を制しなければならない」電話会議でいった。

ミリーはホワイトハウスを出て、抗議行動を監視しているFBIの中心街の指揮所に向かった。深夜まで働くのを予想していたので、体が楽なように迷彩の戦闘服に着替えていた。

20

ホワイトハウスを出たエスパーは、州兵総局長のジョー・レンジェル将軍に電話をかけた。[1]陸軍州兵と空軍州兵四六万人のトップである。

「ジョー、州兵を大至急、首都に入れる必要がある」エスパーはいった。「だれに電話すればいいかな？」

エスパーは、メリーランド州、バージニア州、ペンシルベニア州の各知事に電話をかけた。ほどなく、すくなくとも一〇州が州兵部隊を派遣できることを、エスパーとレンジェルは確認した。

州兵が迅速に移動できないと、トランプが現役部隊をワシントンDCに殺到させるだろうということを、エスパーは彼らには伏せていた。

午後六時近くになって、エスパーはミリーと会うためにFBI指揮所へ向かった。ふたりは街路で州兵を迎えて、礼をいい、現場で起きていることの感触をつかむつもりだった。現場へ行き、自分たちでたしかめる。

だが、FBI指揮所に着く前に、エスパーは電話を一本受けた。「大統領がホワイトハウスに来てほしいといっています」

ホワイトハウス西棟に到着すると、エスパーはきいた。「会議はどこでやるんだ？」

会議はありません。

会議がないとは、どういう意味だ？

そのため、エスパーは待った。


午後六時三〇分ごろに、公園警察が暴動鎮圧装備を身に着け、馬に乗って、法執行官の一団を率いて、群衆のなかにはいり、ラファイエット広場からデモ参加者を強制的に退去させはじめた。[2] 公園の周囲にフェンスを建設するために、何日も前から予定されていた強制退去だったが、たちまち混乱が起きた。

ワシントンDC市警の警官たちが、暴動鎮圧器材を使い、激しい破裂音、火花、煙を発生させた。目と鼻を刺激する〝ペッパー・ボール〟が、抗議者たちに向けて発射された。[3] 抗議者を押し倒した警官もいた。騎馬警官たちが、群衆を追い払った。

午後六時四八分、抗議者たちは追い散らされていた。[4] トランプはホワイトハウスのローズガーデンで、七分間の演説を行なった。「私はあなたがたを守るために戦います。私はあなたがたの法と秩序を守る大統領であり、すべての平和的な抗議者の味方です」トランプは、「国中にひろがっている暴動と無法状態と戦う」と誓った。

「住民の生命と財産を守るために必要な行動をとることを市や州が拒んだ場合には」トランプはいった。「私が米軍を展開させ、彼らのためにすみやかに問題を解決する。

こうして話をしているあいだにも、私は暴動、略奪、破壊、襲撃、財物損壊を防ぐために、重武装の兵士、軍人、法執行官を数千人単位で急派している」

トランプの下級の補佐官が、トランプの演説を聞いていたエスパーやそのほかの高官のところへ戻ってきていった。「並んでください」

「なんのために並ぶんだ？」エスパーはきいた。

その、ラファイエット広場を歩いていくんです、補佐官がいった。大統領は広場を通って、セント・ジョンズ教会を見たいそうです。あなたがた閣僚全員に、いっしょに来てほしいそうです。

迷彩服のミリーも来ていた。

「教会へ行こう」トランプが一行にいった。

その晩、ホワイトハウスにいた全員が参加しているようだった。エスパー、ミリー、ロバート・オブライエン国家安全保障問題担当大統領補佐官、バー、上級補佐官たち、家族のジャレッド・クシュナーとイバンカ・トランプ、ホープ・ヒックス大統領顧問、マーク・メドウズ首席補佐官。

トランプ政権でもっとも多く写真に撮られ、ビデオ撮影されたパレードだった。

記者の群れとカメラの砲列があわただしく横を通り、公園を足早に進んでいるパレードを撮影し、フラッシュを浴びせているのを見て、エスパーは急に吐き気を催した。トランプはあらゆるものを磁石のように引き寄せながら、進みつづけていた。

「はめられた」教会に向けて歩きながら、エスパーがミリーにいった。「私たちは利用されている」

ミリーはまったく同感だった。

ミリーは専属警護班長に向かっていった。「これは最低だ。政治的行事だ。私はここを離れる。さっさとここから出よう。こんなことにはうんざりだ」

ミリーは、一団から離れた。

だが、注目から逃れるのには間に合わなかった。迷彩服を着て戦闘に備えているように見える姿を撮影された。電話に出たのも、抗議者たちを排除する行動の調整を指示したのだと解釈された。じつは妻のホリーアンからの電話だった。

「どうなっているの？」ホリーアンがきいた。テレビでその光景を見ていた。「あなた、だいじょうぶ？」

だいじょうぶだとミリーは答えたが、そうではなかった。

四五秒後にミリーは、過ちを犯したことに気づいた。何十年もかけて築いたもっとも貴重なものを台無しにするおそれがある。米軍最高幹部としての高潔さと独立が脅かされている。政治的任務のためであろうと、ほんの一瞬でもトランプといっしょに歩くのは完全な過ちだった。みずからの奈落を覗き込んでいるような心地になり、これは私にとってダマスカスへの道——転向への岐路——だと、ミリーは思った。

ミリーは、トランプが教会の前に約二分間立って、聖書をぎこちなく持ってふりまわしたときには、その場にいなかった。だが、それは関係なかった。取り返しはつかない。大統領はミリーを悪用し、米軍を政治的な存在にした。自分たちはトランプの歩《ポーン》になってしまった。

エスパーは、政治に対する感覚がミリーほど鋭敏ではなかったと気づいた。教会の近くにアメリカ国民数千人が集まり、警察改革を唱え、懇願しているときに、大統領とともに歩き、そばに立ったせいで、ひどい余波に対処しなければならなくなるはずだった。

しかし、エスパーがもっと心配していたのは、アメリカでもっとも尊敬されている組織、緻密に調整され、超党派であることを誇っている米軍の機構が、政治的嵐のなかに投げ込まれる危険にさらされていることだった。アメリカは不安定になっている。どうやれば事態を丸く収められるだろう？　この熱狂をどうやって食い止めればいいのか？

「ビル！　ビル！　ビル！」歩きながら、トランプがバーに向かってどなった。「こっちへ来い！」

その瞬間、バーはコンクリートに穴があれば潜り込みたい気分だった。バーはミリーとはちがって政治任用された立場なので、トランプがいい評判を得て勝利を収めるのを望んでいた。

しかし、ちょっと〝散歩〟に行くだけだと大統領がいったこの見世物は、滑稽きわまりないと思っていた。そうとしかいいようがない。

トランプがこれをやる理由が、バーにはなんとなくわかっていた。ホワイトハウスの掩蔽壕へ行ったことを恥じているのだ。トランプは、力を見せつけたいと思っている。

バーはぐずぐずしながら、ホワイトハウスに歩いて戻るトランプを見守っていると、さらに悪いことがおまけに起きた。シークレット・サービスの制服部門が、楯を掲げ、まっすぐに二列で並んでいた。軍事作戦用の派手な装備がすべてそろっていて、まるで儀杖兵のように見えた。

「儀杖兵のなかを通るなんてまっぴらだ」バーはつぶやいた。

その晩、だいぶたってからエスパーとミリーは、ようやく市内をまわって、州兵のようすを確認した[5]。その後、抗弾ベストを着け、灰色のマスクと濃いサングラスで顔をほとんど覆っている州兵数十人が、リンカーン記念堂の石段に立っているところを撮影された。恐ろし気な外見で、トランプの法と秩序宣言の軍事版のようだった。

「印象を和らげる必要がある」ミリーはエスパーにいった。

エスパーも同感だった。エスパーは第82空挺師団の一個大隊、正規の戦闘員約六〇〇人を、ワシントンDCに近いメリーランド州のアンドルーズ統合基地に配置していた。故意に首都の外にとどめていたのだが、いつまでそうしておけるだろうか？　トランプの導火線には火がついている——それに、エスパーはすでに一度、引き延ばし工作をやっていた。

翌六月二日、ミリーは、全軍の制服組のトップと統合／特定軍の司令官に宛てた一ページの覚書〝件名：統合軍への伝達事項〟を発した。軍にみずからの責務を念押しし、ラファイエット広場でトランプに付き従ったために生じた混乱の翌日に、自分の立場を立て直すための文書だった。

署名のそばに、ミリーはさらに伝えたい趣旨を手書きで記入していた。〝私たちはみんな、アメリカという理想のために命を捧げてきた――これからもその誓いを守り、アメリカ国民に忠実でありつづけよう〟。

UNCLASSIFIED

CHAIRMAN OF THE JOINT CHIEFS OF STAFF
WASHINGTON, DC 20318-9999

2 June 2020

MEMORANDUM FOR CHIEF OF STAFF OF THE ARMY
COMMANDANT OF THE MARINE CORPS
CHIEF OF NAVAL OPERATIONS
CHIEF OF STAFF OF THE AIR FORCE
CHIEF OF THE NATIONAL GUARD BUREAU
COMMANDANT OF THE COAST GUARD
CHIEF OF SPACE OPERATIONS
COMMANDERS OF THE COMBATANT COMMANDS

SUBJECT: Message to the Joint Force

1. Every member of the U.S. military swears an oath to support and defend the Constitution and the values embedded within it. This document is founded on the essential principle that all men and women are born free and equal, and should be treated with respect and dignity. It also gives Americans the right to freedom of speech and peaceful assembly. We in uniform – all branches, all components, and all ranks – remain committed to our national values and principles embedded in the Constitution.

2. During this current crisis, the National Guard is operating under the authority of state governors to protect lives and property, preserve peace, and ensure public safety.

3. As members of the Joint Force – comprised of all races, colors, and creeds – you embody the ideals of our Constitution. Please remind all of our troops and leaders that we will uphold the values of our nation, and operate consistent with national laws and our own high standards of conduct at all times.

We all committed our lives to the idea that is America – we will stay true to that oath and the American people.

MARK A. MILLEY
General, U.S. Army

cc:
Secretary of Defense
Deputy Secretary of Defense
Vice Chairman of the Joint Chiefs of Staff
Director, Joint Staff

UNCLASSIFIED

秘区分なし

統合参謀本部議長
ワシントンDC　20318−9999

2020年6月2日

覚書　宛先：陸軍参謀総長
海兵隊司令官
海軍作戦部長
空軍参謀総長
州兵総局長
沿岸警備隊司令官
宇宙軍作戦部長
各統合／特定軍司令官

件名：統合軍への伝達事項

1．米軍の将兵はすべて憲法とそれに組み込まれた価値観を支え、守ることを宣誓している。この文書は、すべての男女は生まれながらにして自由で平等であり、敬意と尊厳をもって遇されるべきであるという基本原則に基づいている。また、アメリカ国民の発言と平和的な集会の自由を認めるものでもある。制服を着ている私たちは――すべての兵種、部隊、階級で――憲法に組み込まれた私たちの国民的価値観と原則のためにひきつづき献身する。

2．現在の危機のさなかに、州知事の権限のもとで州兵が、生命と財産を守り、平和を維持し、大衆の安全を確保するために活動している。

3．統合軍――すべての人種、肌の色、信仰から成る――に所属する諸君は、憲法の理想を具現している。どうか、私たちのすべての兵士と指導者たちに、国の価値観を支え、つねに国の法律と私たちの高度の品位に従って行動するよう念を押していただきたい。

私たちはみんな、アメリカという
理想のために命を捧げてきた――
これからもその誓いを守り、
アメリカ国民に忠実でありつづけよう。

マーク・A・ミリー
米陸軍大将

cc：
国防長官
国防副長官
統合参謀本部副議長
統合参謀本部事務局長

秘区分なし

21

「民主主義と正義の追求に対して現職大統領が行なっている暴力に、私たちはたえず警戒しなければならない」[1]六月二日、フィラデルフィア市庁舎での演説で、バイデンはいった。アメリカ国旗が数本、うしろにあった。三月のパンデミック開始以来、はじめて聴衆を前にしての演説だった。

大統領選挙を意識した発言だった。バイデンの演壇には、選挙戦の看板が一枚だけあった。ジョージ・フロイド殺害事件後、バイデンは壇上に登ってこれまでよりも攻撃的な演説を行なう気概と決意を示していた。バイデンが方向を転換し、争点を有権者に示す時機だと、多くの補佐官が見なした。

「また顔をそむけてなにもせずにいられると思いながら、この瞬間を過ぎ去らせてはならない。絶対にそうしてはならない」バイデンは、フィラデルフィアの聴衆に向かっていった。「組織的な人種差別に私たちの国が対処する時機が訪れたのです。拡大する国内の経済的格差に、対処しなければなりません。この国が多くの人々に約束したことを否定するのに、対処しなければなりません」

六月三日、エスパーは狼狽していた。ワシントンDCで抗議行動がつづくため、トランプは現役兵士一万人を首都に展開することを、いまだに望んでいた。

エスパーはミリーとおなじように、それがなにをもたらすかということを明確に知っていた。一九六八年の暴動は、似たような都市部の貧困、人種差別、警察の残虐行為への怒りのさなかで勃発した。ソーシャルメディアとテレビのグローバル化の時代に、街路に現役の軍隊を配置すれば、人類史上に残るような悲劇的事件を引き起こしかねない。

エスパーは、事態がトランプの立場とともに悪化する前に行動しなければならないと決断した。しかし、これまでの内密の助言は、ほとんど効果がなかった。トランプは、公の声明やメディア受けで政治資本を見定める大統領なのだ。反乱法を発動する理由は見当たらないと、公に明確に宣言しようと、エスパーは決断した。

隣に立ってくれないかと、エスパーはミリーに頼んだ。

「私がやるべきことではない」ミリーはいった。「きみは重大な政治的声明を発表するわけだから、軍服を着た私はそばに立つべきではない。しかし、それを公言する潮時だ」

エスパーは、独りで国防総省の記者団の前に立った。ミリーは部屋の奥で聞いていた。

「国内で公共機関への支援を行ない、地元の法執行機関を支援するのには、州兵がもっとも適していると私は確信します。今後もその確信は変わりません」エスパーはいった。[2]「これは国防長官としてだけではなく、元兵士、元州兵の一員としての言葉です。法執行の役割に現役部隊を使用するという選択肢は、最後の手段として、緊急を要する重大な状況のみに行使されるべきです。いまはそうした状況ではありません。私は反乱法の発動には賛成しません」

エスパーはくっきりと一線を引いたことで永遠に感謝されるべきだと、ミリーは思った。重要な一瞬だった。

ふたりの電話が爆発しはじめた。

「大統領はカンカンに怒っている」マーク・メドウズ首席補佐官が数分後にエスパーにいった。「怒り狂っている。きみの顔を引き裂きかねない」

エスパーとミリーは、アフガニスタンからの米軍撤退計画に関する国家安全保障会議のために、午前一〇時にホワイトハウスへ行く予定だった。一九年戦争をいま指揮している中央軍司令官フランク・マッケンジー海兵隊大将が、大統領にブリーフィングを行なうためにワシントンDCに来ていた。

「ブリーフィングへ行ってくれないか？」エスパーはミリーに頼んだ。「険悪なことになりそうだから、フランクときみがふたりでやればいい」

「できないことはないが」ミリーはいった。「そうすべきではない。きみは行かなければならない」

エスパーは、大きな嘆息を漏らした。「ほんとうにひどいことになる。わめかれ、どなられる」

「そうだな」ミリーはいった。ふたりは親しい仲だった。それぞれがアメリカ政府の制服組と文民のトップになる前にも、密接に仕事をしてきた。エスパーは陸軍長官だったし、ミリーは陸軍参謀総長を一八カ月つとめた。

「そのとおりだ」ミリーはいった。「しかし、ときにはドラゴンを論破しなければならないこともある。陸軍士官学校の〝平野〟」――観閲式場――「に戻ったつもりで、尻を鞭で叩かればいい」

エスパーたちがオーバル・オフィスにはいると、全員が顔を伏せて自分の靴を見つめた。なにかひどいことが起きそうだと、ミリーは思った。待ち伏せ攻撃か。

腕組みをしたトランプが奥に座っているレゾリュート・デスクに面して、椅子が半円形に並べてあった。ペンスがひとつの椅子に座り、べつの椅子にメドウズが座っていた。中央の椅子がエスパーのために空けてあった。ミリーのための椅子もあった。

トランプの補佐官たちは、ソファやべつの椅子に座っていた。エスパーは睨みつけた。座っていた。顔が赤かった。エスパーを睨みつけた。エスパーは睨み返した。

「なんてことをやったんだ?」トランプがわめいた。「どうしてああいうことをやった?」

「大統領、私は申しあげましたよ」エスパーはいった。「この状況は反乱法の発動を求めていないと思うと、前に申しあげました。反乱法を発動すれば、国にとっても軍にとっても、ひどいことになると思います」

「きみは私の権限を奪った！」トランプが甲高く叫んだ。

「大統領、権限を奪ってはいません。いまでも大統領の権限です。私は進言しました。それが通っても通らなくても支持するつもりです」

トランプが荒々しく反撃し、エスパーがメディアに述べたことの一部をでたらめにいい換えた。

エスパーは、記者会見の筆記録をバインダーから出した。反乱法についての発言を強調表示してある筆記録を、レゾリュート・デスクに叩きつけた。そして、トランプのほうに押しやった。

「これが私のいったことです！」

トランプは、筆記録をちらりと見た。「きみのクソ筆記録などどうでもいい」

トランプが発言の部分を読んだのかどうか、エスパーにはわからなかったが、注意を喚起することはできたと思った。トランプの顔が徐々に赤くなった。反乱法を発動する力を失ったと信じているにちがいないと、エスパーは思った。それなら上出来だった。トランプを封じ込めることができた。

「きみは自分を何者だと思っているんだ？」トランプが、エスパーにわめき散らした。「きみは私の権限を奪った。きみは大統領ではない！　大統領はこの私だ」

エスパーの隣で黙って座っていたミリーは、トランプを注意深く観察した。怒りをつのらせているのをじかに見ていると心をかき乱され、またしても『フルメタル・ジャケット』の対決の場面を連想した。

罵倒の雪崩がつぎつぎと押し寄せた。エスパーに向けて怒りを吐き出し切ると、トランプはオーバル・オフィスにいるそのほかの面々をののしりはじめた。「きみたちはなんでもかんでもぶち壊す」彼らに向かってどなった。「だれもかれもがぶち壊す。全員でぶち壊している!」

「ロバート」ミリーはオブライエンにささやいた。「そろそろ大統領にアフガニスタンのことをブリーフィングしないといけない」早くちゃんとした会議をはじめよう。

「わかった」トランプがついにいった。まるでテレビのチャンネルを切り替えたようだった。「ここから出ていけ。みんな出ていけ」

ミリーは、自分とエスパーは大統領の権限を損なうことなく、潤色されていない最善の助言を提供する責務を果たしていると思いたかった。ふたりには、選択肢について大統領に完全な情報をあたえるという憲法上の義務がある。しかし、トランプが決断して命令を下したときには、それを実行することが求められる。

唯一の例外は、違法、不道徳、もしくは倫理に反する命令だった。そういう命令が出た時点で、だれかが辞任を考えることになると、ミリーは判断していた。しかし、国防長官のような不可欠な重要閣僚が、腹立ちまぎれにレゾリュート・デスクに書類を叩きつけるようなことが歴史のどこかの時点であったかどうか、ミリーには思い出せなかった。

「私たちは彼に勝った」すこしほっとして、ミリーは心のなかでつぶやいた。トランプの両手を縛り、裏をかいた。トランプが激怒したのはそのせいだった。

シチュエーション・ルームに向かう途中で、ミリーはエスパーにいった。「黙って座っていてくれ。ひとこともいうな。私とフランクがこれをさばく」

数分後、シチュエーション・ルームで大統領がテーブルの上座の席についた。さまざまな部隊を指揮した経験があるマッケンジー海兵隊大将が、トランプの選挙運動の公約の中心だったアフガニスタンからの撤兵のオプションを説明しはじめた。軍上層部は、テロリストとはアメリカ本土ではなくアフガニスタンで戦いたいと、くりかえし主張していた。アフガニスタンから発した9・11テロの記憶をたびたび思い起こさせ、米軍部隊の存在はつぎの9・11テロ攻撃に対する保険だと主張した。

議論は落ち着いて理性的にはじまり、オーバル・オフィスでの『フルメタル・ジャケット』のような怒りの爆発の目立った余波はなかった。

やがて、だれかがイラン発の脅威を問題にした。

「よし」トランプはいった。「イランについて話してくれ。どういう計画がある。イランにはどういう選択肢がある」

イランは、中東やアフガニスタンを担当するマッケンジーの中央軍の管轄だが、きょうの議題ではなかった。しかし、マッケンジーは攻撃計画と戦争計画をすべて知っている。

「フランク、どうぞ話してくれ」ミリーはいった。「イランに対してどういう計画があるのか、大統領に説明してくれ」

マッケンジーは、さまざまなオプションを並べた——航空攻撃、海上からの攻撃、破壊活動《サボタージュ》、サイバー攻撃、潜入、そして、必要とあれば地上軍の侵攻。

「おお、凄いな」トランプは反応した。「それをやるのにどれくらいかかる？」

それに対して、マッケンジーはいくつかのオプションが魅力的だとほのめかした。「はい、そうですね」マッケンジーはいった。「これならできます」

「凄い、凄い、凄い」ミリーは片手を突き出していった。「フランク、あとのこともぜんぶ大統領に説明したらどうだ」

そこでミリーは、速射砲並みの速さで詳細と疑問点をたてつづけに口にした。すべて、イランへの攻撃を行なうのが無理であることを示すためだった。

「大統領にコストを説明しろ」

「死傷者について説明しろ」

「かかる日時について説明しろ」

「沈没する隻数は？」

「死ぬ将兵の数は？」

「撃墜されるパイロットの数は？」

「民間人死傷者の数は？」

「それに、バーレーンにいる家族はどうなる？」バーレーンは米海軍第5艦隊の母港だった。

「これにどれくらいかかる？」

「三〇日か、三〇年か？」

「これがべつの戦争を起こすのではないか？」

トランプは、ミリーとマッケンジーを交互に見ていた。マッケンジーの答えは、影響も結果もわからないことを伝えていた。

イラン問題のタカ派のひとりは、国家安全保障問題担当大統領補佐官のオブライエンだった。イランがアメリカの軍事施設を攻撃した場合、報復は迅速かつ大規模でなければならないと、オブライエンがいった。

「やつらを激しく攻撃しましょう、大統領」オブライエンは何度もいった。「激しく攻撃するんです」

「戦争をはじめるのは簡単だ」エスパーのお気に入りの言葉を借りて、ミリーが口を挟んだ。「しかし、戦争から脱け出すのは難しい」

ミリーは長年、第一次世界大戦を研究していた。一九一四年にサラエボでオーストリア大公フランツ・フェルディナントが暗殺されたことが、引き金になった。

しかし、その年、世界の政界では暗殺事件がほかにも数多く起きていた。どうしてその事件だけが引き金になったのか？　ミリーの脳裏にはその疑問がずっと残っていた。歴史家たちが答えを出そうとしているが、当時はだれも世界に影響が及ぶとは予測していなかった。どんな攻撃でも、計画を立てることはできるが、つねに結果は定かでない。それに、アメリカが用心していないと、大国間の戦争になる可能性がつねにある。

戦争は再選の選挙運動に悪影響があるとメドウズがトランプにいったことを、ミリーは知っていた。国防長官をまた解任するのは政治的にマイナスだということも、メドウズはトランプにいっていた。

「戦争は望んでおられないでしょう」ミリーは、前回の会議でトランプにいった。いまこうしてシチュエーション・ルームにいるときも、トランプは戦争を模索してはいないとミリーは思っていた。しかし、つねに攻撃が話題になるように思われた。トランプの好奇心を抑制する必要がある。

会議が終わるころには、イラン攻撃やそのほかの軍事行動は、心惹かれるものではなくなっていた。

22

ミリーは、六月一日の行事のせいで、なおも責め立てられていた。批判派がいたるところにいた。ケーブルニュースの各チャンネル、ソーシャルメディア、論説欄。

笑い物になるのも無理はないと、ミリーは思った。軍を政治に巻き込もうとしている大統領のそばを迷彩の戦闘服で歩いているのを写真に撮られたのだ。大失敗だった。

ミリーは何人もの前任者に電話をかけて、助言を求めた。

「辞任すべきでしょうか？」ミリーは、一九八九年から一九九三年にかけて、ジョージ・H・W・ブッシュ政権下で統合参謀本部議長だったコリン・パウエルにたずねた。

「クソだめだ《ファック・ノー》！」パウエルはいった。「引き受けないほうがいいと、いったじゃないか。その仕事に就くべきではなかった。トランプはクソいかれてる《ファッキング・マニアック》」

元国防長官や元統合参謀本部議長十数人から、それほど口汚くはないが同様の助言をもらった。

ミリーは、公に謝罪することにしたが、トランプには前もって知らせなかった。[1]

六月一一日、国防総合大学の卒業式で流れた事前収録された祝辞でミリーは述べた。「上層部の指導者になると、行動をつぶさに観察されます。私もそれを免れていません。みなさんがたの多くがご覧になったように、先日、ラファイエット広場で私が写真に撮られたことで、市民社会における軍の役割について全国的な議論が湧き起こりました」ミリーはいった。「私はあそこにいるべきではありませんでした。あのとき、あの環境で、私がいたことにより、軍が国内政治に関与しているという認識が生じました。将校に任命された立場として、私はその過ちから学び、私たちみんながそれから学ぶことを真摯に願っています。

憲法を信奉し、心から離さないようにしましょう。それが私たちを導く星です」

数日後、オーバル・オフィスでの通常の会議後に、トランプがミリーに残るようにいった。

「おい、きみは大統領といっしょに歩くことを誇りに思わないのか?」トランプがきいた。

「教会へですか?」ミリーはきき返した。

そうだと、トランプはいった。「どうして謝った?」

「大統領、じっさい、大統領とはまったく関係ありません」

トランプが、疑うような顔をした。

「私だけのことです」ミリーはいった。「この軍服と関係があります。米軍のしきたりにまつわることです。軍は政治に無関係な組織なんです。

大統領は政治家です」ミリーはいった。「政治に基づいて行動しています。大統領がやることに関しては、大統領が決めます。しかし、私は政治的な行事には参加できません、大統領。

それが私たちの長年のしきたりなのです」

「どうして謝った？」トランプがまたきいた。「弱さのしるしだぞ」

「大統領」ミリーはトランプをまっすぐ見つめていった。「私の出身地ではちがいます」ミリーはボストン近辺の出身だった。「私が生まれ、育てられたところでは、過ちを犯したらそれを認めます」

トランプが、蓄音機《ビクトローラ》の犬のように首をかしげた。[2] ねじを巻いたレコードプレーヤーのそばに立っているところを写真に撮られた小さな犬は、ＲＣＡレコードの商標に使われている。

「うーむ」トランプはいった。「まあいいだろう」

そのあとでトランプはミリーに二度電話をかけ、南部連合の旗、銅像、南部連合の将軍の名前が冠されている軍事基地について質問した。[3] 変えたほうがいいと、ミリーはいった。

オーバル・オフィスの会議でトランプは、その問題を取りあげた。変えたくないといった。

「南部連合の旗を禁止するつもりはない。南部の誇りと伝統だ」

メドウズが、南部連合の国旗を禁止することはできないといった。言論の自由の問題に関わる。国防総省の法務官もそれに賛成した。

トランプはミリーにきいた。きみはどう思う？

「私の考えは、すでに二度、申しあげました、大統領。ほんとうにもう一度聞きたいのですか？」

ああ、いってくれ、トランプはいった。

「大統領」ミリーはいった。「その旗を禁止し、基地を改称し、銅像を撤去すべきだと思います」

さらにいった。「私はボストンの出身です。この連中は反逆者でした」

アーリントン国立墓地に埋葬されている南部連合の死者はどうするのかと、だれかが質問した。

「面白いことに」ミリーは、そこに埋葬されている五〇〇人近い南部連合の兵士について説明した。「彼らはひとつの円を描くように埋葬され、墓石の名前が刻まれた面は内側に向けられています。連邦軍に背反したことを、それで象徴的に表わしているのです。彼らは当時、反逆者であり、現在も反逆者で、死んでも永遠に反逆者なのです。基地は改称しましょう、大統領」

オーバル・オフィスに短い沈黙が流れた。

つねに生真面目にトランプを支えてきたペンス副大統領が、なかば冗談のようにいった。

「連邦軍の自我が私にもあるとわかったように思う」

パット・チポロン大統領顧問がいい添えた。「私もヤンキーですよ！」

トランプはなにもいわず、思いついたつぎの話題に移った。

トランプ派のロビイストで、エスパーと親しいデービッド・アーバンが、その後、べつの角度からトランプを説得した。「大統領がこれをやらないと」基地の名称変更を勧めた。「民主党が改称しますよ」

米海軍の給油艦〈ハーベイ・ミルク〉のことをご存じですか？　アーバンはきいた。

「なんだ、それは？」トランプがきいた。「サンフランシスコの同性愛者の市議会議員の名前がつけられた海軍艦です」ミルクは一九七八年に暗殺された。「民主党と共和党のどちらがやったのだと思いますか？」

「わかった。いいだろう」トランプはいった。「考えさせてくれ」

名誉勲章受勲者にちなんで基地を改称すればいいと、アーバンは提案した。「アメリカでもっとも優秀な人々を祝して」

トランプがいっこうに動かないので、アーバンはメドウズを非難した。厳しい選挙戦なのに、またミスを犯すのか。

「立ち往生したままだよ」アーバンはエスパーにいった。「メドウズが南部の人間を八〇〇人雇って、基地の名前になっている連中は英雄だと大統領にいうように指示したのかもしれない」


ミリーは、選挙の準備期間とその後のために作戦計画を開発する必要があると判断した。

イラン攻撃の可能性に関するトランプの好奇心と意見が、ミリーの脳裏を離れなかった。つねに爆発しそうなトランプの怒りも気になっていた。しっかりした態度をとり、防波堤の役割を果たさなければならない。トランプの行状やホワイトハウス西棟内の秩序が急に悪化することも含め、あらゆることに備える必要がある。

「つぎの時期を私はこう見ている」内輪の会議で、ミリーはいった。「海外で無用の戦争を行なわないようにすることが、私のアメリカ国民に対する義務だ。また、アメリカの街路でアメリカの軍隊を違法に使用しないようにする。私たちはアメリカ国民に銃を向けないし、海外で〝尻尾が犬をふりまわす《ワグ・ザ・ドッグ》〟ような筋書きが起きないようにする」

一九九七年の映画『ウワサの真相／ワグ・ザ・ドッグ』[4]では、大統領がスキャンダルをごまかすために戦争をでっちあげる。

トランプは事実上、統合参謀本部議長である自分を解任できないので、留任するほうがトランプを動かしやすいと、ミリーは確信していた。

ミリーの助言が気に入らなければ、トランプは聞き入れないこともできる。しかし、統合参謀本部議長という職務の権限は象徴的でありながら、大きな影響力がある。統合参謀本部議長を解任すれば、政治的大地震が起きる——しかも、ミリーは上院で八九対一の賛成を得て承認された。ほとんど全会一致に近い、超党派の支持を得た。

帷幕会議室《ザ・タンク》と呼ばれる国防総省《ペンタゴン》の神聖な会議室で、軍の指導者たちは腹蔵なく話ができる。

ミリーはそこで、統合参謀たちに自分の計画の概要を語った。

「フェーズ1は、現在から一一月三日の投票日までだ」ミリーはいった。「フェーズ2は、投票日の夜から認定まで」二〇二一年一月六日に、議会が選挙を正式に認定する。「フェーズ3は、認定から一月二〇日の就任式まで。そして、フェーズ4は、だれが選挙に勝つにせよ、最初の一〇〇日間だ。

私たちは段階ごとに進める。たえず連絡を取り合う。協力してこれを切り抜ける。私が尖兵になる。きみたち統合参謀は肩を並べて立ってくれ——全員で。そして、揺るぎなく指揮しろ、が本日の標語だ。私たちは地平線に目を配る。そして、自分たちがどんな犠牲を払おうと、国にとって正しいことをやる」

23

　二〇二〇年六月下旬、新型コロナウイルスの感染者が急増していた。だが、トランプはお得意のアリーナでの集会を再開しようと決意していた。会場には、赤い帽子をかぶり、プラカードを掲げて歓声をあげる支持者たちがあふれかえる。トランプは彼らに会えないのが淋しくて仕方がなかった。

　一万九〇〇〇席あるオクラホマ州タルサのBOKセンターでの大規模集会が、六月二〇日に予定されていた。トランプにとっては、六〇日間ではじめての集会だった。しかし、市の公衆衛生担当者たちは、〝超感染拡大イベント《スーパースプレッダー》〟だと心配し、トランプに中止するよう促した。[1]

　前日にトランプはウッドワードとのインタビューで、集会は莫大な成功になるだろうと述べた。[2]

「あすの夜、オクラホマで集会がある」トランプはいった。「一二〇万人以上が参加を希望している。収容できるのは約五、六万人だ。そう、広いアリーナなんだよ。一カ所に二万二〇〇〇人、べつのアリーナに四万人。アリーナ二カ所を満杯にする。考えてもみてくれ。そんな集会をひらいた人間はほかにはいない」

集会でアリーナは半分しか埋まらず、空いているブルーの客席の海がトランプの目の前にあった[3]。トランプ批判派のティーンエイジャーが、ソーシャルメディアで悪ふざけを仕掛けたからでもあった。来場するつもりがない数万人のティーンエイジャーが、チケットを予約していた。

トランプはそのあとで、選挙対策本部長のブラッド・パースケールに怒りをぶつけた。身長二〇三センチで顎鬚を生やしているパースケールは、スーツを着たプロレスラーのように見える。フェイスブックのようなソーシャルメディア・プラットホームでトランプの支持者を組織するなど、デジタル活動で全国的な注目を集めていた。

「最大のクソ失敗だ」トランプは、オーバル・オフィスの会議でいった。「あんなクソ集会はやるべきじゃなかった」パースケールを〝クソったれの間抜け〟と呼んだ。

七月一五日にパースケールは選挙対策本部長を解任され、上級顧問に格下げになった。

その直後、七月にまたオーバル・オフィスで会議がひらかれたときに、世論調査責任者トニー・ファブリツィオが、有権者、ことに無党派の有権者が、感情的に疲弊しているといった。

「その、正直に申しあげますが、大統領」ファブリツィオはいった。「有権者は疲れ切っています。混乱にうんざりしているんです。世の中の騒ぎに」

二〇一六年の選挙に貢献したファブリツィオにいつも気を遣っているトランプが、さっと顔を向けた。

「そうか、うんざりしているのか?」トランプが、怒りをこめて大声でいった。「うんざりしているのか? ああ、こっちもクソ疲れ果ててうんざりしているんだ」

オーバル・オフィスが、静まり返った。

つぎにファブリツィオがバイデンを取りあげると、トランプはすぐさま軽んじた。「彼は年寄りだ」トランプはいった。「とうていやり通せない。なにしろ、ワンセンテンスもつづけていえないくらいだ」

「いかれたリベラルというレッテルを貼ることはできませんよ」ファブリツィオはいった。「大衆はそうは思わないでしょう」

トランプに解任されるだろうと、ファブリツィオは察した。だが、トランプはがたついている選挙戦を立て直すためのなにか、あるいはだれかを探しつづけた。

ホワイトハウスと選挙対策本部は、あらゆる方面に手をのばして、元下院議長ニュート・ギングリッチや、ビル・クリントンの選挙参謀だったが信用を失墜したディック・モリスにも相談した、

「危機の時期に失敗したと見なされたら、復帰できない。ネビル・チェンバレンやハーバート・フーバーがいい例だ」モリスは、夏にトランプの上級顧問たちに送ったメールに書いた。チェンバレンはヒトラーと何度も会談して悲惨な状況を招いたイギリス首相、フーバーは大恐慌と結び付けて記憶されている大統領だった。

世界的な公衆衛生上の危機のさなかで、トランプは反抗的だった。八月七日、いかにも気ま

ぐれな感じで、ニュージャージー州のゴルフ場で記者会見をひらいた。

パンデミックは「消滅しつつある」といい張った。[4]「消滅するだろう」アメリカ国内で確認された感染者は四九〇万人近くに達し――死者は一六万人にのぼっていた。ほとんどの学校は授業再開の予定がなかった。

二週間後にトランプはツイートした。[5] FDAの〝国家内国家《ディープ・ステート》〟（政権の意向に従わない勢力が政府部内に潜んでいるとする陰謀理論）か〝何者かが、製薬会社がワクチンや治療薬の治験者集めをきわめて難しくしている。解決策が出るのを一一月三日以後に遅らせようとしていることは明らかだ。速度を上げて人命を救うことに集中しなければならない！〟。

その〝何者か〟とは、FDAの長官で六〇歳のスティーブン・ハーン博士のことだった。トランプに政治任用されたハーンは、テキサス大学MDアンダーソンがんセンターの最高医療責任者という権威ある地位にあり、医学研究者として査読付き論文を二二〇本以上発表していた。また、共和党候補者に定期的に献金していた。[6]

駆け引きが厳しい医学研究の世界で、何年ものあいだ辣腕の政治家として活動してきたハーンは、プロセスを加速させろというトランプからの圧力を受けていたメドウズと、緊張した関係にあった。

「速度をあげるようにと、メドウズがはっきりいった。データもほしいと。大統領に説明できるような情報を求めた」ハーンは同僚にいった。

「私たちが使っているプロセスのことをいうと、コンサルタント会社に勤務していたことがあるから、プロセスとプロセス改善の経験があると、メドウズはいった。それに、私たちのやり方が間違っていて、この分析にかける段階が多すぎるというんだ。

特定の段階が必要とされている理由については、ききもしなかった。私たちのプロセスに関して私が説明したことの妥当性が、彼はわかっていなかった」

トランプの〝ディープ・ステート〟ツイート後、ハーンはすぐさまトランプに電話をかけた。

「何度もいいますが、だれかがなにかを邪魔しているようなことはありません」ハーンはいった。ワクチン製造は法律によって規定されている複雑な手順で、ワクチン製造業者と政府省庁はすでに、トランプ政権の〝ワープ・スピード作戦〟政策に協力し、プロセスを記録的な速さで進めています。

「治験者登録を遅らせるようなことはやっていません。データと情報を集めることに関しても、全力をあげています」ハーンはいった。これは政治とは無関係です。臨床試験のプロセスを、トランプに説明しようとした。

FDAは監督機関なので、アメリカの一般大衆がいつワクチンを安全に使用できて効果があるかどうかを、厳密なガイドラインに従って決めます。ワクチン製造には関わりません。通常のワクチン開発はだいたい一〇～一五年かかります。もっとも早く開発できたおたふく風邪のワクチンでも、四年かかりました。

「いいですか」ハーンはいった。「こういう臨床試験は、製薬会社とNIHが手配します」アメリカ国立衛生研究所のことだ。

ワクチンはファイザー／ビオンテック、ジョンソン＆ジョンソン、モデルナのような会社によって開発されます。そういった会社が実験室での調査や動物を使う非臨床試験を含めた科学研究を行なってから、いくつもの段階を経る人体臨床試験を開始する許可をＦＤＡに出願します。

「ＦＤＡは臨床研究を監督しますが、治験は行ないません」ハーンはふたたび説明した。会社が提出したデータから安全性と効果を分析・評価するのが、ＦＤＡの役割です。

「きみたちを誇りに思う」トランプは打って変わった口調でいい、その会話を終わらせた。さすがに恥じ入ったのか、ツイートのことはいわなかった。

トランプはＦＤＡの機能をまったく知らず、ツイートする前に確認もしなかったのだと、ハーンは気づいた。無知なせいで混乱を引き起こす、典型的なツイート爆増《バースト》現象だった。トランプは、自分の言葉の力を理解していない。大衆がワクチンを受けたいと思うようにするには、安全な手順だという信頼が不可欠だ。

アメリカ合衆国大統領に仕事ぶりを攻撃されたツイートを読んだＦＤＡ職員数千人がどう思ったか、考えたことはありましたかという質問を、ハーンは口にしなかった。

24

ジム・クライバーンは、ノースカロライナ州予備選での勝利をつねに憶えているバイデンに対して、独特の立場を維持していた。クライバーンが心のこもった決定的な支持を表明したあと、バイデンは第二位のバーニー・サンダースに三〇ポイント近く差をつけて勝った。[1]

バイデンは三月に、副大統領候補に女性を選ぶと公式に約束していた。クライバーンは用心深く、黒人女性を選ぶよう要求するのを控えていた。黒人女性であれば〝プラスだが、必須ではない〟という言葉を、バイデンやそのほかの人間の前ではひそかにくりかえしていた。最高裁判事の選択についてすでにバイデンと話を決めていたし、高裁判事に黒人女性を指名するとバイデンは約束していた。

だが、黒人女性が民主党にとって大きな利点になりうるし、必然でもあることを、クライバーンは知っていた。何人かを頭のなかでリストアップしていて、そこに優秀な下院議員ふたりと上院議員ひとりが含まれていた。

クライバーンは、下院議員ふたりとカマラ・ハリス上院議員のことをよく知らなかった。だが、ハリスについては傑出したことがひとつあった。彼女は、もっとも有名な歴史的黒人大学《HBCU》のなかでも卓越しているワシントンDCのハワード大学の卒業生だった。しかも、アメリカで最古の歴史的な黒人女子学生社交クラブ《ソロリティ》のひとつであるアルファ・カッパ・アルファの会員だった。[2]

夏に電話でバイデンがハリスの名前をあげたときに、クライバーンはいった。「彼女はHBCUの卒業生だ」

クライバーンも、歴史的黒人大学のサウスカロライナ州立大学の卒業生だったので、それが重要であることをバイデンに説明した。

「そのことは、HBCU出身者には重大な意味がある」クライバーンはいった。

成績が優秀なアフリカ系アメリカ人はアイビー・リーグに進むが、「HBCU卒業生のことを人々は忘れがちだ」とクライバーンはいった。「彼らの両親や祖父母はHBCUに通った。祖父母の世代にはほかの大学へ進めるのは、ほんのわずかしかいなかった」

ハリスがHBCUを卒業していることは、たんなる学位の問題ではない。投票に来てもらわなければならないとバイデンが思っている人々に対して、強い政治的影響力があると、クライバーンはいった。

「これはだれもが見落としていることのひとつだと思う。こういうことすべてに歴史が絡んでいるのを忘れがちだ」クライバーンはいった。「すべてに関係がある。ほら、イェール大学を出たとか、ハーバード大学を出たとかいうじゃないか。私たちの多くは、そういう機会がなかった時代に生きていた。サウスカロライナ州立大学か、ノースカロライナA&T州立大学か、せいぜいそんなところだった（どちらも有名な歴史的黒人大学）」

クライバーンはこういう見解を長年胸に抱いていた。クライバーンにとってHBCUは、教育機関を超える存在で、黒人コミュニティのアイデンティティと力の核だった。自分たちの世代が出現したころは、黒人が男女ともにロータリー・クラブ、ライオンズ・クラブ、その他の集団に市民として参画していなかったことを、アメリカ人の多くが認識していない傾向があると、クレイバーンは感じていた。黒人は男子学生社交クラブ《フラタニティ》やソロリティを、自分たちが一翼を担うことができる稀な集団だと見なしていた。

バイデンの決定の核心には、もうひとつべつの問いかけがあった。死んだ息子のボーは、どういう進言をしただろうか？

カマラ・ハリスを推薦したにちがいないと、バイデンは周囲の人々に打ち明けた。

カマラ・ハリスとボーは、ともに州司法長官をつとめたことがある。ハリスはカリフォルニア州、ボーはデラウェア州で。一〇年前のサブプライムローン危機と景気後退のあいだ、ふたりは大手銀行の調査で協力した。[3]「私たちはおたがいのうしろを掩護して助け合った」と、ハリスは二〇一九年の回顧録『私たちの真実』に書いている。[4]

二〇一五年にボーが死んだとき、ハリスは告別式に出席した。二〇一五年六月八日に一枚の写真をインスタグラムに投稿し、告別式は〝私の親しい友だち〟の〝感動的な追悼〟だったと書いた。[5]

二〇一六年、ジョー・バイデンは、引退するバーバラ・ボクサー上院議員の空席を埋める選挙でハリスを支持した。〝ボーはつねに彼女を支援していた〟と声明に書いた。[6] ハリスはカリフォルニア州選出の初の黒人上院議員になった。

ハリスはインド人の母シャーマラ・ゴパランとジャマイカ人の父ドナルド・J・ハリスの娘で、ふたりはハリスが生まれる前にアメリカに移民した。[7] シャーマラとドナルドは、公民権運動の同志としてバークレーで出会った――ドナルドは経済学者、シャーマラは乳がん研究者だった。

ハリスは、逆境をものともしない持ち前の勇気と闘志を発揮して勢いよく出世し、ガラスの天井を突き破った。サンフランシスコで初の女性地方検事になり、初の黒人で女性の州司法長官になった。

ハリスの上院での投票行動はリベラルそのものだったが、バーニー・サンダースが左派を代表している党内では、どちらかというと中道寄りに見られた。[8] 一貫してオバマ大統領に近く、二〇〇八年の選挙でも早々と支持を表明した。

オークランドで支持者二万人を前に開始した大統領予備選でハリスは敗退した。しかし、大統領選挙なかばで二度脱落したことがあるバイデンは、撤退したことを欠点とは見なさなかった。それは大統領の地位に近づく道のりの一部だった。

上院司法委員会の委員長をつとめた経験があるバイデンは、ハリスが注目を浴びるような発言を早くから行なっていたことを知っていた。二〇一八年にはカバノーの指名承認公聴会で、ハリスの単刀直入な質問があらためて注目を浴びた。

また、選挙運動中にハリスの攻撃で傷つきはしたが、彼女が計算高くはないことを、バイデンは知っていた。ハリスは自信にあふれ、運動が得意で、よく笑い、選挙遊説ではローヒールやハイヒールの靴よりも、スポーティでクラシックな〈コンバース〉をはいていることが多かった。

バイデンは、副大統領候補選定委員会を指揮していた元コネティカット州選出上院議員のクリス・ドッドに、何十年も前のスクールバス政策を二〇一九年の討論会でハリスに攻撃されて傷ついたことは、もう克服したと告げた。バイデンが気にしないというのだから、みんなもそのことは忘れるようにと、ドッドは委員会の面々に告げた。

七月二八日、デラウェア州ウィルミントンの選挙運動行事で、バイデンのメモカードが撮影された。[9]

〝カマラ・ハリス〟カードに書いてあった。〝わだかまりを持たない。私とジルといっしょに運動。才能に恵まれている。選挙戦におおいに助けになる。彼女をおおいに尊敬している〟

副大統領探しの最終週に、電話でバイデンと話をしたあと、それが彼女の弱みになるだろうという印象をクライバーンは抱いた。

ジョージ・フロイド殺害事件後、組織的な人種差別に取り組むよう政策を根本的に変えることを求める抗議行動が、全米を席巻した。有色人種の女性を選ぶようにというバイデンへの要求が激しくなった。指名の競争相手だったエリザベス・ウォーレン上院議員やミシガン州知事グレッチェン・ウィトマーのようなハリスの政敵までもが、そう発言した。[10] 民主党だけではなくアメリカ政治における黒人女性の力と熱意を認識したいという考えを持つ党内の多数が、その情熱に同感していた。

ハリスを選ぶ必然性が、はっきりと見えていた。

八月一一日、バイデンはウィルミントンの自宅でデスクのノートパソコンの前に座り、Zoomでハリス上院議員とつながる準備をしていた。[11] デスクには、額入りのグリーティングカードが置いてあった。[12] コミックの『ヘイガー・ザ・ホリブル』の主人公のカードで、父親からの贈り物だった。ヘイガーが嵐の空に向かって叫んでいる。「どうしておれなんだ?!」空が答える。「おまえじゃだめなのか?」

「仕事をやる用意はあるかね?」バイデンは、ハリスにきいた。

ハリスが間を置いた。

「ええ、そうよ。仕事をやる用意は万端よ」

ハリスの夫で弁護士のダグ・エムホフが画面上で加わり、ジルがバイデンの横に現われた。

「みんなで楽しみましょう」ジルがいった。

そのあとまもなく、バイデンは正式に発表した。ハリスを副大統領候補にする。

その選択はアメリカの歴史的瞬間だと報じられ、民主党にあらたな支持層をもたらす可能性のある抜け目のない政治行動だとされた。有権者登録をしている女性の数は、男性よりも一〇〇〇万人多い。[13] ハリスは、マイク・ペンス副大統領との討論会でも検察官らしい精力を発揮するはずだった。

ハリスは、世論調査ですべての層に人気があった。バイデン陣営は、ハリスが副大統領に指名されてから四八時間で四八〇〇万ドルの寄付金を集め、八月末までに三億六五四〇万ドルとなった。[14] これは大統領選で一カ月間に集めた寄付金の過去最高額だった。

八月一二日、ハリスとバイデンはともにデラウェア州に現われた。[15]「ジョーはよく人格が票に表われるというけれど、それは真実です」ハリスはいった。「三年前にシャーロッツビルで起きたことを見たとき、彼は私たちがこの国の魂のために戦っていることを知ったのです」

25

トランプは、ホワイトハウスの掩蔽壕に避難したのをニュースで報じられたことに、何週間も怒り狂っていた。八月一〇日、ホワイトハウスの記者会見室で質問に答えていたときに、怒りが再燃した。

シークレット・サービスの警護官ひとりが、トランプの話を遮り、ホワイトハウス報道官室の外にある待合室へ連れていった。[1]

「表で銃撃がありました」警護官が、トランプにいった。

トランプは顔をしかめた。

「クソ掩蔽壕には行かない」トランプはいった。

翌日、バイデンがハリスを副大統領候補に決定したことを発表したあとで、トランプはツイートした。[2]〝カマラ・ハリスは民主党予備選を力強くはじめて弱々しく終えた。最終的に支援がほとんどゼロで競争から逃げた。だれもが夢見るような対立候補じゃないか!〟。

トランプ陣営は動画でそれを補った[3]——「のろまなジョーといんちきカマラ」ナレーターが

いった。「完璧な組み合わせ、アメリカには最悪」

外部のトランプの顧問、ディック・モリスはその後、トランプの世論調査担当や選挙対策委員会の何人かにメールした。ハリス選択を攻撃材料に使えるかもしれないと、モリスは考えた。

「バイデンは人に操られやすいのではないか？ 彼が弱々しく衰えているのはわかっているが、そのせいでスタッフ、コンサルタント、寄付者から過度な影響を受けやすいのではないか？ ハリスを選んだのは黒人の指導者たちにそうしろといわれたからだと指摘できるんじゃないか？ 過激派の政治目標をバイデンが採用したのは、バーニー一派に操られたからだと主張できるんじゃないか？」


ブラッド・パースケールが降格されたあと、ニュージャージー州出身の熟練の政治運動家ビル・ステピエンが指揮していたトランプの選挙対策本部では、いらだちが高まっていた。[4] トランプの支持率が落ちていた。ディック・モリスやショーン・ハニティのような外部の人間の影響力があまりにも強く、世論調査を基盤にした戦略に悪影響をあたえるような思い付きや助言をトランプに吹き込んでいた。

九月二三日水曜日の午前八時二〇分、トランプの選挙対策本部の上級顧問ジェイソン・ミラーが、ステピエンと世論調査担当ふたり、ジョン・マクラフリンとトニー・ファブリツィオにメールを送った。件名は〝この世論調査結果はディック・モリスに教えたか？？？？〟だった。

ファブリツィオは、午前一一時二三分に応答した。〝大統領が彼に数字を教えるよう私に命じた〃。

ミラーが三分後に応答した。

そうか、それは大失敗だった。

いま彼は、私たちの数字が〃急落した〃と大統領にいうと脅している。

どんなことであろうと、だれもディック・モリスと話をしないように気をつけろ。

九月下旬、ＦＤＡは新型コロナウイルス・ワクチンを緊急承認するプロセスのガイドラインを、ホワイトハウスに提出した。[5] それから二週間以上、ＦＤＡは署名されるのを待った。マーク・メドウズが障害になっていた。ＦＤＡの承認プロセスには不必要な段階が数多くあると、メドウズは懸念を口にした。

ハーンにしてみれば、またしてもメドウズのよけいな干渉だった。元ノースカロライナ州のビジネスマンで高圧的なメドウズは、医師でもないのに専門家ぶってＦＤＡのプロセスに自説を押し付けていた。

フェーズ3向けのガイドラインは、患者に重大な副反応が見られるかどうかを観察する二カ月の追跡調査が含まれていた。

ＦＤＡの生物製剤評価研究センター（ＣＢＥＲ）所長で細胞・分子生物学博士のピーター・マークスは、ハーンと協力して承認プロセスを組み立てていた。

「ワクチンの安全性と有効性についてピーター・マークスよりも詳しく知っていると、マーク・メドウズが思い込んでいることに、唖然とした」ハーンは同僚たちにいった。「彼は自分が知らないことを知っていると思い、自分にない専門的知識があると思っている」

元FDA長官七人が、九月二九日付の《ワシントン・ポスト》に寄稿し、FDAの仕事にホワイトハウスが干渉しないよう要求した。[6]「ホワイトハウスは、FDAが示した科学的なワクチン承認基準に影響力を行使するかもしれないと述べた。

この発言は、FDA、CDC、NIHがすべて公式にガイダンスを支持したあとで出された」寄稿文は述べていた。「製薬会社もFDAの科学的基準を使用すると約束している」

その晩、クリーブランドで行なわれた最初の大統領選挙討論会で、トランプはいった。[7]「私はファイザーと話をした。話をしなければならない相手すべてと話をした。モデルナ、ジョンソン&ジョンソンなどと。

ワクチンはあと数週間で完成する」企業のほうが〝ずっと早くやれる〟とトランプは主張した。ウイルスはたいしたことがないといいつづけてきたにもかかわらず、選挙前にワクチンが完成するほうが政治的に有利だというのを知っていた。

ファイザーの会長兼CEOアルバート・ブーラが、大統領の戦術と口調を変えさせようとする科学界の意見のコーラスに加わった。[8]

「致死性の病気の予防が、科学的事実ではなく政治的観点から議論されていることに、またしても失望した」ブーラは同僚への公開書簡で述べた。

秋の討論会予行演習で、バイデンはロン・クレインに質問した。「選挙が終わったあとでなにをやりたいか、考えたことはあるか？」

「あなたが大統領に当選したら」クレインはいった。「復帰して仕えることを考えるでしょうね」

「私の首席補佐官になることを考えてくれるかな？」

「光栄です。私についてそう考えていただいてうれしいです」クレインはいった。「当選したら、ほんとうに厄介なことを抱え込むでしょう。よろこんで手伝いますよ」

「さて、私には迷信があるんだ」バイデンはいった。選択肢はすべて胸に秘めておく。「当選するまでは、だれにもどんな職務もオファーしない。しかし、きみがこれをやってくれるのをあらかじめ知っておくことが重要なんだ」

「わかりました」クレインはいった。「その仕事をオファーしてくれれば、私は引き受けます」

数カ月前にデラウェアで内密の会合を持ったときにクレインが予想したことが、最初のトランプ－バイデン討論会で事実になった。バイデンの家族のことも含めて、禁止事項はなにもなかった。

トランプは攻撃的で怒っていた——バイデンの発言に嫌味をいい、遮った。バイデンはいらだっていった。「黙ってくれないか、あんた？」それがその晩の決め台詞になった。[9]

一〇月二日金曜日の晩、トランプ大統領は新型コロナウイルスに感染して入院し、選挙運動のラストスパートが中断した。トランプはヘリコプターでメリーランド州ベセズダのウォルター・リード陸軍医療センターへ運ばれた。

トランプは行きたくないと抵抗したが、血中酸素が死ぬおそれのある八〇台まで落ち、呼吸が苦しくなっていたので、主治医が酸素吸入を行なった。[10] 病院へ行くのを拒否したら車椅子で連れ出すか、もっと見た目の悪い方法で運び出すと、補佐官数人が注意した。トランプはマリーン・ワンに乗ることに同意し、ベセズダに向かった。

入院すると、トランプの容体は安定した。医師たちがリジェネロン社の〝抗体カクテル〟と呼ぶものを投与した。[11] この抗体治療法は、まだ臨床試験段階だった。《ワシントン・ポスト》のヤスミーン・アブタレブとダミアン・パレッタによれば、公衆衛生部門の高官たちが血眼になってトランプに使用するための承認をFDAから得て、七四歳で肥満しているトランプに使用することが適切かどうかを議論した。[12]

「病院のお食事を楽しんでください」三日間入院しているあいだに、ケリーアン・コンウェイがトランプに電話でいった。

数カ月前に、コンウェイがウイルス感染のために自宅療養したときに、トランプは彼女を励ました。

「きみは体脂肪がゼロじゃないか、ハニー」トランプはいった。「ハニー、体脂肪がゼロだからだいじょうぶだ」

トランプは一〇月五日に退院し、ホワイトハウスのバルコニーで芝居がかった仕草でマスクをはずしてから、さっと両手の親指を立て、マリーン・ワンに敬礼した。

ホワイトハウスは感染危険地域でありつづけた。[13] メドウズや上級補佐官たちはマスクを付けなかった。ホワイトハウスには公衆衛生のガイドラインを無視するよう促す風潮があると、下級スタッフたちは感じていた。会議につづく会議で一室にこもり、そこではファウチやそのほかの専門家の文書を、トランプや補佐官たちが説教じみていてリベラルだと馬鹿にする。一〇月にすくなくとも〝三四人のホワイトハウス職員や接触者〟がウイルスに感染したと、FEMA(連邦緊急事態管理庁)の内部文書が指摘していた。

上院共和党院内総務のミッチ・マコネルは、バイデンの節度をわきまえた大統領選挙運動にずっと注目していた。バイデンの選挙対策本部は、抜け目なくバイデンを穏健派に仕立てあげていた——デラウェア州の温和なおじいちゃん対荒々しい共和党の現職大統領という構図だった。有権者はさんざんトランプの言動を見ているから、民主党の候補者がだれでも当選しそうな感じだった。

「ドナルド・トランプであることは」一一月に敗北を喫する要因になると、マコネルは周囲の人間にいった。「トランプの人柄が彼にとって最大の問題だし、人柄という点ではバイデンはトランプの対極にある」

マコネルは、その力関係が共和党に悲劇的な結果をもたらすと見ていた。共和党は税改革法を成立させた。全力をあげて連邦判事に保守派を押し込んだ。三月にパンデミックが猛威をふるうまで、経済は順調だった。いずれも偶発的な出来事ではなかった。なにもかも、トランプの手腕によるものだった。

「ものすごく好調な四年間だった」マコネルはいった。

しかし、いまは人格だけが問題になっている。すべてがトランプにかかっている。

これまで二度、大統領選挙に挑戦して敗れ、二度とも一％の支持も得られなかったバイデンが、幸運をつかんで完全な好敵手になった。

「すべてが幸運だったとはいわないが、たしかに彼は運がよかった」マコネルはいった。

トランプに関していえば、マコネルは大っぴらに対決したくはなかった。しかし、トランプが変わるかもしれないという希望を持ちつづけるのは無理な相談だった。

四年近くにわたってマコネルは、前国防長官ジェームズ・マティスや、ジョン・ケリー首席補佐官などの閣僚と〝同胞愛〟と呼ぶものを育み、いまはバー司法長官と親しくしていた。ふたりはトランプを正常な路線に向けようとした。

それは毎回、失敗に終わった。無駄だった。それに、この最終ラップのときには、いわゆる同胞愛の仲間の多くが退場するのを見送ったあとだった。

共和党のクロークルームで、マコネルがよく口にするジョークがある。マコネルが好きだったトランプの元国務長官レックス・ティラーソンにまつわるものだった。

二〇一七年、国務省はティラーソンがトランプを〝間抜け〟と呼んだことを激しく否定した。[14]

「ティラーソンが大統領を〝間抜け〟とは呼ばなかったと否定できた理由を知っているか？」

ケンタッキーなまりで、マコネルは冷ややかに同僚たちにたずねる。

「なぜなら、彼は大統領を〝クソったれの間抜け〟と呼んだからだ」

26

投票日の四日前の一〇月三〇日金曜日、ミリー統合参謀本部議長は最新の国家機密に属する情報を吟味した。それを読んで、不安をつのらせた。アメリカに攻撃されると、中国が確信している。

事実ではないことを、ミリーは知っていた。だが、中国は高度の警戒態勢だったし、超大国が高度の警戒態勢にあるときには、戦争のリスクが拡大する。中国の領有権主張に異議を唱え、公海を航行する自由を促進するために、米海軍が通常の行動として南シナ海で行なっている航行の自由作戦をめぐって米中の緊張が高まっているという噂や談話が、アジアのメディアの報道に満ちあふれていた。

有権者を引き寄せ、バイデンを打ち負かすために、選挙前にトランプが〝ワグ・ザ・ドッグ〟戦争を仕組もうとしているという見方もあった。

この手の誤解はしばしば戦争の原因になる。一九八七年、ロナルド・レーガン政権下の統合参謀本部議長ウィリアム・J・クロウ海軍大将が、偶発的な戦争を防ぐために、ソ連軍のトップと裏ルートの関係を確立した。[1] 国家安全保障を自分の手に握り、ソ連軍参謀総長セルゲイ・アフロメーエフ元帥とじかに協力するこの決定を、クロウはレーガンに伝えなかった。

その後の統合参謀本部議長、マーティン・デンプシー陸軍大将やジョセフ・ダンフォード海兵隊大将も、ロシアや中国と同様の裏ルートの仕組みを設置していたことを、ミリーは知っていた。それに、危機の際にはロシア連邦軍参謀総長ワレリー・ゲラシモフ上級大将か、中国人民解放軍の李作成上将（連合参謀部参謀長）に電話をかければいいとわかっていた。

いまがそのときだった。ミリーはしばしば、相手国に挑発的だと見られるか、誤解されるような米軍の戦術的なふつうの演習を延期するか中止してきたが、今回は行動を控えるだけではすまない。ミリーは李上将との電話を手配した。

トランプは選挙遊説でたえず中国を攻撃し、新型コロナウイルスのことで非難した。「このいかれた恐ろしいチャイナウイルスを打倒する」一〇月一一日のFOXニュースでいった。[2] 政治と軍事行動が開始される可能性とは別物だということを中国は知らないのかもしれないと、ミリーは思った。

李との電話が日常的なものに思えるように、ミリーはまず、いつでもお互いに迅速に連絡できるようにする参謀対参謀の通信と手順のようなありふれた問題を提起した。

それからようやく本題にはいり、ミリーはいった。「李将軍、アメリカ政府は安定していて、なにもかもだいじょうぶだと断言します。私たちがあなたがたを攻撃したり、軍事作戦を行なったりするようなことはありません。

李将軍、私たちはこの五年間に、お互いの胸中を知るようになりました。私たちが攻撃するようなときには、前もってあなたに伝えるつもりです。奇襲にはなりません。青天の霹靂の出来事にはなりません。

アメリカと中国のあいだに戦争かなんらかの軍事行動か起きたら、どんどん拡大するでしょう。それは歴史がつねに示してきました。

それに、これから緊張が高まるでしょう。ですから、私は頻繁にあなたと連絡をとるようにします」ミリーはいった。「ですから、今回そのようなことにはなりません。だいじょうぶです。私たちは戦う必要はありません」

「わかりました」李がいった。「あなたの言葉を信じます」

そのとたんにミリーは、自分の連絡ルートがきわめて貴重で重要であることを悟った。わずか数分のあいだに、アメリカと中国のあいだの緊張を和らげ、偶発的な事件か戦争を引き起こす可能性のある誤解が生じるのを避けることができた。

統合参謀本部議長公邸クオーターズ6から、ミリーはリンカーン記念堂を見た。アーリントン国立墓地も近い。

「部下だった若い兵士二四二人をあそこに埋葬した」その後のある土曜日の朝、ミリーは周囲の人間にいった。「だれとも戦争したくないというのが本心だ。

必要とあれば私は国を護る。しかし、戦争や軍隊組織は、最初の手段ではなく、最後の手段だ」

李上将との電話のことを、ミリーはトランプに話さなかった。

選挙の直前にミリーは統合参謀たちに、選挙後の期間について念を押した――帷幕会議室《ザ・タンク》で〝フェーズ2〟とミリーが名付けた月日は、投票日と一月六日の当選結果認定のあいだ安定しない状態で待つため、国にとってもっとも危険な期間になる。

「トランプ大統領が勝てば、街路は暴動や市民の騒乱で爆発するだろう。トランプ大統領が負ければ、選挙に異議が唱えられるという大きな問題が起きる」ミリーは会議でいった。

街路で混乱が起きる気配が、いくつも見られた。ソーシャルメディアでは、トランプ陣営が軍隊並みの衝突という考えを吹き込んでいた。パンデミックのせいで多くの州が採用している郵便投票は不正で陰謀の道具に使われると見なされた。

〝あなたがたにトランプの選挙を守る活動のための部隊に参加してもらう必要がある！〟九月末のトランプの公式な選挙運動の投稿に、そう書いてあった。[3]ドナルド・トランプ・ジュニアは、〝身体壮健な男女〟は大統領を〝守る〟活動に参加してほしいと懇願した。

「やつらが選挙を盗むのを阻止しよう」トランプ・ジュニアはいった。「きょう参加しよう」

27

大統領選挙投票日の夜、トランプのホワイトハウスは、これまでの四年間のトランプ・パーティとおなじようにはじまった。[1] ファストフードが注文された。ピザや〈チックフィレイ〉が、ルーズベルト会議室に大量に用意された。フランクリン・デラノ・ルーズベルトが第二次世界大戦の戦いを見守った地図の間が、開票の推移を追う中枢になった。

トランプの家族と上級補佐官たちがそわそわと出入りし、ホワイトハウス西棟のあちこちに設置されたテレビが、FOXニュースを流していた。

選挙の何カ月も前から、トランプは計画的に、選挙結果は仕組まれていると主張していた。自分が勝たなかったときには、選挙は盗まれたのだ。大規模な詐欺がなければ勝つはずだと。

六月二二日、トランプはツイートした。[2]〝数百万の郵便投票が外国などで印刷されるだろう。私たちの時代で最大のスキャンダルになる！〟。

八月二七日、共和党全国大会の演説で、トランプは宣言した。[3]「私たちからこの選挙を奪う方法はただひとつ、これを不正操作された選挙にすることだ」

一一月三日の夜、トランプの盟友たちは有頂天になっていた。午後八時には、トランプは共和党が強い州を多数勝ち取っていた――ケンタッキー州、ウエストバージニア州、テネシー州も含まれていた。午後一一時にはミシシッピ州とユタ州を獲得した。やがて、午前零時一九分にAP通信が、オハイオ州をトランプが取ったと発表した。[4] つづいて、アイオワ州、フロリダ州、テキサス州で勝利した。支持者数百人が集まっていた束の間に歓声が湧き起こった。

自宅でテレビを見ていたジェームズ・クライバーンは、不安にかられた。バイデンがようすを知ろうとして電話をかけてきたとき、現状はかんばしくないと、クライバーンはいった。

バイデンは楽観的だった。郵便投票の集計が遅れている州があると、補佐官たちから聞いたと伝えた。自分たちの陣営は郵便投票を勧めていたが、トランプはずっと投票所へ行って投票するよう圧力をかけていたので、最初のころの数字ではトランプが有利なように見えるだろうと、バイデンはいった。

「私たちはだいじょうぶだと思う」バイデンはいった。

地図の間の雰囲気が、暗くなりはじめた。

トランプの子供三人――ドナルド・トランプ・ジュニア、エリック・トランプ、上級顧問のイバンカ・トランプ――が何度もやってきて、補佐官たちをせっついた。エリックは、父親が演説で引用できるデータを要求した。数字は変わりつづけているといわれて、エリックはいらだった。まだ集計中の州が数多くあった。

FOXニュースの選挙判定デスクが、午後一一時三〇分の直前に、アリゾナ州をバイデンが取ったと発表し、トランプ派を驚愕させた。[5] トランプは家族や顧問に指示して、FOXにそれを撤回させようとした。FOXが拒否すると、怒ったトランプは、FOXニュースが選挙を盗むのに加担しているといった。

バイデンは勝利を重ねはじめた。AP通信が、ウィスコンシン州とミシガン州をバイデンが獲得したと告げた。その晩の大きな獲物のうちの二州、ペンシルベニア州とジョージア州は接戦で、勝敗を告げられなかった。一一月四日午前零時二六分、獲得した選挙人の数はバイデンが二一四、トランプが二一〇で、いずれも選挙に勝つのに必要な二七〇人に達するには、まだ何時間もかかりそうだった。

午前零時四五分の直前、バイデンはウィルミントンで壇上に立った。[6] 勝利を予測したが、あからさまな宣言はしなかった。聴衆はほとんどがソーシャルディスタンス・ルールを守るために、チェース・センターの外にとめた車のなかにいた。ドライバーがクラクションを鳴らした。

「あなたがたの忍耐は称賛に値します」バイデンはいった。「しかし、ほら、私たちはいまの位置に安心しています。ほんとうです。この選挙の勝利に向けて進んでいると確信していることをみなさんに伝えるために、今夜、私はここにいます」郵便投票やすべての投票が集計されるのを、辛抱強く待つよう促した。

一一月四日の午前二時三〇分、勝敗が決していない州でのリードが小さくなると、トランプは束の間の演壇へすたすたと歩いていった。ダークスーツにブルーのシルクのネクタイを締め、ラペルにアメリカ国旗のピンバッジを付けていた。メラニア・トランプ大統領夫人とペンス副大統領が横に並んだ。大音響で〈大統領万歳〉が演奏され、壁を覆う何枚ものアメリカ国旗と祝いの言葉を期待している群衆の前で、トランプが演説を開始した。

「これはアメリカ国民に対する詐欺だ」トランプはいった。[7] 嘲るような憤慨した口調だった。「これは私たちの国にとってたいへんな恥辱だ。私たちはこの選挙に勝とうとしていた。率直にいって、この選挙に勝った」トランプはつけくわえた。「したがって、私たちは最高裁に提訴する」

「どうしてジョー・バイデンに票を奪われたんだ?」トランプはその日の数時間後に、ケリーアン・コンウェイにきいた。コンウェイは熟練の世論調査担当で、八月に辞任したあともトランプと親しくしていた。

トランプは公に認めることは拒んでいたが、内輪では敗北を認めるつもりがあるようだった。

原因は郵便投票です、とコンウェイがいった。それに新型コロナウイルス。選挙資金が足りなくなったこと。討論会。

「ああ、そうだな」トランプは動揺していった。「道理に合わない。まったく不愉快だ」

投票結果について、ふたつの見方があった。まず、バイデンは七〇〇〇万票の差をつけて勝ったといえる——トランプの七四〇〇万票に対して、八一〇〇万票だった。その反面、アリゾナ州、ウィスコンシン州、ジョージア州で四万四〇〇〇票が逆に流れれば、トランプとバイデンは選挙人獲得数が同数になっていたはずだった。[8]

バイデンは二〇一六年の選挙でヒラリーができなかったことをやったというのが、《ワシントン・ポスト》の分析だった。[9] めったに政治にかかわらない労働者階級のアメリカ人の支持を得たのだ。彼らの一部は、前の選挙ではトランプに投票した。それに加えて、バイデンは全米で昔ながらの民主党支持者の強力な投票を喚起した。

「トランプからバイデンに乗り換えたこれらの有権者たちは、新型コロナウイルスについて非常に大きな懸念を抱いていて、約八二%が大統領を選ぶのにそれを〝重要な要素〟と見なした」出口調査に基づいて、アナリストが結論付けている。

補佐官たちは、トランプが楽観的でいられるように努力していた。

ジョージア州出身のトランプの政治ディレクター、三二歳のブライアン・ジャックは、すべての下院議員に関する最新情報を伝えつづけ、一一月五日にトランプの専用ダイニングルームで報告した。

下院共和党は民主党の議席を一三奪って、合計一〇議席を獲得し、失ったのは三議席だけでしたと、ジャックは数字を読みあげながらいった。[10] 共和党の女性議員は記録的な数の当選で、下院の共和党女性議員は合計二五人を超えました。

電話での大討論会やツイートで、大統領は彼らを支援しましたと、ジャックはいった。トランプは悲観的だった。

「彼らはありがたいと思ったのか？」トランプはきいた。「感謝したのか？」

感謝しましたと、ジャックは請け合った。

それから数日のあいだ、トランプは何十本も電話をかけ、多くの盟友が、トランプは勝ったといい張った。あなたは勝利を盗まれたと、おおぜいがいった。ペンシルベニア州とミシガン州から、突拍子もない話が聞こえてくる。

長年の盟友のなかには、FOXニュースに出演して、警告を鳴らしつづけるものもいた。不正操作だ。詐欺だ。

そのうちのひとりが、元ニューヨーク市長でトランプの顧問弁護士のルディ・ジュリアーニだった。ジュリアーニは9・11テロ後、ビッグ・アップルと呼ばれるニューヨークの英雄だったが、いまではトランプの戦闘的な側近で、いつも葉巻をくゆらしている。もっとましな戦略が必要だと、ジュリアーニはトランプにいった。力を貸すと持ちかけた。

トランプは、内輪でも敗北したというのをやめた。そして、ジュリアーニに調査を開始する許可をあたえた。

28

一一月六日、ジュリアーニはアーリントンに置かれたトランプの選挙対策本部にやってきて、友人やアシスタントに囲まれ、会議室へ向かった。

近くに選挙対策本部の法律顧問、マット・モーガンがいて、ジュリアーニを見ていた。モーガンはペンス副大統領の補佐官をつとめたことがあり、性格もよく似ていた。物静かで、心底から保守的で、用心深い。

そこでなにをしているのかと、モーガンはジュリアーニにたずねた。モーガンの法律チームには、計画があった。すでに訴訟を起こしはじめていて、外部の法律事務所とも協力していた。大統領の承認を得て、選挙対策本部の選挙後の戦略は何カ月も前から用意されていた。

ジュリアーニの友人たちと、トランプの選挙対策本部の職員たちが、興奮してしゃべっていた。書類や覚書やｉＰｈｏｎｅで躍起になってやりとりした。民主党が獲得した州や民主党が優勢な都市で、膨大な数の記入済み投票用紙が捨てられたと、ジュリアーニが自信に満ちた口調で非難しはじめた。信じられないような数だと、ジュリアーニはいった。盗まれたにちがいない。

モーガンは黙り込んだ。老練な選挙専門弁護士ならだれでも、何十年ものあいだ開票結果を出すのが遅かったことで評判の悪い郡があることを知っている。いまにはじまったことではない。

ジュリアーニは、トランプ陣営の監視員が開票作業を行なう部屋にはいるのを禁止されたといった。「ごまかしをやっていたから、部屋から追い出したんだ！　すべて民主党による連携された行動の一環だ」

ジュリアーニは、紙の束を持ちあげてみせた。「宣誓供述書が八通ある」といった。「監視員がミシガン州で締め出されたことを証言している宣誓供述書が八通ある。ひどいことが起きている」

おなじ日にトランプは、ジュリアーニの一団と弁護士たちをオーバル・オフィスに呼んで、そこにホワイトハウスの弁護士たちが加わった。ジュリアーニが、点と点を結ぶ陰謀理論を開陳した。

ルディがいうこれらの不正行為を法廷にどう示すのかと、トランプがきいた。簡単ではないでしょうと、弁護士たちが答えた。告訴するには、資格つまり当事者の権利を証明する法的出発点が必要です。番狂わせで負けたというのは、法的根拠にはなりません。

「では、どうしてじかに最高裁に提訴しないんだ？」トランプは疑問を投げた。「なぜすぐに最高裁へ行けないんだ？」法的プロセスを踏まなければならないと、弁護士たちがくりかえした。

いますぐにこの問題を解決してくれ、トランプは彼らにいった。一行は廊下を渡ってルーズベルトの間へ行った。

なかにはいると、選挙対策本部の弁護士たちとホワイトハウスの法律顧問たちが、トランプにどういう話をすべきかについて、ロースクール一年生のような基本的問題を取りあげて緊迫した議論をした。最高裁に直接提訴できないことはわかっていた。トランプは地方裁判所に出訴し、連邦控訴裁判所の審理を受け、それから最高裁に提訴しなければならない。時間がかかる。

ジュリアーニがはいってきた。大声でわめいていた。

「宣誓供述書が二七通ある！」さまざまな州で選挙について異議が示されていることをまくしたてた。妙だなと、モーガンは思った。一時間前には、宣誓供述書は八通だけだとジュリアーニはいっていた。

まもなくトランプが全員をオーバル・オフィスに呼び戻した。一団は大統領を囲んで輪になった。ジュリアーニはどなりつづけ、ミシガン州で詐欺行為があったと非難した。

ジュリアーニが片手を挙げた。「私に指揮させてくれれば」トランプにいった。これを解決する。

「宣誓供述書が八〇通ある」ジュリアーニが確信をこめていった。

一一月七日土曜日、午前一一時二五分にAP通信が、バイデンがペンシルベニア州を獲得して選挙人二〇人を得て、ホワイトハウスを勝ち取るのに必要な二七〇人を超え、勝利を収めたと宣言した。[1]

〝ジョー・バイデンが、アメリカ合衆国第四六代大統領に当選〟、《ニューヨーク・タイムズ》のウェブサイトに見出しが載った。[2] まだ集計が終わっていない州がいくつかあったが、選挙結果の報道ではつねにAP通信を後追いする全国のメディアが、入手できるデータに基づくおなじ常識的な結論を報じはじめた。

議会の上院共和党院内総務の側近たちは、マコネルがあまり驚かないのを目にしていた。マコネルはずっと一部始終を綿密に観察していた。「四年のあいだ、胃腸薬を飲みたくなることがあまりにも多かった」マコネルは補佐官にいった。

トランプが高圧的に結果に反論していたのでマコネルは、しばらくトランプをガス抜きさせ、バイデンを公に次期大統領と認めるのは控えるといった。まだトランプとの関係を壊したくなかったし、さらに心配なのは、トランプがマイナス要因になるようなことをやって、まもなく行なわれる接戦中のジョージア州選出上院議員の決選投票を台無しにすることだった。共和党が上院で過半数を維持するには、ジョージア州の二議席が不可欠だった――マコネルが上院多数党院内総務でありつづけるためにも。

マコネルは、電話魔のバイデンが電話をかけてこないことを祈るともいった。バイデンから電話がかかってくれば、内容にかかわらずトランプが激怒することは間違いなく、受けたくない電話をかけてきて、バイデンが大統領に当選したと思っているのかと詰問するだろう。電話は不通にしておくほうがいい。

マコネルは、ジョン・コーニン上院議員――テキサス州選出の共和党員で、マコネルのかつての上院共和党院内幹事で親しい友人――に、バイデンの盟友でデラウェア州選出のクリス・クーンズ上院議員に内密に話をするよう頼んだ。クーンズは選挙直後にマコネルに連絡していて、バイデンと話をしたいときには裏ルートを提供するといった。

クーンズに、バイデンが私に電話しないようにと頼んでくれ――絶対に電話するなと。

マコネルは、この戦略を秘密にしておきたかった。バイデンの電話を受けたくないといったことが、嵐のようなニュースになるのはまずい。バイデンはわかってくれるはずだった。お互いに長時間の駆け引きのことを理解している老練な政治家なのだ。

「私たちは微妙な状況に置かれているんだ」コーニンは、クーンズにいった「きみたちのボスが正しく選ばれた次期アメリカ合衆国大統領だと、私は認識している。それに、彼と上院共和党院内総務が長年、親しい関係にあることを、私もきみも知っている。だから、じかに電話してほしくないと頼んでも彼が気を悪くしなければいいと、院内総務は願っているんだ。

しかし、彼が院内総務に電話をかけると、いろいろな問題が起きる。トランプ大統領は、ふたりが裏取引をして自分を締め出したと勘繰るだろうし、それでよけい腹を立てるにちがいない」

クーンズは、その趣旨をバイデンに伝えた。

一一月七日の夜、バイデンはふたたびウィルミントンで支持者たちに向かって話をした。やはりチェース・センターの外の駐車場が会場で、聴衆ではなくクラクションを鳴らす車が相手だった。だが、ドライブイン・シアター風であっても、明らかに勝利を祝う集会だった。バイデンの選挙管理委員会の幹部たちは、決然と、明確に話す必要があると、バイデンに助言した。選挙は終わったのだ。

「みなさん、この国の人々ははっきりと発言したのです。私たちに明確な勝利、歴然たる勝利をあたえてくれたのです」[3]ダークスーツにパウダーブルーのネクタイを締めたバイデンは、笑みを浮かべていった。一年間ずっと彼を高く掲げた黒人有権者に礼をいった。「アフリカ系アメリカ人のコミュニティが、ふたたび私のために立ちあがってくれました。あなたがたはつねに私を応援してくれました。私もあなたがたを応援します」

四六年前の一九七四年八月、ニクソンの辞任後に大統領に就任したジェラルド・フォードの回顧録の主題を借りて、バイデンはいった。[4]「アメリカが傷を癒す時が来たのです。アメリカが悪魔化したこの時代を、いまここで終わらせましょう」バイデンはいい、〝魂〟という主題をずっと守ってきたマイク・ドニロンとジョン・ミーチャムの提案によって作成された一文を読みあげた。「トランプ大統領に投票した人々すべてが今夜味わっている失望が、私にはよくわかります。私も二度、敗れました。しかし、いまはお互いにチャンスをあたえることにしましょう。

ジャッキー・ウィルソンの古典的なR&B、〈きみの愛は私を上昇させる）高く、もっと高く《ハイアー・アンド・ハイアー》〉が演奏されはじめ、車のクラクションがまた鳴らされた。[5] 支持者たちがピックアップトラックに乗って、ボンネットに立ち、旗やプラカードをふった。暗い空に花火が炸裂した。

バイデン一家はステージで抱き合った。ジル・バイデン、ハンター・バイデン、アシュリー・バイデン。孫たち。カマラ・ハリスとその家族も加わった。全員が空を見あげ、色とりどりの火花の輝きが彼らの顔を照らした。

バイデンの上院報道官を一〇年間つとめたマーガレット・エイトケンも、聴衆のなかにいた。[6] ずっと親しい友人でありつづけ、デラウェア州のバイデンの膨大な人脈の情報センターをつとめ、いまも彼の人生の中心のひとつだった。

エイトケンは、バイデンにメールを送った。デラウェア州選挙対策委員会の委員長を一二年つとめたエレイン・マンラブと夫のウェインが、先週、結婚五一周年を祝った直後に、自動車事故で亡くなった。赤信号でシボレー・エクイノックスをとめていたところに、居眠り運転のトレイラートラックが突っ込み、ふたりを死亡させた。

エイトケンはバイデンに、追悼ミサが一一月九日にウィルミントン最大のカトリック教会、セント・エリザベス教会で営まれると伝えた。

エレインは一九七二年にバイデンの最初の上院議員選挙を手伝い、つねにバイデンを〝私の上院議員〟と呼んでいた。デラウェア州では有名な人物だった。共和党の飛び地サセックス郡のビーチに住んでいた。近所でだれかがトランプのプラカードを出すたびに、彼女は自分の芝生のバイデンのプラカードを増やした。やがてバイデンのプラカードが一七枚になった。バイデンは最終的に人口が一〇〇万人に満たない故郷のデラウェア州を一九ポイントの差で制し、選挙人三人を獲得した。

一一月八日日曜日、次期大統領に当選してから最初の日に、バイデンはエイトケンに電話をかけた。

「きのう、あなたの姿を見た」バイデンはいった。

「ほんとう?」エイトケンはいった。

「あなたに手をふったんだよ」

「みんなに手をふったのかと思っていたわ」

「エレインの葬式には行けない」バイデンはいった。「制約が多いんだ。私に接触する人間は、コロナ検査を受けなければならない。私は極度に用心しなければならない。警護の問題があるんだ。葬式のようなことで手順を中断するわけにはいかない」

みんな納得するでしょうと、エイトケンがいった。

エレインに息子がいるのを、バイデンは思い出した。電話番号がわかるかな?

エイトケンは、マシュー(マット)・マンラブの電話番号をバイデンに教えた。その晩、バイデンはマットの携帯電話にかけた。四二歳のマットは、午後七時に知らない番号から電話がかかってきたのに気づいた。まもなく葬式があることを考えて、マットは電話に出た。

「やあ、マット。ジョー・バイデンだ」

「ジョー」マットはいった。次期大統領だと気づいて、一瞬言葉に詰まった。弟ふたり、三九歳のジョセフと三五歳のマイケルが聞けるように、スピーカーホンにする許可を求めた。

ご両親のことをお悔やみ申しあげる、バイデンはいった。お母さんのことはよく知っていたし、政治における善と名誉の一大勢力だった。デラウェア州の忠実な僕《しもべ》だった。お母さんは私にもだれにも寛大だった。私はお母さんのことをとても高く評価していた。

こんなふうに肉親を失うのはとても悲しいことだ。あなたがたみんなにとって、ものすごくつらい日々にちがいない。五〇年近く前の一九七二年、私は自動車事故で妻と娘を亡くした。あなたがたのいまの思いがわかるような気がする。これほど悲しいことはほかにはない。あなたがたの人生のなにもかもが悪い方向に向かっている。しかし、これだけはいえる。いつの日か、すこしはよくなると、私にはわかっている。あなたがたは切り抜ける。

バイデンは話をつづけた。時間を気にしている気配はなかった。

ご両親のあすの追悼ミサに出ようと思っていたが、新型コロナウイルスのせいで出られない。群衆の三〇メートル以内に近づくことを、医師に禁じられている。全員、検査を受けなければならなくなる。それに、警護の問題もある。行けなくて申しわけない。しかし、魂だけはあなたがたとともにある。あなたがたとご両親に、永遠に神の恵みがありますように。

そこでバイデンは、偉大なアイルランドの詩人シェイマス・ヒーニーの詩の気に入っている一節を唱えたいといった。[7] バイデンはそれを祈りの言葉のように思っていて、しばしば引用した。最近では、八月の民主党指名受諾演説のしめくくりに唱えている。

〝歴史はいう
この世にあるときに希望を持つなと
しかし、やがて一生にたった一度
長らく待ち望んだ正義の高波が盛りあがることもあり
希望と歴史が響き合うだろう〟

ありがとう、バイデン大統領。三人の息子がいった。

驚くべき電話は数分の出来事だったとマットは思ったが、携帯電話の通話時間を見た。バイデンは二〇分近く話をしていた。バイデン大統領から電話があったことをだれに伝えようかとマットが思ったとき、真っ先に頭に浮かんだのは母親のことだった。バイデンはその後、お悔みの手紙を兄弟三人に書き送った。[8]

29

「私は車に追いついた犬みたいなものだ（大きな目標を達成したところで途方に暮れているという意味）」旧友のリンゼー・グラム上院議員との電話で、バイデンはジョークをいった。

グラムが馬鹿笑いをした。

「私たちは以前、友だちだった」

「ジョー、いまも友だちだよ」グラムはいった。「だから、なんでも手を貸すよ」

バイデンの閣僚指名、ことに国家安全保障関連のトップの指名を、グラムは支援するつもりだった。

十数年前、副大統領だったバイデンが、オバマ大統領にいったことがある。[1]「リンゼー・グラムは、上院でもっとも勘が鋭い」オバマが賛成した。独身の弁護士で空軍予備役大佐のグラムとバイデンは、オバマ政権時にさまざまな外交と軍事の任務で、ともに世界を旅した。ほんものの超党派の絆だった。

トランプがハンター・バイデンとそのビジネス上の行為を攻撃したのをグラムが支持したた

め、トランプ政権下でふたりの友情はほころびていた。

グラムは謝罪しなかった。

バイデンとの電話で、グラムはいった。「きみについて、私はなんの問題も抱いていない。しかし、ジョー、マイク・ペンスの息子かトランプの仲間が、ハンターとおなじことをやったら、完全に試合終了だったはずだよ」

バイデンにとって、家族に関することはすべて、自分自身の問題だった。[2] 子供がいないグラムは、越えてはならない一線を越えたのだ。

バイデンとグラムは、何カ月も話をしなかった——それに、バイデンが話をするかどうかを決めるようであれば、二度と話をしない可能性が高かった。


二〇一六年の選挙運動ではトランプのもっとも密接な補佐官で、二〇一七年に二八歳でトランプのホワイトハウスの戦略広報部長に就任した元モデルのホープ・ヒックスは、ＦＯＸの広報部長をしばらくつとめたあとで、二〇二〇年二月にホワイトハウスに復帰した。

これまでの大統領との仲と仕事上の関係から、率直な話ができると、ヒックスは思っていた。ほかの補佐官のほとんどとはちがって、政治的な思惑もない。

一一月七日、昼間の各メディアがバイデンの勝利を報じた日の午前中にヒックスは、トランプの娘婿で大統領上級顧問のジャレッド・クシュナーやトランプの選挙運動の顧問たちと、アーリントンにある選挙対策本部で会った。トランプは近くのバージニア州のクラブでゴルフをしていた。

大統領がゴルフを終えたら、だれが選挙戦の終了を話すか？　だれも答えなかった。大統領の腹心で、痩せていて物柔らかな口調のクシュナーが、思い切りよくいった。「医者が必要なときもあれば、聖職者が必要なときもある」選挙運動の上級補佐官数人のほうを見た。彼らが医者になって、厳しい診断を大統領にいえばいい。

最後の政治的儀式の段になったら、家族に任されるはずだと、クシュナーはほのめかした。「家族が関わる必要があるときには、家族がやる」クシュナーはいった。「しかし、いまはそのときではない」

何人かが、法的闘争がはじまったばかりだと主張した。大統領が何件かで勝訴するかもしれない。だが、トランプが大統領当選を主張できると確信しているものは、ひとりもいなかった。

ヒックスが、はっきりといった。「真実をいえばいいだけじゃないの？」と疑問を投げた。「彼は悪い結果を最善のものにできる。これは相手方の圧勝じゃなかった。私たちは否認されなかった」下院で一〇議席以上も増やしたことを、ヒックスは指摘した。下院で多数党の民主党は、二三二議席から過半数の二一八議席をかろうじて超える数にまで減った。下院を支配できるぎりぎりの数だった。

「彼個人が支持されたのではないとしても、彼の政策が支持された。ときにはその逆の場合もあるのよ」ヒックスはいった。

威厳を保って物事をしめくくるか、それに近いやり方で終わらせる方法があると、ヒックスはいった。著作の執筆契約、復活を目指す集会、派手なテレビ番組、高額で引き受ける講演などで、トランプはすこし敗北を受け入れやすくなるかもしれない。共和党のために出馬したパームビーチの王様だったということにできる。

広報顧問のジェイソン・ミラーと、パースケールが降格されたあとで中核を占めていた選挙対策本部長のビル・ステピエンを含めた数人の選挙運動幹部が、午後にトランプと話をすることを承諾した。

トランプは、敗北宣言はいっさいしないと拒絶した。

ルディ・ジュリアーニは、フィラデルフィアのブルーカラー住宅地ノースイーストで、記者会見をひらいた。自動車修理工場が多く、高すぎないチーズステーキ（フィラデルフィアが発祥の地とされる薄切り肉と溶けたチーズのサンドイッチ）が食べられることで有名な地域だった。造園会社フォー・シーズンズ・トータル・ランドスケーピングの駐車場が会場だった。

ジュリアーニと深刻な面持ちのトランプの補佐官たちが、行き当たりばったりで用意された駐車場に立っている写真が、すぐにツイッターやニュース番組のあちこちで流された。[3]小規模な会社の車庫と、グリーンのペンキが色褪せた社屋の表で、ジュリアーニは、後日、性犯罪で有罪判決を受けていたことがあると報じられた自称選挙監視員の隣に立ち、陰謀理論の主張と短いジョークを延々とまくしたてた。[4]

「ジョー・フレージャーはいまも投票しています——かなり難しいでしょうね。五年前に死んでいるんだから」死んだときにフィラデルフィアに住んでいた有名なボクサーの名前を挙げて、ジュリアーニはジョークをいった。「でも、ジョーはいまも投票していますよ。私の記憶が間違っていなければ、ジョーは共和党支持でした。ですから、文句をいう筋合いはないかもしれない。しかし、ジョーが墓から共和党と民主党のどちらに投票したか、調べるべきです」

ウィル・スミスの父親も二〇一六年に死んだあとで二度投票していると、ジュリアーニは主張した。「どうやって投票したのか、私にはわかりません。投票が秘密にされているので。フィラデルフィアでは、死者の投票は秘密にされているんです」

バイデンが当選したと報じられていることを、ひとりの記者がいうと、ジュリアーニは笑った。「おいおい、馬鹿なことをいうんじゃない。選挙結果を判断するのはネットワークニュースではなく、法廷なんだよ」

その晩、ホワイトハウスの居室で、トランプが盟友や補佐官たちに、ジュリアーニの滑稽な言動もケーブルニュースでからかわれたレンタル料が安い会場も気に入らないといった。ルディは高級ホテルのフォー・シーズンズを使うべきだった。

バイデン当選の報道と、フォー・シーズンズ・トータル・ランドスケーピングの醜態で、トランプはもっと勢いよく突進すべきだと決意したようだった。どういう計画があるのか？ トランプはきいた。各州でのわれわれの計画は？ われわれの選択肢は？

トランプは、いくつかの州で票数を一万票増やすことに注意を集中した。それだけ獲得すれば、二期目の四年間が得られる。

「これはかなり厳しいですよ」トランプの外部の政治顧問デービッド・ボッシーがいった。「すぐに組織的なやり方で開始し、懸命に取り組む必要があります。しかし、これを戦って勝てます」

だが、とボッシーは念を押した。「かなり難しいでしょう。苦戦するでしょうね」ナイフで切り合うような政治闘争に熟達したボッシーは、二〇一六年にはトランプの選挙対策本部の副本部長だった。

「そうか？」トランプはきいた。「戦うべきではないと思っているのか？」

「ちがいます」ボッシーはいった。「票数についてあらゆる法廷闘争をやらなければなりません」

居室のスタッフが、ミートボールやソーセージ入りのクロワッサンを運んできた。トランプはいつものように〈ダイエット・コーク〉を飲んだ。

「アリゾナ州で必要な一万票を、どうやって見つけるんだ？　ジョージア州で必要な一万二〇〇〇票を、どうやって見つけるんだ？」トランプはきいた。「軍の投票はどうする？　すべて勘定されているのか？」

翌一一月八日の朝、トランプはボッシーをホワイトハウスに呼び戻した。ボッシーに総指揮をとらせ、ジュリアーニはジュリアーニでやらせておけばいい。ボッシーには列車を動かす力がある。それが彼の技倆だ。

午後にやってきたボッシーは、新型コロナウイルスの検査を受けてから居室へ向かった。だが、トランプに会うために上の階へ行こうとしたボッシーを、ホワイトハウスの職員が急に脇にひっぱっていった。医務室に戻ってもらわないといけません。検査結果が戻ってきました。「クソ、クソ、クソ、クソ」医務室にはいったとき、ボッシーは心のなかで毒づいた。新型コロナウイルス検査結果は陽性で、ボッシーはウイルスに感染したホワイトハウスの補佐官やトランプの忠実な支持者たちの長いリストに加わった。

念のために、ボッシーはさらに数度、検査を受けた。のんびりした日曜日に、アイゼンハワー行政府ビルの表の石段に腰かけて、トランプの強硬派の国家通商会議（NTC）委員長のピーター・ナバロと政治の話をした。

ボッシーは腹を立てていた。トランプが選挙結果に関する闘争の指揮を任せてくれるつもりだったことがわかっている。かなり目立つ役割になるはずだった。しかし、いまは自己隔離し、ホワイトハウスの敷地にははいれない。そういう規則だった。

石段に座っていると、日が暮れるなかでジュリアーニとシドニー・パウエルの姿が目にはいった。厳格な右派の弁護士のパウエルは、かつてはたいへん尊敬されている連邦検察官だったが、投票集計機が操作されているという奇怪な主張を行なったばかりだった。

一一月六日、トランプがいつも見ている〈FOXビジネス〉で司会者ルー・ドブスと話をしているときに、パウエルは「すべての投票の三％が投票前に書き換えられ、投票された分はデジタル操作で修正された可能性がある」と断言した。[6]

「それによって、アメリカ中の投票結果が大幅に変わりました」パウエルはいった。「私たちが見ていることの多くは、それで説明がつきます」数十万票がどこからともなく現われて、バイデンを違法に大統領に当選させたと、パウエルは主張した。

ボッシーは、パウエルとジュリアーニがいっしょにホワイトハウスにはいっていくのを見た。パニックが湧き起こった。

パウエルは〝根も葉もない嘘〟をばらまいていると、ボッシーは思った。もうそれを阻止できない。いまやホワイトハウスに彼女とジュリアーニがはいり込んでしまった。

30

一一月九日の午後、メドウズがエスパーに電話をかけて、エスパーがトランプにクビにされることを伝えた。

「大統領の望みどおりに仕事をするのが筋だ。きみは大統領をじゅうぶんに支えなかった」略式判決（正式事実審理を省略して行われる裁判のこと）だったことを謝罪せず、メドウズはいった。

エスパーはつねに自分の路線を定めていて、先日も米軍のアフガニスタンからの撤退に反対する秘密扱いの手紙を書いていた。トランプの国防長官という仕事に必然的に伴う政治を身につけなかったというのが、メドウズの見方だった。

「私は憲法に対して宣誓している」エスパーは応じた。「大統領にこの権限があることはわかっている」

約八秒後の午後零時五四分、トランプがツイートした。[1]〝マーク・エスパーは免職された〟国防長官を解任された。〝彼のこれまでの仕事に感謝したい〟とトランプは書いた。

エスパーは、これほど長くつとめられたのが意外だった。綱渡りをしているとわかっていたので、夏のあいだずっと周囲に、いつなんどきクビになるかもしれないといっていた。遅かれ早かれ解任されると予想していたので、エスパーは《ミリタリー・タイムズ》のインタビューで述べた[2]。「だれが私のあとを引き受けるのかね？　ほんものの〝イエスマン〟でなければならない。そのあとは神頼みだ」

トランプは、テロ対策センター所長のクリス・ミラーを、国防長官代行に指名した。

〝クリスはすばらしい仕事をやってくれるだろう！〟トランプは書いた。

エスパーの親友のデービッド・アーバンは、ジャレッド・クシュナーに電話をかけた。アーバンは激怒していた。

「ジャレッド、どういうことだ？　正気の沙汰じゃないぞ」

自分はなにも関係ないと、クシュナーはいった。「バスを運転しているのは私じゃない」

「それなら、だれだ？」

クシュナーは答えなかった。

「彼がエスパーにやったことはひどすぎる」アーバンはクシュナーに、求められればいつでも辞任するとエスパーがいっていたことを指摘した。「エスパーは軍人なんだ！」

わかっている、クシュナーがいった。

アーバンは電話を切った。ミラーとその仲間がこれから国家安全保障政策にもっと大きい影響力を発揮しようとするだろうと、同僚たちにいった。自分がよく知っていて信頼している人々は、もうそういう立場にいない。

「私にとっては、音楽が死んだ日だった（一時代の終わりという意味）」

その日、ワクチン治験でウイルス感染防止に九〇％有効であることが証明されたとファイザーが発表したため、エスパーの解任は影が薄くなった。ワクチンについては、〝歴史的瞬間〟と報じられた。

ファイザーのワクチン研究開発責任者のキャスリン・ジャンセンは《ニューヨーク・タイムズ》に、結果は日曜日の午後一時にわかったと述べ、選挙結果が情報の公表に影響したのではないと主張した。[3]「私たちがつねづねいっているように、私たちは科学に基づいて身を処しています」ジャンセンはいった。「政治ではありません」

だが、トランプはそれを信じなかった。〝@US_FDA と民主党は選挙前に私がワクチン勝利を手に入れるのを望まなかった〟[4]。そのあとでツイートした。〝だから五日後に現われた――私がずっといっていたとおりだ！〟。

ファイザーは、厳密な手順に従い、一般大衆にワクチンを投与するための緊急使用許可をFDAに申請した。

つねにチームプレーヤーのマイク・ペンス副大統領も、公にはバイデンの勝利を認めるのを拒んでいた。トランプに敬虔な副司令官であり、道理にかなった後継者としてトランプ支持者に受け入れられることに、ペンスは今後の政治生命を賭けていた。

〝終わるまでは終わらない〟。ペンスは、一一月九日にツイートした。[5] 〝それに、これは終わっていない！〟。

だが、ペンスのチームは、彼がトランプの選挙後の争いに巻き込まれることを望んでいなかった。

「副大統領をDCからさっさと連れ出せ。狂気の街から離れさせるんだ」老練の政治顧問マーティ・オブストが、ペンスの首席補佐官のマーク・ショートに助言した。

ビジネス界や議会と強い結び付きがあり、スキンヘッドにしている熱心な保守派のショートは、ペンスに一日旅行させる計画を立てた。ペンスはいまもホワイトハウスの新型コロナウイルス対策本部を指揮しているので、ワクチンの開発現場や工場を視察することになった。

肉付きがよく社交的なポンペオは、リベラルをまったく許容せず、つねに閣内でもっとも熱烈なトランプ支持者だと見なされていた。一一月九日の夜、ポンペオはミリーのクオーターズ6を訪問して、キッチンのテーブルで一対一の話し合いをした。

「頭の変なやつらがのさばっている」ポンペオはいった。トランプがジュリアーニの旅回りのサーカスのような行動をまともに相手にしているのを見て、ますます心配になっていた。いままた、シドニー・パウエル、マイケル・フリン、〝マイ・ピロー・ガイ〟——マイ・ピローという枕やマットレス・メーカーのCEOで、いいたいことをずけずけという元薬物中毒のミリオネア、マイク・リンデル——が、オーバル・オフィスに出入りしている。

一九八六年に陸軍士官学校を卒業したときにクラスの一番だったポンペオは、ミリーとおなじ軍人らしい性格だった。エスパーとは同級生で、トランプがエスパーを解任したやり方を不愉快に思っていた。残酷で不公平なやり方だった。国防長官解任は、他の閣僚の解任とはまったく異なる象徴的な意味合いがある。膨大な軍事力と兵器を統轄する立場だからだ。

ミリーは、二〇一九年三月にトランプが《ブライトバート》で述べたことを、はっきりと思い出した。[6]「いいかね、私には警察の支持がある。軍の支持がある。バイカーズ・フォー・トランプの支持がある。私には荒っぽい連中がついているが、彼らは一定の段階にならないと荒っぽいことはやらない。そのときには、ものすごくひどいことになるはずだ」

警告のように思えた。ミリーは、軍、警察、ＦＢＩ、ＣＩＡ、その他の情報機関は、力の象徴だと思った。こういった力の中枢は、しばしば独裁者の道具になってきた。

クオーターズ6のキッチンで話し合ったとき、トランプは精神的に衰弱していると思うと、ミリーは打ち明けた。大統領になりたいと思う人間は、もとから巨大な自我《エゴ》の持ち主だが、トランプのエゴはさらに馬鹿でかいと、ミリーは指摘した。それに、トランプはひどい心痛を伴う拒絶に遭ったばかりだ。だれにも理解できないような形で傷ついたにちがいない。

「たしかに」ポンペオは答えた。「彼はいまものすごく暗い場所にいる」

「それはどうかな」ミリーは曖昧にいった。自分は安定に目を向けているといった。政権移行に。

選挙の大変動による混沌のさなかにエスパーを解任したのは転機だと、ミリーは見ていた。

国に迫る危険が加速し、無思慮なデモ行進がさらに秩序を乱している。

共和国にとって危険きわまりない方向に転じかけていると、ポンペオがいった。

「私たちは肩を並べて立たなければならない」ポンペオはいった。「私たちは最後のモヒカン族だ（一九世紀の通俗小説『モヒカン族の最後』をもじっている）」

翌日、国務省の公式記者会見で、ポンペオはバイデン政権への移行について質問された。[7]

「二期目のトランプ政権に向けて、順調な移行があるでしょう」ポンペオはいった。口元をほころばせ、にんまりと笑ってつけくわえた。「適切にね」


一一月一〇日の午前八時一〇分、初の暫定的ではない女性ＣＩＡ長官ジーナ・ハスペルが、ミリーに電話をかけた。

ＣＩＡ勤務が三五年に及ぶハスペルは、練度の高い気丈な工作担当官で、海外の不安定な指導者たちの監視に長けていた。エスパー解任に動揺し、トランプに解任されると確信していた。

「きのうは愕然としました」ハスペルはミリーにいった。「私たちは右派クーデターのさなかにいます。なにもかも常軌を逸しています。彼は癇癪持ちの六歳児みたいにふるまっている」

「私たちは揺るぎない」ミリーが、いつも呪文のように唱えている文句をくりかえした。「巌のように安定していなければならない。私たちは地平線に目を配る。いかなるリスク、危険にも警戒しつづける。連絡ルートをあけておく」

ほかになにができる？　トランプはいまも大統領だし、自分たちは憲法上も法的にも部下なのだ。

その火曜日の午後、ホープ・ヒックスがオーバル・オフィスのトランプを訪問した。

「大きなチャンスがありますよ」明るい声でいい、復帰できる道をあけておくために、政治の武器を捨てることを提案した。

「大統領は膨大な善意をものにしていますし、それを利用する方法はいくらでもあります」ヒックスはいった。「それを無駄にしてはいけません」

トランプは、たとえ一歩でも譲歩に近づくようなことは聞きたくなかった。ヒックスを睨みつけて顔をしかめ、がっかりしているが意外ではないことを示した。何日も前から彼女が乗り気ではないのを察していたようだった。

「私はあきらめない」トランプは、ヒックスにいった。「そういうことはできない」

トランプはなおもいった。「私は名を遺すことには興味がない。遺産《レガシー》などどうでもいい。負けたら、それが私のレガシーだ。

支持者たちは、私が戦うのを期待している。戦わなかったら、彼らは離れていくだろう」トランプはいった。

「これがつらいのはわかります」ヒックスはいった。「ほんとうに厳しい。私も負けるのは嫌です。だれだって負けるのは嫌です。でも、前に進むことで得られるものは大きいんです」

31

ミリー、ポンペオ、メドウズは、一一月中にほとんど毎日、午前八時に秘話電話回線で会議をひらくようになった。三人だけで国際的な外交と軍事の状況を評価した。不安定になるおそれがある時期に安定を維持し、予想外のことや挑発的なことを避けるのが、電話会議の目的だった。

クリス・ミラーは参加を求められなかった。メドウズは選挙が盗まれたというトランプの主張を支持する一派の仲間のようだったので、ミリーはメドウズも信用していなかった。

「彼の飛行機を着陸させせなければならない」三頭政治《トロイカ》発足の当初、電話会議でミリーは用心深くいった。「権力が平和に移行されるように、私たちは気を配らなければならない」

ミリーは、一一月一一日に陸軍博物館で行なわれる復員軍人の日の記念行事で演説する手配をした。[1]

「私たちは国王や女王に対して宣誓するのではありません」ミリーは聴衆に向かっていった。

「専制君主や独裁者に対して誓うのではありません。私たちは個人に対して誓うことはしません。そう、国、部族、宗教に対して誓いを立てるのではないのです。私たちは憲法に対して宣誓します」さらにいった。「私たちはひとりひとり、それぞれの代償に関わりなく、憲法という文書を保護し、防御します」

ミリーの演説のあとで、ライアン・マッカーシー陸軍長官がいった。「あと五時間だね」トランプに解任されるまで、という意味だった。

ミリーの妻のホリーアンも、そう予想していた。[2]「まだ家を買ってもいないのに！」

しかし、トランプは演説のことを知らなかったようだった。ミリーになにもいわず、なんの行動も起こさなかった。

その日の後刻、午後一時ごろに、ミリーは国防総省の上の階にあるミラー国防長官代行のオフィスへ行って、腰をおろした。そこへミラーの首席補佐官カッシュ・パテルがやってきた。パテルは弁護士で、ほとんど無名だが、トランプの熱烈な擁護者のカリフォルニア州選出下院議員デビン・ニューネスの元情報担当補佐官で、かなり問題のある人物だった。

コラムニストのデービッド・イグネイシャスは、〝ディープ・ステート〟が大統領に対抗して活動していると信じていたパテルのことを、トランプ政権の集団内の〝カメレオンマンのようだ〟と評している。[3]ニューネスのもとで働いたあと、パテルはトランプの国家安全保障会議に加わり、べつの情報部門のトップをつとめてから、ミラーの首席補佐官になった。

マーク・メドウズは、バーと話をしているときに、パテルをFBI副長官に指名するようトランプに勧めてみようかといったことがあった。ロシア疑惑の捜査とFBIのその事件の扱いを激しく批判していたメドウズは、FBI幹部は腐敗していると思い、パテルがFBI内部で協力してくれるかもしれないと考えたのだ。

「私の死体を踏み越えてやるがいい」バーはいった。

「きみは重要なことを理解していない」バーはなおもいった。「あの建物にいる局員はすべて、捜査官だ。FBIアカデミーを卒業している。ずっと街路を走りまわり、対テロ活動や犯罪捜査をやってきた。すべておなじ経歴なんだ。捜査官ではないのは政治任用の長官だけだ」

バーはメドウズに質問した。「あいつがそこへ行って、この連中の尊敬を集められると思っているのか？　彼らはあいつを生きたまま食っちまうだろう」

メドウズは執拗にパテルをFBIの要職につけようとした。だが、そこはバーの縄張りだし、バーは頑として譲らなかった。メドウズはやがてその問題をあきらめた。つぎにメドウズがやったのは、パテルをCIAに押し込もうとすることだった。

CIA長官ジーナ・ハスペルがバーに、メドウズはどうやらパテルの就職斡旋責任者らしく、現職のボーン・ビショップ副長官をクビにして、副長官のポストを空けろと要求したと告げた。それはまぎれもない事実だった。

ホワイトハウスでメドウズと会ったときのことを、ハスペルは語った。

「わかった。私は廊下の先へ行かないといけない」ハスペルはメドウズにきっぱりといった。

「なぜ？」メドウズがきいた。

「容認できないと、大統領にいわなければならない」ハスペルはいった。「だったら私は辞める」

メドウズは、またしても引きさがった。

一一月一一日、パテルが一ページの覚書をテーブルの上でミリーのほうへシュッと滑らせた。

こう書いてあった。〝二〇二〇年一一月一一日、国防長官代行宛覚書：ソマリアとアフガニスタンからの撤退〟。

〝二〇二〇年一二月三一日までにソマリア連邦共和国から米軍部隊すべてを撤退させ、二〇二一年一月一五日までにアフガニスタン・イスラム共和国から同様に撤退させることを、ここに命じる。連合軍及び友好国の部隊にこの命令を伝えるように。この命令を受領したことを確認されたい〟。

よく知られている黒いマーカーで、〝ドナルド・トランプ〟と太く大きいサインがあった。

「きみはこれに関わったのか？」ミリーはパテルにきいた。

「いいえ、とんでもない」パテルがいった。「いま見たばかりです、議長」

「きみがこれを画策したのか？」ミリーは、国防長官代行のミラーにきいた。

「いや、いや、ちがう」ミラーがいった。

トランプは大統領に就任してからずっと、アフガニスタンからの完全撤兵を敢行しようとしていた。軍は毎年抵抗した。最後の五カ月になって、トランプはそれを命じようとしている──覚書が本物であるなら。

書式が間違っていて、定型の長い文で書かれている伝統的な〝NSM〟──国家安全保障覚書──の形式ではなかったので、疑わしかった。その反面、いくらミラーが新任で代行にすぎないとはいえ、国防総省の事務局で偽造された文書だとは思えなかった。

「そうか、私は軍服を着るよ」着ていたのが迷彩服だったので、ミリーはいった。「大統領に会いにいく。適切な注意を払わず、法律によって私が大統領に行なうことになっている助言もなしに、軍事作戦に関係があるものに大統領が署名しているからだ。これはとんでもない失態だから、私は大統領に会いに行く。私は行くが、きみたちは来てもいいし、来なくてもいい」

ふたりはミリーに同行することにした。ミリーが正規の軍服に着替えると、三人は警護班の車でホワイトハウスに向かった。異例の事前通知なしの訪問だった。

「ロバート、これはいったいどういうことだ?」ミラーとパテルを従えて、ホワイトハウス西棟の角にあるロバート・オブライエン国家安全保障問題担当大統領補佐官のオフィスにはいっていくと、ミリーはきいた。トランプの盟友のキース・ケロッグ国家安全保障問題担当副大統領補佐官もそこにいた。

ミリーは覚書のコピーを、デスクの前に立っていたオブライエンに渡した。

「どうしてこういうことが起きた？」ミリーは問いただした。「ここにはプロセスというものがないのか？　どうして大統領はこんなことをやった？」

オブライエンは覚書を読んだ。

「まったくわからない」オブライエンがいった。

「わからないとは、どういうことだ？　きみは国家安全保障問題担当大統領補佐官なんだぞ。このことを知らなかったというのか？」

「ああ、知らなかった」オブライエンがいった。

「それに、国防長官代行も、その首席補佐官も、これについてまったく知らなかった。統合参謀本部議長である私も知らなかった。どうしてこういうことが起きるんだ？」

「見せてくれ」退役中将のケロッグがいった。覚書を受け取って、ざっと見た。

「めちゃくちゃだな」ケロッグがいった。「ヘッダがちがう。書式が正しくない。これは大統領が書いたんじゃない」

「キース」ミリーはケロッグにいった。「軍事命令書で何者かがアメリカ合衆国大統領の署名を偽造したというのか？」

「わからない」ケロッグがいった。「わからない」

渡してくれ、オブライエンがいった。「すぐに戻る」

オブライエンはしばらく席をはずした。オブライエンが確認した限りでは、国家安全保障会議、秘書官、ホワイトハウス法律顧問は関係していないし、相談を受けていなかった。

「大統領、閣僚級会議をひらく必要があります」オブライエンはいった。トランプは、署名が偽物だとはいわなかった。署名したことはたしかだった。だが、正式な政策決定を行なう前に閣僚級会議をひらくことに同意した。

「よし」オフィスに戻ってきたオブライエンがいった。「これは処理した。間違いだった。覚書は破棄された」実質的に組織とは無関係の覚書で、根拠がなにもない。大統領はあとで閣僚たちと会議をひらいて、アフガニスタン駐留部隊についての決定をいい渡す。

「わかった。いいだろう」ミリーは、オブライエンの約束を受け入れた。ミリー、ミラー、パテルは、大統領に会わずに帰った。

事案は決着した。

その後、二〇二一年五月に、ネットメディア《アクシオス》のジョナサン・スワンとザカリー・バスが、大統領の元付き人で大学時代にクオーターバックだったホワイトハウス人事部長ジョン・マッケンティーと、ミラーの上級補佐官のダグラス・マクレガー退役陸軍大佐が、覚書の作成と署名に加担したことを立証した。[4]

翌一一月一二日木曜日、国土安全保障省のサイバーセキュリティ・インフラセキュリティ庁（CISA）と全米州選挙管理者協会（NASED）が共同声明で、〝一一月三日の選挙はアメリカ史上もっとも安全だった〟と述べた。[5]

〝二〇二〇年の大統領選挙で僅差の結果だった州すべてで、各票について紙の記録があり、必要とあれば最初から票を数え直すことができる。これは安全と柔軟性のために加味された利点である。このプロセスによりいかなる間違いがあっても突き止めて是正することができる〟。太字で付け加えられていた。〝投票システムの消去、票の紛失や書き換え、あるいは投票がなんらかの形で危険にさらされたことを示す証拠はなにもない〟。

トランプは、国土安全保障省CISA長官クリス・クレブスをすぐさまツイートで解任した。[6]

一一月一二日午後五時、トランプは国家安全保障チームを招集して、ふたたびイラン問題の会議をひらいた。

国際原子力機関（IAEA）が前日に、イランが五三八五ポンド（二四四三キログラム）の低濃縮ウランを備蓄していると発表した。[7] トランプが廃棄したオバマの対イラン核合意の上限の一二倍にあたる。

核爆弾二発を製造できる量だが、核兵器に使えるようにするには、何カ月もかけてさらに濃縮しなければならない。

CIAの得た情報ではイランが核兵器を保有するまでかなり長い年月がかかると、ハスペルCIA長官は断言した。

ミリーは、サイバー攻撃から、米軍地上部隊投入にいたるまで、標準的な軍事的オプションをあげて説明した。

これが予想される死傷者と戦費です、ミリーはいった。コストは高く、定かでない。これがリスク要因です。きわめて高く、不確実です。そして、これが考えられる結果です。

イラン国内での軍事攻撃は戦争を意味します、ミリーはいった。「つまり、大統領が戦争を行なうことになります。大統領はおりることのできない段階的拡大の梯子《はしご》に乗ります。結果と終戦を制御できるとは限りません」

つねに存在する不特定要素のひとつは、どの大統領にも引き金となる急所があることだと、ミリーは気づいた。自分はそれを知っているが、だれも認識していないかもしれない。大統領、ことにトランプも知らないかもしれない。

すべてのオプションを却下することを勧めます、とミリーはいった。リスクが大きく、不必要です。

ミリーは、ポンペオに向かっていった。「どう思う、マイク?」ポンペオは以前から、イランに対する軍事行動を唱道していた。

「大統領」ポンペオはいった。「リスクが大きいのでやるに値しません」

ポンペオとミリーは、タッグを組んだチームのように交互に発言して、軍事行動を起こさないほうがいい理由を強調した。

ペンス副大統領と、三日前に国防長官代行に指名されたばかりのミラーも、軍事行動を行なわないことに同意しているようだった。

わかった、ありがとう、トランプがいった。〝やれ〟とも〝やるな〟ともいわなかった。決定は宙ぶらりんのままだった。破棄されたアフガニスタン撤兵覚書で味わったのとおなじ、結論が出されない腹立たしい図式だった。ミリーが補佐官にいったように、「イランの件そのものが、現われては消えるということを際限なくくりかえしている」

ハスペルは、明確な決定がないことに不安をおぼえて、ミリーに電話をかけた。「これはきわめて危険な状況ですよ。彼のエゴのために攻撃することになるんじゃないの?」

その夜晩く、ポンペオがミリーに電話をかけて、攻撃に反対し、マイナス面を強調したことに礼をいった。

「私たちはみんな優秀だ」冷静でいることが重要だとミリーはいい、比喩で話を盛りあげた。「落ち着いていればいい。鼻で呼吸する。巌のごとく安定する。この飛行機を無事に着陸させよう。四基エンジンがあるのに、そのうち三基がとまっている。着陸装置も出ない。だが、この飛行機を私たちは着陸させるし、無事に着陸させる」

ミリーはなおもいった。「摺鉢山を登ろう」一九四五年に硫黄島のその標高一七〇メートルの山に海兵隊がアメリカ国旗を立てている光景が、象徴的な写真に残されている。その名高い激戦で、海兵隊七〇〇〇人が死に、二万人が負傷した。

ポンペオが、軍事行動を起こす時機は過ぎたといった。

「もう手遅れだ」ポンペオはいった。「いまイランを攻撃することはできない。つぎの人間に任せよう。もう二度とイランの話はしたくない」

32

ルディ・ジュリアーニが、アシスタントを通してトランプの選挙対策本部に報酬を要求した。アシスタントの書いた手紙によれば、一日二万ドルが必要だという。[1]

選挙対策本部の幹部数人がトランプのところへ行き、どうしますかときいた。

「だめだ、だめだ、だめだ、だめだ」トランプは彼らにいった。「ルディは勝つほうに賭けている」アトランティックシティでトランプ・プラザ・ホテル&カジノを経営していたころのいいまわしだった。すべて緊急対策だったと、トランプはいった。勝てばルディは報酬をもらえる。選挙対策本部はジュリアーニに、経費は払うと告げた。

トランプとグラムは、なおも電話で話をつづけていた。グラムは、トランプの法廷闘争に理解を示しながら、敗北を認める方向にそっと押していこうとした。

一一月一八日、早朝の電話でグラムはいった。「大統領、バイデンに協力するのは役に立ちますよ。左派を逆上させることができます。大統領は共和党を拡大しました」グラムはいった。「マイノリティの票も増やした。業績をもっと誇りに思わなければなりません、これからも長いあいだ、アメリカの政治で一大勢力でありつづけるでしょう。第二の行動ができるようなやり方でこれを締めくくるのが、その力を維持する最善の方法です。わかりますね？」

トランプは助言に抵抗した。トランプが怒り、失望し、ときどき感傷的になっていることに、グラムは気づいた。

その翌日の一一月一九日、ルディ・ジュリアーニとシドニー・パウエルが、ワシントンDCの共和党全国委員会本部で記者会見をひらいた。[2]

ジュリアーニは汗をかき、風刺漫画に描かれている姿そのままだった。「みなさんはひとり残らず『いとこのビニー』を見ていますね？」一九九二年のコメディ映画と今回の法廷闘争を対比させようとしていった。

記者会見の途中で、濃い茶色の液体が汗の球と混じり合って、ジュリアーニの頬を流れ落ちた。《バニティ・フェア》の見出しは〝ルディ・ジュニアーニの白髪染めが溶けて顔を流れたのは、いかれた記者会見でもっともいかれてなかった部分だった〟というものだった。[3]

ヒョウ柄プリントのカーディガンを着たパウエルは、ジュリアーニよりもさらに壮大な話をして、トロントとデンバーに本社があるドミニオン社の投票集計機は、世界的な共産主義者の陰謀の一環だといい張った。

「私たちがほんとうに相手にしているのは、こういうことです」パウエルはいった。「それに、ベネズエラ、キューバ、そしておそらく中国などの共産主義者の資金的な影響力が、私たちの選挙に干渉していることが、毎日のように暴かれています」

FOXニュースのプライムタイムの司会者タッカー・カールソンは、パウエルに注目していた。

「シドニー・パウエルが情報を握っていて、選挙違反の証拠を持っているなら、一週間、番組を彼女にあたえる。ぜんぶの時間を割く」カールソンは、プロデューサーたちに告げた。「アメリカの政治にあっても最大の特ダネになる」ウォーターゲート2・0になる。だが、まず彼女がブツを持っているかどうかを見極めよう。

持っていないことが、すぐに明らかになった。カールソンはパウエルに、話が漠然としていて曖昧だと、メールで伝えた。パウエルが、寄付金を集められる自分のウェブサイトで、大衆に向けて話をしていることに、カールソンは気づいた。

〝私たちが追及しつづけると、彼女は怒った〟。カールソンはFOXニュースのウェブサイトに書いた。[4]〝そして、もう連絡しないようにと私たちにいった〟。

パウエルのつまずきは、熱狂を冷ます役に立たなかった。その晩グラムは、選挙結果への異議をメディアはダブルスタンダードで扱っているといった。「ステイシー・エイブラムスが選挙結果に異議を唱えたときには、彼女を愛国者だといった。トランプが異議を唱えると、独裁者呼ばわりされた」

エイブラムスは二〇一八年のジョージア州知事選挙に民主党から立候補し、共和党のブライアン・ケンプに敗れ、ケンプが有権者を抑圧したと非難し、自分の陣営には〝文書で裏付けられた〟証拠があるといった。[5]エイブラムスが敗北を認めないことに共和党は怒ったが、その後エイブラムスは、ケンプが当選を認証されることを認めた。

とはいうものの、ルディとシドニーのショーは転機だったと、グラムはいった。「ふたりともあまりにも奇怪だった。それに、そのせいで風船の空気がだいぶ抜けて、異議の焦点が定まらなくなり、行き当たりばったりに陰謀理論をふりかざすだけになった」ジュリアーニとパウエルの記者会見は、「終わりのはじまりを加速させた」

トランプは、懸念の声をふり払った。

「まあ」ジュリアーニについて、トランプは補佐官たちにいった。「彼は頭がおかしいんだ。おかしなことばかりいう。しかし、まともな頭の持ち主の弁護士は、圧力をかけられているから、私の弁護を引き受けない。ほんものの弁護士たちは、私の陣営の仕事を引き受けてはいけないといわれているんだ」

ホワイトハウス報道官室は、パウエルとジュリアーニに関する問い合わせを山のように抱え込んでいた。ルディをホワイトハウスに入れるな、シドニーをホワイトハウスに入れるなというのが、下級スタッフのあらたな合言葉だった。

だが、笑い声はやんだ。ジョン・マッケンティーがトランプの補佐官多数に、新しい仕事を探さないほうがいいと注意した。まもなく二期目になると、彼は誓った。にやにやするな。

マッケンティーはトランプのお気に入りの用心棒だった——見かけもまさにそうだった。長身の引き締まった体つきで、シークレット・サービスの警護官だといっても通用しただろう。セキュリティ上の理由から、マッケンティーは二〇一八年にホワイトハウスの仕事を失った。[6]その後、一度に何万ドルも賭けることがあるギャンブル癖が原因だとわかった。だが、二〇二〇年にトランプがヒックスを復帰させたときに、マッケンティーも復職させた。中核となる忠臣に囲まれていたかったからだ。

ホワイトハウス広報部長のアリサ・ファラーは、見え透いた芝居とマッケンティーの圧力に辟易していた。トランプの政治目標を売り込むのにやぶさかではなかったが、ホワイトハウス西棟は奇妙な新しい現実に向けて突進していた。空想の世界へ。

「私たちが大衆に向かって嘘をついていると思うの」ファラーは知人にそういった。「善良で勤勉で世の中の鑑になるような人々が、大統領を支持してきた。政治に注ぎ込む時間やお金やエネルギーがないその人たちが、いんちきを信じ込まされている」

保守的な若い女性のファラーは、ペンスの広報担当をつとめ、エスパーの部下だったこともある。ヒックスの友人で、メドウズがホワイトハウス幹部に選んだ最初のひとりでもあった。トランプはもう人の話を聞かなくなっていた。

「組織をすべて築いて広報の機構を打ち立てることはできる」ファラーはいった。「でも、結局、彼［トランプ］が自分のダイニングルームから電話をかけてしまう。彼が自分の望む人間を呼ぶ。あるいは居室で話をする。シークレット・サービスに教えられるまで、それすら知ることができない」

あまりにもひどすぎる。ファラーは辞任した。

一一月二三日、バーはチポロンからの電話を受けた。

「ビル」チポロンがいった。「ちょっと気まずいことになっている。大統領がきみのことをきくんだ。きみはあまり姿を現わしていない」

バーはホワイトハウスへ行った。

「大統領」バーはいった。「大統領は最後にすばらしい仕事をしました。あんなふうになったのはとても残念です」

「まあ、われわれは勝った。大差で勝った。そう、選挙違反だった。ビル、彼らがこのまま罰せられずにすむようなことがあってはならない。これは選挙盗難だ。きみのところの連中がためらっていると聞いている。きみは――どういうわけか、これを調べるのが自分の役目だとは思っていないようだな」

「ちがいます、大統領、そうではありません。どちらかに味方するのは、私たちの役目ではありません、ご存じのとおり、司法省は大統領とべつの候補のどちらの味方にもなれないのです。それを決めるために選挙があるのです。

しかし、大がかりな犯罪か、選挙結果に影響をあたえられるような規模の違反があった可能性を示す特定の信頼できる情報があれば、私は進んで調べます。

それはそれとして」バーはいった。「司法省ではおおかたが、調べるべきではないといっています。私はそれを却下しました。ケースバイケースでやるようにといいました」

バーは、僅差だった五州の連邦検察官に、組織的な選挙違反が結果に影響した可能性があるという申し立てがあった場合には、高額商品の動きに注意するよう指示した。この五州とは、アリゾナ、ウィスコンシン、ミシガン、ジョージア、ペンシルベニアだった。本格的な捜査は開始せず、仮の分析か評価を行なうようにとバーは命じた。なにかがあり、じゅうぶんな根拠があったときには、申し立てた人間の話を聞くべきだ。

「だが、問題は、投票集計機に関する話が嘘っぱちだということです」バーはいった。

一週間前の一一月一六日にクリストファー・レイFBI長官とともにFBIと国土安全保障省のコンピューター専門家と会議をひらいたことを、バーは説明した。会議は二度にわたり、専門家たちは集計機の仕組みと、マイクロチップと手順があるので欺瞞はほとんど不可能だということを、順序立ててふたりに説明した。

「すべて嘘っぱちです」バーはいった。「その申し立ては見込みがありません」

「彼らがデトロイトとミルウォーキーでやったことを見たか?」トランプがきいた。「早朝に大量の票がゴミ捨て場にあった」補佐官や友人たちから集めたチャートなどの資料を出した。「きみにこれらのチャートを渡しておく」

「ああ、わかりました、大統領、チャートを見ます。しかし、これらの州ではそれが正常なパターンですよ。いつも起きていることだと思います。でも、見ます」

バーは、四月にオーバル・オフィスのダイニングルームに寄ったときに伝えたことをくりかえした。トランプは重要なことに注意を集中すべきだ。

「大統領、大統領が成し遂げた偉大な事柄をアメリカ国民が思い出すよう仕向けるのが、大統領の遺産《レガシー》を守る最善の方法です。わかりますね？　前向きになりましょう。そして、ジョージア州へ行き、共和党が上院で過半数を維持できるようにする。それが大統領のレガシーを守る方法です」

バーはほどなくメドウズやクシュナーと話をした。

「こんなことが、いつまでつづくんだ？」バーはきいた。「手に負えなくなっている」

トランプは状況がわかっているし、注意して見ていると、ふたりはいった。潔く退場する地ならしをはじめようとしているが、長引かせることができると気づいたのだと思う。その日の後刻、トランプはバイデンへの移行を進めることを承認した。敗北を認めはじめる兆候のようだった。

だが、トランプはペンシルベニア州の議員、ミシガン州の州議会幹部、ジョージア州の高官に電話をかけはじめた。あきらめる気配はなかった。バーの目には、むしろ段階的に拡大しているように見えた。

バーはつぎにマコネルと話をした。マコネルがいった。「ビル、これからジョージア州の選挙があるのは知っているだろう。この時点で大統領を正面攻撃するわけにはいかない。やんわりとやるしかない」

トランプはFOXニュースに出演して、選挙が盗まれたといいつづけた。選挙は不正操作されていた。司法省は戦闘間行方不明だ《ミッシング・イン・アクション》（敵前逃亡してなにもやっていないという皮肉）。

「このいかれたやつらは」バーは、ジュリアーニやパウエルなどについてそういった。「サーカスのピエロの車だ」

一一月の週末に、ハリス次期副大統領がジェームズ・クライバーンの携帯電話にかけた。クライバーンはゴルフコースにいた。

頼みがある、クライバーンがいった。私のゴルフ仲間と話をしてくれないか。チャールストン、ホリーヒル、オレンジバーグの最新の政治ゴシップを、彼らはクライバーンにずっと伝えていた。

クライバーンが〝床屋談議の仲間《バーバー・ショップ》〟と呼ぶ友人たちに携帯電話を渡し、ハリスはよろこんでおしゃべりをした。

その後、クライバーンはバイデンを説得して、サウスカロライナ州の同胞の黒人ジェイミー・ハリソンを民主党全国委員会の委員長に指名させることができた。ハリソンは上院議員選挙で一〇ポイントの差をつけられてリンゼー・グラムに敗北したが、一億三〇〇〇万ドルという記録的な額の選挙資金を使い、全米で注目されていた。

一本の電話でクライバーンは、古株の政治ボスらしく細かいことまで取り決めた。ハリソンの報酬が前任の委員長でラテン系のトム・ペレスよりもすくなくならないようにしてほしいと、念を押した。

「まったく正しいいい分だ」バイデンはクライバーンにいった。「額は知らないが約束する。それ以下にならないようにする」

「いいか、私は黒人として長年やってきた。どういう見出しになるか、わかっている」クライバーンは、周囲の人々に説明した。「きみらの知らないことで、私に反対するな。私はずっとこれをやってきたんだ」

ハリソンの給料は、ペレスと同額だった。

せっかくここまでこぎつけたので、クライバーンは手をゆるめるつもりはなかった。閣僚に指名されている黒人がいないことに、おおっぴらに苦情をいった。「いまのところかんばしくない」一一月二五日、《ザ・ヒル》紙に述べた。[7]

結局、バイデンはアフリカ系アメリカ人五人を閣僚に指名した。退役陸軍大将ロイド・オースティンが、初の黒人国防長官に指名された。

クライバーンはバイデンに、フランクリン・デラノ・ルーズベルトだけではなくハリー・S・トルーマンのこともよく考えてほしいといった。トルーマンのほうがブラック・アメリカンのいい友人だった。ルーズベルトのニューディール政策は黒人を差別し、白人をひいきしていたと、クライバーンはいった。いっぽうトルーマンは、軍の人種差別を撤廃した。

「いまや、デラウェア州出身の男（バイデン）が、ミズーリ州出身の男（トルーマン）のようになれる」クライバーンはバイデンにいった。

33

一二月一日、バーは、AP通信の司法担当記者マイク・バルサモをランチに招いた。トランプの大げさな言辞が誤った方向へ暴走していた。トランプは、陰謀理論を吹き込む弁護士たちの話に耳を傾けていた。

「現時点まで」バーはバルサモにいった。「選挙結果を覆すような影響をあたえられる規模の選挙違反は、まったく見ていない」その直後にバルサモが記事を書き、バーの発言は世界中に知れ渡った。[1]

その日の後刻、翌月の政権の政治日程を検討する午後三時の会議のためにバーがホワイトハウスに行ったとき、ダイニングルームで内密に会いたいというトランプのメールが届いた。バーがそこへ行くと、大統領はいつもどおりテーブルの上席に座っていた。

チポロンとその補佐官のパット・フィルビンとメドウズが、テーブルのいっぽうに並んで座っていた。ホワイトハウスの法律顧問のひとりエリック・ヘルシュマンと、バーの首席補佐官ウィル・レビは、脇のほうに立っていた。

バーは腰をおろさなかった。ホワイトハウスの三人の正面で、椅子の背に両手を置いた。バーの右側の壁に大画面のテレビがあり、親トランプの極右ネットワーク、ワン・アメリカ・ニュース（OAN）の選挙違反に関する聴聞会か議論に合わせてあった。

「きみはこれをいったのか？」選挙違反の証拠はないというバーの発言の報告書を差しあげて、トランプがきいた。

「はい」

「なぜだ？」

「それが事実だからです。証拠は見ていません、大統領」

「そういう必要はなかった。ただノーコメントということもできた」

「週末に大統領は、司法省は〝戦闘間行方不明《ミッシング・イン・アクション》〟で、選挙は盗まれたといいましたね。記者がなにか見つけたのかときいたので、いまのところなにも見つかっていないと答えたのだと思います」

トランプはバーにいった。「きみがそういったのは、トランプを憎んでいるからにちがいない。きみはトランプを心底憎んでいるにちがいない」

「いいえ、大統領、私は大統領を憎んでいません。私がかなり個人的に犠牲を払って、この政権を手伝うために参加したことは知っているはずですし、私は政権の名誉を守ろうとしてきました。大統領がいまのような立場に追い込まれた理由を申しあげます。選挙人団は厳格な相手なので、こういう問題が起きたときに解決する時間は、選挙後五、六週間しかありません。

大統領に必要だったのは、戦略をすばやく組み立て、〝ここここで票を積みあげ、こういうふうに主張する〟といって実行することができる一流弁護士のチームでした。ところが、大統領はサーカスのピエロの車を押し出した。

この国で弁護士の名に値する人物はすべて、安全圏に逃げてしまった。大統領のチームはピエロの群れです。

彼らは良心にもとるやり方で、自分たちが提示している物事が議論の余地がない事実であるかのように断言し、枝葉末節を述べています。事実ではありません。大統領は明らかに正気とは思えない理論のために、四週間を無駄にしました。例の集計機のことですよ」

「ほう、どういう意味だ?」

「大統領、集計機は紙幣を数える機械とおなじような仕組みです。計数機です。二〇ドル札の束を取ってそれにかけると、機械が数えて、枚数がわかり、一〇〇〇ドルごとに帯封をかけます。

こういうことです。法律によって、投票用紙は帯封をかけた紙幣とおなじように保管されます。機械が数え間違えたというのであれば、紙幣を自分で数えて、一〇〇〇ドルあるかどうかをたしかめればいい。機械が数えたとおり一〇〇〇ドルあるのなら、機能がどうとかいうような主張を聞く必要はないわけです。

どこで数え間違いがあったのか、教えてください。これまでのところ、計算が合わないところは一カ所もありません。これは正気の沙汰ではありませんよ」

「デトロイトで急に現われた票はどうなんだ？」トランプがきいた。「何千票もリードしていた。そこへ午前四時だったか何時だったかにこの票が現われた」リードは消滅した。

「大統領、二〇一六年に起きたこととそれを対応させて調べましたか？　今回、大統領は前回よりもデトロイトでの票を伸ばしているんですよ。票差はおなじでしたが、デトロイトでは大統領のほうがバイデンよりも得票数が多かったんです」

「それに投票箱の問題もある」トランプがいった。「おおぜいが投票箱を見ている」投票が締め切られたあと、何時間も大量の投票箱が運び込まれていた。

「大統領、デトロイトには五〇三選挙区があります。ミシガン州では、選挙区で集計を行なわない唯一の郡です。あとの郡では、選挙区で集計します。しかし、デトロイトでは中央集計所で行なわれます。そのため、投票箱が徹夜で運ばれるのです。ですから、早朝に投票箱が集計所に運び込まれても、疑わしくありません。そういうやり方なのです。それらの票は早朝に現われるし、投票率は前回とほぼおなじでした。にわかにバイデンの余分な票が急増したわけではありません」

ジョージア州フルトン郡はどうだ？

「いま調べています。しかし、これまでのところ、合法的な投票だったということです。大統領、私たちはこれを調べていますが、なにかを見つけられる見込みはないでしょう」

トランプが、べつの不手際に話題を移した。「ダーラムはいつ結論を出すんだ？」トランプはダーラムに命じて、ロシア疑惑へのＦＢＩの対処をなおも執拗に調査させていた。

「私にはわかりません、大統領。成果をあげろ、といえるようなたぐいのことではないので」バーは指を鳴らした。「進捗は証拠しだいです。だから、私にはなんともいえません。しかし、バイデン政権の最初のころか、最初の六カ月ぐらいが望ましいでしょう」

トランプがどなった。「バ、イ、デ、ン、政、権、の、最、初、の、こ、ろ、だ、と！」

まずい、バーは思った。トランプは怒りを噴出させている。これほど激怒したトランプを、バーは見たことがなかった。人間が耳から炎を噴くことがあるとすれば、これがそうだった。バーは炎を思い浮かべた。こんなに怒り狂うトランプははじめて見た。しかし、トランプは明らかに自分を抑えようとしていた。爆薬を詰めた穴の口をふさいでから炎を噴き出しているようなものだった。

べつのときに、トランプはいった。「ビル、きみが気づいたかどうか知らないが、私はずっと電話をかけていない」頻繁に電話をもらえないのをバーが淋しがっているとでもいうような口調だった。やれやれ、バーは思った。〝エッセンス〟を女性にあたえないことに妄執している一九六四年のダーク・コメディ映画の主人公、ストレンジラブ博士のことを思わずにはいられなかった。

「コミー！　きみはコミーを起訴できたときに起訴しなかった」トランプがどなった。「きみは拒否した」

「一〇〇回くらい申しあげましたよ、大統領。訴因がありません」

トランプがいった。だが、司法省の監察総監は、コミーが秘密扱いの情報を含む内部文書二通をニューヨークの弁護士に渡したことについて問い合わせているではないか。[2] 文書はその後、メディアに渡された。

コミーが文書を仔細に調べて秘密扱いの部分を取り除いたことを、バーはトランプに指摘した。論争があった。数センテンスがおそらく秘密扱いに属していた。

「それが秘密扱いの情報だ」トランプはいった。

「すみません、大統領。私は訴追するつもりはありません。私たちはその件を訴追しません」

「監察総監は訴追されるべきだと進言した。それをきみが却下した」トランプはいった。「いいえ」バーは反論した。「そういうことはありませんでした。監察総監は訴追を進言していません」彼は調査結果を刑事部に送り、その後の判断をゆだねる。最終的に決めるのは司法長官であるバーだった。

「刑事部がやりたいと考えていることがなにかあるのか?」トランプがきいた。

いいえ、バーはいった。所用があるので失礼します。ポンペオと食事をする予定だった。

「これを切り抜ける方法があると思う」一二月一日のトランプとの衝突のあと、メドウズが電話でバーにいった。

「ああ、そうか?」バーは疑う口調できいた。

「ほら、彼は部下が突然辞めるのを嫌がる」メドウズはいった。「彼は先制攻撃をやるだろう。いまから一月二〇日までのあいだにあなたが突然辞めるのではないかと、彼もみんなも心配している。だから、いてくれないか？　いると約束してくれないか？」

約束するか、それともクビになるかというのが、バーにあたえられた選択だった。バーはメドウズにいった。「ひとつ、私はだれかを不意打ちするようなことはやらない。だれにもいわずに辞めるようなことはしない。ふたつ、必要とされるあいだはとどまる」

根っからの弁護士のバーは、必要かどうかを判断するのがだれかを明確にしなかったことで、逃げ道をこしらえたつもりだった。

「わかった。わかった」メドウズは、条件を呑んだようだった。突然辞めるようなことはないはずだった。

とどまるといったことを、バーはすぐさま後悔した。なにも変わらなかった。トランプはバーの話を聞かないし、バーはよくいっても実権のない飾り物だった。

バーはトランプ政権での自分の役割に、複雑な感情を抱いていた。保守派の原則――強力な行政府、低い税率、緩い規制、進歩派への嫌悪――を強く支持する保守派というのが、バーの一面だった。トランプを批判する勢力が、トランプを変え、強硬にしたと、バーは確信していた。民主党、メディア、モラー捜査が、〝トランプをクラレンス・トーマス化させた〟という表現を使った。一九九一年の最高裁判事承認公聴会が過酷だったためにトーマスが極右に変わったと、バーのような保守派は確信していた。

トーマスの親しい友人や家族もそういう見方をしていた。アニタ・ヒルがセクハラで告発するまで、トーマスはもっと穏健だったが、それによって揺るぎない強硬派になった。

「左派の追及が終わったときには、トーマスは変わっていた」バーはいった。トランプは、容赦なく他人を攻撃することを除けば、以前はもっと現実的だった。それはバーにもいえることかもしれない。最初に司法長官をつとめたときには名声を得ていたのに、トランプを守ったことで猛烈に攻撃され、トランプの熱烈な味方になった。

バーは、トランプを守るために激しい批判を受けつづけた。二〇二〇年の大統領選挙でバーはトランプの郵便選挙反対を積極的に支持し、拡大させた。共和党は郵便選挙に反対で、バーも同様だった。それに、バーは公にも選挙違反の可能性は〝明らか〟で、〝常識〟だと主張したが、バーも含めてだれも証拠を提示できなかった。

バーが辞めるかもしれないということを聞きつけたミリー統合参謀本部議長が、すぐに電話をかけた。

「おい、辞めたらだめだ」ミリーはバーにきっぱりといった。「辞めることはできない。私たちはきみを必要としている」

「どうだったと思う？」一二月五日、選挙遊説を行なったジョージア州バルドスタからワシントンDCに戻るエアフォース・ワンの機中で、トランプは補佐官たちにいった。「完璧だった。もう一度行く必要はないと思う」

ジョージア州で一月五日に行なわれる上院議員選挙の決選投票に、トランプはうんざりしていた。共和党上院議員のケリー・ロフラーとデービッド・パーデューは、ビジネスパーソンの共和党員で、強気なところが足りないと、トランプは補佐官たちにいった。彼らのために運動するが、やりすぎるつもりはない。ほかにやることがいろいろある。

トランプの法務チームは崩壊しかけていた。トランプは訴訟に負けつづけていた。そして、一二月六日、ジュリアーニが新型コロナウイルスに感染し、ジョージタウン大学病院に入院した。

翌日、ホワイトハウスのクリスマス祝日のパーティが廊下の向こう側ではじまるころに、トランプは独りオーバル・オフィスでやきもきしていた。ホワイトハウスも含めて感染者が急増していたにもかかわらず、青の間のフラセリーモミのクリスマスツリーのそばで会話にいそしんでいる人々は、ほとんどマスクを付けていなかった。

〝すばらしいひとときだ〟。ドナルド・トランプ・ジュニアが、元FOXニュースのパーソナリティで恋人のキンバリー・ギルフォイルといっしょにポーズをとってインスタグラムに投稿した画像に書いた。[3]

トランプの選挙戦の常連になっていた保守派のコメンテーター、シカゴの投資家のスティーブ・コルテスは、トランプに呼ばれていた。コルテスのツイッターのプロフィールには〝惨めな人々《デプロラブルズ》の声。ヒスパニック。嵐のために生まれた（第七代アメリカ合衆国大統領アンドリュー・ジャクソンの言葉）〟と書かれていた。[4]〝惨めな人々〟は、二〇一六年にヒラリーがトランプ支持者をいい表わすのに使った言葉だった。[5]

あたりにはだれもいなかった。オーバル・オフィスに向かって歩くときに、ホワイトハウス西棟が閑散としていたことに、コルテスは驚いた。トランプは独りきりだった。

コルテスがはいっていくと、ビデオ電話でトランプがルディ・ジュリアーニをどなりつけていた。トランプは激して、選挙は盗まれたと叫び、法廷闘争についてわめき散らしていた。

「ああ、コルテスが来た。切るよ」トランプがビデオ電話を切った。

「まだ盛り返せますよ」コルテスは、安心させようとしていった。トランプがひきさがらないようにするために来たのだ。「しかし、多数の味方を必要とします。もっと戦い、もっと資金を募らなければなりません」

トランプは同意した。それがトランプの聞きたいことだった。希望があると思っている人間の口から。

遊説しなければなりませんと、コルテスはいった。

「選挙のあと、大統領は世情にうとくなっていますから」

「いや、そんなことはない」

「そうなっていますよ」

トランプの声が大きくなった。怒っていた。

「私はめいっぱいツイートしている！」

「ツイートは勘定にはいりません。居室からツイートするのは、アメリカ合衆国大統領の姿を公に見せるのとはちがうんです」

コルテスは執拗に訴えた。トランプを奮起させようとした。惨めな人々《デプロラブルズ》は、トランプが既存勢力《エスタブリッシュメント》に対して凶暴になるのを望んでいる。

「CNNに働きかけましょう。ブライアン・ウィリアムズにも」ウィリアムズはMSNBCのチーフアンカーだった。「事実がわれわれの味方です。レスター・ホルト（〈NBCナイトリー・ニュース〉のアンカー）をここに呼びましょう。立ちあがって、主張しましょう」

トランプは、その案を却下した。それはすべてフェイクニュースだといった。絶対にやらない。FOXニュースに矛先を向けて、またどなりはじめた。彼らはアリゾナをバイデンが取ったと報じた。ほかの連中とおなじで、選挙結果の不正操作に関わっていた。ひどいやつらだ、とトランプはいった。

「私たちは戦わなければなりません」コルテスはいった。「州議会に公に圧力をかける必要があります。彼らを苦しい立場に追い込む必要があります」

トランプは、ジュリアーニと法廷闘争の話をした。

「この事件を裁きたい判事は、ひとりもいませんよ。ことに最高裁には」コルテスはいった。

「重要なのは世論という裁きの場です」

34

マコネルはジョージア州選出上院議員選挙の決選投票にずっと照準を絞っていた。民主党候補ふたりが五〇%近く、もしくはそれ以上の支持率を維持している世論調査に、不安を感じていた。

共和党の上院選挙運動組織を動かしているマコネルの盟友のインディアナ州選出上院議員トッド・ヤングは、ジョージ・W・ブッシュの顧問だった老練なカール・ローブを雇い、パーデューとロフラーのための特別な合同資金調達運動を指揮させた。ローブは共和党の主だった寄付者すべてに電話をかけて、数千ドル単位で寄付するよう頼んだ。

トランプが毛嫌いして馬鹿にしているジョージ・W・ブッシュとの結び付きが深い人間がジョージア州の選挙を指揮していることを、トランプとホワイトハウスが不快に思っていることを、ローブは人づてに聞いた。ローブもトランプの〝盗むのを阻止しろ〟というスローガンを公に軽視し、一一月一一日付の《ウォール・ストリート・ジャーナル》に〝選挙結果は覆らない〟という見出しのコラムを書いていた。[1]

ローブはジャレッド・クシュナーに電話をかけて、自分が関与しているのをトランプが不快に思っているかどうかをたずねた。そのままつづければいいと、クシュナーはいった。いったいなんの話かわからないと、クシュナーはいった。

だが、ローブ－マコネルの枢軸は、経費集めに奔走したにもかかわらず、ジョージア州で自分たちのメッセージを打ち出せなかった。その代わりに、選挙に関する陰謀理論を根強く信じているリン・ウッドという無鉄砲な弁護士が、中心人物になりかけていた。ウッドはバイデンの勝利は違法だと激しく非難していて、集会やソーシャルメディアではよく知られていた。驚くべきことに、シドニー・パウエルも参加した一二月初旬の集会で、ウッドはジョージア州の共和党員たちに、投票所へ行くなと命じた。

「彼らはあなたがたの票に値しない」共和党候補ふたりのことをそうけなした。[2]「彼らに票をやるな。また結果を不正に操作される選挙に行くことはない。選挙を改善しろ！」

ローブは愕然とした。大統領の弁護士とリン・ウッドは、共和党の票を減らそうとしている。故意に。

「シドニー・パウエルとリン・ウッドが来て、ドミニオン社の集計機がウゴ・チャベスの設立した会社で製造されているというとんでもない非難を投げつけている」とうに亡くなっている元ベネズエラ大統領の名を挙げて、ローブは愚痴をいった。共和党の大敗を目前にして、勇気がしぼんでいた。

ローブは、有権者の不正行為を防止する運動に長年の経験がある。集計機は信頼できるし、安全だと、その問題が口にされるときには周囲の人間にくりかえした。

「集計機はインターネットに接続されていないし、各選挙区の各集計機ごとに暗号化されているUSBメモリーによって票を集計する。それを中央集計所に持っていき、データを移し替えて数える」

トランプは、いたるところで負けていた。[3]

ペンシルベニア州がバイデンの勝利を認定するのを阻止するために、トランプの盟友である同州のマイク・ケリー下院議員が起こした訴訟が最高裁に棄却されると、《フォーブス》一二月八日号に〝トランプと共和党は選挙後の訴訟五〇件以上で敗訴した〟という見出しが出た。[4]最高裁のもっとも保守的な判事サミュエル・アリートは、ワンセンテンスでこれを棄却した。

〝アリート判事は差止請求上告を棄却する〟。

憤懣やるかたないトランプは、ずけずけとものをいうテキサス州選出上院議員テッド・クルーズに電話をかけた。ハーバード大学ロースクール卒のクルーズは、一九九六年から一九九七年にかけて、ウィリアム・H・レンキスト最高裁判所長官の法務書記をつとめたことがある。トランプとクルーズは、二〇一六年の共和党大統領予備選では敵同士で、トランプはツイッターで、クルーズの妻ハイディの女性としての魅力を華麗なメラニアと比較して下品にからかったことがあった。

〝写真一枚が一〇〇〇ワード語っている〟支持者からのツイートに、トランプは返信した。[5]文の下に写真が二枚あった。一枚はメラニアで、完璧な照明のスタジオで撮影され、スーパーモデルのように見える。もう一枚はハイディ・クルーズで、きつい照明の部屋で薄笑いを浮かべているように見えた。

トランプはその後、《ニューヨーク・タイムズ》のコラムニストのモーリーン・ダウドに、後悔しているといった。[6]ツイートについて謝るのはめったにないことだった。トランプはほかにも、クルーズの父親がジョン・F・ケネディ大統領暗殺の実行犯と目されたリー・ハーベイ・オズワルドと親交があったと非難していた。

トランプとクルーズは、そういった過去の行きがかりを捨てて、トランプ政権下で損得勘定を重視する同盟を結んだ――政治家同士、利用し合うためだった。

トランプが電話したとき、クルーズはステーキハウスで食事をしているところだった。

「私もおおいに不満です」クルーズがいった。

「しかし、驚いているのか？」

「いいえ」クルーズはいった。「組織として訴訟の受理を拒む理由がいろいろあります。訴えを受け付けるのはきわめて危険だ」クルーズは、表向きは最高裁に出訴することを支持していたが、内心では見込み薄だと認識していた。

トランプはいった。まあ、テキサス州のべつの訴訟がきょう最高裁に提出された。きみは説得してくれるだろうね？

もちろんです、クルーズはいった。よろこんで手伝います。「しかし受理されないかもしれません」

「なぜだ？　なぜだ？　なぜ受理されないんだ？」

最高裁はペンシルベニア州の訴えを棄却したから、テキサス州の訴えも棄却する可能性が高いと、クルーズはいった。

三日後の一二月一一日、トランプは選挙運動に参加していたおおぜいの弁護士を、オーバル・オフィスに集めた。部屋をまわり、訴訟と論点について最新情報を質問した。

「ネバダ州についてどう思う？」

「ペンシルベニア州についてどう思う？」

答えは慎重で用心深かった。

そのあとで、トランプはいっしょに写真を撮ろうと持ちかけた。笑みを無理強いした。

一同が出ていき、マット・モーガンと、選挙対策副本部長だったジャスティン・クラークだけが残った。

トランプはふたりに、ペンシルベニア州について質問した。テキサス州の訴訟についてもきいた。クルーズが説得してくれるかもしれない。どう思う？　この二州での異議申し立てが最高裁で審理される可能性はあるか？

「かなり苦戦すると思います」モーガンがいった。法廷で大統領が賛成票を得られるとは思っていません。

「やつらには勇気がない」トランプはいった。

見通しは暗かった。トランプは話し合いを終えて、ふたりを帰した。ほかにも弁護士はいる。ふたたびホワイトハウスを勝ち取れるし、裁判所などどうでもいいと、彼らはいっている。

選挙への異議申し立てにトランプは無能な最悪の弁護士チームを雇ったと、バーは確信していた。ルディ・ジュリアーニや、知力に劣るとバーが見なしている保守派の弁護士ジェナ・エリスがのさばっている。シドニー・パウエルは頭がおかしいとバーは思っていた。だが、ジュリアーニは最悪——〝どうしようもない愚か者〟——で、彼のせいでトランプは弾劾裁判にさらされた、とバーはいった。ジュリアーニは「大酒飲みで、金に困っていて、レフ・パルナスのようなおぞましい悪党の弁護を引き受ける」ウクライナ生まれのアメリカ人ビジネスマンのパルナスは、トランプを支援するさまざまな活動に関与していた。

「トランプ・ホテルでシャツをはだけて金のネックレスをぶらさげている」とバーは表現した。

一二月一日以降の週末、バーはあらかじめ辞表を作成した。[7] バーはトランプの心理制御盤のボタンをすべて知っていた。褒め殺しにしろ。「大統領の業績はじつに歴史的です。苛酷な執念深い抵抗に直面しながら達成したからです」選挙違反の申し立てが続行されるあいだに、ワクチン開発のワープ・スピード作戦は「間違いなく数百万人の命を救うでしょう」アメリカ国内の凶悪犯罪の取り締まりと、中国との貿易の国際的な締め付けは、大統領が独力で成し遂げたことです。

一二月一四日、バーは辞表を持参して内密にトランプと会った。

「私に失望しておられるのはわかっています」バーは切り出した。「私がやった数々のことを不快に思っておられることもわかっています。大統領はそれを明確にしてきました。それに、私たちは順調なスタートを切りました。司法長官として私が敬意をもって仕えようとしたことは、わかっていただけたと思います。また、私たちはしばらくのあいだ良好な関係でしたが、いまは激しく角を突き合わせています。そういう状態は終わらないでしょう。ですから、私は辞任しようと思います。それに、円満に辞任したいのです。大統領を政治的な窮地に追い込んだり傷つけたりするようなことは、やりたくありません。しかし、そういうしだいなので、私はここでの役目を終えたと思います。プラスになるようなことは、もうなにもできません」

クリスマスの祭日を家族と過ごせるように、一二月二三日に辞めたいと、バーはいった。トランプは辞任を受け入れてツイートした。[8]〝私たちの関係はきわめて良好だった。彼は傑出した仕事をした〟。

一二月一四日、五〇州すべてとワシントンDCの大統領選挙人が正式に投票し、バイデンに三〇六票、トランプに二三二票があたえられた。しかし、トランプが法と行政の両方でさまざまな異議を唱えていたため、最終結果は三週間後の一月六日にひらかれる上下両院合同会議まで待たなければならなかった。[9]そのときに議会が正式に選挙人の票を数え、憲法に基づいて結果を認証する。

トランプはいまも、認証を拒否するようにと議会に勧告していた。共和党議員多数が、その戦いに参加していた。選挙人投票の数日前に、下院共和党院内総務ケビン・マッカーシーを含めて下院共和党の三分の二近くが、ペンシルベニア州、ミシガン州、ウィスコンシン州、ジョージア州の選挙人投票がバイデンの得票に数えられるのを最高裁に差し止めさせようとする、テキサス州の訴訟を支援する〝法廷助言者《アミカス・キュリエ》〟意見書を支持した[10]（法廷助言者は訴訟の当事者ではないが利害関係があって情報・専門知識・意見を法廷に提供する個人・機関・組織など）。

だが、リンゼー・グラムは、下院の熱狂は上院共和党の政治的意図とは一致しないと考えていた。党議に従う上院議員の数をひそかに勘定したところ、選挙人団の決定を覆すことへの関心がないように思われたので、上院の共和党議員がそれにひきずりこまれないことをグラムは願っていた。グラムをはじめとする上院の共和党議員は、トランプがその思いつきに乗ったり、また怒りを爆発させたりしないように気を配った。

トランプとの電話で、グラムは自尊心をかきたてるためにいった。「アメリカ史上、だれもあなたほど強い力を持ったままで大統領の地位から去った人間はいませんよ。あなたは影の大統領です。大統領、あなたはお金が出てくる機械の上に座っています。この五、六週間に何億ドルも資金を集めました。大統領が望めば、共和党の大統領候補者指名が得られます。大卒の女性たちとの仲を修復しましょう」グラムは進言した——その見込みはほとんどなかった。

マコネルには選挙人団の投票でじゅうぶんだったので、一二月一五日の朝に、マーク・メドウズに電話をかけた。

「バイデン勝利を私が認めるつもりだということを、大統領に知らせてくれ」マコネルはきっぱりといった。

マコネルはまもなく上院議場へ行った。

「大統領選挙の結果がこれと異なることを、数多くのアメリカ国民が願っていました。しかし、私たちの政体には、一月二〇日にだれが宣誓することになるかを決定するプロセスがあります」マコネルはいった。[11]「選挙人団が発表しました。したがって、本日、私はバイデン次期大統領におめでとうと申しあげます」

トランプがすぐさまマコネルに電話をかけて、悪態を浴びせた。

「大統領」マコネルはトランプに告げた。「選挙人団が発表したのです。それがこの国で大統領を選ぶ方法です」

トランプはマコネルをののしった。不忠だ！　弱虫だ！　数カ月前にマコネルがケンタッキー州で再選されたのは、自分の支援があったからだと主張した。

「これがその返礼か？」トランプはいった。激怒していた。信じられない。「きみは私のことがわかっていない。理解できていない」

マコネルは黙っていた。だが、トランプに支えられて当選したというのが馬鹿げた話であることはわかっていた。マコネルはそのことを補佐官に説明した。トランプがまだNBCのリアリティ番組〈アプレンティス〉の司会者だった二〇一四年に、マコネルは一五ポイントの差をつけてケンタッキー州選出上院議員に当選した。二〇二〇年も同様の差だった。

電話でマコネルは、捨て台詞として事実を簡潔に述べた。

「あなたは選挙に負けた」マコネルはいった。「選挙人団が発表した」電話を切った。

二度とトランプと話をせずにすむことを、マコネルは願っていた。

バイデンが、マコネルに電話をかけてきた。

「大統領」バイデンはまだ次期大統領だったが、マコネルはわざとそういった。ふたりは気心が合ってはいるが要領を得ない話をした。

数年来、マコネルとバイデンは親しくしていた。マコネルはバイデンを機会均等を奉じる最高の人物と評価していた。人種差別主義者だったストロム・サーモンド上院議員の葬儀では追悼文も読んだ。バイデンは政見が異なる同僚議員と協調し、絆を結ぶことができる人物だ。

マコネルとバイデンは、オバマ政権のときに密接に協力して予算削減の政策合意を成立させた。バイデンは二〇一一年にルイズビル大学マコネル・センターを訪問した。上院院内総務の設立したものとしては、大統領図書館に精いっぱい近づいた施設で、文書保管所と集会所から成っていた。「共和党員と民主党員がお互いにほんものの好意を抱けるかどうかを見届けるために」聴衆が集まったと、バイデンはいった。[12]

「私たちはお互いに好意を抱いていますよ」バイデンはいい、マコネルは笑みを浮かべて見守った。

35

一二月中旬のある朝、メドウズはＦＤＡ長官スティーブン・ハーンに電話をかけて、ワクチン承認プロセスをじゅうぶんに早めていないと、ハーンとワクチン開発を指揮しているＦＤＡの生物製剤評価研究センター（ＣＢＥＲ）所長のピーター・マークスを非難した。あなたがたはそれを真剣に受け止めていないし、必要な資源を注ぎ込んでいない。

一般市民は、ＦＤＡがどういうプロセスを使おうが気にしない、マーク・メドウズはいった。

それはワクチンの信頼性とは無関係だ。

ハーンは強い衝撃を受けた。ハーンはトランプとメドウズからの電話を受けられるようにしていて、週に三回電話で話をすることもあった。

「脳外科医が足りないから、脳腫瘍を切除する開頭術を医療専門職《フィジシャン・アシスタント》（医師の監督のもとで診断・投薬・簡単な医療行為を行なう医療資格者）にやらせますというようなものだ」ハーンは後日、周囲にそういった。「そんなことはできない」

なにをやっているのか、あなたがたはわかっていない、メドウズがハーンをどなりつけた。

マーク、その意見には絶対に反対だ、ハーンはいった。「きみは間違っている」メドウズが、辞任しろというようなことをつぶやいた。

「失礼、いまなんといった?」ハーンはきいた。

「なんでもない。なにもいっていない」メドウズがいった。「自分でなんとかする」メドウズが電話を切り、三〇分後にかけてきて謝罪した。

だが、まもなくトランプがツイートした。[1]〝私は予算をふんだんに注ぎ込んだが、鈍重な官僚機構のFDAはとてつもなく偉大な新型ワクチンの承認を五年短縮しただけで、いまだに大きなのろい亀だ。いますぐにワクチンをよこせ、ハーン博士。駆け引きはやめて命を救え!!!〟。

ファイザー・ビオンテックのワクチンは、その日の後刻に一六歳以上への使用が承認された。[2]一週間後、モデルナのワクチンが一八歳以上への使用が承認された。[3]きわめて効果の大きいワクチン二種類の開発が記録的な短期間で達成されたのは、前例のない偉業だった。

だが、配布が遅々として進まなかった。[4]

首席補佐官に就任することが決まっているロン・クレインは、仕事がノンストップで加速することを覚悟していた。危機のさなかの統治はそれを目指さなければならないと、クレインは考えていた。即座に取りかからなければならない。

一一月以降、新型コロナウイルスの感染者数と死者数は、記録的なペースで増えつづけていた。[5]一二月二日、入院患者が空前絶後の数にのぼり——一〇万人を超え——その一日だけで二七六〇人が死に、一日の死者数のこれまでの記録——四月一五日の二七五二人——を塗り替えた。

ワクチンは並大抵ではない速さで開発されたが、人々の腕に注射されない限り、蔓延防止にはつながらない。

クレインは最初のワクチン接種が一二月一四日に開始され、第一線の医療従事者が注射を受けるのを見守っていた。[6]州宛に二九〇万回分が配布され、一二月三〇日には一二四〇万回分——当初の目標の二〇〇〇万回分をだいぶ下回っていた——が配布された。アメリカ国民の大部分は、二〇二一年にならないとワクチン接種を受けられない。重要なのは配送システムだったが、それが不備だった。それを是正できるのか？

それに、ばったりと倒れたままの経済をどうやって活性化するのか？　五月に回復しかけた経済は、いままた膝を屈している。外で食事をしたり飲んだりするアメリカ人がほとんどいなくなったため、レストランやバーの従業員がいっせいに解雇され、一二月に一四万人以上が職を失った。[7]

クレインはバイデンと何時間もかけて、オバマ政権で二〇一四年にエボラ出血熱対策の責任者をつとめたときに学んだ教訓を検討した。科学と政治を分けて考えなければならない。全員にその路線を維持させる。

こういう事態は山火事に似ていると、クレインはバイデンにいった。燃えさしがわずか五本残っているだけでも、林が焼け落ちかねない。最後まで徹底してやらなければならない。

エボラ出血熱対策を指揮したクレインは、西アフリカでエボラが再発する可能性が高い場所に治療施設一七カ所を建設したことをバイデンに説明した。[8]一七カ所のうち九カ所は使われませんでした。予算を無駄遣いしたと非難されました。しかし、建設に二カ月かかるので、必要になるかどうかわかるまで待っていたら、間に合わなかったでしょう。エピデミックとはそういうものです。つねに先手を打たないといけません。

すべての前線で規模を拡大することが不可欠だと、クレインはいった。規模を拡大して準備する。アメリカが必要になるはずの物資をすべて買っておかないと、そういうものが重要になったときに手にはいらない危険性がある。マスク、医療関係者の防護装備、人工呼吸器が当初不足したことが、パンデミックの最初の数カ月、空中で飛散するウイルスの猛烈な伝染をもたらしたことは確実だった。

バイデンはクレインの講義をしっかりと頭に入れて、大規模にやろうとチームに何度も指示した。実務が一時的に遅れていると聞くと、かならずいらだちをつのらせた。

「ワクチンは何回分必要なのか？」バイデンは質問した。「腕に注射するのに、何人雇う必要があるんだ？」バイデンはなにもかも知りたがったと、クレインはいった。

「いいか」バイデンが、政権移行会議でいった。「けっして過小評価してはいけない、過大に評価しろ。ワクチンが余ったり、接種会場が多すぎたり、なにもかも余ったりしたときには、私が責任を負う。だが、不足した責任は負いたくない」

一二月初旬、バイデンは五四歳で政権移行委員会共同委員長のジェフ・ザイエンツを、ホワイトハウスの新型コロナウイルス対策調整官に指名した。

ザイエンツは医師でも科学者でもないが、管理運営の達人で、オバマ政権で行政管理予算局（OMB）局長代行を含め、経済関連の要職を歴任していた。

これまでの職務のなかに、オバマケアに登録するのに使われていたウェブサイトHealthcare.gov のひどい障害を是正する仕事があった。やがて、バイデン副大統領が、ザイエンツを呼び寄せた。

「これはストレスが大きい」バイデンはいった。「それに、うまくいくかどうかわからない。飾らない真実だけを私たちにいってくれ。私たちはなんでも対処する」

新型コロナウイルス対応の調整が桁違いに複雑で重要な作業だということを、ザイエンツは知っていた。

問題に圧倒的な物量で取り組み、とことん計画を立案し、資産を投入し、必要とあれば毎日のように評価し直し、調整し、そしてまた投入するというのが、ビジネスマンとしてのザイエンツの哲学だった。[9] その手法で個人として一億ドル以上の富を築いた。

ザイエンツとそのチームはすぐさま、バイデンの全米ウイルス対応戦略と、その実行を加速するのに必要な大統領令を作成しはじめた。一月二〇日にすぐさま全力で取り組めるようにしなければならない。計画は二〇〇ページに及んだ。

国家安全保障の専門家で、ホワイトハウスと国防総省の上級顧問だったナタリー・キリアンが、ザイエンツの副調整官に指名された。ふたりは何週間もかけて、トランプのワクチン投与計画を理解しようとしたが、トランプ政権からの情報は質にばらつきがあり、量も不足していた。さらに悪いことに、トランプのチームには総合的なワクチン配布計画がないようだった。だが、とてつもなく大きな問題なので、トランプのチームには共有したくない秘密計画があるにちがいないと、ザイエンツとクレインは判断した。そのうちに、公にも秘密にも、共有できるような計画がないのだと、ふたりは結論を下した。

クレインはバイデンに最新情報を伝えた。「彼らは完全に失敗しました」クレインはいった。

全国戦略を構築するにあたって、キリアンは作業を三つの籠《バスケット》に分けた。

一、ワクチン製造と供給を増加する。二、接種を行なう人間をじゅうぶんに用意する。三、国民がワクチンを受ける会場、診療所、拠点を確保する。

トランプ政権はワクチン開発を促して尽力し、記録的な速度ですばらしい偉業を達成したが、ワクチンをメーカーから州に直送させ、各州が配布計画を立てるという仕組みにしていた。

「こんな最悪の決定はほかにはないだろう」アンソニー・ファウチ博士が、Ｚｏｏｍでザイエンツのチームにいった。州に自力でやらせるのは無理だ。

ファウチはアメリカの新型コロナウイルス対応の医学界の顔だった。バイデンは、八〇歳の科学者に首席医療顧問の職務を提示していた。

〝集団免疫〟を達成するために、人口の七〇～八五％がワクチン接種を終えるようにするのが大きな課題だと、ファウチはいった。その指標に到達すれば、感染拡大を阻止するための過激な政策を重ねなくても、感染が急速に減少しはじめる。ワクチン接種がその目標に達するには、数カ月を要する。祭日後に〝急増に次ぐ急増〟があり、病院の収容能力が限界を超えるおそれがあると、ファウチは警告した。

連邦政府と州が協力する必要があると、ファウチはいった。

「お金がここにあるから自力でやれと州にいうだけではだめだ。州は往々にして連邦政府の指示を必要とする。州の資源では足りない」

連邦の対応を地域社会《コミュニティ》に持ち込み、現場で支援するのに、バイデンはどういう手段を使えるだろうか？ ザイエンツのチームはすべての連邦省庁とその下部機関の総合的なスプレッドシートを作成した。

FEMAがある！ 〝そうだ〟と気づいた瞬間だったと、ザイエンツはチームの面々にいった。連邦緊急事態管理庁《FEMA》は、パンデミックのような緊急事態に対応するために設立された。トランプは年初にFEMAとその資金を大統領令で使おうとしていたがじゅうぶんに活用されていないと、ザイエンツは確信した。

ザイエンツは、オバマ政権の八年間FEMA副長官だったティム・マニングに連絡した。ザイエンツはマニングに、FEMAは全国のコミュニティにワクチン集団接種所を設けて運営することができるかときいた。

FEMAにはできると、マニングはいった。ほどなく、ザイエンツの供給調整官に就任した。政権移行中にFEMAに準備を開始するよう命じることができないのを、ザイエンツとキリアンは知っていた。そこで、ふたりはFEMAを質問攻めにして、一月二〇日正午にFEMAに活動を開始させる計画があることを暗に伝えた。

ふたりは国防生産法を利用する計画も立てた。その法律を発動すれば、大統領が緊急事態の広範な権限を行使して、資源とアメリカの民間企業の製造能力を動員して、ワクチン製造を加速させ、機器の試験を実行させることができる。トランプはこの権限で人工呼吸器の生産を増加させていた。

一月二〇日は、あらたな全国ウイルス対応計画を始動する日になる。〝公平と平等〟がバイデンのスローガンだった。効率にくわえて、それを自分の計画の中心に置こうとした。

全米に一三八五カ所あるコミュニティ医療センターが使えると、ザイエンツはバイデンにいった。州や地方自治体が運営している組織で、もっとも深刻な被害が出ていて交通が不便なコミュニティのアメリカ国民三〇〇〇万人に、低額で質の高い初期医療を施している。[10] 患者の九一％以上が貧困線以下の暮らしをしていて、六〇％以上がマイノリティの人種や民族だと、ザイエンツはいった。[11] 連邦政府がこれらの医療センターと組み、ワクチン、資金、人員をじかに利用できるようにできます。

バイデンのチームはまもなく、当初の予算枠組のなかでバイデンが優先したい事柄について最初の見積もりを提示した。ワクチン購入に一五〇〇億ドル、ワクチン投与に一五〇〇億ドル、学校再開に一五〇〇億ドル。

二〇〇九年にオバマが自動車産業を救済するのを三一歳の若さで手伝ったブライアン・ディーズは、国家経済会議（NEC）委員長に指名されていた。ディーズは顎鬚を生やし、よく響く低い声の持ち主で、大学教授のような風貌だった。

新政権は失業給付も拡大する必要があると、ディーズはいった。経済が打撃を受けて、夏以降、数百万人が貧困に陥り、一一月にまた雇用が減速した。コストは三五〇〇億ドルにのぼる可能性がある。アメリカ国民数百万人に渡す景気刺激小切手《スティミュラス・チェック》（正式名称は経済効果給付金）は、四〇〇〇億ドルを超えるはずだった。栄養支援プログラムで国民に食料費を補助するのにもさらに予算が必要になる。

一二月に議会が九〇〇〇億ドルの景気刺激策を承認すると、トランプはまるで民主党員のような口調で、六〇〇〇億ドルの景気刺激小切手は〝恥さらし〟で〝馬鹿馬鹿しいくらい低額〟[12]だと非難した。一夫婦あたり二〇〇〇ドルか四〇〇〇ドルにすべきだと、トランプはいった。

トランプがそういう姿勢をとるのは、選挙結果が不正操作されたという主張にマコネルが同調するのを拒んだために怒り狂っているからだったが、バイデンとクレインにとっては願ったりかなったりだった。マコネルを追い落として議員生活ではじめて上院多数党院内総務になることを長年夢見ていた、ニューヨーク州選出の上院民主党院内総務チャック・シューマーは、小切手はジョージア州の上院議員選挙決選投票に先駆けて有権者を取り込むのに役立つと主張した。

現状では民主党の上院における議席は四八だが、民主党のジョン・オソフとラファエル・ワーノック牧師がふたりとも一月五日の決選投票で勝てば、五〇議席になる。

そして、一月二〇日以降は、憲法の定めによってカマラ・ハリス副大統領が、五〇対五〇の均衡を破ることができる。紙一重の差ではあるが、議場と委員会を支配できるはずだった。

バイデンとシューマーは、トランプの発言を武器として利用することに同意し、二〇〇〇ドルの小切手をジョージア州の選挙のかなめにした。民主党が上院で過半数を得るのが、この小切手を確実にもらう唯一の方法だと主張した。

36

共和党下院議員のトップで下院共和党院内総務のケビン・マッカーシーは、一二月一六日の夜、議事堂の部屋で議員や補佐官たちに囲まれて談話していた。

五五歳のマッカーシーは、薪が燃える暖炉の前で背もたれの高い椅子に座ってジョークを飛ばし、情報交換をした。祝っている雰囲気で、勝利に酔っているともいえた。バイデンには大きな計画があるかもしれないが、マッカーシーと下院共和党は、ペロシの圧倒的多数を減らした。民主党の議席を一三も奪った！ 共和党の女性議員が、歴史的な数になった。[1]

「いったいどんな信認がある？」二〇二〇年のバイデンの得票数を軽視して、マッカーシーはいった。

「彼は過去、私たちは未来だ」マッカーシーは、次期大統領についてそういった――次期大統領と呼ぶのをずっと避けていた。「彼は過去からあらゆる人間をひっぱり出した。この選挙を読み違えた。

みんな彼にはうんざりしている」マッカーシーはつづけた。マッカーシーはバイデンの口真似をして嘲った。有権者のなかにはバイデンの集会を「サークルと呼ぶものがいる。人の輪という意味ではなくて、円《サークル》のなかに立っていないといけないからだ」ソーシャル・ディスタンスを維持するためだ。

カリフォルニア州ベイカーズフィールド生まれで豊かな銀髪のマッカーシーは、消防署の副署長の息子で、成人してからずっと政治の世界にいる。きょうはことにカリフォルニア州で四議席増やしたことを自慢に思っていた。《ニューヨーク・タイムズ》はのちにそれを、民主党にとって〝手痛い後退〟とか、〝民主党に対する警告〟と評した。[2]

「私はカリフォルニア州で四議席勝ち取った」マッカーシーは、集まっていた人々にいった。「一五議席失うだろうとみんながいっていたのに、一議席も失わなかった」当選者の名前をまくしたてた。

このことは、下院共和党のつぎの時代の姿を内輪で示していた。挑戦的で、力をつけている。マッカーシーは二〇一四年から二〇一九年にかけて、下院多数党院内総務だった。ふたたびのしあがれると、マッカーシーは確信していた。こんどは下院議長になる。

マッカーシーは、トランプの功績を称えるのを忘れなかった。トランプと同盟を結んだことで、下院多数党になれる寸前まで行ったのだ。

すでにマッカーシーは二〇二二年を見据えていた。二年間踏ん張って、下院議長になる。最優先事項を問われたときは「多数党になること」と言明した。

下院で過半数の議席を得るために、勢いをなくしているティーパーティの精神の一部を復活させることを、マッカーシーは構想していた。歳出の大幅削減、債務への警戒、文化戦争、差別をいっさい排除しようとする政治に有権者がうんざりしているという主張。下院議員候補のためにトランプに集会をひらいてもらうつもりだった。

「債務は国民が思っているよりも大きな問題になると思う。宿酔《ふつかよ》いみたいなものだ。あとで〝うへっ〟と思う」マッカーシーはいった。「国民がそろそろ目を覚ますと私は思っている。私がどういう層を取り込もうとしているか、わかるか？　小企業の経営者だ」マッカーシーはいった。「彼らは熱意をこめてやるだろう。政府が自分たちの生活を痛めつけていることを彼らは知っている。

共和党は労働者の党だ。民主党はいまやエリート主義になり、私たちにどこでどういうふうに食べ、なにを飲むか、なにを考えるか、なにを読むか、どれがニュースでどれがそうではないかを指図している」マッカーシーはいった。「結局、それでは通用しない」

マッカーシーは、バイデンとの関係については悲観的だった。「彼は上院の人間だ。つねに上院に働きかける」

バイデンがまだ電話をかけてこないことを、マッカーシーは指摘した。もっともバイデンを大統領と認めていないことが理由だと、数人の盟友がマッカーシーにいった。意趣があるわけではないと。

シドニー・パウエルには、大統領の権限を拡大するあらたな思いつきがあった。トランプが大統領令を出して、集計を管理すればいい。州もメディアも不正操作に関わっている。大統領が行動しなければならない。

37

一二月一八日の夜、パウエルはトランプに戦略を説明した。パウエルの元の依頼人でトランプが恩赦をあたえたばかりの元国家安全保障問題担当大統領補佐官のマイケル・フリンと、元オーバーストック・ドットコムCEOのパトリック・バーンが加わった。予定されていた会議ではなく、知り合いの下級補佐官が案内する見学という名目で三人がホワイトハウスに来て、トランプがオーバル・オフィスに招き入れた。

もじゃもじゃの赤毛をのばしているバーンは、ビジネス界の変革を求める活動家だったが、ロシアの不正規工作員（大使館員などの公式身分がない工作員）だったとしてアメリカ国内で投獄された女性との肉体関係があったことを認めたあとで、二〇一九年にCEOを辞任した。[1]

バーンは、二〇一六年の大統領選挙でヒラリーとトランプに対する〝政治スパイ活動〟にF

BIが自分を利用したと、声明で主張していた。[2]

「一月二〇日にここを出てマリーン・ワンに乗って飛び去るほうが、よっぽど楽なんだ。きみたちにそれがわかる?」トランプは三人にきいた。疲れているようだった。「自分のゴルフコースがあり、友人がいる。ほんとうにいい暮らしをしてきた」しかし、大統領の地位を盗まれたから戦う、といった。

三人は、パウエルを選挙調査のための特別検察官に任命するよう、トランプを説いた。ホワイトハウスの法律顧問のオフィスか、司法省内部に配置したらどうか。

トランプはうなずいた。思いつきを真剣に受け止めているようだった。トランプは補佐官たちを呼んだ。メドウズと大統領顧問パット・チポロンが、提案に同意しないよう促し、選挙運動の弁護士たちも同調した。パウエルの思い付きは常軌を逸していて危険だと、彼らは内心で思っていた。パウエルはトランプにとって最悪の事態を引き起こそうとしている。

トランプは、パウエルの思い付きを完全に締め出そうとはしなかった。行動を求めていた。パウエルが、集計機を押収できるといった。腐敗した反トランプ勢力によって集計機が操作されていたので、そうする必要があるといった。

弁護士数人が激して、そんなことはできないといった。ホワイトハウスの法律顧問エリック・ヘルシュマンが、政治資本をパウエルに投げあたえてはいけないと、トランプに注意した。無駄になる。

「シドニー・パウエルは約束だけして、絶対に達成しない」ヘルシュマンはパウエルのほうを見ていい、フリンやそのほかの人間に反対するよう促した。

「弁護士というやつらは」トランプが溜息をついた。「私のところには、なんでもやめさせようとする弁護士しかいない」

「弁護士たちと司法省のせいで、私は窮地に追い込まれている」トランプはつけくわえた。

トランプは、パウエルのほうを見た。「とにかく彼女は私にチャンスをあたえようとしている」きっぱりとした大統領の行動という、誘惑の言葉。

トランプは、メドウズに電話をかけて、スピーカーホンにした。パウエルを特別検察官にしろといった。メドウズは、トランプの戦いを支援する態度を示したが、約束せず言葉を濁した。

「すぐに取りかからないといけません。司法省を通じてやらなければなりません」メドウズはいった。「しかし、こういうことを今夜やるのは無理です」

「集計機を手に入れてもらいたい」トランプは一同にいった。「集計機を手に入れたい。法律によって、その権限がある」緊急時の大統領の権限を明確にする国家非常事態法を持ち出した。

フランクリン・デラノ・ルーズベルトは、大恐慌に取り組むのにこの法律を利用し、トルーマンは朝鮮戦争中の鉄鋼ストライキに対抗するためにこれを利用した。[3]だが、最高裁はその後、歴史に残るヤングスタウン鋼板鋼管対ソーヤー事件でトルーマンに、大統領は製鋼所などのいかなる私有物も押収することはできないといい渡した。

トランプの選挙運動の弁護士団とホワイトハウスの顧問弁護士団は、睨み合った。大統領令で集計機を押収すれば、とんでもない結果を招く。どうやって実行するのか？　軍隊を使うのか？　前日のニュースマックス（保守系の政治ニュースサイト）のインタビューで、フリンはひとつの選択肢として〝戒厳令〟を口にした。

トランプは激怒した。「弁護士をテレビに出す必要がある。テレビに出る人間が必要だ。シドニーはテレビに出る。ルディもテレビに出る。

ルディを電話で呼び出せ」

ヘルシュマン、パウエル、フリンが口論をはじめた。

トランプは、ホワイトハウスの交換手に命じて、ジュリアーニに電話をかけさせた。

「みんな、静かにしてくれ！」スピーカーホンでジュリアーニがいった。どなり合いが聞こえているのだ。

電話の向こうから大きなガタンという音が聞こえた。なんの音かと、トランプがジュリアーニにきいた。「ルディ？　きみか？」

ジュリアーニが、そばにいた補佐官たちに、静かにしろと命じた。「聞いていますよ。

ホワイトハウスに行きましょうか？」

トランプが来てくれといった。「近くにいるのか？」

「ええ、ジョージタウンにいます」ジュリアーニは、イタリアンレストランで食事をしていた。

「一五分くらいでそっちへ行けます。運転手がいるので」

「わかった」トランプはいった。「来てくれ」

トランプは、オーバル・オフィスの一団のほうをふりかえった。ジュリアーニは電話をつないだままにしていた。トランプは、パウエルのほうを見た。「彼女をテレビに出したい」トランプはいった。「私たちのためにいい主張をしてくれるだろう」やはり電話でつながっていたメドウズに向かっていった。

「シドニーを大統領特別検察官にする、マーク。書類を彼女に渡してくれ」トランプはいった。「一員になってもらうための書類だ」

トランプの指示を聞きつけたジュリアーニが、すぐさま口をひらいた。ジュリアーニはトランプの筆頭弁護士であることを誇っていた。特別検察官とはどういうことですか？　気に入りませんね。

「そちらへ向かっています」ジュリアーニはいった。

わかったとトランプはいい、約三〇分後に居室で会議をつづけると一同にいった。上の階へ行く前に、トランプは三人に向かっていった。これを成功させるには、ルディと協力する必要がある。

パウエル、フリン、バーンは、あとのものが出ていくと、トランプと合流する前に、ジュリアーニが到着するのを閣議の間で待った。電話をスピーカーホンで受けたとき、パウエルが指揮をとろうとしていることを元ニューヨーク市長のジュリアーニが不愉快に思っているのを、バーンは察した。ジュリアーニが法律面でのボスだった。話をして、協力できる方法を編み出せればいいのだがと、バーンは思った。

ネクタイを締めたままのジュリアーニがやってくると、調和など望めないことがはっきりした。ジュリアーニがパウエルに、彼女の法的な作業の内容を教えろとつっけんどんにいった。

不意打ちはなしだ。パウエルが鋭い口調で応じた。あなた、教えたときに返信したためしがないじゃないの。メールをちゃんと読みなさい。

ジュリアーニが首をふった。事実じゃない。きみは私になにも知らせないようにしている！

「私に偉そうな口をきかないで、ルディ・ジュリアーニ！」パウエルがどなるようにいった。

居室での会議はまったく嚙み合わなかった。ジュリアーニとパウエルは、相手をほとんど無視していた。パウエルは特別検察官になれなかった。

その一二月二一日月曜日、下旬に辞任して政権を去ると一週間前に宣言したバー司法長官は記者団に、特別検察官は不必要だし「組織的あるいは広範に及ぶ」選挙結果の不正操作の証拠はなにも見つかっていないと告げた。[4]

「この段階で特別検察官が正しいツールで適切であると考えたなら、私が任命しますが、そうは考えなかったので、そのつもりはありません」バーはいった。ハンター・バイデンを捜査する特別検察官も任命しないとつけくわえた。ハンター・バイデンは、デラウェア州の連邦検察官の捜査を受けていることを、一二月に明かしていた。

トランプは激怒した。心配いりませんと、ジュリアーニほか数人がなだめた。もうひと幕ありますよ。

マイク・ペンスがそれを進めていた。

38

一二月下旬、ペンスはダン・クエール元副大統領に電話をかけた。かつては若々しい風貌だった七三歳のクエールは、アリゾナ州でひっそりと好きなゴルフを嗜む生活をいとなんでいた。

ふたりには異色の共通点があった。どちらもインディアナ州の共和党員で、副大統領になった。

ペンスは助言を求めた。一二月一四日の選挙人団の投票ではバイデンが勝利を収めたが、議会が最終集計を行なう一月六日にその結果を覆すことができると、トランプは確信していた。その認証の際にバイデンが必要な二七〇票を確保できないように干渉しろとトランプに圧力をかけられていることを、ペンスはインディアナ州の友人たちに説明した。そうなれば、大統領選挙は下院での投票に持ち込まれる。

それが下院に投げ込まれると、ねじれが生じる。トランプはそのねじれに執着しているのだと、ペンスはいった。トランプが権力を維持するのに利用できる条項がある。

民主党は現在、下院で過半数を制しているが、憲法修正第一二条は、落選者から無効の申し立てがあった選挙は、単純な多数決では決定できないとしている。

修正第一二条は、州選出の下院議員団ごとに一票として数えることを求めている。[1]

何人もそのような過半数を得られなかったときには……下院はただちに投票により大統領を決定する。しかし、大統領を選ぶにあたって、各州の下院議員団が一票を持つものとし、州単位の投票を行なう。

共和党は下院議員団では過半数を制しているので、下院で勝者が決定されることになれば、トランプが勝つ可能性が高い。[2]

クエールは、トランプの提案は非常識だし危険だと思った。二八年前の自分の一月六日——一九九三年一月六日をふりかえった。副大統領であり上院議長であるクエールは、ブッシュとクエールを大差で破ったビル・クリントンとアル・ゴアの勝利を認証しなければならなかった。クエールは自分の責務について研究した。修正第一二条を何度も読み返した。やらなければならないのは、票を数えることだけだった。

上院議長は上下両院議員の出席のもとで、すべての証書を開封し、それから票が数えられる。

それだけだった。

トランプがペンスを丸め込んでやらせようとしたことは、ループ・ゴールドバーク・マシン（同名の漫画か風刺のために描いた複雑で馬鹿げている仕掛け）まがいの腹黒い幻想にすぎないとクエールは確信した。それに、憲法上の危機を引き起こしかねない。

「マイク、これはびくとも動かないよ。なんにもならない。ゼロだ。あきらめろ。お蔵入りにしろ」クエールはいった。

「わかっている。トランプにそういいつづけているんだ」ペンスはいった。「しかし、できると彼は本気で信じている。それに、ほかにもそういっている連中がいて、私の力ではどうにもできない。私は――」

クエールは遮った。

「だめだ。やめろ」クエールはいった。

ペンスは食い下がった。政治の不満の冬（不遇な状態。シェイクスピアの『リチャード三世』の台詞）にいるクエールがおおざっぱな理論を口にするのは簡単だ。だが、ペンスはおなじ副大統領同士として、かすかな光が見えないかどうかを知ろうとした。法廷闘争や無効の申し立てを行なっているあいだ、認証が一時停止されることは、法的もしくは憲法上、ありうるのではないか。

「あきらめろ」クエールはくりかえした。

ペンスはようやく、選挙結果を覆すために行動するのは、自分の伝統的な保守主義の見解に反すると認めた。ひとりの力では、選挙結果を下院での投票には持ち込めない。

クエールはペンスに、なにもするなといった。

「マイク、その話をしてもいけない」クエールはいった。

ペンスは口ごもった。

「私が置かれている立場がわかっていない」ペンスはいった。

「きみが置かれている立場はわかっている」クエールはいった。「法律のこともわかっている。議事運営専門家《パーラメンタリアン》の話を聞くといい。やるべきことはそれだけだ。きみには権限がない。だから、あきらめろ」

ペンスはクエールに、一九九三年一月六日の録画をじっくり見たといった。[3] Ｃ－ＳＰＡＮのウェブサイトのアーカイブにあった。映っていた人々の多くは故人で、副大統領として認証式を開始したクエールと握手した民主党のトム・フォーリー下院議長も亡くなっている。

「私のときはいたって簡単だった」クエールはくすりと笑った。「宣言し、進めただけだ」

クエールが、選挙は盗まれたというトランプの主張を話題にした。そういう声明は馬鹿げているし、大衆の信頼を損ねると、ペンスにいった。

「証拠がない」クエールはいった。

「いや、アリゾナ州でいくつかあった」トランプの選挙対策本部がアリゾナ州で起こしている法的活動の最新状況をペンスはクエールに説明した。最高裁に対し、アリゾナ州におけるバイデンの勝利認定に対する〝差止請求〟を起こしたと告げた。[4] 投票日の午後一一時二〇分にＦＯＸニュースがアリゾナ州をバイデンが取ったと発表し、トランプが荒れ狂ったという因縁がある。

「マイク、私はアリゾナの住民だ」クエールはいった。「ここではなにも起きていない」ペンスがそれを知っているのをクエールは察した。だが、ペンスは用心深く、法廷闘争についてトランプが有利な事実だけを話しているのを、そのまま手短に伝えただけだった。ペンスは事前にトランプと長々と話をしたにちがいないと、クエールは思った。

クエールはいった。とにかく、選挙が盗まれたというのは馬鹿げているし、一月にバイデンを阻止するというような思い付きをもてあそぶのも無意味だ。

ふたりは、元副大統領の暮らしはどんなふうかというような、もっと明るい話題に転じた。緑があざやかなゴルフコースやマクドウェル山脈の断崖からそう遠くない表の景色を眺めて、何事もなく終わるだろうといい、クエールはペンスを安心させようとした。私たちは保守派だ。憲法に従えばいい。

一二月のおなじ時期、ユタ州選出のマイク・リー上院議員は、院内総務のマコネルと話をして、選挙結果を認証しない方策について何週間も前から同僚たちと話し合ったことを、手短にまとめた。「私たちは英国女王よりも権限が弱い。なんの権限もない」

「同感」マコネルはいった。「まったく同感だ」

もっとも保守的な上院議員のひとりであるリーは、アリゾナ州選出のバリー・ゴールドウォーター上院議員がかつて使っていた上院のデスクに就くことにした。ゴールドウォーターはウォーターゲート事件のときに共和党の良心になり、辞任するようニクソンを説得するのを主導した。

リーはトランプの信頼が篤い共和党内の支持者だったが、法律をよく勉強していて、サミュエル・アリート最高裁判事の法務書記をつとめたことがあった。トランプが数人のみを選んだ最高裁判事候補のリストにも載っていたし、法律家としての血統も申し分がなかった。父親のレックス・リーはレーガン政権の訟務長官で、ブリガム・ヤング大学ロースクールの設立者兼学長だった。

リーは憲法を厳密に解釈していると自負していた。つまり、憲法は議会に特定の権限をあたえているが、もとの条文以上の権限はあたえていないと考えていた。

クリスマス前にリーはテッド・クルーズに会いにいった。ふたりとも最高裁の法務書記を経験し、厳密な憲法解釈者だった――自分たちは〝法律おたく〟だとリーはいった。ふたりともこれが大好きだった――何者に権限があるのか？　その理由は？

長い討論の末に、ふたりともおなじ結論に達したとリーは思った。議会には役割がない。

だが、クルーズは、認証を阻止するほかの方法を見つけられると確信していた。クルーズは、アラバマ州選出のモー・ブルックス下院議員のようなトランプの盟友たちの話を聞いていた。彼らは仲間の保守派議員に、一月六日に反対するよう頼み込んでいた。上院議員がひとりいればいい。

上院議員ひとりが正式に認証に反対すれば、上院議員一〇〇人が認証に投票しなければならなくなる。数時間で終わる通常の認証の手続きの代わりに、爆発的な騒ぎになって政治の悪夢がはじまり、共和党上院議員たちは憲法とトランプのどちらを選ぶかを決めなければならない。

クルーズはスタッフに命じて、選挙人集計法の歴史を調べさせた。家に帰って報告を聞いた。リーとクルーズは選挙結果を信じていなかった。だが、マコネルや党幹部は、議員たちに圧力をかけていた。反対するな。

リーは意志を曲げなかった。一二月中ずっと、マーク・メドウズや意見を聞く相手を熱心に説いた。「大統領はたとえ偽りでも、議会がこれを是正すると思っているようなふりをするべきではない。私たちはその権限がない。

並々ならぬことが起きない限り、根本的に負けたということを、認識する必要がある」起こるはずがないような現象や投票スキャンダルのことだった。「みんながびっくりするような、きわめて厄介な出来事だ」

しかし、事実と証拠に基づいて判断するなら、そういうものは見当たらないと、リーはいった。

リーはクリスマスにユタ州に帰った。クルーズとおなじように、選挙が盗まれたという説について、友人、近所の住民、家族の話を聞いた。トランプの説得力が広い範囲に及んでいるのがわかった。

過激派とは思えないような人々――市長、市議会議員、郡長、保安官――が、トランプが中央政界に復帰して〝盗難を阻止する〟ことを期待していた。メール、ソーシャルメディアの投稿、リーの電話番号を知っている人々が、事情を知りたがった。選挙はどうやって盗まれたんだ？　あなたはそれをどうするつもりだ？

リーは、トランプの弁護士ジョン・イーストマンのところへ行くよう指示された。ふたりは話し合った。

「作成中の覚書がある」イーストマンがいった。「できるだけ早く渡す」

39

クリスマス当日、トランプはフロリダでリンゼー・グラムとゴルフをプレイしていた。

「大統領」グラムがいった。「ジョージアやそのほかの場所でかなりごまかしがあったにちがいないと思っていますが、選挙結果を覆すようなレベルにはならないでしょうね」

トランプに負けたことを納得させるのではなく——トランプは戦いに負けたのだ——結果を覆すのは無理だということを納得させるのが、いまのグラムの戦略だった。

トランプは執拗だった。七四〇〇万票を勝ち得たのに負けたことが理解できなかった。世論調査担当と選挙対策本部のスタッフは、七四〇〇万票得られたのなら、勝ったにちがいないといった。歴史上のどの大統領候補よりも多い得票数だった——バイデンを除けば。トランプは指標となる郡《ベルウェザー・カウンティ》（全米の投票傾向を正確に反映する郡）で勝っていた。オハイオ州とフロリダ州も勝ち取った。

「大統領、接戦で負けたんです。〝偉大なアメリカの復活〟を考える必要があります」

「どうして最後までプレイさせてくれないんだ？」コースをまわりながら、トランプはグラムに二度きいた。

「最後までプレイさせるつもりですよ」二度目にきかれたあとでグラムがいった。「私にはできないことがあるし、理由はおわかりのはずです。でも、これを最後までプレイしましょう。汚されたと大統領が思っている選挙プロセスに、光を当てつづけるのです」

自分も郵便投票の一部は疑わしいと確信していると、グラムはいった。法廷で「戦いつづければいい」でも、やりすぎないほうがいい。

一八ホール終えたところで、トランプとロシア生まれのゴルフの神童のペアは、グラムとクラブのプロのペアと引き分けになった。

「もっとプレイしよう」トランプがいった。

そのあと数ホールまわった。パー4のホールで、風が時速四八キロメートルでうなりをあげた。

セカンドショットのときに、トランプがパートナーにいった。「あそこに打ち込め。飛ばせるクラブを使うんだぞ」

若いゴルファーの打ったボールは、グリーンの手前の池にポチャンと落ちた。

大統領の期待を裏切ったので、その若者がリストカットするのではないかと、グラムは思った。

「ああ、だいじょうぶだ」トランプがいった。「きみは偉大なゴルファーだ。次回のことを考えるようにしろ。それが人生だ」

トランプのその言葉は一生記憶に残るだろうと、グラムは思った。ついいいそうになった。

「私にはそれよりもいい言葉はとうていいえません——次回のことを考えるようにしろ」

だが、トランプは七四〇〇万票のことを頭から追い出すことができず、何度も蒸し返した。バイデンが八一〇〇万票獲得したのが信じられなかった——トランプより七〇〇万票も多い。

グラムは、支持と厳しい愛、友情と現実主義を切り替えた。

「大統領」グラムはいった。「反論するつもりはありません。指標となる二〇郡のうち一九郡で勝っています。フロリダ州とオハイオ州で勝っています。七四〇〇万票も得て負けた。受け入れがたいでしょう」

「受け入れがたいのを信じてくれ！」

「それが現実です」グラムはいった。「それが人生です」


ペンスの首席補佐官マーク・ショートと無口な上級顧問グレッグ・ジェイコブがペンスに、法的にも憲法の見地からも、選挙人の投票集計を中断させる根拠はないと告げた。反対できるのは副大統領ではなく、議員たちだった。しかし、ショートとジェイコブは、副大統領が窮地に追い込まれているのを感じていた。ペンスはまだ六一歳で、大統領になるという大望をはぐくんでいる。トランプとの関係を断ち切ることはできない。

一二月三〇日に、イェール大学ロースクール卒で最高裁長官ジョン・ロバーツ判事のもとで法務書記をつとめたことがあるミズーリ州選出の上院議員ジョシュ・ホーリーが、一月六日の選挙人投票結果認証に反対すると宣言し、リスクが現実のものとなった。ホーリーは、認証に反対する最初の上院議員になる。[1]

「議会はせめて不正投票の申し立てを調査して、私たちの選挙の完全無欠を確保する手段を講じるべきだ。しかし、議会はこれまでのところ行動を怠っている」ホーリーは述べた。

南のテキサス州ヒューストンでは、集計に異議を唱える計画にホーリーが注意を喚起するのを見たあとで、クルーズがノートパソコンを持ちだし、議会が選挙委員会を発足させて結果を調査するという自案の概略を書きはじめた。ワシントンDCに戻るサウスウエスト航空便の座席でも、キーボードを叩きつづけていた。

単独でやるかもしれないし、何人かが参加するかもしれないと、電話会議でクルーズはスタッフにいった。ワシントンDCに戻ると、委員会案をルイジアナ州選出のジョン・ケネディ上院議員に伝えた。ケネディは参加するといった。クルーズは保守派の人脈をたどっていった。

上院でもっとも親しい友人のリー上院議員は、参加しなかった。委員会は有効ではないとリーがいうと、反対だということに同意するとクルーズはいった。

無死満塁のピンチだった。ペンスは全国ネットのテレビで、自分とトランプの敗北の司会をつとめざるをえない。敵と味方の議論が白熱するなかで。

〝一月六日、DCで会おう!〟トランプは祭日を過ごしているマール・ア・ラーゴから一二月三〇日にツイートした。[2]

〝ウィメン・フォー・アメリカ・ファースト〟と呼ばれる団体に率いられたトランプ支持者が、一月二二日と二三日にワシントンDCでの国有地使用許可を国立公園局に申請した。[3]だが、そのあとで集会のための申請を修正し、ホワイトハウス近くのフリーダムプラザを一月六日に使用できるよう予約した。

　トランプにためらう気持ちがあったとしても、トランプを支援するテレビや、ツイッターでトランプがフォローしている右派のウェブサイトの支持者たちによってかき消されていた。〝惨めな人々〟、アメリカをふたたび偉大な国にする《MAGA》というスローガンを掲げる人々、〝私の人々〟はすべて、戦うことを重視していた。

　元大統領首席戦略官スティーブ・バノンは、一二月三〇日、キャピトルヒルにあるタウンハウスの二階から、トランプと電話で話をした。

　トランプとバノンは、バノンが目立ちすぎることから二年前に仲たがいしていた。だが、最近、バノンが法律問題を起こしているにもかかわらず、ふたたび付き合いはじめていた。

　八月にバノンは、〝われわれは壁を建てる《ウィ・ビルド・ザ・ウォール》〟[4]という私的プロジェクトで寄付者から詐取したとして、ニューヨーク連邦地裁に告発されていた。政府を介さずに、アメリカとメキシコのあいだに壁を建設するトランプの計画を実行するためだとされていた。トランプは意に介さなかった。バノンは恩赦を受けるだろう。

　共和党は自分に権力を持たせつづけるための努力を存分にやっていないと、トランプはわめき散らした。

「大統領はワシントンDCに帰らなければなりません。きょう劇的に帰ってきたらどうですか」バノンはいった。

バノンはもじゃもじゃの灰色の髪をのばし、黒い服を重ね着していた。いつも夜明け近くまで起きていて、電話をかけたり、世界中の友人たちと陰謀を企んだり、右派のポッドキャストのためにメモを書いたりしているので、目が落ちくぼみ、血走っていた。

「ペンスに電話し、スキー場のスロープからおりてきて、きょうこっちへ帰るようにいったほうがいい。これは危機です」バノンがいうように、ペンスはコロラド州ベイルで休暇中だった。

バノンはトランプに、一月六日に注意を集中するよう助言した。審判が下される瞬間です。「人々が行くでしょう。〝ここでいったいなにが起きているんだ?〟」バノンはそう信じていた。

「われわれは一月六日にバイデンを葬る。やつを葬り去る」

一月六日に共和党が、バイデンの勝利に大きな疑惑の影を投げかければ、バイデンは国を治めるのが難しくなるだろうと、バノンはいった。アメリカ国民数百万人が、バイデンは違法だと見なす。バイデンを無視する。バイデンを斥け、トランプがふたたび出馬するのを待つ。

「それがベビーベッドにいるあいだに殺しましょう。バイデンの大統領職がまだ赤子のときに殺すんです」バノンはいった。

一二月三一日、トランプはフロリダから早く引きあげた。予定を短縮して、マール・ア・ラーゴでの大みそかの催しには参加しなかった。厚手の黒い冬用のコートを着て真っ赤なネクタイを締めたトランプは、マリーン・ワンに乗ると、記者たちを睥睨《へいげい》した。質問は受け付けなかった。

40

一月初旬、リーとグラムは、大統領選挙に違反があったという申し立てについて、それぞれべつに個人調査を開始した。多少なりとも事実であるのなら、証拠があるはずだと、ふたりは結論を下していた。

一月二日土曜日、リーはホワイトハウスからの二ページの覚書を受け取った。[1] トランプに雇われている法学者ジョン・イーストマンが作成したものだった。

秘匿特権対象・親展

一月六日の筋書き

七州が二種類の選挙人リストを上院議長に送った。

リーは愕然とした。代替の選挙人リストがあるということなど、まったく聞いていない。

憲法で定められた難解なプロセスでは、一二月一四日に行なったのとおなじように、選挙人が大統領を決める最終投票を行なう。そして、上院は四日以内にその票を正式に集計し、結果を認証することを求められている。

代替もしくは対立する選挙人リストがある可能性が浮上したら、全国的なニュースになるはずだ。しかし、そういうニュースは目にしていない。

さまざまな州のトランプの盟友が、自分たちを勝手に〝代替選挙人〟に推挙したのを、リーは何週間も前から知っていた。しかし、それはソーシャルメディアでの運動にすぎない――アマチュアの攻勢で、法的根拠はない。

また、トランプの支持者たちは、ほかの候補に投票できるように、バイデン支持の誓約を解除するよう選挙人に要求していた。だが、土壇場でのそういう攻勢は、法律によってかなり困難をきわめている。〝不誠実な〟選挙人が票を変更することを、ほとんどの州が禁じているからだ。[2]

トランプの上級顧問スティーブン・ミラーは、それでも目前に迫っている投票で激変が起きる可能性をたきつけていた。[3] 一二月にFOXニュースでミラーは、「選挙結果に異議が唱えられている州に代替選挙人がいて、投票しようとしている。その結果を私たちは議会に送るつもりだ」と主張した。

内輪でもイーストマンが、選挙人になることを希望している州民を議会は合法的だと見なすべきだといい張った。彼らは組織化され、決意が固いと、周囲にイーストマンはいった。それに、第二の選挙人リストを認めた前例がある。一九六〇年の選挙でハワイ州は対立する選挙人リスト二種類を送り、共和党の知事と州議会の民主党議員のあいだで紛争が起きた。

だが、今回は一九六〇年とは異なり、対立する選挙人リストを正式に提案しようとする動きは、州議会レベルでの支持を得られなかった。投票のための特別会期を知事に要求しても黙殺された。ただの怒りの声にすぎなかった——さまざまな州のトランプ支持者が、べつの選挙人の集団を議会に認めてもらおうとして叫んでいるだけだった。

一月二日、なにも変化はなかったことをリーは知った。憲法が厳格に明文化している問題に対する雑音、ただのおしゃべりにすぎなかった。

「これはなんだ?」イーストマンの覚書をちらりと見て、リーは怪訝に思った。

認証の際に、副大統領に重要な役割を担わせようとすることも、憲法を故意に枉《ま》げる行為だと、リーは思っていた。

リーはマーク・メドウズや、ホワイトハウスや共和党のそのほかの人々に、副大統領は勘定係でしかないといいつづけた。ほかの役割はない。修正第一二条に簡潔明瞭に述べられ、七単語で締めくくられている。〝それから票が数えられる《アンド・ザ・ボーツ・シャル・ゼン・ビー・カウンテッド》〟。

イーストマンの二ページの覚書は、票を数える単純なプロセスをひっくりかえすものだった。クラレンス・トーマス最高裁判事の法務書記をつとめた経験があるロースクール教授のイーストマンがこういうものを書いたことに、リーは啞然とした。

リーは先を読んだ。〝これが私たちの提案する筋書きである〟。副大統領のために考えられる六つの手順を指定していた。三つ目の手順がたちまちリーの視線を惹きつけた。

3．最後に副大統領は、七州で係争中なので、これらの州の選挙人はいずれも合法的に任命されたとはいえないと宣言する。つまり、〝任命された選挙人〟——修正第一二条の文言——の総数は四五四人になる。修正第一二条のこの部分の読みあげは、ハーバード大学ロースクールのローレンス・トライブ教授（詳細はここをクリック）が行なう。したがって、〝任命された選挙人の過半数〟は二二八人になる。この時点でトランプ二三二票、バイデン二二二票である。ペンスはそこでトランプが再選されたと告げ、槌をふりおろす。

念のためにリーはもう一度読んだ。ペンスが〝七州で係争中なので、これらの州の選挙人はいずれも合法的に任命されたとはいえないと宣言する〟。つまり、票を集計する州を四三州に減らし、選挙人四五四人に勝者を決めさせる。

〝この時点でトランプ二三二票、バイデン二二二票である〟。イーストマンはそういう筋書きを描いている。〝ペンスはそこでトランプが再選されたと告げ、槌をふりおろす〟。

手続きどおり合法的に投じられた何千万票もの票を副大統領が投げ捨てて、あらたな勝者を宣言する？　リーは眩暈《めまい》を起こしそうになった。憲法にそういう手続きは存在せず、法律にもないし、前例もない。イーストマンは明らかに、なんの根拠もないことをでっちあげていた。

イーストマンは、憤激を招くことを予想し、クーデターを心配していた。

4．もちろん民主党は怒りの叫びをあげ、トライブの意見に反対して、二七〇票が必要だと主張する。そこでペンスはいう。結構。修正第一二条に従い、過半数を得た候補者がいない場合には、下院に問題が送られることになります。そこでは〝……各州の下院議員団が一票を持つものとし、州単位の投票を行なう〟。共和党は現在、二六州の下院議員団を制しているので、その投票に勝つのにぎりぎりの過半数の票がある。やはりトランプ大統領が再選される。

それが彼らの試合運びだった。ペンスがトランプを勝者だと宣言するか、下院に送られても多数決でトランプが勝者になる。

下院が大統領選挙の判断を行なったのは、アメリカ史上に二回しかない。リーは、〝ペンスは許可を求めずにこれをやるべきだ〟と断定しているイーストマンの覚書のそのほかの部分をじっくり読んだ。

〝憲法は副大統領に最高位の仲裁者の権限をあたえている〟とイーストマンは述べていた。

これほど真実とかけ離れた言葉はないと、リーにはわかっていた。副大統領は〝最高位の仲裁者〟ではない。リーはクエールとおなじように、修正第一二条のその行を暗記していた。上院議長は〝上下両院議員の出席のもとで、すべての証書を開封し、それから票が数えられる〟と書いてあるだけだ。

なんというざまだ。リーは二カ月近くかけてトランプとメドウズに、法律による救済、監査、再集計その他の主張は可能だという認識を植え付けてきた。訴訟は数十件開始できる。しかし、時間が限られている。「試合短縮が図られることもある」とリーは注意した。

どの手立てもうまくいかなかったら、ペンスは票を数えることしかできない。それで終わりだ。

マーク・メドウズは、のけ者《アウトサイダー》の〝肥ったおたく〟と自称するような青春期を送った。[4]六一歳ですこし痩せて、体格がいいという程度になり、トランプの内輪の人間《インサイダー》であることが自慢だった。メドウズは、トランプが早朝や夜晩くに電話をかけるような人間になった。〝ＰＯＴＵＳ〟から電話があったとメドウズはうれしそうにいうと、同僚たちは陰口を叩いていた。メドウズは大統領をそう呼ぶのを好んでいた。

メドウズは、ひそひそ話でことを進めていた。脇にひっぱっていったり、密室での会議をやったりした。だが、控え目ではなかった。それどころか、トランプの補佐官の何人かに、感情的すぎると見られていた。扱いづらい人事や政治の決定に対処するとき、ホワイトハウス西棟であからさまに泣き叫んだこともあった。[5]

一月二日土曜日、ジュリアーニとそのチームが、弁護士で上院司法委員会委員長のグラムに、彼らが発見したと主張している投票の問題点と不正行為について説明できるように、メドウズはホワイトハウスの自分のオフィスで会議を招集した。

調査結果は、選挙をトランプに有利なように変えるのにじゅうぶんだとジュリアーニはいい、自分が得た証拠を列挙した。

あるコンピューター専門家が、バイデンの勝利がほとんど不可能であることを証明する数式を提示したと、ジュリアーニは述べた。二〇〇八年と二〇一二年のオバマの得票数を上回る票をバイデンが得ている州が、いくつかあった。[6] 世論調査ではオバマのほうがずっとこれらの州で人気があったので、二〇二〇年の大統領選挙の生の数値でバイデンがオバマを超えることは数学的に不可能だと、その専門家は主張していた。

抽象的すぎると、グラムはいった。大統領選挙が理論で逆転されることはない。トランプの主張は事実に反すると無条件に決めつけているメディアの主流に、グラムは疑いを抱いていたが、もっときちんとしたものを要求した。動かぬ証拠を示せと、グラムはいった。

ジュリアーニとそのチームは、死者、一八歳未満の若者、服役中の重罪犯が大量に投票した否定できない圧倒的な証拠があるといった。

一部は事実だろうが証拠が必要だと、グラムはいった。

「私は単純な人間だ」グラムはいった。「死んでいたら投票するはずがない。一八歳未満だったら投票してはいけない。刑務所にはいっていたら投票してはいけない。この三つに焦点を絞ろう」

アリゾナ州では重罪犯八〇〇〇人が投票したと、ジュリアーニたちはいった。

「名前を教えてくれ」グラムはいった。

ジョージア州では死者七八九人が投票したと、ジュリアーニたちはいった。

名前だ、グラムはいった。月曜日までに名前を調べると、ジュリアーニたちがいった。ジョージア州で一八歳未満六万六〇〇〇人が違法に投票したのを突き止めた。

一八歳未満に投票させるのがいかに困難か、きみたちは知っているだろう？　一八歳未満六万六〇〇〇人が投票したのを突き止めたというのか？

そうです。

「名前を教えてくれ。書面にする必要がある。私に証拠を見せる必要がある」

月曜までにと、ジュリアーニたちは約束した。

「きみたちは法廷で負けつづけている」グラムはいった。

トランプの弁護士たちは、六〇件近い異議申し立てで敗北していた。[7]最終的にはトランプに任命された判事も含めて判事九〇人が、トランプが後押しする異議申し立てに不利な判決を下した。

一月三日日曜日の夜、新上院議員の宣誓を終えたあとで、ペンス副大統領は、上院議場に近い自分のオフィスへ行き、上院議事運営専門家のエリザベス・マクドノーと内密に会った。マコネルと、政策と手順に通暁している彼の首席補佐官シャロン・ソーダーストロムが、ペンスにそうするよう勧めた。思いがけない出来事が起きないようにしたかったし、台本どおりにやるはずのペンスでも予行演習すべきだとふたりは確信していた。

マーク・ショート首席補佐官とグレッグ・ジェイコブ上級顧問が同席し、ペンスはマクドノーに、一月六日の予定を、順を追って説明してほしいと頼んだ。これがどういうふうに進むのか教えてほしい。集計を主宰するときに異議をさばくやり方と選択肢をマクドノーが説明するあいだ、ペンスはメモをとった。

ペンスは、もしもの場合の質問を矢継ぎ早にくり出した。こういう反対があったときにはどうなるのか？　これはどう展開するのか？　暗唱しなければならない台本と、多少自由にものがいえる台本のどちらがよいのか？

テレビのニュース番組向きの台本でトランプの敗北を世界に向けて宣言するのを避ける方法はないかと、ショートとペンスは何週間もかけて討論していた。敗北宣言は、二〇二四年に敵がペンスを攻撃する格好の材料になる。

「すこし苦情を述べて同情を示すことはできないか？」ペンスはきいた。

マクドノーはそっけなく、専門家の立場を守った。台本どおりにやりなさいと助言した。副大統領は票を数える係です。ペンスは同意した。

41

一月四日月曜日にグラムはホワイトハウスへ行き、トランプの主張の根拠を記した覚書を受け取った。グラムは運転手に、それを上院司法委員会の首席顧問リー・ホームズに届けるよう指示した。ホームズはグラムのもとで七年間、顧問をつとめていた。

ジュリアーニがグラムに宛てた最初の覚書では、一ページあたり三九人の名前が書かれているものが二〇ページあり、さらに追加として九人の名前があった。かなり印象的なリストだった。[1]

ホームズが覚書を読むと、会計士チームが〝二〇二〇年本選挙の際にジョージア州で投票した死者七八九人〟の身許を確認したと書いてあった。郵便投票と不在者投票の分析によるものだった。

覚書

TO：リンゼー・グラム上院議員

FROM：ルディ・ジュリアーニ元市長、トランプ弁護団
日付：二〇二一年一月四日
件名：ジョージア州で二〇二一《ママ》年の選挙に投票した死者に関して

概要

超党派の利益団体多数が、死んだ有権者が投票するよう求められ、投票し、その名義で数えられたことを確認するために、さまざまな州の州務長官によって報告された郵便投票及び不在者投票を吟味するための分析を行なった。かなりの数の死者投票がさまざまな州で行なわれたことを示す報告が全米に多数あるが、私たちが完全に確信できる数字は、ジョージア州に本拠があるブライアン・ギールズとアレックス・カウフマンが運営する中立的立場の会社により提供された。

ジョージア州――票差、一万一七七九票

二〇二〇年の本選挙の際にジョージア州で投票した死者七八九人の身許を彼らは確認した。彼らのチームは郵便投票と不在者投票の名前と死亡記事の総合分析を行ない、最終的な数字をはじき出した。これらの有権者すべてのリストを添付する。

最近の投票履歴と意味ありげに一致する膨大な数の死者の名簿をどうやって作成したのか、ホームズには見当もつかなかった。だが、ジュリアーニの名簿にある何人かは、不正投票に利用されたのかもしれない。

いずれにせよ、数百人の名前をホームズが調べると、選挙違反の確実な証拠は見つからなかった。

たとえば、八八歳のロバート・ドレークフォードは、九月一八日に投票用紙を受け取った。その五日後に投票していた。証拠書類によれば、一一月二日に死んでいる。もうひとりの高齢者も投票してから死んでいた。証拠書類が正確だとすれば、なにも証明されていない。だが、ジュリアーニはグラムに宛てた覚書に、その事実は〝決定的〟だと書いている。無謀な主張だった。

ジュリアーニの提出した資料があからさまに矛盾していることに、ホームズは唖然とした。ジョージア州で投票したとされる死者七八九人のほとんどすべてが、当然ながら死ぬ前に投票用紙を受け取った。それだけのことだとホームズは思った。情報源が不明確だった。政府のどういう文書が使われたのか、さっぱりわからなかった。

投票してから死んだ人間が、ジョージア州に何人かいた。それではなにも立証できない。笑止千万だった。ジョージア州の裁判所がトランプの主張を斥けた理由がわかった。

ジョージア州に関するジュリアーニの第二の覚書は、つぎのようなものだった。[2]

TO：リンゼー・グラム上院議員（共和党・サウスカロライナ州選出）
FROM：ルドルフ・ジュリアーニ
件名：二〇二〇年本選挙における投票の不正行為、不可能性、違法行為に関して
日付：二〇二一年一月四日

序論

二〇二〇年のアメリカ本選挙には、多数の不正行為を引き起こした異常な出来事がいくつかあり、選挙の完全無欠について懸念が生じている。この懸念は複数の州に及び、各州に一貫した図式が見られる。アメリカ合衆国の法律と各州の法律は、有権者の資格について特定の基準を設けており、有権者がいつどのように合法的に投票するかを定めている。以下の情報は、各州の票の集計と結果を無効にする立証済みの虚偽を詳述している。貴君の求めに応じてこの覚書では、異議申し立てのあった州の一サンプルである昔ながらの有権者の不正投票に限定して、集計機、アルゴリズム、技術的な不正操作には触れないものとする。

この覚書が提供する詳細な情報は、入手できる実証可能な情報の概略にすぎない。貴君の求めに応じて、小規模な一サンプルに必要とされる名前と身許に限定した。この覚書は、違法投票が証明可能で、立証・特定されたという事実を例証することを意図している。

ジョージア州（票差＝一万一七七九票）

ジョージア州では一八歳未満の個人六万六二四八人が有権者登録を行ない、二〇二〇年の本選挙で違法に投票した。あるいは何者かが彼らの名義で違法に投票した可能性が高い。ジョージア州で死者一万三一五人が投票し、刑期を終えていない重罪犯二五六〇人が有権者登録を行なって投票し、未登録者四五〇二人が投票したことを、証拠が示している。ジョージア州で重罪犯二五六〇人が投票した。

ジュリアーニが送ってきたパワーポイントのプリントアウトに目を向けて、ホームズは読んだ。[3] 〝卓越した公認会計士《CPA》とアイビー・リーグの統計学者による中立的立場の分析は、かなりの数の不正投票があったことを示し……ジョージア州の選挙で二万七七一三票以上の違法な票が投じられて集計された〟。

名前が伏せられている頭でっかちの専門家はいったいだれだろうと、ホームズは思った。ここで挙げられていたのは、バイデンがジョージア州を勝ち取った票差一万一七七九票の倍以上の数字だった。

覚書の〝秘〟扱いの分析は、有権者一万八三二五人以上が、〝アメリカ合衆国郵便公社《USPS》が空き家だとしている住所で登録している〟と述べていた。

いったいだれが、有権者登録をしている七六〇万人を調べて、空き家の住所で登録している一万八三二五人の郵便配達記録と結び付けることができるのか？　アイビー・リーグの統計学者チームでも、それは不可能だろう。

ホームズはインターネット検索の鬼なので、公表されている莫大な数の有権者の公式記録をクリックしていった。覚書にある調査を可能にする情報を手に入れる方法は、どこにもなかった。しかし、ジュリアーニの覚書には、情報はすべて公記録だと書いてあった。

ジュリアーニの分析は、〝不在者投票申請日がジョージア州法で許可されているもっとも早い日付より前になっているものが三〇万五七〇一件あった〟と述べている。

しかし、そういう数字を出すには、有権者七六〇万人のファイルを調査する必要がある。ホームズが調べた限りでは、不在者投票申請の情報を手に入れられるのは、いくつかの郡だけだった。これを有権者七六〇万人に当てはめるのは、不可能に近い作業になる。

さらに、べつの〝秘〟扱い覚書は、〝四五〇二人〟が投票したが、州の有権者登録名簿には載っていない、と述べていた。[4]　未登録の人々が、どうして投票できたのか？　どうやってそれを突き止めたのか？

ホームズは、ジョージア州でジュリアーニのために働いていた熟練の保守派弁護士チームからのメールを受け取った。[5]　それにはつぎのように書いてあった。

ジョージア州選挙管理委員会の数字が合わない
解釈——嘘をついているか、それとも選挙データにまったく無知なのか

ジョージア州選挙管理委員会は一月四日月曜日に、誤差はごく小さく、選挙結果への異議申し立てはすべて間違っているので、選挙は有効だと発表した。それにより、彼らは大衆に嘘をついているか、選挙データにまったく無知であることを露呈した。以下はジョージア州務長官の公式見解と真実を対比させたものである。

ホームズはジュリアーニの覚書の情報源をたどり、最新データの多くが、〝投票集計機〟は不正操作しやすいという陰謀理論を売り込んでいた親トランプのテレビ・ネットワーク、ワン・アメリカ・ニュース・ネットワーク（ＯＡＮ）のクリスティーナ・ボッブの調査結果であることを突き止めた。[6]ジュリアーニが主張する一八歳未満の投票者の数字は過大だと、ホームズは確信した。

ネバダ州について覚書は、登録済み有権者〝四万二二八四人〟が二度以上投票しているとしていた。

そんなことがどうして可能だったのだろうと、ホームズは思った。複数の選挙区で投票したのか？　選挙区一カ所でやったのか？　二度投票するのは明らかに違法だが、ジュリアーニがいう公記録で、いったいだれが追跡して気づいたのか？

ネバダ州について覚書はさらに、〝有権者二四六八人が選挙の三〇日前に州外に引っ越したため、投票資格がない〟と述べていた。また、一五〇六人は〝社会保障局死亡登録簿（ＤＭＦ）、個人情報売買業者、死亡記事データ照合、個人信用調査機関死亡データに死者〟として掲載されているという。

〝有権者八一一人は、存在しない住所で登録していた〟と覚書は述べていた。〝州外の有権者一万五一六四人が投票していた〟。

だれかがそういう結論に達するような公記録を、ホームズは見つけられなかった。

アリゾナ州について、覚書は述べていた。〝市民権を得ていないのに投票を認められて集計された個人が三万六四七三人いた〟。

連邦選挙では市民権の確認は求められず、許可されていないことを、ホームズは知っていた。二〇一三年の最高裁のアリゾナ州対インター・トライバル・カウンシル事件で、一九九三年の全国投票登録法が維持され、連邦選挙で州は市民権の証拠を求めることができないと裁定されている。[7] ホームズはアリゾナ州選挙管理委員会に電話をかけて、市民権の証拠を求めず、最高裁の判例に従ったという返答を得た。

またしても根拠のない数字だった。しかも、もっとも重要なのは名前がないことだった。

最大の欺瞞は、アリゾナ州で一万一六七六票が〝過大投票〟だったという主張だった。〝過大投票〟とは、有権者が許されているよりも多くの候補者に投票することだった。五ページの覚書によれば、控訴裁判所の判事、副保安官、郡の税査定官、フェニックス市議会議員、フェニックス市長など、二二〇種類の州選挙で過大投票があったとされている。これらを合計すると一万一六七六票あったという。

だが、大統領選挙における〝過大投票〟は、たった一八〇票だった——トランプとバイデンの争いで集計されたのは、それだけにすぎない。関係があるのはその項目だけだ。最新の集計によれば、バイデンは一万四五七票の差で勝っているので、アリゾナ州の選挙結果は変わらない。

覚書はウィスコンシン州で二二万六〇〇〇人が〝無期限に閉じ込められて〟投票した可能性があると主張していた（高齢者やなんらかの障害のために投票所に行けない弱者の票を悪用したとする主張）。さらに〝一七万一四〇〇人が不在者投票を申請していなかったのに不在者投票を行なった〟としていた。

覚書は、ペンシルベニア州で〝郵便投票六八万二七七七票が一一月三日から四日にかけての深夜に処理されたのは、開票と集計は両党の立ち合いのもとで行なわれるとしている州法に違反する〟と述べていた。この主張は世論調査担当の宣誓供述書に基づいていた。

〝不正な票はすべて差し引かれなければならない〟と覚書は述べていた。行き過ぎた表現に、ホームズはまたしても唖然とした。不正？　どこにも証拠がない。

覚書の結論は、〝この数字を差し引くと、トランプ大統領はウィスコンシン州を数十万票の差で勝ち取る〟というものだった。

高圧的な表現で確実だと述べているが、杜撰で矛盾があり、不適格だとホームズは判断した。三つの覚書を合計しても零点だ。

しかし、グラム宛の覚書のひとつは述べていた。〝この覚書が提供する詳細な情報は、入手できる実証可能な情報の概略にすぎない。貴君の求めに応じて、小規模な一サンプルに必要とされる名前と身許に限定した。この覚書は、違法投票が証明可能で、立証・特定されたという事実を例証することを意図している〟。

覚書のデータはでっちあげだと、ホームズはグラムに報告した。威張り腐った論調で、八年生の作文だ。

グラムは、覚書をざっと見た。

「三年生だ」グラムはいった。主張の一部は宣誓供述書に基づいていると、ホームズはいった。

グラムはいった。「私だって、地球は平らだという宣誓供述書をあす手に入れることができる」

トランプはいまだに、投票日の夜にFOXニュースがアリゾナ州をバイデンが勝ち取ったと断定したことに腹を立てていたが、グラムは共和党員のアリゾナ州知事ダグ・デューシーは公正な選挙を運営したし、有権者の署名を確認する効果的なシステムがあったと確信していた。

グラムはトランプに、アリゾナ州で負けたのは、当地でいまも人気がある故ジョン・マケインを攻撃したからだといった。寡婦のシンディは、仲のいい友だちで、マケインの葬儀で演説をしたバイデンを支持した。

「アリゾナで票が不足したのは、死んだ人間をこきおろしはじめたからだと思います」グラムはいった。

リー上院議員と妻のシャロンは、共和党のロフラーとパーデュー両上院議員のためにトランプが一月四日にひらく集会に出席するために、空路でジョージア州に向かった。

リーは、ジョージア州の大統領選挙の結果に異議を申し立てているトランプの弁護団に会った。郵便投票の用紙多数が住宅ではない住所――ジョージア州の有権者の適正な住所ではないところ――に送られた証拠がふんだんにあると、彼らは熱心に主張した。不正にバイデンに投じられた票は、トランプが勝ったと判断すべき数にのぼっている。

「あなたがたが正しいのなら」リーはいった。「いま法廷で一時保全命令を求めていないのは、どういうわけなんだ？　あるいは差止仮処分命令を。なぜジョージア州選挙管理委員会にこのことを訴えていないんだ？　州務長官には？　知事、州司法長官、もしくは州議会には？」

州議会にはすべての権限がある。リーは質問した。「どうして私に頼もうとするんだ？

イギリス女王エリザベス二世に事件を持っていくのとおなじだ。連邦議会はこれをどうにもできない。時間の無駄だ」

裁判所か州議会がこれから行動するかもしれないと、弁護士たちはほのめかした。

「それはさぞかし大きなニュースになるだろう」リーはいった。「お手並み拝見といきたいね」

42

キース・ケロッグ退役陸軍中将は、二〇一六年の選挙運動に参加してからずっと、トランプと近しくなっていた。トランプはケロッグの話を真剣に聞き、注意を払った。肩幅が広く、がっしりした顎で、ぶっきらぼうなしゃべり方が、トランプの好む将軍の類型に当てはまっていた。

だが、ここ数年、ケロッグはふたつの世界の板挟みになっていた。自分が国家安全保障問題担当副大統領補佐官をつとめるペンスの世界と、トランプの世界。

「隠し立てせずにいうが、私はトランプの忠臣だ」ケロッグは周囲の人間にそういった。しかし、いまはペンスに直属している。マイケル・フリン辞任後、トランプの国家安全保障問題担当大統領補佐官代行を短期間つとめてから、いまの職務を引き受けた。

「私はふたりに綽名をつけた」ケロッグはいった。「火と氷だ」

トランプは、ケロッグといっしょにいると気楽だった。ケロッグの前で悪態をついても、気を揉まずにすむ。

「クソいかれたやつと交渉しているんだ」ケロッグとの会議で、トランプがいった。北朝鮮の独裁者金正恩とのやりとりのことだった。

ペンスはトランプとは正反対だった。ひらいた聖書をデスクに置き、毎日祈った。友人たちと聖書研究会をやり、マーク・ショート、カレン夫人、少数の知人と厳格に物事を進めていた。四年間そばにいるケロッグは、ペンスが悪態をつくのを一度もきいたことがなかった――それに、ケロッグもペンスの前では悪態をつかなかった。

一一月以来、選挙に異議を申し立てるようトランプに圧力をかけられているペンスが黙々と苦しむのを見て、ケロッグはつらい思いを味わった。ロケット発射を視察するために副大統領専用機《エアフォース・ツー》で移動しているときに、ケロッグはペンスに耳打ちした。

「副大統領、これを終わらせないといけません。こういうふうに終わらせましょう」ケロッグは助言した。「あそこへはいっていって、いうんです。〝私はそれをやるつもりはありません〟。できないし、やらないと」

トランプにとっては、強硬であることが最大の資質なのだと、ケロッグはいった。強硬が彼の言語なのです。

ペンスは答えなかった。

一月四日、共和党上院議員ふたりを応援するために、ペンスは空路でジョージア州へ行った。ホワイトハウスは、ダブルヘッダーの政治日程を組んでいた。ペンスが昼間に先乗りし、トランプが夜晩くに到着する。それぞれべつに移動する。

補佐官と長時間、話をしたあと、ペンスは選挙に問題があるという考え方に傾いていたが、〝不正操作された〟とか〝選挙違反〟というような言葉は避けていた。それが、ジュリアーニ並みにならずにトランプの好意をつなぎとめるペンスのやり方だった。

「去年の選挙に私たちみんなが疑いを持っていることは承知しています」ジョージア州ミルナーで、巨大なアメリカ国旗の前に立ち、ペンスは聴衆にいった。[1]「そこで私はみなさんに、投票にさまざまな変則的な事柄があったというアメリカ人数百万人の懸念に同感であると申しあげます。

また、こんどの水曜日には」ペンスがそういうと、群衆がざわめきはじめた。「私たちが議会でいい分を述べているでしょう」出席者が囂々《ごうごう》と歓声をあげはじめた。

「反対意見も聞きます。証言も聞きます。しかし、あすはジョージア州の勝利の日です」

ワシントンDCに戻る機内で、ペンスと補佐官たちは、投票を適切に集計するという決定を説明するために一月六日に公表したいとペンスが思っている書簡の草稿を作成した。

ショートはその案に乗り気ではなく、書簡など出さずにそのまま進めればいいと提案した。どうして攻撃目標をこしらえるのですか？　しかし、ペンスは書簡を発表したいと考えていた。

エアフォース・ツーの機内で、ペンスたちは〝選挙違反〟という言葉をいっさい使わないことを決めた。その代わり、演説とおなじように〝さまざまな変則的な事柄〟という表現にする。FOXニュースがボリュームを絞って流され、ペンスの演説が映っていた。

「これを不満に思う人間がいるでしょうね」上級顧問のマーティ・オブストがいった。集計の手順をいじらないというペンスの決定に対する保守派の反応のことだった。「でも、思っているよりもすくないでしょう」オブストは、ペンスを元気づけようとした。

「あまり確信はないね」ペンスはいった。

そのあとでオブストは、ペンスを脇にひっぱっていって話をした。長年のボスのことが心配だった。

「私はいい立場にいる」ペンスは、オブストを安心させようとした。「反動はあるだろう。私たちでそれを片付けよう」

ペンスはオブストをじっと見た。小柄だがたくましく早口のオブストが激しやすいことを知っていた。この先、ペンスの代わりに闘いたくてうずうずしているかもしれない。

「きみは交戦したいという誘惑にかられるだろう」ペンスはいった。だが、誘惑に負けないでほしい。「それは助けにならない」

ワシントンDCに戻ると、トランプがペンスの帰りを待っていた。ジョージア州での最後の深夜の集会には、副大統領と話をしてから行くつもりだと、トランプは補佐官たちに命じていた。

アンドリューズ空軍基地に着陸すると、大統領が会いたいといっていることをペンスは知らされた。ショートがメドウズに電話して、すぐに向かうが、話し合いの内容が漏れないように出席者を少人数にしてほしいと頼んだ。メドウズが同意した。

ペンスがショートとジェイコブとともにオーバル・オフィスにはいると、トランプとイーストマンが待っていた。

トランプは興奮していた。数分かけてイーストマンの実績を述べ、アメリカきっての学者だと唱えた。ペンスは行動できると明言した。イーストマンがさらに声を大にして、すべて正当性があるといった。行動できる。

「行動できないという指導をずっと受けていた」ペンスは、顧問のグレッグ・ジェイコブをちらりと見ながらいった。

「いや、できる」イーストマンがいった。リー宛の一月二日の覚書は、六ページに増えていた。

要点：州議会共和党が臨時州議会をひらいて、べつの選挙人リストを送ることを検討できるように、議会での集計プロセスをペンスが一時停止する。

覚書はいまなお対立する選挙人リストがあるとして、つぎのような筋書きを提案していた。

〝ペンス副大統領が開票し、どちらが有効であるかをひとりで決定する〟。だが、イーストマンは代替の票は目標であり、法的に疑う余地のない結果ではないことを認めた。

「ジョンのいうことをよく聞く必要がある。彼は尊敬されている憲法学者だ。最後まで話を聞いてくれ」トランプはいった。「よく聞いてくれ。ジョンの話を聞いてくれ」

マリーン・ワンのエンジンが表のすぐ近くでうなりはじめ、出発の準備をしていた。ジェイコブとイーストマンは、翌日に一対一で会うことを手短に決めた。

ペンスは、ジョージア州に行くことについてトランプに礼をいい、それが重要だと告げた

——上院の過半数を維持するために重要な旅になります。トランプは肩をすくめた。

その晩、ジョージア州での九〇分間の演説でトランプは民主党を激しく攻撃し、選挙にまつわる陰謀理論を思う存分しゃべった[2]。上院議員選挙にはほとんど触れず、大統領の地位を守りたいという願望のことばかり語った。

「彼らにホワイトハウスは渡さない。私たちはとことん戦う。いまみなさんに私はそう断言する」クレーンが巨大なアメリカ国旗を吊るしているメインスタンドに詰め込まれた数千人の観衆に、トランプは告げた。

リーはその集会に出席した。「マイク・リーも来ている」トランプはいった。「しかし、きょう私は彼にすこし腹を立てている。私たちが話していることに、マイク・リーは耳を貸さなければならない。というのも、私たちは彼の票を必要としているからだ」

トランプはペンスに一斉射撃を浴びせた。数時間前にペンスと会ったがなにも解決できなかった。

「マイク・ペンスが私たちに必要な支援を行なうことを願っている。あなたがたにいっておかなければならない」トランプはいった。

「彼は偉大な男だ」トランプはつけくわえた。「もちろん、支援を行なわないときには、いまほど好きではなくなるだろうね」トランプは演壇の横を叩き、群衆が爆笑した。

その晩、マイク・リーは激しいいらだちと当惑を感じながら、ベッドにはいった。自分はなにかを見落としているのだろうか？　それとも、あれは目にしたとおり異様なのだろうか？　その間、知らない人間がつぎつぎとリーの携帯に電話をかけてきて、〝盗むのを阻止しろ〟といった。発信者は、裁判所か州議会が行動に踏み切るはずだといわれている州の住民だった。

そんなことが可能なのか？　リーは不審に思った。〝七州が二種類の選挙人リストを発信した〟というトランプの弁護士ジョン・イーストマンの主張にすべてを頼っている戦略だというのは明白だった。ほかでそういう話はなにも聞いていない。ニュースにもなっていない。たとえ一州でもそれをやったところがあるのか？　事実なら発見されているはずだと、リーは結論を下した。

それから四八時間かけてリーは、ジョージア州、ペンシルベニア州、ミシガン州、ウィスコンシン州の議員の電話番号を調べ――アリゾナ州に関する情報を、第三者を通じて調査した。いずれも共和党が優勢な州議会だった。リーはそれらの院内総務と話をした。アメリカ合衆国の上院議員からの電話に出ない人間はほとんどいない。リーは数十本の電話をかけた。

連絡したすべての相手が、おなじことをいった。どこの州の議会だろうと、選挙が不正だったという主張や、選挙人リストの取り消しが過半数を得ることはありえない。それらの州のどの議会もおなじだ。

リーはすぐに、おなじことを何度も聞かされることにうんざりした。

43

一月五日の夜、新型コロナウイルス対策本部の会議からペンスが帰ってくるのをトランプが待っていると、ホワイトハウスに近いペンシルベニア・アベニュー沿いのフリーダムプラザに支持者たちが集まっていると、補佐官が知らせた。

厳しい寒さにもかかわらず、支持者たちは大きな歓声をあげ、トランプの名を唱えていた。〝アメリカをふたたび偉大な国にする〟旗をふっていた。

ペンスがやってくると、トランプは数千人の支持者たちのことを教えた。彼らは私が大好きなんだ、トランプはいった。

ペンスはうなずいた。「もちろん、彼らは大統領を支援するために来ているんです」ペンスはいった。「彼らはあなたが大好きなんですよ、大統領。

しかし」ペンスはつけくわえた。「彼らは私たちの憲法も大好きです」

トランプは渋い顔になった。

そうかもしれない、トランプはいった。だが、それでも彼らは私に同意している。きみはバイデンの選挙人を投げ捨てることができる。公正にやれ。取り戻せ。

きみに望むのはそれだけだ、マイク、トランプはいった。選挙は下院に決めさせろ。

トランプは敗北を認めるつもりはなかった。まして、〝居眠りジョー〟とけなした相手に。

「どう思う、マイク？」トランプはきいた。

ペンスはいつもの決まり文句を唱えた。選挙人の票を数える以外のことをやる権限がありません。

「そうか、あの連中にその権限があるといわれたらどうだ？」トランプは、ホワイトハウスの外の群衆のほうを示した。耳障りな歓声とけたたましいクラクションの音が、オーバル・オフィスの窓を通して聞こえた。

「あの連中がきみに権限があるといっても、やりたくないか？」トランプがきいた。

「だれであろうとその権限を持つのは望ましくないと思います」ペンスはいった。

「だが、その権限を持つのはかなり凄くないか？」トランプがきいた。

「いいえ」ペンスはいった。「いいですか、私はこれを読みましたし、それをやる方法は見当たりません。

私たちはあらゆるオプションを使い果たしました。できることはすべてやり、これを避ける方法を見つけようとしました。絶対に不可能です。私の解釈は、ノーです。

私はこういう人々すべてと会いました」ペンスはいった。「全員がおなじ意見です。私自身、自分ができることに限界があると考えています。ですから、大統領に六日のための戦略があるのなら、私を関与させるべきではありません。私は封筒をあけるためにいるだけですから。大統領は下院や上院と話をするべきです。どういう証拠を示せるかということについて、大統領のチームは彼らと話し合うべきです」

「やめろ、やめろ、やめろ！」トランプはどなった。

「きみにはわかっていない、マイク。きみはこれをやれる。これをやらないのなら、もうきみの友人でいたくない」

「大統領は二〇日に宣誓することにはなりませんよ。大統領が二〇日に宣誓するような筋書きは、どこにもありません」ペンスはいった。「私たちはそれにどう対処するか、どう処理したいかを、考えなければなりません。それについてどう語るかを」

トランプは激怒しているようだった。副大統領に就任してから、トランプのすべての求めに同意し、公に反対したり批判したりしたことがなかった男が、この最後の頼みをやらないというのだ。四年のあいだペンスを支配していた力も、もとから備わっていた忠実という個性も、一瞬にして消え失せたように見えた。

トランプは声を荒らげた。きみは惰弱だ。勇気がない。

「きみは私たちを裏切った。私がきみをそこまでにした。きみは何者でもなかった」トランプはいった。「こんなことをやったら、きみの政治生命は終わる」

ペンスは揺るがなかった。

ペンスがオーバル・オフィスを出ていくのを、彼の上級顧問のトム・ローズが見ていた。ローズはペンスの親友のひとりで、あとで同僚たちに、病院で恐ろしい報せを聞いたかのように顔に血の気がなかったと語った。

保守派のユダヤ人でインディアナ州出身のローズは、ラジオのトーク番組で司会をつとめたことがある。キッパーをかぶって出勤し、ペンスの政治と中西部への愛着に同感していた。胸が痛んだと、ローズはいった。マイク・ペンスのことが大好きだった。ペンスがこんな屈辱を受けるいわれはない。

ペンスはストレスを受けたときに、一〇のうち〝九〟まで行っていると補佐官たちにジョークをいったが、レベル一五に達しているように見えた。

「私はフィールドにすべて置いてきた」ホワイトハウス西棟のオフィスに戻ると、ペンスは少数の補佐官たちにいった。「私の主張をいった。すべてをあそこで出し切った」

オフィスが静まり返った。かける言葉もなかった。自分の車列に向けて歩いていくとき、ペンス副大統領はマーク・ショートに、私は揺るがないといった。けっして折れない。

ペンスは腰をかがめて、待っていた車に乗った。

ペンスが出ていくと、トランプはレゾリュート・デスクのそばのドアを開けた。一陣の冷気が部屋に吹き付けた。

表の気温は摂氏零度くらいで、風のせいでもっと寒く感じられた。トランプはそこにじっと立ち、耳を澄ました。

警察車両のけたたましいサイレンと、街の低いざわめきのなかで、群衆のたてる音が聞こえた。楽しそうだった。トランプは冷たい空気を吸い、にっこり笑った。

トランプは、ドアを開けたままにした。トランプ支援者の興奮した甲高い叫びやどなり声が、部屋に満ちあふれた。

トランプはケイリー・マクナニー報道官とその補佐官たちをオーバル・オフィスに呼んだ。ソーシャルメディア・ディレクターでニューヨーク州ウエストチェスターにあるトランプのゴルフ場の元マネジャーのダン・スカビーノが、大統領のそばのソファに座った。

スタッフたちがぞろぞろとはいってきて、何人かは寒さにふるえた。それでも、トランプはドアを閉めなかった。

外の騒音はさらに大きくなり、パーティのようだった。

「すごいだろ？」トランプは大声でいった。「あすは重要な日になる」

「こんなに寒いのに、何千人も外にいる」トランプはいった。

トランプに忠実なジャッド・ディーア副報道官が大きな声でいった。「彼らはあなたから話を聞けることに興奮しています、大統領」

ある補佐官がいった。彼らは水曜日が平和に終わることを願っています。ほかの補佐官たちもうなずき、おなじ意見をいった。

トランプは彼らを見渡していった。「ああ、だがいま外にあるのは、たくさんの怒りだ」

トランプはオーバル・オフィスを歩きまわりながら、議会共和党への対応について助言を求めた。「どうすれば彼らが正しいことをやるように仕向けられるんだ?」彼はたずねた。だれもトランプを満足させる答えができなかった。

「共和党員もRINOも」――名ばかり共和党員も《リパブリカンズ・イン・ネーム・オンリー》――「惰弱だ」トランプはいらだった。

「彼らには勇気が必要だ」トランプはいった。「勇気だ。副大統領と連邦議員すべてが正しいことをやらなければならない!」トランプはいった。バイデンの認証を支持した議員に対するプライマリー・チャレンジ(自党の予備選挙で対立候補を立てて現職議員を落選させようとすること)を支援すると、トランプは警告した。

トランプは質問をくりかえした。「どうすれば彼らが正しいことをやるように仕向けられるんだ?」ツイートできるような提案を求め、スカビーノがノートパソコンを用意して、キーボードを叩く準備をした。

補佐官たちはぎこちなく顔を見合わせた。何人かは、手を温めるためにポケットに突っ込んだ。数人が励ますようなことをいった。

マクナニーは自分のチームのほうを向いて、大統領と写真を撮りたいかときいた。チームが大統領のほうへ進み出て、立ち、笑みを浮かべて、写真が撮られた。

そのあとで、トランプはテキサス州選出のテッド・クルーズ上院議員に電話をかけた。最新状況を知ろうとした。共和党は必要な支援を行ない、万事に反対してくれるのか?

クルーズと共和党上院議員一〇人が、選挙を調査する議会の委員会を発足させようとして働きかけていた。選挙結果への異議を支持するにあたって、それがクルーズの根本方針だった。アリゾナ州、ペンシルベニア州、ジョージア州の上院議員は、あす返事をすることになっていた。だが、クルーズはすべての州の集計をすべてひっくるめて異議を唱える予定ではなかった。下院で問題にされる州すべてに異議を唱える必要があると、トランプがいった。

「大統領、私はこの一一人を団結させることに専念しています。すべての州に対してはやらないというのが、彼らの総意です」

ひとつかふたつの州だけで、異議を唱えるつもりなのか？　トランプはきいた。

自分のグループは最初に問題にされたアリゾナ州に異議を唱えるつもりで、そのプロセスとして委員会を提案し、議論していると、クルーズは答えた。

トランプは、クルーズの計画を聞いて不機嫌になった。とにかく異議を唱えてくれ、といった。クルーズが提案している委員会には、興味を示さなかった。攻撃的にやり、問題になった州すべてに異議を唱えてほしいといった。

ノー、とクルーズは答えた。

マーク・ショートは、午後一〇時ごろまでホワイトハウスにいた。米海軍天文台の敷地内にある副大統領公邸で、企業のＣＥＯや支援者たちとの晩餐会の予定があり、ペンスは気を取り直す必要があった。六時三〇分に行かなければならないのに、一時間近く遅れた。

オブストはカレン・ペンス副大統領夫人といっしょに客をもてなしながら、ペンスが来るのを待った。オブストは、ジュリアーニの仲間のボリス・エプスタインからのメールもさばいていた。エプスタインはエリック・トランプの親しい友人で、ペンスを動かすのに手を貸してくれとオブストにせっついていた。

フリーダムプラザに近い有名なウィラード・ホテルの上階にあるスイートでは、エプスタインがルディ・ジュリアーニやスティーブ・バノンとともに、共和党議員に電話をかけ、一月六日にトランプと組んでバイデンの認証を阻止するよう要求していた。

午前零時が近づくと、表の群衆が粗暴になりはじめた。警官隊が、極右のミリシア風の活動家や、通行人が絶えている街路を徘徊するプラウド・ボーイズという過激な集団と衝突した。食べ残しがゴミ容器の縁からあふれそうだった。ワシントンDC首都警察（DC警察）は暴行や武器所持で五人を逮捕した。[1]

水曜日にトランプが選挙を奪回するはずだと思って狂喜し、恍惚となった街路の人々がわめきはじめた。ジュリアーニやそのほかのトランプの世界のスターたちが、ウィラード・ホテルから出てくるのを見ようとして、彼らは待っていた。赤い帽子をかぶった仲間と熱心にうなずきあった。一致団結した動きだった。

エプスタインはオブストに、ジュリアーニはよろこんで副大統領公邸へ行き、ペンスと話し合うと告げた。できの悪いマフィア映画の台詞のようだと、オブストは思った。

帰宅したペンスは、疲れ果てているようだった。地方のテレビやラジオのパーソナリティをつとめたことがあるペンスは、笑みを浮かべて、裕福な企業経営者たちに温かい歓迎の言葉と支援への礼を述べた。翌日の行事のことは口にしなかった。明るい話題だけに限っていた。

晩餐会が終わると、オブストが近づいてきた。

「だいじょうぶですか？」

「だいじょうぶだ」ペンスはいった。「だいじょうぶだ」

一月五日火曜日の夜晩く、ペンスがトランプ支持をつづけ、トランプが選挙対策本部に、自分とペンスは〝副大統領に行動する権限があるという点について全面的に合意した〟という声明を発表するよう命じたという噂が、マスコミに漏れ伝わった。[2]

ショートは啞然とした。大統領が副大統領にもその事務局にも相談せずに、副大統領を代弁する声明を発表した。しかもそれはペンスの判断とは正反対のことを断定している。

ショートは、バノンやジュリアーニといっしょにウィラード・ホテルにいたジェイソン・ミラーに電話をかけた。

「儀礼違反だ」ショートはぶっきらぼうにいった。

ミラーはひとことも撤回することを拒んだ。

「副大統領にはそれをやる能力がある。副大統領は忠誠でなければならない」ミラーはいった。

トランプがまもなくジュリアーニに電話し、つづいてジュリアーニとともにウィラード・ホテルにいたバノンに電話した。トランプはペンスとの話し合いのことを持ち出した。副大統領は態度を一変させたと、トランプはいった——長年知っているおなじ人間とは思えない。

「彼は非常に傲慢だった」トランプはいった。

バノンは同意した。トランプのその言葉を聞いて、真剣に考え直さざるをえなくなった。合意が破れそうだということを、トランプなりの言葉で表現したのだ。ペンスは折れないだろう。マイク・ペンスが傲慢に見えたのは、トランプの押しに効果がなかったからだ。

「非常に傲慢だった」トランプがくりかえした。

トランプは、夜の闇に向かってツイートしつづけた。

午前一時、トランプはツイートした。[3]〝@Mike_Pence（マイク・ペンス）副大統領が私たちに必要な支援を行なっていれば、私たちは大統領の地位を勝ち取っていただろう。多くの州が州議会によって承認されなかった（承認されなければならない）プロセスで間違った&不正な数字を認証した過ちを取り消すことを望んでいる。マイクはそれを取り戻せる！〟。

トランプは、一月六日と認証までの数週間に〝荒っぽい〟抗議行動を起こすと昨年末に約束していた。[4]国防総省と法執行機関は、暴力の気配はないかと調べはじめた。ＦＢＩが、情報要報を監視する部門を立ちあげた。

敵意に満ちたツイッターとソーシャルメディアの投稿が燃えあがった。こいつを殺す。こいつを撃つ。こいつを吊るす。これを爆破する。ＦＢＩは脅威を追跡し、調査したが、起こりうるようなものはひとつもなかった。アメリカにようこそ、二〇二一年。

当日の警備を調整する国防総省の文官ケン・ラプアノは、省庁間電話会議でワシントンＤＣ

地域の十数カ所の警察や警備部隊と頻繁に連絡をとっていた。

ラプアノはきいた。だれか州兵を必要としていますか？　一万〜二万人の群衆が予想されていた。少数ではないが、それほど大規模でもない。答えは決まっていた。私たちで制御できています。その程度の群衆はいつでも扱っていると、代表者が主張した。DC警察だけが、州兵三四〇人という小規模な増強を求めた。ほとんどが楕円広場《エリプス》とホワイトハウスの周辺の通行統制所に配置される。

その任務にふさわしいいでたちだった。オレンジ色のベストと柔らかい帽子。ヘルメットや暴動鎮圧装備、武器はない。四〇人編制の小規模な即応部隊《QRF》が招集され、陸軍州兵と空軍州兵のF－16戦闘機の整備員が不測事態に対応するために招集された。SWAT（特殊武器戦術部隊）チームのような物々しさはなかった。

意図が露骨に示されていた。ラファイエット広場での武器使用をくりかえすな。銃を持った兵士は使わない。軍事化しない。ヘリコプター、衛星、レーダーを使用する作戦はやらない。

「明確に申しあげます」ワシントンDC市長ミュリエル・バウザーは、一月五日にジェフリー・ローゼン司法長官代行と国防総省の高官たちに書き送った。[5]「コロンビア特別区は、域外の連邦法執行機関の人員を求めませんし、DC警察と直接の通知および協議なしに追加の配備を行なうことに反対します」

だが、一月六日が近づくと、9・11テロの小規模なものを思わせるような不吉な前兆が現われた。自家用の固定翼機が首都近辺に脅威をもたらす可能性があるという情報を、FBIが受けた。

ミリー将軍は国防長官代行クリストファー・ミラーに、緊急NOBLE EAGLE演習を命じてほしいと頼んだ。これは9・11テロ後に同様の攻撃への対応を実地に練習するために開発された飛行訓練で、ジェット戦闘機に上空を通過させる。

あらゆることに備えたいと、ミリーはいった。実地訓練のNOBLE EAGLEを行ない、F-16戦闘機などの防御兵器を用意する。「情報からして、私たちは腕がなまらないように鍛えておく必要がある」

ミリーはミラーに、きみにはワシントンDC地域を脅かす航空機を撃墜する権限があるといった。そして、ミラーに連絡がとれないときには、北米航空宇宙防衛軍の将軍たちに撃墜の権限がある。

44

一月六日の朝、トランプは早く起きてツイートし、ペンスに集計を拒否するよう要求した。〝マイク・ペンスがやらなければならないのは、票を州に戻すことだ。それで私たちは勝つ〟と、トランプは午前八時一七分にツイートした。[1]〝やれ、マイク。思い切って勇気をふり絞るときだ!〟。

マーク・ショートとグレッグ・ジェイコブは、書簡を仕上げるために午前九時にペンスと合流した。

ジェイコブは、その書簡に何週間も前から取り組んでいた。オメルベニー・アンド・マイヤーズ法律事務所のワシントン事務所のパートナーだったジェイコブは、フェデラリスト協会の会員で、保守派の法律ドクトリンに染まっていた。

作業の最初のころに、ジェイコブはカリフォルニア大学バークレー校ロースクール教授の保守派弁護士ジョン・ユーに連絡した。ユーは保守派法曹界では真正の実績の持ち主だった。ジョージ・W・ブッシュ政権の司法省に勤務し、テロとの戦いの抑留者に対する拷問に法的根拠をあたえる〝拷問覚書〟の作者で、最高裁でクラレンス・トーマス判事の法務書記も経験している。

「ペンス副大統領には自由裁量がないというのが私の見解です。悩むようなことではないし、考える必要もない」ユーはジェイコブに告げた。「怒り狂った公僕を抱え込むはずだから、あなたのボスのことは気の毒に思う」トランプのことだ。

ジェイコブはなおも助言を求めた。元バージニア州司法長官リチャード・カレンに電話をかけた。ロシアが選挙に介入したとされた二〇一七年に、カレンはペンスの専属弁護士として雇われていた。カレンもユーと同意見だった。

一月六日の夜明けに、カレンは引退した元連邦判事で右派に人気があるマイケル・ルティグに電話をかけた。何年も前にルティグはジョン・イーストマンを法務書記に雇ったことがあった。彼の意見はペンスにとって強力なツールになるかもしれない。

「きょうがその日だ」カレンはいった。「〝なにか手を貸してくれないか？〟ときみに頼んでくれといわれたんだ」

「彼はいつなにかを必要とするんだ？」ルティグがきいた。

「いますぐに必要なんだ」カレンはいった。

「副大統領はきょう選挙人の票を認証しなければならないと、私が確信していることを伝えてかまわない」ルティグはそういった。暗い書斎で腰をおろし、ｉＰｈｏｎｅで声明を書きはじめた。

ルティグがそれをカレンに送り、それがそのままペンスの書簡に取り入れられた。

一月六日午前九時三〇分、閣僚たちがトランプ抜きで長官級会議を三〇分間ひらいた。その朝、海外から不安を催すような新しい機密情報が報告されたが、それが収まると、緊張が和らいだ。

トランプがエリプスでの集会を予定していることを、閣僚たちは知らされていた。群衆を規制する通行統制所がすでに設置されていた。オレンジ色のベストを着て、ヘルメットをかぶっていない州兵が、DC警察を増援することになっていた。

警備上の脅威についてはいつもの一日と変わりがないだろうと、ミリーは予想していた。トランプは粗暴な集会を何度となくやっているが、危機に至ることは一度もなかった。

一月六日の午前一〇時ごろにトランプ大統領がペンスに電話したとき、ペンスはショートやジェイコブといっしょだった。独りで電話に出るために、ペンスは二階へ行った。

「まもなく議事堂へ行きます」ペンスはトランプにいった。「ひと晩寝て考え、チームといっしょに検討すると、大統領に申しあげましたね。反論は聞きますし、証拠も見ます。でも、議事堂へ行ったら、私は自分の仕事をやります」

「マイク、これは正しくない」オーバル・オフィスから電話をかけていたトランプがいった。「マイク、きみはやれる。やってくれるのを当てにしている。やらなかったら、私は四年前に人選を誤ったことになる」

トランプがペンスに圧力をかけつづけていたときに、付き人のニック・ルナがはいってきて、メモをトランプに渡した。表の集会で大統領を迎える用意ができた。トランプ支持者が待っている。

「きみは怖気づいたのか！」トランプがいった。イバンカも含めて、オーバル・オフィスにいた人々には、トランプの怒りがありありと見えていた。

イバンカが、キース・ケロッグのほうを向いた。

「マイク・ペンスはいい人よ」イバンカはケロッグに向かっていった。

「知っている」ケロッグはいった。

その後、ケロッグはイバンカがペンスに同情していたことが幅広く報じられるように尽力した。

一月六日、トランプが舞台にあがる前に、ジュリアーニが自分の集会演説で軍事的な言葉を使った[2]。

「決闘裁判（証人や証拠が不足している裁判を原告と被告の決闘により決着させる方法。一三世紀半ばまで行なわれていた）をやろう」ジュリアーニがいうと、群衆が賛成して大声をあげた。

群衆は厚いコートにくるまっていたが、興奮のあまり恍惚としていた。手作りのプラカード。赤いトランプの帽子。舞台の何枚もの幔幕に、〝アメリカを救う行進〟という文字が書かれていた。トランプの家族や補佐官たちは、バックステージに集まり、有頂天になっていた。

「まったく信じがたい」正午直前に、数千人の聴衆を見渡しながら、トランプがいった。

「メディアはこの群衆の規模を伝えないだろう」トランプはいった。「どうかカメラを向けて、ここでほんとうになにが起きているかを見せてほしい。なぜなら、ここにいる人々はもう我慢しないからだ。彼らはもう我慢しない」

ジュリアーニのように。彼はとことん戦う。

「弱かったらこの国を取り戻すことはできない。力を見せなければならないし、強くなければならない」トランプはいった。「私たちは、正しいことをやり、合法的に指名されてリストに載っている選挙人だけを数えるよう、議会に要求するためにここに来た。

ここにいる全員がまもなく平和に、そして愛国者的に、議事堂へ行進していって、諸君の声に耳を傾けるよう仕向けるはずだということを、私は知っている」

午後一時直前に、トランプは最後にもう一度、ペンスを従わせ、自分の要求を実行させようとした。

「マイク・ペンス、私たちの憲法のために、私たちの国のために、きみが味方してくれることを願っている。もしそうでないなら、私はきみに深く失望する。いまきみにいっておこう。私はよい報せをまったく聞いていない」

ペンスは、午後一時のすこし前に二ページの書簡を発表し、午後一時二分にツイートした。[3]

メドウズやパット・チポロンに事前に伝えることはしなかった。

〝憲法を愛し、それを構築した人々を敬愛する一歴史研究者として私は、上下両院合同会議中の集計においてどの票を数えるべきかを決める一方的な権限を副大統領に付与する意図が、私たちの国の設立者たちにあったとは信じておりません。また、アメリカの歴史上、いかなる副大統領も、そのような権限を行使したことはありませんでした〟とペンスは書いていた。

書簡は短い宣誓で結ばれていた。〝ですから、神よ、私を助けたまえ〟。

トランプの一時間に及ぶ演説のあと、集会の出席者数千人がその助言に従った。[4] ペンシルベニア・アベニューを議事堂に向けて行進し、到着すると、議会警察の警察官の小さな群れが、腰までの高さのバリケードと駐輪場のような形のフェンスの近くに集まっていた。

群衆はバリケードを跳び越して、警察官の制止にもかかわらず、どんどん議事堂に近づいた。午後一時三〇分には、群衆の一部が暴徒化し、ドアを叩いて入れろと要求した。一時五〇分、DC警察の現場指揮官ロバート・グローバーが、暴動だと宣言した。パイプ爆弾が付近で発見された可能性がある。

午後二時過ぎ、議事堂の窓ガラスが割られはじめた。暴徒が侵入した。ほとんどがマイク・ペンスを探していた。「マイク・ペンスを吊るせ！」と叫びながら、廊下をうろついた。「マイク・ペンスを連れ出せ！　ペンスはどこだ？　見つけろ！」表では俄作りの絞首台が建てられた。

議会警察が下院議場のペロシ下院議長のところへ行って連れ出そうとすると、ペロシははじめのうち、たいしたことはないと斥けた。私がここを指揮しているのよ。共和党がだらだらと不平をいうのを聞きながら、長い午後のあいだじっと座っている覚悟をしていた。アメリカにとっては外聞の悪い政治劇場になるが、それに耐えるのが彼女の責務だった。

議事堂に侵入されましたと、警察官たちがいった。ここから移動してもらう必要があります。

「だめ、私はここにいる」

「ここを出ないといけません」

「だめ、出ない」

「だめです。出ないといけません」

ペロシはようやく同意した。

下院議場の近くで、議会警察の警察官たちが身をかがめ、ジム・クライバーンにおなじことをささやいていた。クライバーンは信じられなかった。自分の警護官に疑いの目を向けた。下院議場はアメリカでもっとも安全な場所ではなかったのか？

ペロシの警護班は、彼女を取り囲んで守り、急いで議場を出た。クライバーンの警護班もおなじようにしてドアから出した。暴動を煽った元空軍兵士アシュリー・バビットが、直後に警察官に撃たれて致命傷を負ったのは、まさにそのドアの近くだった。警護班はクライバーンを急がせて階段をおりた。一九九三年から下院議員をつとめるクライバーンは下院ナンバー3の下院民主党院内幹事だったが、はじめておりた場所だった。警護班はクライバーンに手を貸して、彼が〝トラック〟と呼んでいるSUVに乗せた。

「ご自宅にはお連れできません」警護官がクライバーンにいった。「秘密の場所にお連れするよう指示されています」

ペロシとクライバーンは、それぞれべつの車で五分運ばれ、ワシントン・ナショナルズのスタジアムから数ブロック離れた小規模で安全な米陸軍分屯地フォート・レスリー・J・マクネアに到着した。黒い車のキャラバン。雨が降っていた。一行は車をおりて、なかにはいった。

ペロシは同僚やスタッフのことを思った——そして、何十年も前にボルティモアの選挙区から選出されて下院議員をつとめた亡父のことを。彼はウィンストン・チャーチルが議場で演説するのを見たことがあった。父があの場面を見たら、さぞかしぞっとしたに違いない。非アメリカ的だった。

ペロシはスタッフに電話した。隠れてテーブルの下でかがんでいるという。ドアが開かないようにして、明かりを消し、闇のなかで静かにしている。

暴徒がやがてペロシのオフィスに達して、書類や個人の持ち物を盗んだ。二階にあるその仕事場を荒らし、はしゃいで携帯電話で写真を撮り、デスクに足を載せた。

「議長はどこだ？」だれかがわめいた。「議長を見つけろ！」

クライバーンは、スタッフに電話をかけた。スタッフはクライバーンの内密のオフィスにいて、ドアの前に重い家具を押していってふさいでいた。何人もが押し入ろうとしていると、怯えたスタッフがいった。

クライバーンは動揺した。狙われているのか？　内部の人間の仕業か？　内密のオフィスには表札がない。暴徒はどうしてドアに表札がある公式のオフィスへ行かなかったのか？　どうしてそこがわかったのか？

暴徒が窓や鏡をさらに割った。ガラスの破片が床に散乱した。

「これは暴力行為よ」マクネア分屯地で、ペロシが周囲の人々にいった。「騒ぎを起こすのが好きな連中がピケを張るのとはちがう。暴力行為よ」

マコネルがオクラホマ州選出のジェームズ・ランクフォード上院議員の演説を聞いていると、警護官がつぎつぎと上院議場にはいってくることに気づいた。ほどなくアサルト・ライフルを持った警護官がそばに来た。マコネルもマクネア分屯地に運ばれた。

マコネルはミリーに電話した。

「州兵が必要だ。いますぐに」マコネルはいった。

マコネルは、やはり上院議場から誘導されて出てきたペンスと話をした。

「応援を呼ぼう。議事堂の安全を確保するのに、応援が必要だ」マコネルはいった。「それから、この馬鹿者どもを外に出さなければならない」

法執行機関の対応があまりにも遅いのが不安だった。

メドウズがマコネルに何度か電話をかけて、手を貸すと約束し、マコネルがじかに連絡がとれるように国防総省幹部の携帯電話の番号を伝えた。

マクネア分屯地に着くと、マコネルは首席補佐官のシャロン・セーダーシュトルムに、民主党議員たちを探すよう指示した。民主党議員と共和党議員は、べつの区域にいた。議会警察が動揺のあまり、暴徒を排除したあとで議会に戻るのを延期させようとするのではないかと、マコネルは心配していた。

「どこにいるのか探して、なにがあっても」マコネルは命じた。「今夜中に戻ると伝えてくれ。プライムタイムにあれをやりたい。私たちが戻って選挙人の票を集計するのを、国民に見せたい」

襲撃が失敗したことを、プライムタイムに大衆に知らせることが重要だ」マコネルはいった。

マコネルは議事堂で齢を重ねた。一九六四年の夏に上院の研修生になった。議事堂が大好きだった。そこが自分の仕事場であり、住処だった。

45

紺色のマスクをして議事堂へ行ったペンスは、上下両院合同会議を主宰していたが、午後二時一三分にシークレット・サービス警護官たちに誘導されて、上院議場を出た。[1]上院に近い二階の副大統領専用オフィスへ行き、いっしょに議事堂に来ていた妻カレンと娘のシャーロットに合流した。

その日の副大統領警護班のひとり、ティム・ギーベルズが、暴徒が議事堂に群がり、廊下を上院議場に向けて走っているという連絡を受け、階下の安全な場所、副大統領の車列近くに移動しなければならないとペンスにいった。そこでギーベルズはさらに最新情報を聞いた。暴徒は議事堂のいたるところにいる。だれも統制していない。

「私は行かない」ペンスはいった。車に乗ったらすぐさまシークレット・サービスに連れ去られるとわかっていた。逃げたように見られるにちがいない。

「いま行かなければなりません！」ギーベルズがいい、シートに座るよう勧めた。

「乗らない」ペンスはいった。そこに立ち、危機が悪化したら離れられるように車列に出発の準備をさせたまま電話をかけるといった。

ペンスがマコネルや議会の指導者たちに電話をかけると、早く州兵を出動させる必要があるといわれた。議事堂の安全を確保する必要がある。もう州兵は来ているかと、マコネルがきいた。

「州兵に連絡してからまた電話する」ペンスはいった。

暴動がひろがったときホワイトハウス西棟にいたキース・ケロッグは、大統領がオーバル・オフィスの隣のダイニングルームのテレビを見ているのに気づいた。

議事堂の暴徒の映像が、画面に映りはじめた。建物内をただうろついているだけではなかった。壁をよじ登り、警官と衝突し、大理石の廊下で脅しの言葉を叫んでいた。もう抗議行動ではなかった。現場の議員やそのほかの人々は、それを反乱と呼んでいた。

なんということだ、ケロッグは思った。なにが起きているんだ?

議事堂内を突進する暴徒の多くが携帯電話を確認し、トランプの動向を追っていた。暴徒は増えるいっぽうだった。また窓ガラスが割られた。

トランプは午後二時二四分にツイートした。[2]〝私たちの国と憲法を守るためにやるべきことをやる勇気〟がないとペンスを非難した。

ケロッグは、大統領専用ダイニングルームにいたトランプのところへ行った。議事堂のペンスのチームと連絡メモを交換したところだった。

「大統領、副大統領は安全です」ケロッグはトランプにいった。

「マイクはどこにいる？」

「シークレット・サービスに護られています。地階です。全員無事で、副大統領は車に乗るところです。

副大統領は知っています」ケロッグはいった。「車に乗せられたら、どこかへ運ばれるだろうということを。

大統領」ケロッグはつけくわえた。「ツイートすべきです」議事堂では「だれもテレビを肩に担いでいません。早くツイートして、議事堂内の群衆を制御するのを手伝わなければなりません。手に負えなくなっています。

現場の人員では制御できません。そういう備えがないのです。群衆がいったんあんなふうになったら、おろおろするばかりです」ケロッグはいった。

「そうだな」トランプはいった。

トランプは目をしばたたき、テレビを見つづけた。

ケロッグはあたりを見まわし、ホワイトハウス西棟がほとんど無人だということに気づいた。メドウズが自分のオフィスにいるが、トランプはほぼ独りきりだった。ロバート・オブライエン国家安全保障問題担当大統領補佐官はフロリダにいる。クシュナーはいない。

ケロッグは、イバンカ・トランプを探しにいった。

下院では警官たちが武器を持ち、抗議者たちが激しく叩いて大声で叫んでいる厚い木のドアのほうに向けていた。

三六歳でコロラド州出身のジョー・ネグズ民主党下院議員は、妻のアンドレアにメールを送った。暴徒がすぐそばの彫像の間に来ていることを、ネグズは教えた。ネグズは妻に愛しているといい、娘を愛しているし、なにも心配はいらないといった。

だが、ネグズも周囲で床にしゃがんでいた人々も、だいじょうぶだという確信はなかった。議場はロックダウンされていた。警官たちが議員にガスマスクを持ってくるよう命じ、指示を叫んだ。伏せろ！　マスクをつけろ！

議員たちがガスマスクの包みをあけるとき、けたたましい音をたてた。その音が響き、騒音と叫び声が議場に充満した。

「物蔭に隠れる準備をしろ！」

暴徒がドアを叩いている音がネグズに聞こえた。

警官たちが、下院議員数人の集団のほうへ駆けつけた。外へ出る！　ついてきてください！

一行は安全な場所に避難した。

元下院議長ポール・ライアンは、ワシントンＤＣ近辺のホームオフィスに独りでいた。テレビがつけてあった。仕事がデスクに山積みになっていた。最近のライアンは、Ｚｏｏｍのホワイトボードを使って大学で政治学や経済学を教えている。

ライアンはテレビの画面を見た。暴動？　議事堂で？　ボリュームをあげた。すぐに議会警察官たちの顔を見分けた。なんということだと思った。この連中は知っている。自分の警護班だっただけではなく、スタッフから下院議員になるまで、一九九二年から二〇一八年までずっと顔見知りだった。

顎鬚を生やした暴徒が警官のプレキシグラスの楯を奪って、高々と持ちあげ、議事堂の窓に叩きつけるのを、ライアンは見た。窓ガラスが割れた。また叩きつける。ガラスの破片が飛び散る。また叩きつける。ガラスが割れた窓からはいれるようになった。暴徒が怒声をあげて威嚇し、跳びあがり、よじ登ってなかにはいった。

トランプが戦いを仕掛けたのだと、ライアンは思った。トランプが集会をひらき、支持者たちに自分は負けていないと告げたにちがいない。選挙後の自分勝手な解釈だ。ここまでひどくなるとは思っていなかった。

だが、現に起きている。ライアンは知っている警官の顔をなおも見つづけた。理解しがたかった。友人の議員やスタッフに電話をかけた。何人かは、階段で暴徒を撃退しているといった。

下院議長だったころに一日に一〇回は通った彫像の間は、暴徒に蹂躙されていた。

「ドナルド・トランプがこれを扇動した。この連中を勢いづかせた」数人の友人に、ライアンは腹立たしげにいった。「彼がこの連中を議事堂へ行かせたんだ。こういう考えを彼らの頭に植え付けたんだ。トランプは頭のいかれた補佐官たちの話を信じた。パット・チポロンかビル・バーの話を聞くこともできたのに、ルディ・ジュリアーニのいうことに耳を貸した」

そのあとで、ライアンはコンピューターの前に座った。警護班をつとめてもらったことがある議会警察の少数のグループにメールを書いた。警官が暴力をふるわれ、議事堂が冒瀆されたことに、自分と妻ジャナは〝胸が悪くなり、心配でたまらなくなった〟と書いた。

ライアンはまたテレビに目を向けて、現場の光景を眺めた。目をこすった。驚愕し、ひどすぎるとつぶやいた。

暴徒が叫び、よじ登り、警察官が鉄パイプで殴られていた。

ライアンはどなりはじめた。

ライアンはアシスタントに電話をかけて、きょうの会合をすべて取り消すよう指示した。

「ほかのことに割く気力がない」といった。


「大統領はどこだ？」下院共和党院内総務のケビン・マッカーシーは、ホワイトハウスに電話をかけて、大統領につないでほしいと補佐官に頼んだ。

議事堂の二階にあるマッカーシーのオフィスは、打ち壊されていた。窓ガラスが割られた。警護班が急いでマッカーシーを連れ出した。

トランプが電話に出た。

「大統領、出てきてこの連中にやめろといわなければなりません。私は議事堂を出るところです。私たちは蹂躙されました」マッカーシーはいった。激していた。「だれかが撃たれました」

マッカーシーは銃声を聞いていた。午後二時四四分、元空軍兵士アシュリー・バビットが、議員たちの近くのドアを何人かと破ろうとしたときに撃たれ、その後、病院で死亡した。[3]

「ツイートする」トランプはいった。

「こんなことは一度も見たことがありません」マッカーシーはいった。「大統領は彼らにやめろといわなければなりません。彼らを議事堂から出さなければなりません。ここから出るようにいってください。いますぐに」

トランプには、事態の重大さがわかっていないようだった。マッカーシーに安全かどうかをききもしなかった。さらに、悪い印象を残すひとことを口にした。[4]「まあ、ケビン、この連中は選挙結果にきみよりも腹を立てているんだろう」

ケロッグは、イバンカ・トランプを見つけた。大統領のところへ行って、議事堂の暴動のことで、話をしてもらわなければならない。娘として話ができるだろう。

イバンカはオーバル・オフィスへ行った。数分後に出てきた。ケロッグはすぐに、彼女の表情に気づいた。自分の娘のそういう顔を見たことがあった。厳しい話し合いだったにちがいない。

イバンカ・トランプと夫のジャレッド・クシュナーは、トランプが盟友たちに示された法的理論や議会の陰謀理論にふけるのを見てきた。ふたりはトランプに当たり障りなく接し、これはトランプの大統領職なのだから、どう終えるかを決めるのは本人だけだとクシュナーは補佐官たちにいっていた。

クシュナーは、干渉の先鋒に立ちたくないと思っていた。トランプに敬意を表して、好きにやらせているのだといった。クシュナーは一一月に中東へ行き、一二月下旬にもう一度行った。ケロッグと何人かが見守っていると、イバンカはさらに二度、父親に会いにいった。「ほうっておきましょう」イバンカがケロッグにいった。

「このままで」イバンカはいった。

トランプはその日、ペンスに電話をかけなかった。

ペンスといっしょにいたマーク・ショートは、その後メドウズに電話をかけて、手短に現況を報告した。

「戻って投票できるように、副大統領が指導部といっしょに取り組んでいる」ショートはいった。

「おそらくそれが正しいことだろう」メドウズがいった。「ほかになにか、私たちにできることはあるか？」

ショートは、メドウズに激しいいらだちをおぼえた。〝ほかになにか、私たちにできることはあるか？〟冗談じゃない。切迫感が欠けているんじゃないか？

午後三時一三分、トランプがツイートした。[5]〝アメリカ合衆国議事堂にいるみんなに、平和でいるようお願いする。暴力はなしだ！　忘れるな。私たちは法と秩序の党だ——法と秩序と、ブルーの制服を着た偉大な男女に、敬意を表するんだ。ありがとう！〟。

ホワイトハウス報道官室では、副報道官のサラ・マシューズが萎縮していた。大統領が廊下の先のオーバル・オフィスにいて、いまにもツイートを命じるだろうとわかっていたので、マシューズとそのほかの補佐官たちは、コンピューターの前に釘付けになっていた。だが、トランプのツイートを読んだマシューズは、これでは暴動をとめるのにほとんど効果がないと同僚たちにいった。要求ではなく、手をふってやんわりと出ていくよう促しているだけだ。

「手に負えない状況なのよ」マシューズはいった。ブリーフィングルームに近い階下の報道官室へ歩いていった。「ほんとうにひどい状態なのよ」

ミシガン州の民主党下院議員で四四歳のエリッサ・スロトキンが、午後三時二九分にミリー統合参謀本部議長に電話で連絡した。スロトキンは下院議員に当選する前はＣＩＡのアナリストで、イラクに三回出征し、オバマ政権時には国防総省高官（国際安全保障担当国防次官補代行）だった。

スロトキンは、ミリーをよく知っていた。お互いを信頼し、親交があった。

「マーク、州兵をここによこす必要があるわ」スロトキンは鋭い口調でいった。不安になり、警戒していた。バグダッドにいたときのように。議事堂が包囲され、彼女も同僚の下院議員たちもオフィスに隠れていた。

「わかっている」ミリーはいった。「いま手配している」

「六月の出来事で、あなたをどなったのは憶えている」スロトキンはいった。ラファイエット広場の事件のことだ。「でも、いまはあなたたちが必要だし、いますぐここで必要としているの。軍隊を連れてここに来てほしい。いますぐになんでも手持ちの勢力で来てほしいのよ」

「エリッサ、よくわかった」

「偽善的に聞こえるだろうとわかっている」スロトキンはいった。ラファイエット広場の事件では、フロイド殺害事件に対する抗議行動に軍を関与させたことを公然と非難した。

「そのとおりだ」ミリーはいった、「すこし偽善的だ。しかし、われわれはそっちへ行く」

「あなたはとんでもない立場に置かれたわね」スロトキンはいった。

「スロトキン議員、私たちはできるだけ早く、できるだけおおぜいでそこへ行く」

「トランプがノーといったというのは、事実なの？」スロトキンはきいた。大統領が州兵の派遣を拒んだという噂が、議事堂で飛び交っていた。

「わざとトランプには話さなかった」ミリーはスロトキンに打ち明けた。「ペンスに話をした。州兵を派遣するとペンスに伝えた。ペンスはよろこんで受け入れた」

「トランプを関与させなかったのは賢明だったわね」スロトキンはいった。「トランプを関与させなくてよかった」

「トランプがノーというとは限らないと思う」ミリーはいった。

「どうして？」スロトキンはきいた。

数日前に別件の国家安全保障会議で、一月六日に議会警察とDC警察を支援する州兵を派遣したいとトランプにいったことを、ミリーは説明した。トランプはそれを支持するように、「よし、よし、必要なことをやってくれ」といった。

だが、ミリーはスロトキンにいった。「彼はこれを望んでいたのだと思う。これが気に入っているのだと思う。彼は混乱を望んでいると思う。支持者たちがとことん戦うことを、彼は望んでいる」

ミリーはすぐにその断定を和らげるためにつけくわえた。「私にはなんともいえないが」

その日、バイデンは経済について話をする計画を取りやめて、短い演説をまとめた。[6] 政権移行を発表するウィルミントンの舞台に午後四時五分にあがった。うしろに巨大なブルーのスクリーンがあり、白い文字で〝次期大統領事務局〟と映写されていた。ほとんどささやくような低い声で、バイデンは演説をはじめた。

「この時間、私たちの民主主義は前代未聞の攻撃にさらされています」バイデンはいった。「私たちが現代において目にしたことがないような出来事です。自由の砦、議事堂そのものへの攻撃です。

これは異議ではありません。無秩序です」声が大きくなりはじめ、怒りを帯びた。「秩序紊乱です。騒乱の一歩手前です」

バイデンは、〝全国ネットのテレビに出演するよう〟トランプに懇願した。「宣誓を守り、憲法を守り、この包囲戦を終わらせるよう要求してほしい」

演説を終えると、バイデンは向きを変えて、演壇を照らす明るい照明から離れ、バックステージへ行った。ひとりの記者が叫んだ。「就任式のことが心配ではないのですか?」べつの記者が大声できいた。「きょうマコネルと話をしましたか?」

奥のほうの暗がりでバイデンが向きを変え、答えることを示すために右手を挙げた。スクリーンに映る顔はほとんど見えなかったが、声は大きかった。

「私の身の安全、警護、就任式のことは心配していない」バイデンはいった。「アメリカ国民が味方をしてくれるだろう。いますぐに」間を置いた。

「物事には限度がある。いい加減にしろ。いい加減にしろ!」バイデンはバインダーを片手に持ち、宙を殴りつけるようにいった。ふりむいて首を垂れ、部屋を出ていった。

46

午後四時過ぎ、暴徒が続々と議事堂にはいってきて、議会警察部隊を圧倒しはじめると、ペンスはクリストファー・ミラー国防長官代行に電話をかけて指示した。[1]「議事堂を掃討しろ」

いま取り組んでいるし、事態は進展していると、ミラーはペンスに請け合った。

ホワイトハウスでは、ケロッグがオーバル・オフィスにこもっているトランプの近くにいた。メドウズがそばでうろうろしていた。

元ジャーナリストで、中国とパンデミック問題で重要な役割を演じているマシュー・ポッティンジャー国家安全保障問題担当大統領副補佐官がやってきた。

メドウズがポッティンジャーに不満をぶちまけた。州兵の動きが遅すぎる。

「ちくしょう」メドウズはいった。ミラーに急げと指示した。「州兵はどこだ?」

国防総省や関係省庁の人脈と連絡をとっていたポッティンジャーが、ミラーは暴動鎮圧に州兵を攻撃的に使用するのに慎重なのだといった。あからさまな軍の使用に見られると、ミラーは考えている。

い訳は聞きたくないと、メドウズはいった。

州兵を移動させろと、私はミラーに命じた。現場に行って片を付けろといったんだ。メドウズはポッティンジャーに、ミラーに電話して圧力をかけろと命じた。

ケロッグは手を貸そうとして、ミラーの首席補佐官カッシュ・パテルに電話をかけた。

「きみたちはいったいなにをやっているんだ？」ケロッグはきいた。「州兵が来ないので、メドウズがカンカンに怒っている」

「ああ、州兵はいま移動している。移動中だ」パテルがいった。

トランプのホワイトハウスの作戦部長をつとめるシークレット・サービス警護官アンソニー・オーナトがケロッグに、べつの選択肢があることを指摘した。

「連邦保安官二〇〇〇人をいますぐに招集して現場に行かせることができます」オーナトがいった。

「それはかなり賢明な案だ。彼らも呼び寄せてくれ」ケロッグはいった。

おおぜいがオーバル・オフィスに立ち寄った。被害対策案が飛び交った。もっとツイートしろ。動画を流せ。記者会見をひらけ。

「それはいま大統領がやれる最悪のことだろうな」ケロッグはいった。「記者会見をひらいたら、質問攻めに遭って、収拾がつかなくなる。この事態を掌握する必要があるんだ」

メドウズとケロッグと補佐官たちが、トランプに会いにいった。動画を流すことで意見が一致していた[2]。じきにホワイトハウスの表で撮影された。トランプがカメラ一台に向かっていう。

謝罪も歩み寄りもない。午後四時一七分にホワイトハウスのホームページに載せた。

「不正な選挙ではあったが、この連中の思うつぼにはまってはならない」トランプはいった。「平和を取り戻さなければならない。だから、うちに帰ろう。私たちはきみたちが大好きだ。きみたちはたいへんかけがえのない人々だ」

七分後にアメリカ連邦保安官局がツイートした。[3] 〝アメリカ連邦保安官局は他の法執行機関に加わって、ワシントンDCにおける作戦中、アメリカ連邦議会警察を支援する〟。

上院オフィス棟のだだっぴろい部屋で、両党の上院議員たちがじっとしているよう命じられ、議会警察がドアを警備していた。食料がほとんどなく、空腹だと上院議員たちが文句をいった。携帯電話で最新情報を聞きながら歩きまわり、少人数ごとに固まるうちに、緊張が高まった。オハイオ州選出のシェロッド・ブラウン民主党上院議員があるとき、リンゼー・グラムに黙れといった。

一週間前に認証に反対を宣言したことで暴動をけしかけたと多くの議員に非難されていたホーリー上院議員とは、だれも口をきかなかった。

トランプ支持者に連帯感を抱いているかのように、議事堂の外で固めた拳を突きあげているホーリーの写真が、インターネットのあちこちにばらまかれた。[4] ホーリーは上院のトランプ陣営の顔になっていた。

やがて、クルーズ上院議員がホーリーに近づくのを、上院議員たちは見守った。「きみはどうするつもりだ？」クルーズがきいた。

共和党上院議員十数人近くが、アリゾナ州の選挙人の投票に反対する予定だった。しかし、暴動が起きているので、ジョージア州で落選したケリー・ロフラー上院議員を含めた数人が、騒ぎを終わらせ、バイデンの勝利認証を認めるつもりになっていた。[5]

マコネルは上院議員数人に、もっと早く行動しろと命じた。国会を再開し、アリゾナ州の件にけりをつけて、つぎの政治課題に移れ。だが、ホーリーが考えを変えないでペンシルベニア州の集計に反対すれば、早く行動するのは不可能だと知っていた。上院の規則では、ひとりでも反対すれば、審議しなければならない。

ホーリーは、クルーズや、近づいてきて状況をたずねた朋友のミズーリ州選出共和党上院議員ロイ・ブラントと、ほとんど口をきかなかった。

結局、議事堂が荒らされ、中止しろと同僚数人から圧力をかけられたにもかかわらず、ホーリーはアリゾナ州とペンシルベニア州の両方についての異議を取り下げないことにした。あくまでトランプと歩調を合わせる。

ホーリーの決定を聞かされた共和党上院議員の多くがうめいた。敗北を認めない大統領ひとりだけのための派手な芝居が午前零時を過ぎてもつづけられることは必至だった。トランプの票田からはずれたと見なされるのを怖れた共和党上院議員たちは、ホーリーについていくはずだった。

夜が近づくあいだ、トランプはツイートをつづけ、警察と州兵が議事堂の安全を確保するために働きつづけた。暴力的なミリシアの過激派と白人至上主義者だとのちにFBIが識別した連中が、廊下を進みながらガラスを割り、表札を引きちぎった。オフィスの備品が床に散らばっていた。〝トランプ〟とか〝アメリカ・ファースト〟と書かれた色鮮やかな旗が、上院の近くの歴代副大統領の胸像のそばに立てられた。

到着した州兵部隊が、周辺をパトロールして群衆を排除し、警察が逮捕を行なった。悲鳴があがり、抗議のシュプレヒコールが叫ばれた。

〝長年不公平にひどく扱われてきた偉大な愛国者から神聖な地滑り的勝利が無造作に意地悪く剝奪されたときに、こういう物事や事件が起きる〟。六時一分にトランプはツイートした[6]。〝愛と平和を胸に家に帰るのだ。この日のことを永遠に忘れるな!〟。

午後八時過ぎ、上院議員たちは議場に戻った。

サウスカロライナ州選出で唯一の黒人共和党上院議員のティム・スコットが、ペンスに近づいた。

「こういうときには、祈ることができたらいいのにと思います」スコットはいった。

「さあどうぞ、祈って」ペンスがいった。「みんなで祈ろう」モンタナ州選出のスティーブ・デインズ上院議員と、もうひとりの共和党議員が加わった。

アリゾナ州の問題が採決されたとき、ホーリーとあと五人――クルーズ、ミシシッピ州選出のシンディ・ハイド＝スミス、アラバマ州選出のトミー・テュバビル、カンザス州選出のロジャー・マーシャル、ルイジアナ州選出のジョン・ケネディ――の異議は、上院議員九三人によって否決された。

ロフラー上院議員は、ホーリーの異議に加わらなかった。

「けさワシントンDCに来たときには、選挙人投票の認証に反対するつもりでした」ロフラーは目を伏せていった。[7]「でも、きょう起きた出来事で考え直さざるをえなくなり、いまでは良心に従い、反対できません」

だが、ホーリーはペンシルベニア州の選挙人投票にも反対し、その審議に一時間を要した。四一歳のホーリーの真後ろに座っていたロムニー上院議員の殺意のこもった目が、認証の手順の中継を見守っていた視聴者一〇〇〇万人の視線を捉えた。

審議がつづき、上院議員たちが討論に加わった。ほとんどが疲れ果て、髪も服も乱れていた。マイク・リー上院議員が、重々しく、力強くいった。[8]「私たちはそれぞれ、この文書を支持し、保護し、擁護するという誓いを立てたことを、思い起こさなければなりません」憲法のコピーを掲げながらリーはいった。

「アメリカ合衆国副大統領が開票し、票が数えられるのです。このプロセスにおいて私たちが有している権限のあらゆる端々を、この文言が限定し、定義し、制約しております。私たちの仕事は開票して数えること。それだけです。それがすべてなのです。

私は膨大な時間をかけて、これらの州の州政府関係者に連絡をとりましたが、異議を唱えられた州のどこでも――一州たりとも――州議会、州務長官、知事、副知事に選挙人リストを改竄しようとする意図があった可能性を示すようなものは見つけられませんでした。開票のために集まり、数えるのが、私たちの仕事です。それだけです」

リンゼー・グラムの発言は、個人的な苦悩と政治的な現実主義の入り交じった言葉の奔流だった。

「トランプと私は、私たちは、とても長い旅路を歩んできました。こんなふうに終わらせたくはないのです。ほんとうに残念です。私の考えでは、彼は現れるべくして現れた大統領でした。しかし、本日、最初にあなたがたの目に留まるのは」彼の死亡記事です[9]。一月六日は、永遠にトランプの遺産《レガシー》になるでしょう。

「私にいえるのは、〝私を仲間にしないでほしい〟ということだけです。物には限度があります。

ジョージア州で一八歳未満六万六〇〇〇人が投票したと、彼らはいいました。いったい何人がそれを信じるでしょうか？　私が〝じゅうぶんな証拠を見せてくれ〟というと、彼らはわずかな例を示しただけでした。アリゾナ州で重罪犯八〇〇〇人が投票したと、彼らはいいました。私が〝じゅうぶんな証拠を見せてくれ〟というと、彼らはなにひとつ示しませんでした。

これを終わらせなければなりません。

マイク、副大統領」グラムはつけくわえた。「がんばってくれ。

あなたにはF－35を飛ばしている息子がいる。F－18を飛ばしている義理の息子がいる。彼らは空で活躍しているから、私たちもここできちんと仕事をしよう。

ジョー・バイデン、私はジョーと世界を旅した。彼が負ければいいと思っていた。負けることを祈っていた。彼は勝った」

上院はアリゾナ州につづいて、ペンシルベニア州の選挙人に対する異議も否決した。今回は九二対七だった。下院はペンシルベニア州への異議を二八二対一三八で否決した。

一月七日木曜日の午前三時四〇分過ぎ、バイデンが勝者と認証されたことを、ペンスが宣言した。[10]

ペンスは車列に向かった。[11] ショートがペンスにメールを送った。〝テモテへの手紙二、4－7〟。

ペンスはよく知っていた。

〝私は戦いを立派に戦い抜き、決められた道を走りとおし、信仰を守り抜きました〟。聖書に、そう記されている（日本語訳は新共同訳）。

47

一月七日の朝、ペロシとシューマーはともに、修正第二五条の発動を促すためにペンスに電話をかけた。[1]それを実行すると、〝副大統領および行政各部の長官の過半数または連邦議会が法律で定める他の機関の長の過半数が、大統領はその職務の権限と義務の遂行が不可能になった〟ことを、臨時上院議長と下院議長に対し文書で申し立て、〝副大統領がただちに大統領代行として大統領の権限と義務を遂行する〟ことになる。

「彼が電話に出るとは思えない。電話があったことを彼に伝えないでしょうね」ペロシは補佐官にいった。話をしたがらないのは、ペンスの弱さを表わしていると思った。

ペンスは電話に出なかった。代わりにショートがシューマーの首席補佐官のマイケル・リンチに電話をかけて、電話してきた理由をきいた。ショートは、トランプをホワイトハウスから追い出そうとする動きからペンスを隔離するつもりだった。

「どういう背景かな？　私に手助けできることは？」ショートはきいた。民主党の議会指導者たちとおなじように、リンチも電話を保留にされた。

「電話を二五分保留にされてから、副大統領は電話に出ないといわれた」シューマーが、のちに語った。

「副大統領が電話に出たら、やつらはスティックを使う」ショートは同僚たちに、議事堂内にあるスティック型マイクのことをいった。「そして、修正第二五条の発動について副大統領と話し合ったというだろう。副大統領はきわめて厄介な立場に追い込まれる」

ペンスは、辞任することも修正第二五条を発動してトランプを辞めさせることも考慮しなかった。修正第二五条は大統領が病気や事故などで身体能力を失ったときに使われるためのもので、いまの状況がいくらひどくてもその基準には合致しないと、グレッグ・ジェイコブがペンスに助言した。ペンスは同意した。

ペンスは一日ずっと副大統領公邸で仕事をして、ホワイトハウスには行かなかった。[2] トランプとは話をしなかった。トランプは共和党員数人から辞任を迫られ、保守的な《ウォール・ストリート・ジャーナル》の社説でも辞任を求められていた。

ミッチ・マコネルの妻でトランプの運輸長官イレーン・チャオは、一月六日の出来事に〝心の底から苦しんだ〟といって辞任した。[3] バーは声明で、トランプが〝議会に圧力をかけるために暴徒を〝組織し、〝大統領の職務と支持者たちに対する背信行為〟を犯したと述べた。

その木曜日の後刻、ペンスは弁護士のリチャード・カレンに電話をかけて、指導してもらったことに礼をいった。家内といっしょに公邸にいると、ペンスはいった。

「どんなふうだった？」カレンがきいた。

ペンスが妻に向かっていうのが聞こえた。「ハニー、私たちは怖れただろうか？」返事はカレンには聞こえなかった。

「大統領のために祈っている」ペンスがいった。*

トランプは報復をあきらめきれないだろうと、グラムは判断していた。トランプのためにも、ほかのみんなのためにも、ペンスとの意見の相違にトランプが執心しつづけないことを願った。

そのあと、空港でグラムはトランプ支持者たちにどなられ、跡をつけられた。[4]「裏切り者！裏切り者！」携帯電話に視線を落としてターミナルを歩くグラムに向かって、彼らはわめいた。

「あんたは宣誓したんだろう？」ひとりが叫んだ。

「宣誓した」グラムはいった。

「だったら、あんたはその宣誓に小便をかけたんだ」

警護官が待合室に案内し、グラムはそこでペンスの電話を受けた。上院議場で息子と義理の息子についてグラムが親切に言及したことに、ペンスが礼をいった。

トランプのペンスに対する仕打ちは、これまでのものよりさらに最悪になるだろうと、グラムは確信していた。賢明な共和党員ならだれでも、トランプが自分自身を大きく傷つけたことがわかるだろうし、トランプが周囲の人間を薙ぎ倒すあいだ、避けているのが最善の戦略だと、グラムは思った。

グラムはトランプにいった。「これであらゆる批判が間違っておらず、正しいと見られるようになった」その後、こう評した。「トランプはこの期に及ぶまで、自分の言葉の影響を認識していなかったのだと思う」

不安をもよおす信じがたい経験をしたと、一月八日午前一一時三〇分の電話で、アダム・スミス下院議員はミリー統合参謀本部議長にいった。

下院軍事委員会委員長のスミスは、ワシントン州の選出で二四年下院議員をつとめている古参議員だった。穏健派の民主党員で、ほとんど知られておらず、見出しになるような人物ではなかった。しかし、軍と国防総省の領域では、水面下で画策する強力な議員だった。

五五歳のスミスは、議事堂での反乱の翌日、ロナルド・レーガン・ワシントン・ナショナル空港からシアトルに向かう午後五時発のアラスカ航空便に乗っていた。スミスは、MAGA帽子をかぶったトランプ支持者一〇〇人くらいに囲まれていた。

週末や休会中に家に戻る六時間のフライトの常連だったスミスは、前年にはパンデミックのせいでほとんどが空席だったのを見ていた。だが、今回、座席がとれたのは幸運だった。トランプ支持者たちが騒々しくなったが、愛想のいいビジネスマン風の乗客が下院議員だと気づいた人間は、ひとりもいなかった。

*二〇二一年一月八日のミリーの役割の詳細は、プロローグの23〜31ページを参照。

トランプから選挙を盗むための陰謀について、不穏な話が機内に満ちあふれていた。Qアノンは、悪魔を崇拝して世界各地で性的奴隷の子供を人身売買している残忍な小児性愛者から成る反トランプ派閥に対する防波堤だと、自信をこめてしゃべっている乗客もいた。

何人かが、〝6MWE〟という言葉を口にした。スミスにはなんの話か、まったくわからなかった。乗客数人が説明してあからさまに議論するのを聞いて、意味を知ったスミスはぞっとした。〝六〇〇万人ではじゅうぶんではなかった《6ミリオン・ワーント・イナフ》〟という言葉を略したものだった、六〇〇万人とは、ナチスの強制収容所で、皆殺しにされたユダヤ人の数だった。

暴動が大統領選挙の結果を覆せなかったことに、彼らは大きな失望を口にした。新しい秩序のための最後の闘争だったのに。何人もがうなずいた。

マスクを付けて無言で座っていたスミスは、試合後の負けたチームのロッカールームにいるような心地になった。彼らがひどく落胆しているのを聞いて、スミスは一瞬、気分がよくなった。この国は地獄に落ちたと、彼らはいった。おぞましいひどい場所になった。

アメリカはあまりにも悪い状態になって、道に迷っているから、「韓国に移住しようと思っている」とひとりの若者がいった。

韓国？　わけがわからず、スミスは考えた。なぜだ？　スミスの声にしなかった疑問に、若者が答えて、ほかの乗客にいった。「韓国では九〇％がキリスト教徒だ」じっさいは、キリスト教徒は二九％だった。[5]

「アイダホに引っ越せばいい」ひとりの女が提案した。

「アイダホにはまともなシーフードがないと思う」若者が答えた。

スミスは、この若者はファシストがアメリカを乗っ取ることを願っているのかと思ったが、結局、まともなスシを食べられなかったら、やる意味がないと思っているようだった。

前日、議事堂で暴動を起こした人々は、全米から来たにちがいないが、伝統的に民主党の強い州にこれだけの人数が帰っていくことを知って、スミスは驚いた。

一度目のワクチンを接種したばかりのスミスは、マスクを付けて座り、荒々しい話がつづくあいだ、ひとこともしゃべらなかった。新型コロナウイルスに感染するのは、こういう場合なのだろうと思った。

隣のまんなかの座席にトランプ応援用品一式を身につけた五〇歳ぐらいの小柄な女性が座っていて、明らかにおなじことを考えたようだった。熱心に座席のまわりを拭いていた。

スミスは軍事委員会委員長なので、一月六日以降、多数の議員が会いにきて、機密の核兵器発射コードの安全について懸念を口にした。トランプがコードを持っている。大統領を封じ込める方法はあるのか？　スミスはそういった懸念を、ペロシ議長に伝えた。

ひとりの下院議員は、トランプが最後の日にエアフォース・ワンを盗み、モスクワまで飛行して、アメリカの秘密をプーチンに売ることを心配していた。バイデンの就任式のときに議事堂が襲撃されることを怖れている議員もいた。法執行機関がバイデンを守るのをトランプが阻止しないようにできるのか？

シアトル行きの飛行機がアメリカを横断するあいだ、白人至上主義者と反ユダヤ主義者の話は勢いが衰えることなくつづいた。一日中なにかについて読んだり、話をしたりすることと、その渦中に何時間もじっと座っていることは、まったくべつだった。暴動そのものとおなじように、神経をすり減らす経験だった。この飛行機に乗っている人間の多くが議事堂にいて、合法的に選ばれた大統領の選挙結果を本気で覆そうとしたにちがいない。それに疑いの余地はなかった。

だがスミスは、暴動には現実に目をそむけるという要素があったとも感じていた。アメリカンフットボールで九〇ヤードの距離をキックしてフィールドゴールをものにしようとするのに似ている。そういう現実離れしたプレイは、フィールドゴールをものにする努力といえるだろうか？　そういえるかもしれないが、不可能だ。トランプとその支持者たちには、合法的な選挙を覆すつもりはなかったが、だからといって試さなかったとはいえない。試合終了間際に、エンドゾーンめがけて一か八かのロングパスを投じたのだ。

スミスは、トランプは一〇〇年に一度、アメリカの民主主義を襲う洪水だと考えたかった。だが、常軌を逸した人間がホワイトハウス入りしたときに国を救うような法律を制定する力が議会にはないと、スミスは同僚たちにいった。戦争を遂行する権限は、最高司令官である大統領にあたえられている。議会が有する権限は、実質的に資金源を断つことだけだ。核兵器使用を制限するシステムは脆弱だと、スミスは確信した。

「常軌を逸した人間がホワイトハウスに戻るのを阻止することに、注意を集中する必要がある」スミスはいった。「大統領が望むように軍を使用することについて、二〇〇〇年の歴史が私たちに教訓をあたえている。

「トランプは精神的に不安定だ」スミスはいった。「彼は自己愛《ナルシシズム》の傾向があるサイコパスだ。彼が軍幹部と国防総省を使ってクーデターを起こすことが、最大の懸念だ」

そういう度肝を抜かれるような恐ろしい結論が、一月八日に議会で飛び交っていた。前日に発表した動画で、トランプは述べていた。「新政権は一月二〇日に就任式を行なう。円滑で秩序正しくとどこおりのない政権移行を望む」だが、動画の声は小さく、抑揚がなく、心がこもっていなかった。それで安心した議員は、ほとんどいなかった。

「トランプが国のファシスト式乗っ取りを画策することを、私はつねに怖れていた」スミスはいった。「戦争をはじめるだろうと心配したことはない。彼は臆病だ。そういうレベルの責任を負おうとはしない」

48

カレン・ペンスは、夫のオフィスのスタッフに渡す袋入りのプレゼントを何日もかけて用意した。シャンパンのフルートグラス、海軍天文台の巣箱から収穫した蜂蜜、副大統領の紋章入りのカッティングボード。自分が描いた天文台の絵のプリントも入れた。カレンは何年も前から健康のための新提案、アートセラピーを推進していた。それに注目を惹こうとしたのだ。

さらに、一月六日に恐怖を味わったにもかかわらず、カレン・ペンスは一月八日金曜日の午後四時に、アイゼンハワー行政府ビルの広大な副大統領執務室で、スタッフのお別れパーティを敢然と実行するつもりだった。

金曜日の午後にパーティに備えてペンス夫妻が副大統領執務室にはいると、七〇人のスタッフが拍手した。カレンは泣きだした。

スタッフが何分も拍手をつづけ、マイク・ペンスは涙ぐんで、無理に笑みを浮かべ、顔が真っ赤になった。この世界ではトランプについてどう思っているかが語られることはない。苦悩は封をされてしまわれる。拍手は、彼らがペンスにいいたいことをすべて語っていた。ペンスもそれを知っているように見えた。

「感情を揺さぶられる一週間だった」カレンのほうを見て、ペンスは口を切った。カレンと家族に支援の礼をいった。

「彼女は史上最高の副大統領夫人で、よいときも悪いときもいっしょにいてくれた」ペンスは、妻の顔を見ていった。「彼女はつねに私のそばにいた」

カレン・ペンスが、また泣いた。

ペンス夫妻が気を取り直すあいだ、あたりは静かになった。

ペンスは、短いお別れの演説に転じた。トランプや議事堂の暴動について具体的にはなにもいわなかった。ペンスらしい流儀で話をした。自分との歳月や政権との歳月を、深い後悔や嫌悪感をまじえないで特徴づけるようにしてほしいと頼んだ。

「この政権に仕えたことを、あなたがたみんなが誇りに思うことを願っている。誇れることは数多くある」ペンスはいった。「今後もべつの公務につくことを考えてくれることを願っている。公衆に仕えるよりも大きな名誉はない。

私は若いころにホワイトハウスに勤務するような名誉を味わったことがなかった」ペンスはいった。「それに、毎日ここで働いていると、それがいかにすばらしいチャンスかということを、わざわざ考えないだろうね」

冷静沈着であることが個性のショートのほうを見た。バイデンが認証されたあと、ショートがテモテへの手紙の一節をメールで伝えたことを、ペンスは語った。ショートはきょうだいに近い、もっとも深い結び付きの友人だと、ペンスはいった。ショートの目もうるんでいた。

「あの瞬間は私と家族にとって大きな意味があった」ペンスはいった。「この事務局は戦いを立派に戦い抜いた。信仰を守り抜いた。

さて、競争の最後の二週間を終えよう」ペンスはいった。「ハリスのチームに整然と移行し、きちんと終えよう」

長い一週間だったから、今夜はカレンといっしょにゆっくりできそうだと、冗談めかしていった。

「捨て鉢になってピザを食べ、〈オドゥールズ〉を飲むかもしれない」ペンスはいった。ノンアルコールビールのことだ。スタッフたちはうめいた。ペンスは毎週金曜日の夕方に、決まってその台詞を口にし、演説でもいうので、スピーチライターが臍を嚙んでいた。

ショートが、スタッフ全員がお金を出し合ったといい、閣僚用の椅子を持ってきた。連邦政府から一二〇〇ドルで買ったものだった。

何年も前に下院共和党会議議長のペンスの部下だったときに、ペンスがオフィスの壁に信条を掲げていたことを、ショートが指摘した。神の栄光を称え、楽しみ、下院共和党員全員を昇進させる。

「まあ、ルイ・ゴーマート訴訟のあとで最後のひとつはとりやめましたが」ショートがいうのは、テキサス州のルイ・ゴーマート下院議員が、副大統領を州の選挙人の投票に介入させて大統領選挙を覆すために一二月に提訴して棄却された訴訟のことだった。

「みなさんへの感謝として、プレゼントを用意してあるのよ」カレン・ペンスが口を挟み、用意した品物をすべて見せた。スタッフたちが顔を輝かせた。

つづいて、マイク・ペンスはデスクの引き出しの内側にサインした。執務室を去るときにそうするのが、ならわしになっていた。バイデンは二〇一七年にサインした。ペンスは、バイデン、ダン・クエール、ネルソン・ロックフェラー、ジョージ・H・W・ブッシュのサインのすぐそばに自分の名前を書いた。

お別れパーティのあと、マーティ・オブストがペンス夫妻とともにくつろいだ。おしゃべりをして、笑みを交わした。だが、オブストは、ふつふつと湧き起こる激しい怒りと悲しみを味わっていた。お別れを常態に見せかけるためのプレゼントは、悲劇を覆い隠すのにたいして役立っていなかった。

オブストは同僚に、この瞬間は〝権力という毒〟がもたらした結果だと打ち明けた。

考えてもみてください、オブストはいった。トランプが多少なりとも潔く敗北を受け入れ、頭を下げて辞め、二〇二四年に目を向けたらどうなっていたでしょう?

「その場合、トランプは共和党を完全に支配するでしょうね」オブストはいった。「共和党は完全に活気づくはずです。副大統領は真っ先にいうでしょう。〝私はおりる。あなたをまた大統領にするために四年間あなたのために働くのはまっぴらごめんだ〟と」

49

一月六日午後四時過ぎ、ロン・クレインがウィルミントンでホテルの部屋にいるときに、ジョージア州の選挙責任者から最終結果が届いた。オソフとワーノックが当選した。民主党は上院を支配することになる。

議事堂の事件の報道をテレビで見てぞっとしていたバイデンは、クレインが来て最新情報を伝えると、歓声をあげた。これは明らかに事態を一変させると、バイデンはいった。すぐにワーノックとオソフに電話をかけ、おめでとうといった。次期上院議員ふたりは、おなじ意図を表明した。国民にこの小切手を渡さなければなりません。

バイデンは笑った。そうだな、そうしようといった。議会が予算案を可決したあと、六〇〇ドルの小切手が一二月にアメリカ国民に渡されるようになった。こんどは追加の一四〇〇ドルの小切手を送る時期だった。困窮しているアメリカ国民数百万人が、合計二〇〇〇ドルを受け取ることになる。

小切手は経済に必要とされている現金を注入することになるが、民主党が政府を支配している象徴でもあると、クレインは思っていた。国民は民主党に絶大な力をあたえた。それを行使しよう。ためらう気持ちがあったとしても、ジョージア州での勝利がそれを払拭した。

一月八日金曜日、バイデンは幹部スタッフ会議を自宅で開いた。

ジョージア州選出上院議員選挙の決選投票前にバイデンが当初立てていた救済計画は、総額約一兆四〇〇〇億ドルだった――一二月以降、九〇〇〇億ドルという途方もない金額が、アメリカ経済に注入されていた。バイデンは、それを増加させることについて、補佐官たちの意見を聞こうとした。

政権移行スタッフのなかで、バイデンといっしょにいたのは、クレインだけだった。あとはビデオ会議で参加していた。

国家経済会議委員長に就任する予定のディーズが、スライド一式を提示し、より大きな計画が意図したとおりに進みそうだとクレインは実感しはじめた。翌日に検討するために、もっと正式な計画をまとめますと、クレインはバイデンに告げた。

土曜日にディーズがもう一度プレゼンテーションを行なった。一兆四〇〇〇億ドルから二兆ドルに近いものまで、さまざまなオプションが提案された。

バイデンは、スタッフに矢継ぎ早に質問を浴びせた。

「こんなでかいものをやれると、ほんとうに思っているのか？」バイデンは質問した。

バイデンは生粋の上院議員だったので、一票差の過半数がなんの保障にもならないことを知っていた。泥沼にはまって何カ月も身動きできなくなるのは望ましくない。

「これに最初の一〇〇日を費やすことになるのではないか？　あるいは私の任期の一年目すべてを」バイデンはきいた。「これにどれだけかかる？　上院は五〇対五〇だし、下院でも共和党との差は小さい」

バイデンはさらにいった。「ウイルスをやっつけて、経済を回復させるために、たしかにこれは必要な対策だ。しかし、ほんとうにこれができるのか？」

「選択の余地はありません」クレインは答えた。

クレインは、二〇〇九年にオバマが経験したことを思い出していた。世界的不況の時に、オバマ政権の景気刺激策に共和党が反対し、最終的に、経済に弾みをつけるのに必要だとエコノミストたちが確信していた額よりもずっと低い七八七〇億ドルの総合対策を受け入れざるをえなくなった。今回は経済を急上昇させる必要があると、クレインはいった。

「自分たちのあいだで交渉したり、なにが可能かを質問したり、ここに座って、政治のフィルターを通して政策を吟味したりするのではなく、私たちがほんとうに必要だと思っているものを審議しましょう」クレインはいった。「そして、議会にはねつけられたなら、それがこれからの状況だということです」

民主党は、なにが政治的に実現できそうか、なにが政治的に可能かという判断によって、自分たちの受ける追い風を弱めてはならないと、クレインはいった。

それに対して、バイデンの顧問数人がふたつの鋭い指摘を行ない、懸念を表明した。アニタ・ダンがいった。一、巨額を要求した場合、議場に到着した時点で廃案になるのが目に見えている。システムに衝撃をあたえる。〝とんでもない〟といって、民主党議員も何人か脱落する。二、巨額を要求した場合、財政赤字が増え、インフレが起き、孫世代に重荷を先送りすることになると叫んで、共和党は容易に反対できる。

ダンはすでに進歩派の攻撃の的になっていたが、バイデンはリスクを聞く必要があると判断した。

バイデンはそういった意見をすべて吸収した。アメリカは危機のさなかにあった。新型コロナウイルスのために毎日四〇〇〇人前後が亡くなっていた。[1] アメリカのパンデミックでもっとも死者が多い月だった。年末までにアメリカ国民の死亡者の合計が一〇〇万人になりそうな勢いだった。経済は不調で、一二月だけで一四万人が失業し、[2] トランプはエドガー・フーバー以来の在任中に失業を大量に増加させた大統領になっていた。[3]

これは本物の危機だから、そのように対処しなければならないと、バイデンはいった。

バイデンは最終的に一兆六〇〇〇億ドルの総合対策を決定した。「国民と議会に私たちがほんとうに必要としているものを精いっぱい推奨できるようにして取りかかる必要がある」

バイデンは上院議員として、また副大統領として上院で何十年も働き、それらの役割の限度に阻害された。以前、友人でその後デラウェア州選出上院議員になったテッド・カウフマンに、改革といえるような変化の機会を確実にもたらすことができるのは、大統領しかいないと確信していたといったことがあった。

バイデンはいま大統領になったし、運命の力についてもじゅうぶん以上の経験を積んでいた。

「私がきょうの午後にバスに轢かれたら、これはおじゃんになるだろう。だから、できるだけ早くやるつもりだ」バイデンはいった。

「きみたちはこれを議会の民主党員たちに売り込みはじめてくれ。私は国民に向けて演説し、これを明確に説明する」バイデンは、補佐官たちにいった。

事態が重大であることを強調するために、バイデンの補佐官たちは、次期大統領の演説を就任式前の一月一四日に行なうことを検討した。

就任式前の演説には、儀礼に反するという一面もある。バイデンはまだ大統領ではない。一月中旬のその時期、たいがいの次期大統領は、就任前の儀式的な決まり事に専念する。伝統的に、党派主義の怨恨を葬り去る期間だった。

だが、トランプはいまだに選挙は盗まれたと主張している。政権移行はよくいっても円滑ではなく、悪くすると妨害に遭うかもしれない。

バイデンは自信が持てなかったが、その案を却下しなかった。大げさな演説は無神経だと見なされないか？　自分の番が来る前に、権力を握ったかのように？

補佐官たちはカレンダーを見た。就任式後は、さまざまな行事でスケジュールが詰まっている。一月一四日か二五日ならやれる。空いているのはその二日だけだった。

結局、バイデンは急を要するということを決断した。ぐずぐずしていれば、意図を誤解されるといった。一月一四日を選んだ。

クレインは、全員を要所に配置し——ディーズ、議会関係局を指揮する予定のルイーザ・テレル、リケッティ、ダンも含まれていた——ペロシやシューマーなど、上下両院の民主党幹部に会いにいかせた。話を聞いてもらう時期だ。

好ましい反応で、むしろ催促された。ジョージア州で勝利を収めた民主党の指導者たちは、積極的な政策を実行する政治資本を手に入れたと感じていた。バイデンと補佐官たちに、予算構成の中核をふたつ追加するよう求めた。さらに一〇〇〇億～二〇〇〇億ドルを、州と地方への支援にふり向け、児童税額控除を増やす。

児童税額控除——具体的にいうと子供のいる家族へ現金を配ること——は、数百万人の子供を貧困から救い出すセーフティーネットだった。[4] それが成立すれば、アメリカの四〇〇〇万世帯が、連邦政府から毎月支給を受ける資格を有することになる——六歳未満の子供ひとり当たり三〇〇ドル、六歳以上の子供ひとり当たり二五〇ドルが、家族の銀行口座に振り込まれる。

コネティカット州のロサンゼルス・デラウロ下院議員と、ワシントン州選出のパティ・マレー上院議員は、議会でこのプログラムを提唱している民主党の最大勢力だった。根本的な変革だと、ふたりはいった。そういう表現がバイデンの注意を喚起するとわかっていたからだ。女性議員ふたりは、それぞれ上院と下院で、連邦政府の支出に直接関わっている重要部門、予算委員会の委員長でもあった。

コネティカット州ニューヘブンの選挙区で三〇年近く下院議員をつとめているデラウロは、子供のために強力な主張を長年つづけてきた進歩派議連《プログレッシブ・コーカス》の創設メンバーだった。[5]

「いまこそこの時機よ」デラウロは、一月一二日に電話でクレインにいった。「あなたたちはこれをやらなければならない」

バイデンは、自分の提案に一〇〇〇億ドルを追加した。

バイデンの新予算案はいまや一兆七〇〇〇億ドルに膨らみ、それにシューマーが主唱する州と地方への二〇〇〇億ドルが追加された。

新予算は総額一兆九〇〇〇億ドルになった。

バイデンは補佐官たちに、これまでだといった。二兆ドルをわずかに下回っている。改革案としてもかなり大胆だったが、幅広い方面に売り込めると、バイデンは考えていた。補佐官たちに、この方針を維持し、議会だけではなくウイルスについても頑張ってほしいと懇願した。

一〇〇日間に一億回分のワクチンを接種し、救済計画を成立させる――それがバイデンの最優先事項だった。

50

一月九日、中国の李上将やペロシ議長との不安に満ちた電話の翌日、ミリー統合参謀本部議長は日記帳に考えをメモした。

まるでブレーンストーミングから出てきたような感じだった。

一月六日の暴動について、ミリーは書いた。〝六日に起きたとらえどころのない出来事はなにか？　あの連中はなにものか？〟

すばやく書き留めた。

〝6MWE〟

〝ティーパーティ過激派〟

〝Qアノン〟書き加え、陰謀理論を完全に信用できないものとしたと、注記した。

〝愛国者運動《パトリオット・ムーブメント》〟、極右のミリシア。

〝ウィ・ザ・ピープル運動〟

〝ネオナチ〟

〝プラウド・ボーイズ〟

〝オース・キーパーズ〟

〝ニュースマックス〟、長いあいだトランプに友好的だった保守派ニュース・ウェブサイト。

〝大紀元《エポック》〟、中国共産党に批判的な極右出版物《大紀元時報《エポック・タイムズ》》。

ミリーは要約し、走り書きした。

〝大きな脅威。国内テロリズム〟

いくつかはアメリカ版のあらたな突撃隊だと、ミリーは結論付けた。突撃隊はナチスの準軍事部門で、ヒトラーを支えた。これは計画された革命だ。スティーブ・バノンの構想が現実になった。なにもかも引きずりおろせ。爆破しろ。燃やせ。そして、力を握って登場しろ。

ミリーは米軍宛の公式覚書を書きはじめた。〝二〇二一年一月六日の事件は、アメリカ連邦議会、議事堂、憲法のプロセスに対する直接攻撃だった〟。つけくわえた。〝一月二〇日……バイデン次期大統領が就任し、第四六代最高司令官になる〟。

このような宣言を行なうのは、従来、統合参謀本部議長の仕事ではなかった。

ミリーは、国防総省の帷幕会議室《ザ・タンク》での秘密会議に、その原稿を持っていった。統合参謀たちにコピーを渡した。

「署名する必要はない」ミリーはいった。「私が参謀を代表し、議長として署名する。あるいは全員で署名する。目を通して、考えを教えてくれ」

全員が読み、覚書に署名するといった。[1] 一月一二日に公表された。

ミリーの覚書はメディアにあまり取りあげられなかったが、デジタルメディアの《Ｖｏｘ》は、〝注目すべき声明〟で、〝米軍の最高幹部たちは、このような、アメリカの民主主義を武力で転覆させようとする試みがふたたび起きるのを許容しないと思われる〟と述べた。[2]

それでも、ミリーは心配だった。トランプがアメリカの同盟国とどう交流してきたかを思い起こした。トランプに連絡して抑制できるような人間は、世界の指導者のなかにひとりもいない。

オーバル・オフィスで激情が爆発した例を、ミリーは思い出した。

「クソドイツ女、メルケル！」アンゲラ・メルケル首相のことを、ある会議でトランプはののしった。トランプはミリーや補佐官たちに向かっていった。

「私はやつらのなかで最大のドイツ野郎、フレッド・トランプに育てられた」トランプは椅子をまわして、レゾリュート・デスクの奥のテーブルに置いてある父親の写真を指差した。

その場にいたものは、みんな言葉を失っていた。

トランプの家族ですら、禁句ではないのだ。

「いいか」べつの会議でトランプは、現代正統派ユダヤ教徒の家庭で育ち、中東和平に尽力している娘婿のジャレッド・クシュナーをからかってジョークのタネにした。「ジャレッドはアメリカ合衆国よりもイスラエルに忠誠なんだ」

一月一五日、ミリーはシークレット・サービスの協力を得て、すべての部門の指揮官かその副官を呼び、バイデンの就任式のリハーサルを行なった。一同はマイヤー＝ヘンダーソン・ホール統合基地のコンミー・ホールに集合した。そこは歴史的な施設で、長年、軍が場内馬術に使っていた。だが、近年に改造され、幅四四メートル、高さ四メートルのスクリーンと照明がある現代的な施設になり、まるでハリウッド映画のセットのようだった。[3]

国土安全保障省は当初、バイデンの就任式を一月一九日から二〇日にかけての国家特別警戒行事（NSSE）に指定していた。だが、一月六日の事件後、その指定を一月一三日からにくりあげた。そうすれば、警護担当の主部門であるシークレット・サービスが首都を確実にロックダウンする時間が増える。

天井のプロジェクターを使って、ミリーは首都全体の鮮明な地図を床に映写させた。すべての道路、橋、記念建造物、議事堂とホワイトハウスも含めた建物がすべて表示された。

「一月六日に起きたようなことは、二度と起こらない」ミリーは一同に告げた。「確実に平和的な政権移行が行なわれるようにする。この街に幾重もの警備を敷く。ジョー・バイデンは正午にアメリカ大統領に就任する。それが平和裏に行なわれるようにする」

ミリーは、軍で〝ROC演習〟と呼ばれるものを執り行なった。構想《コンセプト》（指揮官の決定を計画や命令で具体的に示すもの）と責任の所在をはっきりさせるための予行演習だった。

州兵はワシントンDCに二万五〇〇〇人を配置し、警察と法執行機関もすべて出動する。何人も移動できないようにする。

「プラウド・ボーイズは、一四番ストリートの橋を渡ってくるとして」ミリーはいった。各部門の主な指揮官それぞれにきいた。「どういう対策をとる？」

「航空機の脅威はあるか？　どういう対策をとる？　だれが責任を負っている？

自動車爆弾の脅威は？

無人機はどうだ？　超小型無人機《ドローン》は？

特定の記念建造物に対する脅威は？」

答えられた疑問もあれば、答えられなかった疑問もあった。

「ここに弁護士がいるといいんですが。答えられることに制限があるので」FBI副長官がいった。法執行機関の決定を予行演習するのは難しいと、FBI幹部がいった。「完全な科学ではないので。私たちは精いっぱいやっています」同意の声があがった。

DC警察の幹部が質問した。「就任式の前に武器を使う抗議行動があったら？」

議論がつづくあいだ、資料、地図、データのプリントアウトがめくられ、手渡された。ミリーは、だれが決定を下すかに注意を集中するようにといった。この作戦は統一がとれていなければならない。「総合指揮所はどこにする？」質問した。ひとしきり答えられたあとで、秘密の場所にすることに意見が一致した。

州兵はどういう武器を使えるのか？

M4カービン、歩兵の主要武器。

だれかが質問した。「角が生えていて、顔にペイントし、熊の毛皮を着ているやつが現われて、武器を奪おうとしたら、あなたがたの兵士はどうしますか？」

「われわれはそのための訓練を受けている」ひとりの准将が答えた。

ミリーが映写した画像には、議事堂を囲む警備線が二本描かれていた。最初の一本、グリーンの点線は、州兵が配置される場所。二本目の赤い点線は、その一ブロック内側だった。

「二〇〇人か三〇〇人、来るかもしれない。ナチスのシャツを着て南部連合の旗をふりまわすブーガルー・ボーイズが、〝マーチン・ルーサー・キング記念碑を倒す〟と叫んでいる。州兵と法執行機関のどちらを使う？[4]」

答えは、逮捕する権限がある法執行機関の警察官だった。公園警察が、一月二〇日午前八時からナショナル・モールをゴルフカートで巡回し、記念建造物や博物館に目を光らせるといった。

会議が長くなるにつれて、不満やさまざまな要素を含む長い質問が出はじめた。不安と不快感が漂っていた。暴動後の就任式の安全を図る作戦要領など存在しない。加わっている利害関係者や連邦政府の省庁が、あまりにも多すぎた。

「準備の苦しみは、後悔の苦しみよりもずっと小さい」ミリーはいった。それを強調するために、自分たちの使命をくりかえした。

「とてつもなく大きいものが賭けられている。二〇日の午後零時一分に、ジョー・バイデンが宣誓して大統領になる。それを実現させるのが、私たちの務めだ」

51

ホワイトハウスでは、キース・ケロッグがイバンカ・トランプに会うために、彼女のオフィスへ行った。退役中将のケロッグは、事後報告を行なうつもりだった。

それにある程度、区切りをつけたいと思っていた。他のペンスの側近とはちがって、ケロッグはトランプがまともな人間で、大統領として状況が手に負えなくなっただけだと、いまも確信していた。トランプのそばにいた歳月に傷痕を残したくなかった。

「私はアメリカ合衆国大統領を信じている。心の底から信じている。ずっとそうだった」ケロッグはイバンカにいった。「ドナルド・J・トランプを忠臣として支えるときには、よかれあしかれ彼を受け入れる。私はそう肚をくくった。

もっと冷静な側近が優勢だったらよかったのにと思う」ケロッグはいった。「だが、その場にいてほしくないと私が思うような人間が意見を述べていた」

「彼はとっても頑固な人間なのよ」イバンカが答えた。

「家族のあいだでもそうだね」ケロッグは、一月六日にイバンカが進んで父親と対決したことに感謝していた。

イバンカは冷静で、感情を抑え、きびきびしていた。返事は短かった。

ケロッグはその後、関係を修復するためにペンスに大統領自由勲章を授与すべきだと、イバンカとジャレッド・クシュナーに提案した。

名案だが、すこし時間を置く必要があるというのが、ふたりの反応だった。しばらくようすを見よう。

暴動の数日後に、ダン・クエール元副大統領がペンスに電話をかけた。

「おめでとう」クエールはいった。「きみは正しいことをきちんとやった」

ペンスが礼をいったが、控えめだった。

「トランプとの関係はどうかな?」クエールがきいた。

「さあ、わからない」ペンスはいった。

一月一一日月曜日、トランプとペンスはホワイトハウスのオーバル・オフィスで会った。一月六日以来、話をするのははじめてだった。

トランプは午前中ずっと腹を立てていて、ニュージャージー州の彼のゴルフ場でひらかれることになっていたメジャー選手権の計画を取り消した全米プロゴルフ協会(PGA)を痛烈に批判していた。[1] 一月六日の件で閣僚が何人も辞任したことよりも、その報せのほうがこたえたようで、トーナメント方式のメジャー選手権をやるために何年も一所懸命やってきたのだと憤懣をぶちまけた。

もうひとつの痛打は、NFLチームのニューイングランド・ペイトリオッツのヘッドコーチ、ビル・ベリチックが、大統領自由勲章をトランプから授与されるのを拒否したことだった。[2]

〝先週、悲劇的な出来事が起き、受勲を辞退することを決断いたしました〟。ベリチックは声明で述べた。

トランプは、なにもかもが気に入らなかった。お気に入りのコーチ、PGA、企業――みんな一月六日のせいでトランプを見捨てた。恥ずべきことだと、トランプはいった。

オーバル・オフィスで、トランプはペンスに謝罪しなかった。任期をともにどう終えるかについて、そっけなく漠然と表明しただけで、話題は限られていた。ペンスはほとんど聞き手にまわっていた。約一時間つづいた。

「知っておいてほしいのですが、私は毎日、大統領のために祈っています」ペンスはいった。「私たちはいろいろなことを潜り抜けてきました。私たちみんなにとってつらい日々でしたが、私はやめませんでした」

「ありがとう、マイク」トランプはいった。

翌日、下院は公式に修正第二五条を発動してトランプをホワイトハウスから追い出すようペンスに求めた。[3] ペンスはめずらしく感情的な書簡を出し、要求を拒絶した。

〝先週、選挙結果を決定するにあたって憲法上の権限を超える力を行使するようにという圧力に、私は屈しませんでした。今回も、私たちの国の生存にとって重大な時期に政治駆け引きをもてあそぼうとする下院の行動に屈するつもりはありません〟とペンスは書いた。

〝聖書は、「何事にも時があり、天の下の出来事にはすべて定められた時がある……癒す時……建てる時がある」と述べています。いまがその時です〟。

トランプに対する第二の動きは、〝下院二四号決議案〟として提出された。[4]〝重罪および軽罪のためにアメリカ合衆国大統領ドナルド・J・トランプを弾劾訴追する〟。容疑は〝暴動の扇動〟。

「彼は辞めなければならない」一月一三日、弾劾訴追決議案の採決前に、ペロシ下院議長がいった。[5]「私たちみんなが愛している国にとって、彼は明白な現存する危機よ」

ペンスへの申し出が失敗に終わったあと、弾劾訴追は支持を集められると、下院民主党の指導者たちは期待した。

「強制的に辞任させるか、閣僚やペンスに修正第二五条を発動するよう強要するほうが、ずっと迅速な行動方針だ」ニューヨーク州から選出されている民主党指導部のハキーム・ジェフリーズ下院議員は、内輪でそういった。ジェフリーズはペロシと親しく、彼女の後継者になる可能性があると見なされていた。

「しかし、それを可能にするには、弾劾までことを進める準備が必要だった」トランプ政権内か、せめて議会に、行動を起こせる環境を醸成しなければならない。

下院の弾劾訴追決議案採決中に、共和党の分裂が明らかになった。ワイオミング州から選出されている下院ナンバー3のリズ・チェイニー下院議員――父親はブッシュ政権の副大統領だったディック・チェイニー――を含む共和党下院議員一〇人が、民主党とともに賛成したのだ。トランプは二三二対一九七票で弾劾訴追され、弾劾裁判に二度かけられる最初の大統領になった。民主党議員二二二人全員に、共和党議員一〇人がくわわった。

マコネルは、上院でトランプを有罪にする票を投じるかどうかを、明らかにしなかった。[6]〝どちらに投票するか、まだ最終決定を下していないし、上院で提議されたときには法的議論をよく聞くつもりだ〟と、共和党上院議員たちへの書簡で述べた。

一月一三日、ペンスは、ショート、オブスト、ニック・エアーズやジョシュ・ピトコックなどの元補佐官たちと、ホワイトハウス西棟の副大統領執務室で会った。

まだ感情が揺れ動いていた。起きたことの重大さをメドウズとクシュナーが無視しているように見えることと、トランプのペンスに対する仕打ちに、彼らは反発をおぼえていた。

二〇一八年にトランプのホワイトハウスで首席補佐官に就任する寸前だったエアーズは、ジョージア州の自宅から空路でワシントンDCへ行き、会議に参加した。エアーズは怒っていて、ペンスの対応に不満だった。軟弱だし、過去を捨てて先に進むことばかり考えていると思っていた。エアーズはペンスに、自分はトランプに会うつもりはないと告げた。

ジャレッド・クシュナーがすぐにペンスの執務室に首を突っ込んで、ペンスと話がしたいといった。最後まで政権を運営して秩序正しい政権移行を行なうと断言する声明を出すよう大統領に促してほしいと、クシュナーはペンスに頼んだ。

「大統領がそうするように説得するのに、手を貸してもらえませんか？」クシュナーはいった。

ペンスは笑みを浮かべ、うなずいて、わかったといった。あとできみのオフィスに寄るといった。

クシュナーが出ていくと、ペンスは側近たちのほうを向いて、ジャレッドがそのプロセスにくわわるよう求めてくれてよかったといった。補佐官たちはぽかんとした顔をしていた。

「これはジョークですか？」エアーズはペンスにいった。「そのために私たちを呼んだのですか？

副大統領」エアーズはいった。「彼らは損得勘定で動く人間です。副大統領のことをどう思っているか、はっきりしましたね。副大統領が議事堂にいたときに、彼らはいったい何度、電話をかけてきましたか？」

つづいてオブストが、クシュナーの行動は〝プロパガンダ〟で、一月六日後の自分のイメージをこぎれいなものにするために、ペンスとの和平交渉役に見られようとしているのだとけなした。

「彼らは自分たちの財務状況を重視している。国のことなどどうでもいいんだ」オブストは同僚たちにいった。クシュナーは民間セクターに戻ったときに暴動と結び付けられることを心配しているのだと、オブストはいった。

それでもペンスはあとでクシュナーのオフィスへ歩いていって、いくつか助言をした。その晩、ホワイトハウスは、両手を組んでレゾリュート・デスクに向かって座っているトランプの動画を公表した。トランプといっしょに動画を制作した補佐官数人は、弾劾の手続きについてトランプが神経質に話をしたことを憶えている。上院の共和党員は信用できないと、トランプはいった。有罪にされるかもしれない。

だからこの動画を録画することが重要ですと、補佐官たちはいった。共和党議員が議論に利用できる有利な事実を提供する必要があります。

「アメリカ国民のみなさん」一月一三日の動画で、トランプはいった。[7]「私の考えは非常にはっきりしています。先週私たちが目の当たりにした暴力を、私は明確に非難します。この国に暴力と破壊の居場所はありません。私たちの運動にも居場所はありません」

トランプはなおもいった。「みなさんがたすべてとおなじように、先週の議事堂における災難に、私は激しい衝撃を受け、心から悲しみました。この瞬間に平静と節度と品位をもって対応した何億人ものすばらしいアメリカ市民に、感謝したいと思います。これまでずっとやってきたように、私たちはこの難関をくぐり抜けます」

話を終える前に、トランプは〝私たちの仲間の市民を検閲し、削除し、ブラックリストに載せる活動〟を批判した。

堅苦しい大統領の声明を読んではいるが、真意ではおなじ仲間だと、支持者たちにウィンクで伝えたような感じだった。

52

一月一四日、バイデンは一兆九〇〇〇億ドルの計画を国民に説明した。危機への緊急対応だと表現し、魂の話をすこし加味した。[1]
「いま行動することが経済の面で絶対に必要であるばかりではなく、道徳的な義務もあると、私は確信しています」バイデンはいった。「アメリカ国内のこのパンデミックのさなかに、国民が飢えるようなことがあってはなりません。国民が住まいから立ち退かされるようなことがあってはなりません。看護師、教育者、そのほかの人々が仕事を失うのを見ていることはできません」
計画の中核となる要素には、以下のようなものが含まれていた。[2]

- 大多数のアメリカ国民に一四〇〇ドルの現金支給
- 九月から受け取れることになった連邦失業保険給付を一週間四〇〇ドル追加。三月に期限切れになる給付金三〇〇ドルから増額

- パンデミック対応に四〇〇〇億ドル
- 州と地方支援に三五〇〇億ドル
- 拡大された連邦政府の食料費補助対策を九月まで延長
- 家賃と公共料金の支払いに困っているアメリカ国民を助けるために三〇〇億ドル
- 児童税額控除の大幅拡大

クレインは国民の反応に勇気づけられた——そして、広報活動と、ビジネスコミュニティ、議会の民主党員、知事たちを結集させて支援を取り付けるのを指揮したアニタ・ダンの功績を称えた。バイデンの計画は真剣に受けとめられたし、一月六日の後遺症で共和党は気が散っているようだったし、財政タカ派の戦術もトランプを四年間後押ししたせいで錆びついていた。

「バイデンのような人物が、これが私たちに必要だと明言するのを、国民がおおいに待ち望んでいたことを、私たちですら過小評価していたのかもしれない」クレインはいった。「そうとも、これはでかい。これは大胆だ。多岐におよんでいる。しかし、こういうことじゃないかな？私たちは中途半端な対策にはうんざりしていたんじゃないか？」

しかし、MSNBCの専門家集団やバイデンの動きすべてを追っていた進歩派のツイッターでは、それほど熱狂的に報道されなかった。一四〇〇ドル支給はトランプが提案した二〇〇〇ドルよりもすくないと批判する下院議員もいた。[3] バイデンの計画が大規模なのは気に入ったが、実行できるのかという意見もあった。ミッチ・マコネルと政策合意を打ち出す前に、指標を下げるのではないか？

一月一四日のバイデンの演説を見たとき、早めにそれを売り込むのは賢明だと、マコネルは思った。

「彼らはできるだけ早く、できるだけ大きなものをやろうとしている」マコネルは内輪でいった。「政治資本はつねにうつろいやすいからだ」自分がバイデンの立場だったら、おそらくおなじことをやったはずだ。

しかし、バイデンの手法は理解できるといいつつ、マコネルは二〇一六年の自分の回顧録が『*The Long Game*』という題名であることを同僚に指摘した。[4] その手法がつねにマコネルの指針でありつづけた。じっとしている。待つ。

オバマの時代、マコネルとバイデンが政策合意を決めるのは、どちらも〝四〇ヤード・ライン〟のあいだにいるときだけだった（五〇ヤード・ラインが中間点なので、そのすこし手前ということ）。マコネルは、そこをスイートスポットと呼んでいた。

マコネルとバイデンの政策合意については、数多くの雑誌の分析や新聞記事があるが、自分たちが偉大な交渉人ではないことを、マコネルは承知していた。よくいっても、抑えのために出てくる投手だろう。政治的現実主義者なのだ。

バイデンが大型予算案を追求するあいだ、のんびり見物させてもらおうというのが、マコネルの魂胆だった。議員生活が長いマコネルは、オバマ、ジョージ・W・ブッシュ、ビル・クリントンなど、さまざまな大統領を見てきた。最初は積極的な政策を打ち出すが、中間選挙で有権者に非難されることになる。

「昔のジョーに戻らなければならなくなったら、そうなるだろうし、彼が成功できるかどうかは民主党が連勝できるかどうかに左右される」マコネルはいった。「彼が成功できなかったら、私たちがまた勝負を牛耳る」

一月一四日、共和党の巨額献金者数人との内密の電話会議で、カール・ローブは、ジョージア州の特定の地域で共和党員が投票しなかったことを嘆いた。それは大災害だったが、さらに悪いことに、トランプとその盟友が投票の無謬性に疑いの種を蒔きつづけている限り、ふたたび起こりうる大災害だった。

「根本的に、堅固なトランプ支持者のせいだ。一一月の選挙は不正操作されていたから、今回の選挙もおなじで、投票しても無駄だと、彼らは思い込んだんだ」ローブは献金者たちにいった。「もうひとつの問題は、相手陣営がきちんと仕事をやったことだ。黒人票が、全投票数の大きな部分を占めていた」

電話会議の終わりのほうで、ある献金者が、共和党の未来の指針、ことにローブ自身のような〝伝統的保守派[5]〟の共和党員の指針について、トランプ以後、一月六日の事件以後、どうなるのかと追及した。

「亀裂はどれほど深いか、この二カ月がなにをもたらすかについて、あなたの考えは？」献金者が質問した。

「私たちの党には深い分裂がいくつもあると思う」ローブはいった。だが、共和党の草の根に、〝選挙が盗まれたと信じ込んでいるアメリカ人多数がいる〟のが心配だった。完全な幻想だ。「いいですか、私は大統領選挙を二度経験している。しかし、大統領はこの主張を法廷で訴える機会を五〇回以上あたえられた。それに、私も出廷して発言しようとして、申立書を読んだ。申立書は大げさな弁論とはまったく一致していない」ローブはいった。「しかし、大勢の人間が、選挙は大統領から盗まれたと信じているし、それが彼らにとって第一の認識なんだ」

ローブは論を進めていった。「今後の問題は、党内の分裂、意見の相違、混乱に自分の生活がかかっている人間がいるのではないかということだ。そういう人間は戦うだけのために戦う。そういう人間は、〝いいか、あんたはおれに反対できない——なぜなら、おれに賛成しなかったら、あんたはなんの価値もないから、おれはあんたを罰する〟というだろう。そういうことは解決がきわめて困難だと思う。

私にはいい答えがない」

トランプは選挙についての主張をつづけて、選挙が盗まれたと信じている盟友たちとなおも会っていた。

一月一五日、《ワシントン・ポスト》のカメラマンのジャビン・ボッツフォードが、トランプの盟友の保守派でマイ・ピローCEOのマイク・リンデルが、トランプに会うためにホワイトハウス西棟に向かっているところを撮影した。[6] リンデルはFOXニュースやそのほかの全国ネットテレビの常連で、さまざまな州の選挙で不正があったと主張していた。

〝いまこそ反乱法を〟と、リンデルの持っていたメモに書いてあるのを、ボッツフォードのカメラが捉えた。〝必要とあれば戒厳令〟。

バイデンの就任式の前夜、トランプは気が抜けたようだった。一月一九日の午後七時ごろ、バイデン宛の書簡を手書きしているのを、オーバル・オフィスのあいたドアから補佐官たちが見ていた。トランプは何人かに提案はないかと聞いた。前向きな表現を使うよう、補佐官たちが促した。だが、トランプは内容を明かさなかった。独りで書きあげた。

トランプは午後一〇時ごろに、下院共和党院内総務のケビン・マッカーシーと電話で話をした。

「手紙を書き終えたところだ」

それを聞いてほっとしましたと、マッカーシーがいった。何週間も前から、書くようにとトランプに勧めていた。

マッカーシーは感情的になった。トランプは就任式に出席しないつもりだった。マール・ア・ラーゴやエアフォース・ワンで、政治談議を交わし、トランプの好きな〈スターバースト〉のキャンディを食べながら話し合ったことと、まったく食い違っている。

「この二カ月のあいだに大統領になにがあったのか、私にはよくわかりません」マッカーシーがいった。「この四年間の大統領とは、別人のようです。

大統領はすばらしいことをいくつもやってきたし、それを遺産《レガシー》にしたいでしょう。ジョー・バイデンに電話してください」

トランプは、その考えを斥けた。なんらかの話し合いが行なわれることが国にとって重要だと、マッカーシーは説いた。政権移行を現実味があるものにしたほうがいい。

「代わりにやってくれ」

マッカーシーは動揺した。

「電話しなければなりません。ジョー・バイデンに電話してください」

ノー、トランプはいった。

「ジョー・バイデンに電話してください」

ノー。

「ジョー・バイデンに電話してください！」

ノー。

トランプは話題を変えた。

トランプが共和党から離党するという噂があった。

「党を離れはしない。きみたちを手助けする」トランプはいった。それから、フロリダの新しい電話番号を教えた。

トランプはバイデンに電話をかけなかった。

その深夜、トランプはホワイトハウスでせっせと、だれに恩赦をあたえるべきかを議論していた。だが、最大の問題は、自分に恩赦をあたえるべきかどうかということだった。

さまざまな捜査が行なわれていて、ことにニューヨークでの捜査が一カ月も長引いていると、トランプはグラムにいった。「彼らは私の家族を破滅させようとしている」家族全員への恩赦は可能だった。自己恩赦すべきだろうかと、トランプはグラムにきいた。

「自己恩赦はまずいでしょう」グラムはいった。「大統領という職務にとっても、あなたにとっても、いい考えではありません」

自己恩赦はトランプの法律問題すべてを解決することにはならないと、弁護士たちもいっていた。トランプ・オーガニゼーションの業務を調査しているマンハッタン検察局のサイラス・バンス首席検事は、今後も捜査をつづける可能性がある。大統領恩赦は連邦法違反にのみ適用され、州法には適用できない。

トランプは、自己恩赦は我慢したが、大統領任期の最後の数時間、躍起になってそのほかの恩赦を実行した。一月一九日の午後零時近くに、トランプの署名ひとつで、スティーブ・バノン、ラッパーのリル・ウェイン、元デトロイト市長クウェイム・キルパトリック、政界とビジネス界の盟友多数を含む一四〇人以上が恩赦を与えられた。[7]

バイデンの就任式前夜は、もっと物静かだった。一月一九日、ニューキャッスルのジョセフ・R・〝ボー〟・バイデン三世州兵予備役少佐記念センターに立ったとき、バイデンが残念に思ったのは、〝ボーがここにいない〟ことだけだった。

「大統領として彼を紹介したかった」バイデンはいった。

一瞬、バイデンの声がうわずり、高くなった。心痛で顔がくしゃくしゃにゆがんだ[8]。

一秒後、バイデンは演説をつづけた。舞台の近くの照明が、頬を流れ落ちる涙を輝かせた。

53

一月二〇日の早朝、トランプとメラニア・トランプ大統領夫人が、居室からおりてきた。ホワイトハウスのスタッフ——コック、執事、家政婦——が、午前八時前から外交使節接見の間でふたりを待っていた。

大統領夫妻が入室すると、スタッフが拍手し、仕えてくれたことに大統領が礼をいい、握手をすると、何人かが涙をこぼした。ホワイトハウスの門衛が大統領夫妻に、四年前にふたりがやってきたときにホワイトハウスの上にひるがえっていたアメリカ国旗と艶やかな桜材の額縁を贈呈した。

トランプが、ロバート・オブライエンとパット・チポロンに目を留め、写真を撮るために呼び寄せた。

メラニアがサングラスをかけた。メラニアと話をして、お別れをいうために身をかがめた人々は、彼女が涙ぐんでいるのに気づいた。

「ローーマリとお嬢ちゃんふたりによろしくね」メラニアが、オブライエンにいった。

そのあと、トランプ夫妻は表の寒い朝の光のなかに出て、マリーン・ワンに乗った。駐機場とエアフォース・ワンに近いレセプション・ルームで、トランプの家族がふたりの到着を待っていた。トランプの末娘のティファニーが、ヘリコプターの離陸を映しているテレビの画像を携帯電話で撮っていた。

トランプのそのほかの子供たちは、マリーン・ワンが離陸するのを無言で見守った。部屋にいた全員が、テレビを見ていた。まるで魔法にかけられたように、その瞬間に見入っていた。

二〇一七年一月二〇日に一巡して戻ったようだった。その日、トランプとオバマ大統領は、ホワイトハウスから議事堂まで、おなじ車で行った。就任式の立案を担当した上院議員のひとり、ロイ・ブラントが同乗していた。

車が走っているあいだに、トランプはオバマのほうを向いた。

「あなたの最大の過ちはなんだった？」トランプはきいた。

オバマは一瞬考え、トランプをちらりと見た。

「なにも思いつかない」オバマがいった。

トランプは話題を変えた。

「これはあなたがいつも使っている車なんだね？」

退任する首席補佐官マーク・メドウズが、引き継ぎのために一月二〇日にホワイトハウスの自分のオフィスで会いたいと、クレインに連絡した。クレインは就任式には出席せず、リアルタイム情報と法執行機関の報告をホワイトハウスで監視するつもりだった。迷彩服を着てヘルメットをかぶり、ライフルを持った州兵数万人が、いまもワシントンＤＣにいる。金属製のフェンスで封鎖した中心街に兵士たちがあふれかえっていた。

暴力行為とそれが起きる危険性は、いまや就任式の一部――アメリカ政治の一部になっていた。

街路での一度の衝突か、一発の銃声が、就任式を台無しにし、悪くするとそれを特徴づけてしまう。クレインは不安にかられ、緊張していた。

クレインは午前一〇時三〇分にホワイトハウスに到着した。ホワイトハウスで五回勤務したことがあったが、ホワイトハウス西棟がこれほど閑散としているのを見るのは、はじめてだった。不気味だった。トランプの配下がほとんどいない。有名なオフィスと優美な廊下には、清掃作業員がひしめいていた。

クレインは、首席補佐官のオフィスへ行った。ドアが閉まっていた。ノックした。応答はなかった。ノブをまわした。鍵がかかっていた。クレインは締め出されたまま、まもなく自分が使うことになるワシントンＤＣで二番目に重要なオフィスの外に立って待った。

トランプの補佐官がやがて近づいてきて、クレインにいった。「メドウズさんが電話をかけてきました」クレインは携帯電話を耳に当てた。

遅れると、メドウズがいった。出発するトランプに同行していたが、じきに戻る。

到着すると、メドウズはクレインをオフィスに入れた。

私たちの話し合いを思っていたよりも短く切りあげなければならないと、メドウズがいった。FOXニュースの司会者でトランプの盟友のジェニー・ピロの元夫アル・ピロに対する予想外の最後の恩赦にトランプが署名したので、それが法的に成立するように、メドウズが正午前に司法省に届けなければならないのだという。[1]

メドウズはクレインに、継続される政府のさまざまな計画についてブリーフィングを受けたかときいた。予想される緊急事態――爆弾テロ、航空攻撃、サイバー攻撃、ことによると侵攻――に備えて、大統領が継承し、政府が継続する、暗号名が付けられた機密計画のことだった。

イエスとクレインは答えた。二日前に、職員二五〇〇人以上を擁するホワイトハウス軍事局を指揮するジョナサン・ハワートン准将に会い、ブリーフィングを終えていた。

ホワイトハウスの警備部門と通信部門で秘密扱いの機能について、ブリーフィングを受けたか？ メドウズはきいた。

それも完全なブリーフィングを受けていると、クレインはいった。

「きみがこの世のすべての幸運に恵まれることを願っている」メドウズは丁重にいった。「きみの成功を願っている。きみを支援する。きみのために祈る」

クレインは礼をいった。メドウズが出ていった。

午前一一時一五分前後だった。仕事をはじめるまで四五分ある。コンピューターにサインインすることもできない。暇だった。

クレインは、バイデンの執務室にするために作業員がネットワークを設置しているオーバル・オフィスへ行った。[2] ロバート・ケネディ、マーチン・ルーサー・キング・ジュニア、セサール・チャベス、ローザ・パークスの胸像があった。フランクリン・デラノ・ルーズベルト大統領の巨大な肖像画があった。二〇世紀初頭の印象派画家フレデリック・チャイルド・ハッサムの〈雨のアベニュー〉も、クリントンとオバマの肖像画の横に飾られていた。

表には奴隷を数百人所有していて、ネイティブ・アメリカンに対して残虐な軍事作戦を行なったアンドリュー・ジャクソン（初の民主党大統領）の肖像画があった。

バイデンの友人たちは、なにもかもがバイデンとドニロンらしいといった。魂のインテリア装飾。

大統領選挙後の日々、オブライエンはバイデン大統領への政権移行の準備を開始していた。トランプは不快に思っているが、作業をやめろと命じはしなかったと、オブライエンは公言していた。

一月二〇日、オブライエンは合計四〇〇〇ページに及ぶバインダーを五〇冊ほど用意した。まもなくジェイク・サリバンのものになるそのデスクに、高度な秘密区分の秘密軍事行動と暗号名が付けられた特別アクセス・プログラム（三段階の秘密区分それぞれへの取り扱い資格があるだけではアクセスできず、それ以上の要知条件を必要とするプログラム）についての覚書を記した書簡を置いた。所持していたさまざまなIDカード、各種の緊急事態に対するパスワードを書いたものを出して、書簡の上に置いた。

なんでも必要なものがあれば、オブライエンはサリバンにいった。私にいってくれ。

ひとりはマスクを付け、ひとりは付けていないふたりの写真を、カメラマンが撮影した。

「神のご加護を」オブライエンはサリバンにいった。権限は新しいチームに移行された。

ペンシルベニア・アベニューのずっと先のほうでは、就任式当日にバイデンと話をするつもりではなかったペンスが、それぞれの警護班とともに議事堂でバイデンとすれちがった。バイデンが満面に笑みを浮かべて、ペンスに近づいた。

「来てくれてありがとう!」バイデンはいった。「来てくれてうれしい」ふたりは何年も前に、ペンスが副大統領に就任したあとで、副大統領公邸で会っていた。ペンスはそのときのことを何度か周囲の人間に語った。バイデンは親しみのある人物で、ペンスの家族にわざわざ挨拶をしにいった、と。

ビル・クリントン元大統領が、ペンスに歓迎の挨拶をするために進み出た。

「あなたがやってくれたことに感謝しています。あなたは正しいことをやった」クリントンはいった。

ハリスが、一月六日に勇敢に行動したDC警察の黒人警察官ユージン・グッドマンに付き添われて席についた。バイデンは冬用の厚手の黒いコートを着て、パウダーブルーのネクタイを締めていた。上院と下院の議員たちが、マスクをしてうしろに着席していた。

ハリスは、式のために聖書を二冊持参していた。[3] 一冊は最初の黒人最高裁判事だった故サーグッド・マーシャルの聖書、もう一冊はハリスの幼少期、二番目の母親だったレジーナ・シェルトンの聖書だった。ハリスはいつもどおりソロリティの象徴の白いパールのネックレスを付けていた。ほかの民主党の女性たちも、史上初の黒人女性副大統領に敬意を表して、おなじネックレスを付けていた。

政権移行を守るために膨大な規模の警備上の予防措置が講じられていたが、ホワイトハウス西棟と首都全体を監視する秘密の指揮所では、極度の不安が消えなかった。橋、記念建造物、車は監視されていた。M4カービンを持った兵士が首都をパトロールしていた。警察官が巡邏していた。

ミリーは就任式の壇上にいた。そこにいるのは職務の一環だったが、自分はもっとも幸福な出席者かもしれないと思っていた。バイデンが大統領になったからではなく、トランプが大統領ではなくなり、平和な政権移行になりそうだったからだ。

ミリーが就任式に先駆けて戦争計画と核兵器の指揮統制の権限を再検討したとき、バイデンはみずからミリーに礼をいったが、どういうことであるのか、明確にはわからないようだった。

ミリーは、〝シュレジンジャー式にやる〟という決定を、結束の固い側近以外には漏らしていなかった。

「あなたがどういうことをくぐり抜けたか、私たちは知っている」バイデンはいった。「あなたがなにをやったか、私たちは知っている」

議事堂の演壇で、ハリス副大統領とさまざまな次期閣僚たちが、おなじような感じで感謝の言葉を述べた。トランプと自分のせめぎ合いについて彼らがなにを知っているのか、ミリーにはっきりとわかっていたわけではなかったが、かなり知っているような気がした。中央政界とはそういうところなのだ。国家機密に属する内部情報が流れ出す――間違っていることもあるが、今回は正しかった。

途中で、ペンスがそばを通った。

ミリーはうなずいていった。「あなたのリーダーシップに感謝します、副大統領」

ペンスがうなずき、離れていった。ほんの一瞬のことで、あっというまに過ぎ去った。言葉がなかったことに、ミリーは気づいた。

クライバーンがキングメーカーよろしく動きまわった。ジョージ・W・ブッシュ元大統領が、クライバーンを呼び寄せた。

「なあ、きみは救世主だ」ブッシュはクライバーンにいった。「きみがバイデンを支持しなかったら、きょうの政権移行はなかっただろう」

トランプを打倒できる人間は、ジョー・バイデンしかいなかったと、ブッシュはいった。五分前に、ビル・クリントンがおなじ言葉を使った――クライバーンとおしゃべりをしたときに、〝救世主〟といった。

「ビル・クリントンがいうのが聞こえたんでしょう」出席者の自撮りに応じながら、クライバーンはブッシュにいった。

ヒラリーとの会話は、もっと重大だった。「一月六日の出来事に関して責任の所在をはっきりさせることが、国の未来のためにきわめて重要です」クライバーンはヒラリーにいった。

最前列に座っていたバイデンのいつもより長い薄い白髪が、風になぶられていた。ハーバード大学卒の若い黒人女性アマンダ・ゴーマンが自分の詩〈私たちの登る丘〉を朗読するのを、バイデンは真剣に見つめていた。[4]

「貪欲な野獣に、私たちは勇敢に立ち向かった」鮮やかな黄色いコートを着たゴーマンが、アメリカ国民数百万人に向けていった。「静けさがつねに平和とは限らないことを、私たちは学んだ。

どういうわけか私たちは難局を切り抜けて、壊れはしなかったが完成していない国を目の当たりにした」

クレインは、ジェイク・サリバンが使いはじめた国家安全保障問題担当大統領補佐官のオフィスへ歩いていった。ふたりは、クレインがオメルベニー・アンド・マイヤーズ法律事務所のパートナーだった二〇〇六年以来、一五年の知己だった。サリバンはサマー・アソシエート（夏にロースクールからやってくるインターン）で、クレインの直属の部下として働いた。その後、クレインは、二〇〇八年のオバマの選挙運動にサリバンが雇われるように尽力した。

バイデンのホワイトハウスにはよくある図式で、低レベルの仕事からここまで、いっしょにのしあがった人間が多かった。

正午前にクレインとサリバンは、シチュエーション・ルームへ行った。国家安全保障と法執行機関の指導者すべてから脅威に関する最新情報を得るために、秘話ビデオ会議を手配していた。NSA、国土安全保障省、FBI、CIA、その他の情報機関とつながっていた。

席についたとき、ふたりの頭にあるのは警備のことだけだった。バイデンの就任式の動画が、シチュエーション・ルームのスクリーンの一台から流されていた。ふつうではないことが起きていないかどうかに注意を集中できるように、音はわざと消してあった。バイデンの就任演説にはふたりが考えを提供していたし、最終的な内容も知っていた。

ふたりが近くのテレビを見ていると、ケルト十字が描かれた家族の聖書にバイデンが手を置いた。[5] アイルランド系であることを物語るその聖書は、妻と娘が死んだあと、入院していた息子たちのベッド脇で上院議員の宣誓を行なうのに使ったものだった。バイデンは、若いころに英雄視していたジョン・F・ケネディに次いで、アメリカ史上、二人目のカトリック教徒の大統領になった。

ドニロン、ミーチャム、ほか数人がまとめあげるのを手伝ったバイデンの二五五二語の演説は、超党派主義と民主主義への頌辞《しょうじ》だった。[6]

「本日は民主主義の日です」バイデンは話しはじめた。「歴史と希望の日です。復活と決意の日です。アメリカは苦しい試練の時代を通じて、あらたな試練を受けながら、困難に立ち向かってきました。きょう私たちは、一候補者の勝利ではなく、大義の勝利を、民主主義という大義の勝利を祝うのです。

私たちは切迫感をもって迅速に前進します。なぜなら、重大なことがおこりうる可能性があるこの危機の冬、私たちにはやることが大量にあるのです」ソーシャル・ディスタンスを守っているワシントンDCの数少ない聴衆に、バイデンは告げた。

議員たちが拍手した。観客の代わりにモールで小旗がはためいた——一九万一五〇〇本の旗は、パンデミックのさなかに命を落とした人々のために、また出席できない国民の代役として、大統領就任式実行委員会が立てたものだった。[7]

ステーキに卵とグリッツという南部式の朝食が、トランプの最後のフロリダ行きのフライトで出された。[8]着陸すると、マール・ア・ラーゴに向かうトランプの車列を眺めるために、数千人が通りに並んでいた。スモークガラスの奥でトランプが手をふり、親指を立てて、車列は這うようにのろのろと進んだ。

車列が敷地にはいると、トランプはそのままメラニアといっしょに館にはいっていった。大統領でいられるのは、あと一〇分ほどだった。

一月二〇日午前一一時五九分、トランプは部屋にいた。ツイートも演説もなかった。

午後零時一分、シークレット・サービスの警護官数人が、敷地の周辺の警護用機器をはずしはじめた。トランプはもはや大統領ではない。もう核の〝フットボール〟に手を出せない。一瞬にして現場の警備の人数が減った。

就任式が終わると、ハリス副大統領と夫のダグ・エムホフは、ペンス夫妻を議事堂の階段の下まで見送った。ペンスはアンドリューズ空軍基地へ向かい、家族に加えて、犬、猫、ウサギを飛行機に乗せて、インディアナ州コロンバスに向かう。

飛行機が着陸したときには、よく晴れた午後だった。消防車二台が、アメリカ国旗を掲げた梯子を高くのばし、駐機場の演壇には〝ようこそお帰りなさい〟と書かれていた。ロックバンドのフリーが演奏する一九七〇年の曲〈オール・ライト・ナウ〉が流れるなかで、ペンスと家族は小さな舞台に向かって歩いた。

「あのね、エアフォース・ツーには以前からのならわしがあるんです。お客様をひとり招待して、コクピットの補助席に座っていただくの」友人たちと家族に向かって、カレン・ペンスはいった。[9]

飛行機のコクピットにいると、〝先の見通し〟がきくようになります。なにもかもが見えるし、どこへ向かっているかもわかるから。

「きょうはマイクがそこに座ったんです」といって、カレンは泣き出した。

54

要塞化されたように見えるワシントンDCの警備は維持された。コンミー・ホールでの会議から街路の兵士と警察官に至る計画立案、準備、懸念が、切迫していた脅威を抑止したようだった。

一月二〇日、クレインとサリバンは、バイデンの国土安全保障顧問エリザベス・シャーウッド・ランダルを含めた補佐官数人とともにシチュエーション・ルームに一時間以上いて、一部始終を監視した。

午後四時過ぎにオーバル・オフィスに到着したバイデンは、チームに歓迎の挨拶をして、署名するものはあるかとクレインにきいた。仕事はどこだ？　さあ、やろう、といった。

バイデンは、大統領令一五件、省庁への具体的指示二件に署名した。ジェン・サキ報道官があとで、トランプの初日の大統領令二件よりもはるかに多いといった[1]。

トランプの特徴的な政策の項目を逆転させるような署名が多かった。連邦政府の施設内でのマスク着用を義務づける。キーストーンXLパイプラインの建設許可を取り消す。世界保健機関（ＷＨＯ）との関係を修復する。気候変動に関するパリ協定に復帰する。国境の壁建設の予算を確保するためにトランプが利用した国家緊急事態を終わらせる。イスラム教徒が多数を占める国からの渡航制限を廃止する。

レゾリューション・デスクの引き出しに、トランプはバイデン宛の書状を残していた。バイデンはそれをポケットに入れ、補佐官たちには見せなかった。

バイデンは、ウイルスに注意を向けた。

一月二〇日のそれよりも前の時間に、新型コロナウイルス対策調整官ジェフ・ザイエンツの補佐官のひとりで三〇歳のソーニャ・バーンスタインは、時計が正午を告げると同時にバイデン大統領の新型コロナウイルス対策を発表する準備をしていた。

バーンスタインは、元行政管理予算局（ＯＭＢ）局長シルビア・バーウェルの秘書をつとめたことがあり、ワシントンＤＣのマウント・プレザントにあるタウンハウスの半地下のアパートメントで、何カ月も前からほとんど毎日、作業を進めていた。作戦指揮所だと、バーンスタインは冗談めかしていった。アメリカ史上最大のアウトブレイクで感染者が急増し、病院と医療関係者が対処できなくなるなかで、バーンスタインは公益法人の幹部として、ニューヨーク市の公共病院システムに取り組んでいた。

毎朝起きるたびに、バーンスタインは失われた命のことを思い、あすはよくなるだろうと願ったが、死者の数は増えるいっぽうだった。きわめて厳しい状況だと判断して、その流れを変えようとするバイデンに協力するチャンスに跳びついた。

バーンスタインは、就任式の朝、ビデオ会議に参加した。入念なやるべきことのリストがあり、連邦政府の省庁とその下部組織すべてを網羅するスプレッドシートもあった。会議の参加者は、最優先の問題と行動を選り出した。数日のあいだにゼロから一〇〇に達しなければならない。

組織的な新型コロナウイルス検査のインフラを、急いで構築する必要があった。ワクチンを入手するための予算、人員、機器、接種を行なう医療関係者、会場を見つけなければならない。ワクチンは薬局に供給されていないので、ザイエンツは薬局へのワクチン配布計画を立てようとした。バイデンは学校を再開したいと思っているので、教師のワクチン接種を優先しなければならない。サプライチェーンを改善する必要がある。

国土安全保障省、国防総省、保健福祉省の代表が、ビデオ会議に参加した。彼らはＺｏｏｍのテーブルに向かっていそいそと着席しているように見えた。

バーンスタインは、人々の腕にワクチンが注射されるのが感じられるような気がした。

一月二五日月曜日の午後、ザイエンツはバイデンとハリス副大統領にオーバル・オフィスで会って、ワクチン供給について話し合った。

トランプのチームは、二度目の一億回分のワクチン供給をファイザーと延々交渉していたが、まだ発注していなかった。

「大統領」ザイエンツはいった。「これはチャンスですよ。迅速に動けば、夏ごろにもっとワクチンを配布できると思います。ですから、予算を投入すべきです」ファイザーのワクチン一億回分を追加するのに、四〇億ドルを要する。

これは戦時だとバイデンはいい、即座に進言を採用した。「最悪の場合には供給過剰になるが、そうなってもすこしもひどいことにはならない」バイデンはいった。

ザイエンツが相槌を打った。「頂上を目指して走るような苦しい戦いにはならないでしょう」ザイエンツはいった。「頂上を越えて走れるのではないですか」難問に圧倒的な力で勝てる。

「調達できるという確信はあるのか？」バイデンがきいた。

「物事はつねに齟齬をきたすものです」ザイエンツはいった。「しかし、私たちは緻密に監視します。間に合うように、あるいはもっと早くこれをやるために、国防生産法を含めて大統領の権限をすべて利用します。早められるようなら早めます」

「たしかに正しい決定のように思える」バイデンはいった。「危なっかしくない」

翌日、バイデンはファイザーのワクチン一億回分の追加を発表した。[2]モデルナのワクチンも一億回分買うことに同意し、すでに発注されている四億回分に、二億回分が加わり、合計六億回分がアメリカで用意されることになった――アメリカ国民三億人が二回ずつ接種できる。

バイデンは、ザイエンツにさらに質問した。「もっと早くするためにできることはあるか？期限どおりに納入されるといい切れるのか？

マスク着用命令を施行するには、どうすればいいのか？」

新政権の最初の一〇〇日間、すべてのアメリカ人が〃マスクをする〃ことを望むと、バイデンは宣言した。[3] マスクをつけるのは命を救うためのもっとも手っ取り早く簡単な方法だったが、それが必要かどうかについてトランプのホワイトハウスが示す見解が一致していなかったため、政治論争になっていた。

「集団接種会場を設置するために、私たちはなにをやるのか？」バイデンはザイエンツにきいた。

ＦＥＭＡの活動が進展しています、ザイエンツはいった。集団接種会場を二一カ所設置し、三月末に全面的に稼働して、最大で一日七万一〇〇〇回の接種を行なえるようになります。

「すべて大型スタジアムか？」

ちがいます。

「移動ワクチン接種部隊は？」

ワクチン接種サービスをコミュニティに持ち込み、特定の人口集団に接種することを表わす包括的な表現だった。

「田園地帯や遠隔地にこれを配備して、公平にワクチンを受けられるようにする方策は？」バイデンはきいた。

公平な接種がまだ行なわれていないことを、データが示していますと、ザイエンツがいった。

公平性に集中しなければならないと、バイデンはいった。連邦政府のすべての資産と能力が利用されるようにしてほしい。

「国民がマスクをするように、私たちにできることをやろう」バイデンはいった。「可能な限り供給を増やせるように、私たちにできることをやろう。ワクチン接種を受けられる場所、接種を行なう人間、注射器を増やすために、私たちにできることをやろう」

55

「おい、このランチのことをリークしたのはきみか？」ダークスーツを着て黄色いネクタイを締めたトランプ前大統領が、ケビン・マッカーシーに向けてにやにや笑った。一月二八日、下院共和党院内総務のマッカーシーは、トランプに会うためにマール・ア・ラーゴを訪れていた。

「いいえ」黄色いバラの花瓶と金色のカーテンのそばを通ってトランプに近づきながら、マッカーシーはいった。「あなたのスタッフじゃないですか？　私は自分のスタッフには話していません」

「私のスタッフがリークしたと思っているのか？」

「いや、スタッフがリークしたとは思っていません」

「だったら、だれがやったと思っているんだ？」

「あなたですよ」マッカーシーはいった。

マッカーシーの前大統領訪問は、ニュースでもちきりになっていた。トランプは、そのニュースをリークしたことを否定しなかった。見出しにふたたび取りあげられ、戦いに復帰する意欲が満々のように見えた。共和党の下院でのトップがランチに来るのは、秘密にしておくようなことではない。

共和党の指導者たちは、いまもトランプに会いにきていた。マッカーシーはとりわけ、一月一三日にトランプは〝議事堂の暴動に責任がある〟と発言してトランプを怒らせ、不確定要素《ワイルド・カード》だと見なされていた。そのマッカーシーがトランプに会いにきて、援助と助言を求めている。

「じつは、これはプーチンと会うよりもいい広報になると、メラニアがいったんだ」報道機関のヘリコプターが何機も近くを飛んでいるし、メディアがたいそう興味を持っていると、トランプはいった。

「お互いのためにいいことじゃないかね？」

「いいでしょう」マッカーシーはいった。

マッカーシーが来たのは、二〇二二年の選挙で過半数を奪い返すために、トランプが下院共和党に協力しつづけることを願っていたからだった。トランプが無用のプライマリー・チャレンジを仕掛けないように誘導する必要がある。それに、当選確実な候補者がトランプと結び付けて考えられるようなことも避けたい。ふたりはランチのテーブルについた。

「チーズバーガーとポテトフライでいいかな？」

「チーズバーガーはいただきますが、私は肥っているので」マッカーシーはいった。「フライは結構です。サラダ。パンはなしで」

「それで足りるのか？」トランプは、マッカーシーの皿を見た。自分もバーガーからパンをはずした。

「アイスクリームは？」

「果物にします」

トランプは、自分のアイスクリームを注文した。

「なあ、ツイッターからはずされてよかった」

「えっ、ほんとうに？」

「そうとも。みんな私の政策は気に入っているという。ツイートは気に入らなかったと」

「まあ、みんなそうですよ」

「支持率があがった」

トランプは、まもなくはじまる上院の弾劾裁判についてきいた。

「二進も三進も行かないでしょうね」マッカーシーはいった。


グラムは、バイデンの宣誓からわずか一一日後の一月三一日に、ふたたびトランプと話をした。上院の弾劾裁判は二月初旬に開始される予定だった。前日にトランプはあまり有名ではない弁護士グループにつぎつぎと電話をかけ、裁判に備えて自分の法務チームを奮起させた。

裁判についてトランプが弁護士や補佐官にかけた電話には、まとまりがなかった。トランプは注意散漫だったし、選挙に不正があったという主張の訴訟を再開したいと思っていた。おなじことを大声で怒りをこめてくりかえすので、もっとも親密な補佐官たちですら疲れ果てた。

私たち上院共和党の大多数は無罪に投票します、とグラムはトランプを安心させた。すでに退任している前大統領を裁くのは、憲法の精神に反するという根拠があります。

しかし、トランプはそのことよりも、ジョージア州の新人共和党下院議員マージョリー・テイラー・グリーンの支援に大喜びしているようだった。グリーンは極右の女性議員で、過激な政治思想が政治家としてのイメージの中核だった。グリーンは選挙を覆そうとしたトランプの活動を支援し、バイデンの就任式の翌日にバイデンに対する弾劾条項を提議していた。

また、グリーンは、ソーシャルメディアでQアノンの陰謀理論を後押ししていた。[1]〝Qは愛国者です〟投稿した動画で、グリーンはいった。〝彼は私たちとおなじ考えですし、非常に親トランプです〟。

「用心してください」グラムはトランプにいった。「彼女の砂地獄に誘い込まれないように」

「彼女は私についていいことをいっている」トランプはいった。

グラムは溜息をついた。トランプのホワイトハウス後の世界は、こういうふうになってしまうのか。

トランプを精いっぱいできるだけいい方向に導こうと、グラムは思った。議会の情報を聞いたり、ゴルフに誘ったりするために、トランプはいまも電話してくる。

だが、トランプを変えることはできなかった。ただ話をつづけるだけだった。

56

一月三一日日曜日、メイン州選出の穏健派共和党上院議員スーザン・コリンズが、夫トム・ダフロンの運転でバンゴー空港に向かっているときに、バイデン大統領から電話がかかってきた。[1]

「あなたの書簡を受け取った」バイデンがいった。元気づけるような快活な声で、すぐにバイデンだとわかった。

上院で五期目を開始したところだったコリンズは、共和党上院議員一〇人からバイデンに宛てた書簡を取りまとめた。その日の数時間前にホワイトハウスに送られた書簡は、バイデンの一兆九〇〇〇億ドルの救済計画への対案だった。共和党は、バイデンが概略を立てている計画の三分の一以下――六一八〇億ドルを提案していた。

コリンズはすぐさま〝オールド・ジョー〟の口調に気づいた。電話に集中し、急《せ》くふうがなかった。最新情報を伝えて、長話がしたいのだ。ふたりはお互いのことをよく知っていた。コリンズが最初に上院議員になってからの一二年間と、バイデンが副大統領兼上院議長だった八年間。

コリンズは、新大統領の話を中断したくなかったが、ワシントンDCに戻る便に乗り遅れるわけにはいかない。夫に頼んで、空港内をぐるぐる走ってもらった。

「飛行機に乗らないといけないんです」コリンズはついにいった。

書簡で共和党議員が要求しているように、よろこんで会うと、バイデンがいった。あしたではどうかな？

「あとの九人に伝えてもいいですか？」

ワシントンDCに到着するまで待ってくれないかと、バイデンがいった。変わったことを頼むものだとコリンズは思ったが、たぶんスタッフに知らせたいのだと気づいた。バイデンは以前から電話魔で、問題があると気づくと、電話をかけて連絡をとるか、会おうとする。ことに交渉の機会があるときにはそうする。コリンズがホワイトハウスに書簡を送ったのは数時間前だったが、日曜日なのでスタッフがそろっていなかったにちがいない。

書簡を見たロン・クレインは驚愕した。バイデンの一兆九〇〇〇億ドルの三分の一以下というのは、あっけにとられるような低い数字で、本気だとは思えなかった。

その書簡はいたって楽観的で、超党派の行動を求め、つぎのような書き出しだった。〝大統領が就任演説で宣言したように、私たちの国が直面している難関を乗り越えるには、「民主主義においてもっとも達成しがたいもの――団結を必要とする」〟

また、こう書いてあった。〝超党派主義と団結の精神により、私たちは超党派の支援ですべて成立した以前のコロナウイルス支援・救済・経済安全保障法に基づき、新型コロナウイルスに関連する救済枠組みを開発した〟。しかし、提示された金額は、相手方を尊重すると明言していることと嚙み合っていない。

しかし、バイデンは、提案を拒絶しないとクレインにいった。だからといって、受け入れるわけではない。もっと話を聞きたいだけだ。これらの共和党議員は、トランプから遠ざかって政策合意を結ぶことを望んでいるのかもしれない。ひょっとして、この一〇人は浮動票になるかもしれない。彼らを呼ぼう。もちろん、話を聞くというのがバイデンの流儀だった。書簡一通ですべてを判断してはいけない。これは予備交渉なのだ。

コリンズがワシントンDCに戻ると、ホワイトハウスから連絡があったと知らされた。翌二月一日月曜日の午後五時に、バイデンが共和党議員たちと会う。コリンズは、アラスカ州選出のリサ・マコウスキー、インディアナ州選出のトッド・ヤング、ルイジアナ州選出のビル・キャシディなど九人を呼び出した。

コリンズは、任務割り当て係を演じて、彼らを駆り立て、活動を開始させた。上院議員それぞれが、救済計画の重要な部分を説明し、それに的を絞る。巨額の計画を早まって提案しているし、無用の支出が多すぎることを、バイデンに示す。

コリンズは、バイデンと会見することを院内総務のミッチ・マコネルに伝えた。マコネルは承認したが、この時点ではじかに関わりたくないと告げた。一〇人がバイデンに会いにいくのは、マコネルにとっては観測気球になり、バイデンの力量を推し量るチャンスが持てる。かつては同僚の上院議員だったが、あらたな権限を得たバイデンが、巨額の予算の大きな賭けをどうさばくか、手腕を見届けるつもりだった。それに、大統領がどういう方向へ向かっているかを判別するのに役立つだろう。

コリンズが、ひそかに会って超党派の考えを話し合うのを好んでいる共和党と民主党の上院議員二〇人ほどの集団に属していることも、マコネルは知っていた。彼らはディナーをともにしたり、秘密の会合をひらいたりしていた。マコネルはそういう議論を調べてはいたが、彼らについて気を揉むことはめったになかった。彼らはよく話し合うが、なにかがまとめられる気配はほとんどなかった。

政治は非情なまでに党派主義なのだと、マコネルは確信していた。超党派も結構だ——ほかの方法では得られない具体的なことを達成するのに、それが唯一の方法であるなら、そして、合意で民主党に大きく譲ることがないのであれば。

バイデンは何十年もの経験から、会議——ことに長時間の会議が、相手を主張する論点からそれさせるのに役立つことを学んでいた。たいがいの上院議員は、定義された法案の短縮版しか知らない。法案そのものは数百ページに及ぶこともあるのだ。長時間の議論で、やがて妥協できる領域が見えてくる。しかし、それには時間がかかる。オバマの副大統領だったバイデンは、二〇一一年五月五日から六月二二日まで、連邦政府の赤字財政の長期的な解決策について、共和党との一一の作業部会のマラソン会議を主宰した。話し合いが決裂することは、重々承知のうえだった。しかし、合意にかなり近づいた。

今回の会議の背景は重要だった。バイデンの救済計画は、税制と予算の二本立てになっていた。民主党はやろうと思えば〝財政調整措置《リコンシリエーション》〟という上院のルールを発動できる。上院の難解な規則は予算関連の法案について、必要なのは過半数のみだとしている。しかも、討論終結に六〇票を必要とする議事妨害《フィリバスター》の対象にならない。上院は現在五〇対五〇で、ハリス副大統領が同数均衡を破る《タイブレーク》票を握っているから、救済計画は五一対五〇で可決されうる。ただ、それにはバイデンが民主党の五〇票をすべて押さえる必要がある――不確実な大仕事だ。しかし、可能かもしれない。

就任一二日目の二月一日月曜日の午後五時、マスクをつけたバイデン大統領が、オーバル・オフィスにはいった。暖炉に背を向けて、大統領専用の椅子に座った。

愛想はよかったが、ぶらりとはいってきて、笑い声をあげ、笑みを浮かべ、仲間と近況を語り合ったり、スポーツチームの話をしたりするオールド・ジョーという感じではなかった。ビジネスの時間だといっているようだった。片手にメモの束を持ち、膝にノートを置いていた。くだけたところは一カ所だけ。小さなブルーの犬の模様の黒い靴下が、ズボンの裾から覗いていた。[2]

ハリス副大統領が、バイデンの右の椅子に座っていた。コリンズがバイデンにもっとも近く、左のソファにハンターグリーンのワンピース姿で背すじをのばして座っていた。全員がマスクをつけ、距離を空けて着席していた。

「来てくれてありがとう」バイデンが、部屋を見まわしながら小声でいった。一同が深く感謝する言葉を述べた。「ありがとうございます、大統領」

「いや、いいんだ」バイデンはいった。「ぜひ話がしたい」間を置いた。「上院に戻ったようだ。私はそれがなによりも好きだった」

そこにいた共和党上院議員九人は、くすくす笑った。彼らもフォルダーやノートを用意していた。一〇人目のサウスダコタ州選出のマイク・ラウンズ上院議員は、スピーカーホンで参加していた。クレイン、リケッティ、そのほかの補佐官たちは、奥のほうに座っていた。

いい報せがあります、コリンズが話をはじめた。ワクチン配布と検査向けの一六〇〇億ドルは、パンデミックに対する直接の必要な対応として、全員が賛成しました。

しかし、つづいてコリンズとそのほかの共和党議員たちは、一兆九〇〇〇億ドルに反対する根本的理由を述べ立てた。経済がひどい苦境に陥っているとは思えない。一二月に議会が可決した九〇〇〇億ドルで事足りている。

「では」バイデンが共和党議員たちにいった。「私たちの意見が異なるものを検討しよう」バイデンは詳細を知ろうとして、会議でよく使うようになっていた〝粒度《グラニュラリティ》〟の高い情報を要求した。

共和党議員たちは、声をそろえてしゃべっているようだった。バイデンは、直接支給四六五〇億ドル、景気刺激の現金支給一人当たり一四〇〇ドルを提案していた。共和党議員たちの提案は、その半分以下の二二〇〇億ドルだった。一二月にすでに決められていた六〇〇ドル支給に一四〇〇ドルを追加するというバイデンの計画に代わって、追加を九〇〇ドルにしてはどうか？　八〇〇ドル、もしくは七〇〇ドルでは？　彼らは畳みかけた。

アラスカ州選出のマコウスキー上院議員は、一〇〇〇ドルを提案した。

バイデンはじっと話を聞いていたが、まったく譲歩しなかった。

クレインが首をふりはじめた。とんでもない。政治と政策でバイデンが成功を収めた理由のひとつは、一四〇〇ドルの現金支給を打ち出したからだ。一二月の前回の景気刺激策で支給された六〇〇ドルにそれを加えれば、二〇〇〇ドルになる。

ジョージア州で初当選した民主党議員ふたりも、二〇〇〇ドルを約束していた。ふたりとも、追加の一四〇〇ドルを手に入れるには自分たちに投票しなければならないとすべての聴衆を説得し、共和党が長年議席を守ってきた州で当選したのだ。バイデンもその場にふたりといっしょにいた。その結果が、上院で共和党と同数の五〇議席だった。

クレインはもう一度首をふった。

コリンズが、クレインのほうを見た。奥のほうで恥さらしなことをやっているあの小物はだれ？　首をふるなんて失礼じゃないの？　マスクをしているので、顔を見分けられなかった。

コリンズはオハイオ州選出のロブ・ポートマン上院議員にきいた。「あの男がだれだかわかる？」

ロン・クレインだと、ポートマンがささやいた。

ユタ州選出の財政タカ派で、トランプの最初の弾劾裁判のときにただひとり賛成したミット・ロムニー上院議員も、クレインが首をふっているのに気づいた。企業の取締役だったことがあるロムニーは、その小さな仕草の力を知っていた。

「ロンはこれに成功の見込みがまったくないと思っているようだ」ロムニーは、一同に向かっていった。

共和党上院議員とバイデンの補佐官数人が、気まずそうに笑った。クレインは答えなかった。バイデンがやると明確に述べたことを思いとどまらせるための議論など無意味だというのが、クレインの見方だった。

クレインはあとで、思ったよりも激しく首をふっていたのかもしれないと気づいた。計算高いとか、なんでも否定するというように見られたくはなかった。だが、上院共和党の意見はあまりにも馬鹿げていた。バイデンの勝因を正面切って否定している。

クレインが考えていたことを、バイデンが取りあげた。ジョージア州。

「私たちはこの問題でジョージア州の選挙に勝った」バイデンはいった。

部屋が一瞬、静まり返った。だめだ、オールド・ジョー。政治の実相をありのままに語っている。

バイデンとハリスに向き合ってソファに座っていたロムニーが、議論を先に進めようとした。持参していたチャートを出して、CEOのように論じはじめた。パンデミックの現時点では、都市部では予算が逼迫していても財政支援を必要としていない州がいくつかある。州や都市にどのように分配すればいいかについて、自分の秘策の説明をはじめた。

半分の州で歳入が増えているのに、どうして予算を注ぎ込むのか？　他の州も資金を使い切っていない。トランプと議会が去年に刺激策を成立させて、配分した。

ロムニーの議論を聞いて、クレインは啞然とした。共和党の提案に州と地方への援助が含まれていなかったことを、クレインは知っていた。バイデン案は三五〇〇億ドルという巨額なものだ。ロムニーはどうして秘策を持ち出すのか？　ゼロは何度掛けてもゼロだ。こういう連中が秘策について講釈を垂れるのは、具体的な提案がないときに限っている。でたらめだと、クレインは思った。

クレインはまた首をふった。

ジョージ・W・ブッシュ政権の行政管理予算局（OMB）局長だったポートマンが、議論に加わった。ポートマンはロムニーとおなじように、ビジネス志向の強い温和な共和党員として知られ、いまもブッシュ家と親密だった。ロムニーとは異なり、いまもオハイオ州の共和党員に人気があるトランプにさほど敵意は抱いていない。

また、バイデンが取引に応じるかもしれないと期待する理由が、ポートマンにはあった。ポートマンは一週間前に、二〇二二年の上院議員選挙で三期目を目指さないと宣言していた。バイデンから電話がかかってきた。話し合いはなごやかだった。

だが、ポートマンは現実主義者でもあった。数日前にスティーブ・リケッティと電話で話をして、上院の穏健派や下院の問題解決議連《プロブレム・ソルバーズ・コーカス》（超党派の議連）を巻き込まないで強引に突き進むようなら、大統領は最初から過ちを犯すことになると進言した。

リケッティは賛成しなかった。この危機に対するバイデン大統領と上院共和党の見解は異なっていると、リケッティはいった。それぞれがべつのデータを見て、べつの専門家と話をしている。大統領は大がかりにやろうとしている。最初の数カ月、手をこまねいているよう説得されるはずがない。

ポートマンは、それこそバイデンがじっくり考えるべきことだとリケッティを促した。最初の数週間にやることは、なんであろうとバイデン大統領の特色だと見なされる。

「これはバイデンにとっての[3]〝シスター・ソールジャー・モーメント〟だ」ポートマンはリケッティにいったことがあった。一九九二年にビル・クリントンが、黒人が毎日のように黒人を殺すのではなく一週間でいいから白人を殺せばいいと黒人に呼びかけた女性活動家を激しく非難したことを指す。過激派を非難することで、クリントンが自分を中道に位置付け、郊外に住む有権者を取り込もうとしたというのが、大方の解釈だった。

ポートマンはリケッティにいった。「マイクを持っていえばいい。〝どういうことか教えよう。私たちはこの包括法案を送る。これが選挙の政治目標だった。私たちはこれを信じている。しかし、私たちは深く息を吸って、とめなければならない〟」バイデンは、小規模で超党派的なものから容易にはじめられる。国を団結させる。リケッティは丁重に聞いていたが、ふたりはまったく異なる言語で話をしていた。

一月下旬の共和党上院議員とのべつの会談や電話で、ブライアン・ディーズとジェフ・ザイエンツが、バイデンに計画を取り下げる気配がないことを示した。リケッティはホワイトハウスのコーラスの一翼を担っていた。

二月一日、ポートマンはオーバル・オフィスでバイデンとじかに話をして、左派寄りに傾いているのを引き戻そうとした。救済計画のパンデミックと無関係だと思われる部分には魅力を感じないと、ポートマンはバイデンにいった。たとえば児童税額控除がそうで、実施には時間がかかるはずだと内国歳入庁（ＩＲＳ）が自分たちにいったことを指摘した。

児童税額控除を成立させても、ウイルスに対処している家族をすぐに助けることはできませんと、ポートマンはいった。経済は好転し、アメリカのＧＤＰは回復する兆しを見せています。

私たちは以前、協力したことがあった、バイデンはいった。

わかっています、ポートマンはいった。

バイデンは、自分の方針も金額もひっこめなかった。

児童税額控除についてポートマンが説明したことに、クレインが猛反対した。実施が難しい？　まあそうだろうね。ＩＲＳになにかをやらせるのは、いつだって厄介だ。しかし、実行可能だ。クレインはまた首をふりはじめた。

コリンズが、クレインを睨みつけた。

ウエストバージニア州選出のシェリー・ムーア・カピト上院議員が話をはじめると、ホワイトハウスの補佐官たちは耳をそばだてた。カピトは共和党員だが、おなじ州の民主党上院議員ジョー・マンチンと親しい。マンチンは上院を動かす重要な票だった。カピトがいうことは、マンチンの意向を知る指標になるかもしれない。

一四〇〇ドル支給に上乗せされる失業保険給付四〇〇ドルの給付期間を短縮することを考えるべきだと、カピトはバイデンにいった。バイデンの計画では、二〇二一年九月まで四〇〇ドルが給付される。[4]共和党側は七月までにするよう求めた。

給付を厳しく規制することが最大の関心事だと、カピトはいった。長期間給付すると、ウエストバージニアの州民の多くが、仕事に戻りたくなくなるのではないかと、カピトは懸念していた。ウエストバージニア州では、失業給付は週に七二四ドルにのぼる――時給に換算すると一九ドルで、同州の最低賃金八ドル七五セントの倍以上だった。

カピトの提案はよろこんで検討すると、バイデンはいった。それから宣言した。「九月までの給付は譲れない」

合意できる領域に戻ろうといって、バイデンはコリンズのほうを向いた。「そちらの法案に中小企業向けのものを組み込めるんじゃないか」休業している企業への支援が、コリンズの主な争点であることを、バイデンは知っていた。コリンズは、上院議員に当選する前にジョージ・H・W・ブッシュ政権の中小企業庁で地域統括部長だった。

「私は中小企業向けのものを組み込める。ほぼおなじ金額だ」バイデンはいった、どちらも五〇〇億ドルだった。「こうしよう。私はこちらの案を取り除き、そちらの案を採用する。私の中小企業向けの案とあなたの中小企業向けの案を入れ替える。それならできる」

コリンズは理解を示した。「いいですよ。私たちの目標はおなじです」

話し合いはつづいた——礼儀正しく、堂々巡りだった。バイデンは一兆九〇〇〇億ドルから譲らず、ときどきノートのメモを見おろした。共和党側も六一八〇億ドルから譲らなかった。

バイデンが会談を終わらせた。あとはスタッフが引き受けるといった。「ブライアン・ディーズがあなたがたと連絡をとる」バイデンはいった。「いいね、ブライアン?」

バイデンは会談をうまくさばいたと、クレインは確信した。

共和党議員数人があとで同僚たちに、すべて見せかけだったように思えてきたと打ち明けた。努力したといえる隠れ蓑にするために、バイデンは会談したのか？　信じがたいことだった。ジョーはひとを騙して逃げるような人間じゃない。それに、予定より一時間も長く割いてくれた。

57

バイデンが帰っていく上院議員たちとオーバル・オフィスで親しく話をするあいだ、ポートマン上院議員はスティーブ・リケッティに近づいた。建設的ないい会談だったと、ポートマンはいった。メールをめったに使わず、どういう場面でも極端なまでに用心深いリケッティの返事はそっけなかった。ポートマンはつぎに、ロン・クレインに向かっていった。

「いい会談だった」ポートマンはいった。「私たちを招いてくれてありがとう」これを前進させることができれば、正しい方向に向くはずだ。

「しかし、きみたちが財政調整措置《リコンシリエーション》を進めたら、険悪になるだろうね」

「ポートマン上院議員、いいですか」クレインはいった。「私たちは何カ月もかけてこの包括歳出予算案のことを考えてきましたし、ここにある一ドルが生死を分けるとはいいませんが、このウイルスを打ち負かしてこの経済を救うには、私たちの提案にほぼ近いものが絶対に必要だと申しあげます。

なにも大それたことを頼んでいるのではありません」クレインはいった。「これは私たちが築きあげた計画です。ですから、あなたがたがそこから、六〇〇〇億ドル、五〇〇〇億ドルというように細かく金勘定するのであれば、私たちの立場は遠く離れています。あなたがたはここに来て、受けるか否かの提案をした。それはいい会談とはいえない」

「ロン」ポートマンはいった。「ここで起きたことは、それだけではない。受けるか否かではない」私たちはきみたちの主張を聞いた。きみたちも私たちの主張を聞いた。またいっしょにこの議論をつづけよう。

「いいでしょう」クレインはいった。「わかりました」

クレインは会談そのものを誤解していると、ポートマンは思った。共和党側は最後通牒を突き付けたわけではなく、バイデンに探りを入れたのだ。この一〇人は、マコネルや自由議連《フリーダム・コーカス》（共和党保守派の議連）とはちがって、穏健な気質の集団なのだ。

クレインは、受けるか否かの序盤の手ではないというポートマンの言葉で、見通しがひらけてきた可能性があると解釈した。ポートマンはマコネルと親しいし、老練な予算交渉人だった。通商代表として三〇カ国と交渉し、中国ともやり合ってきた。その気がなかったら、今後の話し合いに応じる意図を示しはしないだろう。

コリンズは大喜びしていた。[1]「とてもいい意見交換でした」その晩、冬物のコートを着てホワイトハウスの外に立ち、記者団に語った。「今夜、総合対策で合意したとはいえません。二時間の会談でそれは期待できないでしょう。

私たちが合意したのは、ひきつづき調査し、今後も話し合うということです」コリンズはいった。
「思い切りしゃべったのよ」その後、内輪の会合でコリンズはいった。「ほんとうよ、大統領は私たちに二時間もくれたから！ 大統領は私たちの話を注意深く聞いた。すばらしかった。私の観点では、建設的な会談だった」

その後、《ワシントン・ポスト》がホワイトハウス報道官室に、バイデンがブルーの犬の模様の靴下をはいていたのは、彼の政治姿勢を伝えようとしたからなのかと質問した。[2]ブルーの犬は、穏健派民主党員のマスコットだった。

「なにかの微妙な目的を意識してそうした可能性はほとんどありません」匿名の補佐官が《ワシントン・ポスト》に靴下の話をした。

「私はそう確信しています」補佐官はいった。「興味をそそりますね。しかし、たまたまだと思います」

二月一日、ホワイトハウスを去る共和党議員たちに気づかれないように、バイデンはマンチンを招いていた。そのおなじ夜に、バイデンは民主党の上院議員のなかにあって穏健保守派と称しているマンチンと内密に会談を行なった。

共和党議員たちとの会談が予定を一時間以上超えて長引くあいだ、マンチンはホワイトハウスの地階で待っていた。記者や共和党議員に見つからないように、こっそり隠れていた。

マンチンは以前、二〇〇五年から二〇一〇年にかけてウエストバージニア州知事をつとめてから上院議員に当選した。身長一九〇センチで、元大学の運動選手らしい自信をみなぎらせている。ウエストバージニア大学のアメリカンフットボールの奨学金を受け、アラバマ大学の伝説的なフットボール・コーチのニック・サバンとは、ウエストバージニア州ファーミントンで竹馬の友だった。

マンチンは民主党議員のあいだで、不確定要素《ワイルド・カード》だという悪評をこうむっていた。マンチンは同僚との人付き合いはいいが、一匹狼風の政治を好んでいた。上院の会期中は、ポトマック川のワシントン水路に係留したハウスボート〈オールモスト・ヘブン〉に寝泊まりしていた。気さくで陽気な田舎の男という態度によって、ウエストバージニア州選出の連邦議員として唯一の民主党の議席を守っていた。二〇二〇年の選挙で、トランプはウエストバージニア州を三九ポイント差で勝ち取っている。

マンチンは、共和党ととてもいい関係なので、共和党員と選挙で争ったことは一度もないと豪語していた。

五〇対五〇の上院で、マンチンの独立は絶大な力を持っていた。マンチンの協力が得られなかったら、どの採択も成立しない。五〇対五〇に戻して、ハリスが同数均衡を破れるようにするには、共和党議員ひとりを取り込まなければならない。だが、上院共和党はマコネルが厳重に掌握しているから、それはほとんど見込めない。

マンチンとバイデンは、マンチンの上院議員当選後とバイデンの副大統領時代に協力して、お互いのことをよく知っていた。「ジョー、私にはよくわかる」保守的な州で民主党の一議席を守るのがどれほど困難であるかを知っているという意味で、バイデンはマンチンにそういったことがある。バイデンが議席を持っていたデラウェア州も、アメリカでもっとも企業寄りの州だと見なされていた。「私にできることがあればいってくれ。きみのためになるか害になるかわからないが、いちばんきみの助けになることを」

ウエストバージニア州が巨額の支援の対象になっていても、マンチンをそれで説得するのは難しいと、バイデンにはわかっていた。マンチンは金では買えない。心を勝ち取らないといけない。

マンチンが唱える決まり文句は、〝故郷に帰ってそれを説明できるようなら、投票する。説明できないようなら、投票できない〟だった。だが、マンチンは頑固で、最初に〝ノー〟といったら、たいがい最後まで〝ノー〟だった。

党の方針どおりに投票するのを拒むにあたって、マンチンはかつて当時の民主党院内総務ハリー・リードにこういったことがある。「ハリー、私が絶好調のときでも、こんなものをウエストバージニアに売り込むことはできない」マンチンはリードと取引を結んだ。「ハリー、不意打ちにならないように、私がどう投票するか、あなたに教えるのがいちばんいいと思う。私がどういう立場か、あなたにつねにわかるように」

バイデンとマンチンは、二月一日の夜晩く、ふたりきりでオーバル・オフィスにいた。ジョー対ジョー。

バイデンがいった。ジョー、私はこういう状況を生き抜いてきたし、これも切り抜けようとしている。超党派の路線がいいと思っているが、それには時間がかかる。あいにく、パンデミックと経済のせいで時間がない。締め切りが迫っている。三月一四日に追加の失業給付が失効する。

「これはとても重要なんだ」バイデンはいった。二〇〇九年に医療保険制度改革法《オバマケア》に取り組んだことを思い出した。「私が党を超えて努力することは知っているだろう」

「あなたにできるのはわかっていますよ、大統領」マンチンはいった。「あなたの胸になにがあるか、わかっています」

「きみの立場は知っている」バイデンはつづけた。「しかし、説明したいんだ。医療保険制度改革法で妥協を得るために、私は七、八カ月、彼らとともに作業したが、結局、共和党員をひとりも取り込めなかった。いまは新型コロナウイルスのパンデミックがあって、時間がきわどい。六カ月や八カ月、交渉することはできない」

これまでのすべての大統領とおなじようにバイデン大統領に成功してほしいと思っているし、失敗させるようなことはしないと、マンチンはいった。

交渉ではなかった。詳細はまったく話し合われなかった。多少の変更は望んでいるが、重要なことをやるのに手を貸すと、マンチンはいった。

その晩の後刻、バイデンとクレインは、共和党議員との会談と、マンチン上院議員との会談について熟考した。

「うまくいったと思った」共和党議員との会談について、バイデンはいった。「私たちは明らかに遠く離れている」

「あの二時間に彼らは一度も、六一八〇億ドルからゆずろうとしなかった！」クレインが腹立たしげにいった。「もっと先へ進めましょうかとか、この予算を増やしましょうとか、学校の件では半分で折り合いましょうとかいうことを、一度もいわなかった」

バイデンは学校再開に一七〇〇億ドルを充てるつもりだったが、共和党側の提案は二〇〇億ドルだった。「ああ、友好的な会合だった」バイデンはいった。しかし、動きはゼロだった。対案があるとポートマンがいったことを、クレインは報告した。

「そうか」バイデンはいった。「それはいい」共和党とともになにかができる可能性は二〇％から二五％のあいだだと思うと、バイデンはいった。見込みは薄いが、可能ではある。

ひとつ確実なことがあった。〝チャーリー・ブラウンにはなりたくない〟。最後の一分に上院共和党にボールを奪われるプレイは、前にも見たことがある。いつまでも待ってはいられない。会談した共和党議員のうち八人がバイデン側についたとしても、五八票では、議事妨害《フィリバスター》を打ち負かすのに必要な六〇票に二票足りない。

民主党は単独で財政調整措置の方針を採らざるをえないと、ふたりは意見が一致した。共和党一〇人では、バイデンが望む票数よりもずっとすくない。バイデンが求めていたのは、共和党が妥協の気配を示している活発な予備交渉だった――新大統領の政治資本と中央政界のあらたな勢力図における民主党の力を認識したものでなければならない。それなら引き金になっていたかもしれない。だが、そういうものはなかった。

ジョージア州選出の上院議員選挙で民主党員が勝利したことと、彼らの給付金の公約をバイデンが持ち出しても、共和党はそれを認めたくないように見えた。

クレインはまもなく、両院の民主党指導者たちとひそかに連絡をとった。共和党が戻ってきて、一兆九〇〇〇億ドルの提案のさまざまな面について協力するのに門戸をあけてはおくが、大統領は前進しつづけると決意している。一時停止はない。

ペロシ下院議長が賛同して、共和党がバイデンを訪問するのはよいことだと、ホワイトハウスの盟友たちにいった。でも、六一八〇億ドルですって？「本気じゃないのよ」ペロシはいった。

「大統領がいっていたことを、彼らは理解していない」ペロシはいった。控え目な合意では下院議員たちを説得できない。「どこに削れるところがあるのよ？　子供の食費を削るつもり？　家賃補助？　直接支給？　失業給付？　ワクチンを削るの？」

ペロシは就任式前の日曜日に、すでに自分の気持ちをバイデンに表明していた。ふたりは中央政界で数十年、浮き沈みを経験してきた。共和党の出方を待たず、国と民主党のために、大きく、すばやくやるよう促した。

「大統領選挙に出馬したなかでも、いまがあなたの全盛期よ」ペロシはいった。「私たちはいつも自分たちについて〝時代が私たちを見出した〟といっていたでしょう。時代があなたを見出したのよ」

58

翌朝の月曜日、コリンズ上院議員がオフィスにいると、スタッフがやってきて、シューマー民主党院内総務が上院議場で、財政調整措置《リコンシリエーション》を使用する手続きを開始すると宣言したことを報告した。まだ手続きを開始しただけだが、民主党の意図を伝える措置だった。

「信じられない」コリンズはいった。コリンズが熱弁をふるったホワイトハウスでのバイデンとの会談から、丸一日もたっていない。コリンズは、ホワイトハウスが新しい数字を示すことを期待していた。「つまり、彼らは対案を示すつもりがない。私たちは対案が出るものと思っていたのに」

バイデンがきっぱりと左に舵を切ったことを裏付けているというのが、コリンズの見方だった。自分は完璧な中道派で、まんなかにいると、コリンズは思いたかった。「私は中道のなかの中道よ」と周囲にいっていた。コリンズは、バイデンが勝ち取った州で唯一の共和党上院議員だった。

シューマーの財政調整措置への動きはバイデンの承認を得ていると、コリンズは確信した。

バイデンの補佐官、ことにクレインとシューマーが、バイデンに圧力をかけたにちがいない。それに、シューマーはリベラルの実績を固めたいのかもしれないと、コリンズは思った。二〇二四年の選挙で、進歩派のスターであるアレクサンドリア・オカシオコルテス下院議員のプライマリー・チャレンジを受けるおそれがあるからだ。AOCと呼ばれるほど有名になったオカシオコルテスは、下院の〝スクワッド〟（ヒップホップの俗語で、いつもいっしょにいる仲間のこと。民主党左派の下院議員六人から成る）と呼ばれる集団の代表格だった。

進歩派は何日も前からシューマーに圧力をかけていた。共和党が提案した六一八〇億ドルという数字を聞いたあとで、エリザベス・ウォーレン上院議員がシューマーに接触した。「受けたらだめよ」ウォーレンは説得した。

二月二日、シューマーは議場で、上院民主党は上院共和党と協力する用意があるが、バイデンの計画について時間稼ぎをするようなら、民主党だけで進めるつもりだと述べた。

「私たちはこの活動を超党派でやりたい。そう願っている」シューマーはいった。「しかし、アメリカ国民が必要としている大規模で大胆な救済案で国民を救うことが、第一の仕事だ。それがすべてに優先する。だから、くりかえすが、私たちは薄め《ディリュート》たり、ためらっ《ディザー》たり、遅らせ《ディレイ》たりしない」

ホワイトハウスが、彼らの数字が正しいことを示すために、証拠書類や報告書をコリンズに送った。教員組合のアメリカ教員連盟が用意した書類が、一七〇〇億ドルというバイデンの学校支援の金額を正当化していることだけはわかった。

その日の後刻、シューマーが記者団に語ったことが、コリンズの疑惑を裏付けた。「ジョー・バイデン大統領は、財政調整措置に全面的に賛成している」シューマーはいった。「私は大統領と毎日話をしている。私たちのスタッフは、一日に何回も話し合っている」

コリンズとシューマーは、話をするような仲ではなかった。二〇二〇年の選挙中に上院民主党に攻撃されたことを、コリンズは激しく恨んでいた。民主党は選挙に一八〇〇万ドル注ぎ込み、最終的にコリンズは九ポイントの差で勝った。[2] トランプとマコネルに操られている詐欺師だとそしった民主党の宣伝は、不必要な汚い個人攻撃だったと、コリンズは思った。

カトリック教徒のコリンズは、そのあとで友人たちに皮肉をいった。「四旬節のために、チャック・シューマーへの怒りを捨てたのよ。それとワインのどちらかだったから、夜にワインを飲むほうがましだと思ったの」

おなじ日の後刻、上院共和党のランチのときに、コリンズはマコネルに接近した。ランチはふつう外部の人間を入れず、毎週、上院議員ひとりが出身州の食べ物を選ぶことになっていた。南部の上院議員が食事を手配するときには、議事堂見学者や記者たちは、ホットビスケットとコーンブレッドのにおいを嗅ぐことになる。

コリンズはマコネルに、前日のバイデンとの会談はうまくいったようだったのに、シューマーの財政調整措置宣言にびっくりしたと語った。不意打ちだった。信頼を裏切られたと、コリンズはいった。六一八〇億ドルに共和党議員一〇人を同意させ、公にそういう支出増を主張するのは容易ではありませんでした。ホワイトハウスはそれがわかっていないのでは？

マコネルは驚いていなかった。バイデンとシューマーがこれほど早く動いて、財政調整措置というカードを切るとは思っていなかった。しかし、いずれやるだろうと予想していた。

「ジョー・バイデンはタイプA^+のパーソナリティだ（一般に、競争意識が強く、短気で仕事熱心だとされるが、さまざまに解釈されうる）」数分後にマコネルは、ランチに来ていたおおぜいの共和党議員に向かっていった。「だが、中道だと思い込むべきではない」

それが共和党の定番の台詞になった。バイデンはいいやつで、たいがいの人間に対して愛想がいいが、穏健派ではない——それに、スタッフが彼を誘導し、かなり左のほうへ舵を切らせている。

財政調整措置が勢いを増すにつれて、マコネルは上院議員たちと自分の補佐官たちに、バイデンは惰性でだらだらやるようなことはないだろうと告げた。バイデンは歴史的な試合をやろうとしている。

「彼にはアメリカをどのような姿にしたいかという理想像がある。私にもある」マコネルはいった。「それがまったく異なる。私たちが今年になって一度も話をしていない理由は、どの民主党大統領でもやりたいと思うことを彼がやっているからだ。つまり、国をできるだけ早く、できるだけ左に押していこうとしている。

彼らはみんな第二のフランクリン・デラノ・ルーズベルトになりたいんだ」マコネルは民主党の大統領の名前をいくつも挙げた。「三期つとめられないことはわかっているが、記念碑ができればいいと思っている」

「いいか」マコネルは周囲にいった。「政治の世界でそこまで登りつめたら、〝いや驚いた。信じられない。私はアメリカ合衆国大統領になるんだ〟といったあとで思うのは、〝アメリカ合衆国の偉大な大統領になるぞ〟ということだ」

二月二日のランチが終わるころに、コリンズは部屋をまわって共和党議員たち相手に代表記者会見めいたことを行なった。あなたたちの旧い友人（バイデン）は、交渉に乗り気なように見えたけれど、まわりの人たちがそうではなかった。

クレインが首をふっていたことを、自分もクレインの態度について首をふりながら伝えた。大統領が政敵と会談している最中に、首をふるというあからさまなマイナスの批評を見せつけるのは、大統領首席補佐官として不適切だと、コリンズは思った。共和党議員たちだけではなくバイデン本人のためにも、ひどく不愉快だった。高圧的で無作法だと思った。

バイデンは突き進み、ミャンマーにことよせてマコネルに電話をかけた。かつてビルマと呼ばれていた国の民主化運動を、マコネルは長年支援していた。ふたりが本気で合意しているめったにない政策の領域だった。

バイデンはマコネルに、推奨する政策と助言を求めて、一兆九〇〇〇億ドルの救済計画にちらりと触れた。どう思う？

大統領の計画に描かれているような追加の大規模支出に上院共和党の支援が得られる可能性はないでしょうと、マコネルはいった。そんな規模のものが支持されることはありえません。

マコネルにしてみれば、自明の理を述べたにすぎなかった。無礼ではなかった。簡明な発言だった。公に発言していることを、そのままいっただけだ。

マコネルの首席補佐官で、影響力が強く情報通のシャロン・セーダーシュトレムも、二月初旬にバイデンの上級補佐官たちとの内密の話し合いで、おなじことを指摘した。正確な票数は断じて明かさなかったが、共和党の上院議員が失業給付の積み増しを不安視しているのは、再開しようとしている企業に有害だからだと説明した。働かないで家にいて給付を受けている人間が多すぎる。

バイデンにマコネルを説得する特別の方法がないことを、クレインは知っていた。オバマ政権時のバイデンは〝マコネル・ウィスパラー〟（ウィスパラーは、動物にささやきかけて手なずけたりいうことをきかせたりする能力がある人間のこと）と呼ばれていたが、そういう魔法の力がいまはない。だが、マコネルとどう交渉すればいいかを、クレインは知っていた。

「たとえば」クレインはいった。「遺産税についてあなたは間違っていると、ミッチ・マコネルを説得することはできない。ケネディスクールを卒業していないから税の逆累進性は説明できないというわけにもいかない。ジョー・バイデンはそういう手は使わない。バイデンはこんな感じだ。〝わかった。これをやるのに必要なことをいってくれ。こっちも必要なことをいう〟」

ホワイトハウスでは、マコネルと上院共和党が時間稼ぎをして自分たちの提案を維持しているのには理由があると思いはじめていた。彼らは、バイデンが民主党議員五〇人すべてを押さえて法案すべてを成立させることができるとは思っていないのだ。

共和党はその行動によって、やらせてみようといっているような感じだった。イデオロギーの異なる勢力が多いのに、バイデンがマンチンや進歩派をほんとうに押さえて最終採決で結束させることができるかどうか、お手並み拝見といこう。それができなかったら、バイデンは頭を下げて戻ってきて、もっと小規模な政策合意をわれわれと結び、最初の一〇〇日を乗り切ろうとするかもしれない。

「彼の兵隊はそれに対抗するために整列している」クレインはホワイトハウス内部でいった。「共和党の票をひとつ得られるかもしれないし、得られないかもしれない。なんともいえない。しかし、戦いに際して共和党が抱えている根本的な問題は、この救済策に人気があるということだ」共和党支持層も含めた大衆に評判がいい。

ホワイトハウス西棟でクレインは、バイデンの救済策について、そして二〇二二年の選挙への影響について、〝小さな赤い雌鶏理論〟(おとぎ話で、雌鶏が小麦を蒔くときと収穫するときにほかの動物に手伝ってほしいと頼むが、拒否される。雌鶏がそれで焼いたパンを動物たちがほしいというと、雌鶏は分け与えないで去る)と称するものを唱えた。

「これを成立させ、新型コロナウイルスを打ち負かし、経済がまわるようにしたら、小麦を蒔いて収穫したものだけが、それで焼いたパンの分け前をもらえる。つまり手柄を分かち合う」クレインはいった。「それをしなかった人間は、なにも得られない」

マコネルはスタッフにいった。「私たちが参画するのは、これが失敗したときだ」バイデンは救済法案を成立させるかもしれないが、遅かれ早かれ、共和党と交渉しなければならない時点が訪れる。そこで圧力をかけられる。

「そのときにお互いに取引する」マコネルは戦略を説明した。「いまバイデンが私たちと交渉しないのは無理もない。彼のやることすべてを私が嫌っているからだ」

経済は立ち直りつつあり、ワクチンは配布されていると、マコネルは確信していた。共和党上院議員たちがじっとしていても、二〇二二年の選挙で勝ち取りたい有権者にケチだと見なされるおそれはない。パンデミックがはじまった二〇二〇年三月や、恐ろしい金融危機に陥った二〇〇八年末とは事情が異なる。

59

二月三日、予備選挙でバイデンと対決、いまや主要な盟友となったサンダース上院議員は、オーバル・オフィスの外で、民主党上院議員たちとなごやかに話をした。ミシガン州選出のデビー・スタベノウ、モンタナ州選出のジョン・テスター、ハワイ州選出のブライアン・シャーツなどがいた。彼らは周囲を見て笑った。トランプはいない。

「出てきたときに、ときどきパニック発作を起こしたのよ」前にトランプに会ったときを思い出して、スタベノウが一同にいった。「はいっていくときも出てくるときも、だれもいい気分じゃなかったし、たいがい出てきたときにむかついていた。〝まったくもう、信じられない〟という感じだった」

オーバル・オフィスにはいっていったスタベノウは、バイデンにいった。「見えないでしょうが、マスクの下で私がにこにこ笑っているんです。ここでは顔いっぱいに笑みがひろがるんですよ」

バイデンとホワイトハウスの上級補佐官たちは、すばやくコリンズ、ポートマン、共和党議員たちに背を向けて、ペロシ、シューマー、民主党議員たちに注意を集中していた。彼らはバイデンの計画を進め、自分たちの運動にそれを示そうと決意していた。

シューマーが救済策に財政調整措置《リコンシリエーション》を発動しようとしていることに、上院の民主党議員たちは意気揚々としていた――今回は脇役ではなく、重要な存在になっているしるしだった。上院の穏健派と表裏ただならない中道〝一味〟が政策合意と見出しを支配しているのに、彼らはうんざりしていた。

バイデンは、すぐに本題にはいった。アメリカは歴史的危機のさなかにあると、一同に告げた。前日のワクチン接種の数字が書いてあるカードを出した――一五〇〇万人。

最初の一〇〇日間について、当初思っていたよりもずっと順調にやれると、バイデンはいった。だが、それだけではない。私たちにはこの救済計画があるし、あなたがた抜きではこれをやることができない。全員が民主党員として結束した一チームになる必要がある。

バイデンは一同のあいだをまわって、政策だけではなく、国民に売り込む方法についても意見を求めた。国民と私たちにとってすばらしい瞬間だといった。

それがバイデンの流儀の一部だった。バイデンは詳細を知りたがる。何人かは、大統領は仕事の虫だと思った。選挙運動中に何度かあったように、用意ができていなかったり事情がつかめていなかったりしたときに不意打ちされるのを心配しているのではないかと思うものもあった。トランプは何度もバイデンに認知能力テストを受けたほうがいいとか、知力が弱っているのではないかと攻撃した。「なにかが進行している」トランプは補佐官たちにいった。

バイデンはトランプの嘲笑を嫌悪し、大統領に就任してからは記者の前で注意をゆるめないようにしていた。

「彼らは私にどんなことを叫ぶだろうか?」オーバル・オフィスで撮影するために記者団を迎える前に、バイデンはよく補佐官たちにきいた。「なにを質問するだろうか?」

二月三日、バイデンはオーバル・オフィスで上院議員たちのほうを向き、フランクリン・デラノ・ルーズベルトの肖像画のほうにうなずいてみせた。苦しい時代は偉大な大統領を生み出すといった。

「よい大統領だという程度でも、私は満足していただろうが、なにしろこういう状況だ」

バイデンは、二月一日の共和党上院議員たちとの会談を話題にした。共和党を参加させることができれば、すばらしいだろう、バイデンはいった。しかし、彼らと会っただけでは、本気だということがまったく感じられなかった。だが、試してみよう。結局、これをやるのは私たちしだいなのだ。

あなたがたのうち何人かが共和党穏健派と話をしていることは知っているし、結構なことだ。すこしでも支援が得られれば、それが必要になる。私がどちらかというとそういうやり方をするのは、知っているだろう。しかし、重要なのは、国民のために物事を成就することだ。

スタベノウが、バイデンの時代には超党派主義の定義が変わりつつあるといった。共和党議員との政策合意をまとめ、民主党と共和党の両方の有権者が魅力を感じるような政策を打ち立てることは避けましょう。民主党は、分裂していて不安定な共和党指導部ではなく、超党派の有権者に的を絞るべきです。バイデンが賛成した。じかに有権者に訴えよう。

モンタナ州選出で六四歳になるクルーカットの優しい巨人、ジョン・テスター上院議員がバイデンに、オーバル・オフィスにはいるのははじめてですといった。感激のあまり声がうわずっていた。二〇〇七年から上院議員をつとめているテスターは、オバマ政権とトランプ政権のあいだ、一四年間一度も来たことがなかった。

「じつに驚異的な部屋で、ものすごくクールだった」その後、地元のニュースでテスターは語った。テスターはにやりと笑った。「本当に楕円形《オーバル》の執務室《オフィス》なんですね、ドアまで楕円形だ」

上院予算委員会委員長に就任したサンダースが口をひらいた。大型の案を維持しましょうと、バイデンに懇願した。巨大救済法案を成立させるのは重要だが、それに加えて労働者階級の票を一世代にわたって確保するという重要な意味合いがあると、サンダースは論じた。連邦政府がちゃんと仕事をしていることを、彼らに証明することが重要です。トランプは、中国との貿易戦争と関税で労働者階級を盗み取った。彼らを取り戻すには、民主党が味方だということを彼らが確信するようにする必要がある。

アメリカの民主主義は、どちらが労働者階級の党になるかに左右されると、ブルックリンなまりのしわがれた声で、七九歳のサンダースがつけくわえた。民主党は、社会の片隅に生きる人々、もがき苦しんでいる人々に深く訴えかけなければならない。民主党はエリート、力とコネがある教育程度の高い階級と過度になれ合っていると、サンダースは確信していた。

バイデンの側近の陣容がアイビー・リーグ出身ではなくスクラントン出身（バイデンの生地。同名の大学がある）

になることを期待すると、サンダースはいった。

「私たちが実行できなかったら、権威主義者が進撃してくる」サンダースはいった。

サンダースは、ポーランド系移民の塗料販売員の息子としてブルックリンのフラブッシュで成長した。[2]父親はあまり稼ぐことができず、家賃補助を受けずに好きなアパートメントに住みたいという母親の夢をかなえることができなかった。一族の多くが、ホロコーストによってポーランドで掃滅された。

サンダースはバイデンと仲間の議員たちに、一月六日の事件のあと、何事にも油断してはならないといった。またここで恐ろしいことが起きないとはいい切れない。

「私は若いころにホロコーストと一九三〇年代のドイツについて、さまざまなものを読んだ」サンダースは周囲にそういった。「ドイツはヨーロッパでもっとも洗練された国のひとつだった。先進国でもあった。では、ベートーベンや偉大な詩人や作家やアインシュタインを産んだ国が、どうして野蛮人の国になったのか？

どうしてそういうことが起きたのか？ 私たちはその問題に取り組まなければならない。それは容易なことではない」

二月七日日曜日、スーパーボウルの日に、バイデンはコリンズに電話をかけた。

「ほんとうにひどい動きでしたね、大統領」コリンズはいった。「チャックが財政調整措置に向かうというのは」せっかくのチャンスが潰れた。「私たちの提案はとても真剣なものでした

――それに、最終提案ではなかった」

スーザンとジョー、ジョーとスーザンが話をする予想外の機会だと、コリンズは思った。コリンズと共和党上院議員九人は、提案を三二〇億ドル増額し、六一八〇億ドルから六五〇〇億ドルにしていた。[3] 増額分は景気刺激のための現金支給にすべて充てられ、対象になるアメリカ国民は一四〇〇ドル支給される。急激な進歩だと、コリンズもほかの上院議員たちも考えていた。価値のある現金だった。

バイデンは、コリンズやそのほかの共和党議員と協力をつづけることに興味を示したが、確実な約束はしなかった。五％の増加にすぎない。まだ隔たりは大きい。

コリンズが、共和党議員が一〇人そろっているのは偶然ではないと、バイデンにいった。その一〇人が民主党の五〇人に加われば六〇票になり、議事妨害《フィリバスター》を阻止できる。六〇は魔法の数字だと、コリンズはいった。

「大統領、私も電話に出ていることをお知らせします！」男の声がじかに電話に割り込んだ。国家経済会議委員長のブライアン・ディーズだった。

バイデンは驚いた。コリンズは愕然とした。いったいどうなっているの？　どうしてこんなことが起きるの？　ホワイトハウスからかかってきた一対一の電話だと思っていた。バイデンの電話をスタッフが傍受していて、話を聞き、通話に参加したのだろうか？

当然、またリンという音がした。

リン！　リン！　リン！　リン！

明らかに何人かが加わった。

だれ？　なんなの？　どうして？

バイデンもコリンズも、邪魔がはいったために、すぐさま用心深く話し合うようになった。もうジョーとスーザン、スーザンとジョーではなかった。だれが聞いているのか、コリンズにはまったくわからなかった。しかし、なにが起きているのかとはきかなかった。

話し合いをやめさせるためにちがいない。二〇二一年の政治と彼らの生活の片鱗が覗いた。テクノロジーが支配し、だれもがオンラインになり、生活のすべてが牛耳られる。ディーズの横槍は、コリンズを怯えさせた――またもやスタッフの監視の目、クレインの首ふりの領域に属する出来事だった。ジョーの肩越しに見えたべつの影。

コリンズはバイデンとクレインに対して礼儀正しく、感謝を示したが、彼らが真剣に受け止めるようなことはなにも提示しなかった。コリンズはつねに、バイデンがどうして間違っているかを丁寧に説明した。コリンズの一貫性をバイデンたちは評価していた。だが、六五〇〇億ドルに増額するという最新の提案では、歩調が遅すぎると思った。

バイデンとホワイトハウスのスタッフは、救済法案にマコウスキー上院議員の票を得ようとして、同時に働きかけていた。共和党の票を得られるかもしれない最後の頼みの綱だったが、ついにあきらめた。

「聞いてくれ」バイデンはいった。「彼女はおそらく私たちに同調しないだろう。しかし、彼女のことは好きなので、力になりたい。この法案では彼女は私たちに同調しないだろう。だが、この先、同調してくれるとしたら、それはおおいに役立つ。だから、この総合対策に同調しなくても、彼女を大事に扱うようにしたい」

その後、救済法案のアラスカ州の分は、八億ドルから一二億五〇〇〇ドルに増額された。

60

二月三日水曜日、バイデンは国家安全保障チームを集めて、アフガニスタンの二〇年戦争の総合的な見直しを開始した。

バイデンは重大な決定を望んでいた。果てしない戦争を終わらせる。アメリカの外交政策にバイデンの刻印を捺すことになる。オバマの副大統領だったときから、バイデンはアフガニスタンに大規模な米軍部隊を駐留させることに強く反対していた。しかし、当時は決定する立場ではなかった。いまは決定できる。

目の前に座っている外交政策チームの男女は、バイデンがもっともよく知っている人々だった。多くはオバマ政権以来の熟練した専門家だった。ひとつの集団として、トランプの外交政策のプロセスをおおむね軽蔑し、一貫性がなく、素人っぽく、無用の孤立主義だと斥けていた。彼らは直接の経験を呼び起こして、オバマ時代の伝統的な外交政策の手順と体系を復活させ、修復しようと決意していた。

「いいかね」バイデンは彼らにいった。「私の立ち位置を、率直に伝えたいと思う」二〇〇一年九月一一日のアメリカ国内でのテロ攻撃後に開始された戦争に自分がずっと懐疑的で、悲観的でもあったことを、あらためて口にした。

しかし、バイデンは約束した。「私は話を聞くためにここにいる」ジェイク・サリバン国家安全保障問題担当大統領補佐官に、全面的に再検討して、中立的な視点で漏れなく調べ、あらゆる人間のあらゆる主張を聞くよう頼んだと告げた。全員が公平に話し合えるようにすれば、途中でリークが起きるのを防ぐのに役立つかもしれない。全員が意見を述べることができれば、公に話を聞いてもらいたいという気持ちにはならないからだ。

バイデンはつけくわえた。「ほんとうに反対意見を聞きたいと思っているし、これについて先入観を持たないようにするつもりだ。なぜなら、駐留すべきだという確固たる理由があれば、それも考慮するし、耳を傾ける」

トランプは二〇二一年五月一日に米軍をすべて撤退させると発表していたが、バイデンは自分の日程で自分の決定を下すことを望んでいた。[1]

ブリンケン国務長官やクレイン大統領首席補佐官のようなバイデンの長年の補佐官は、バイデンがすべての将兵を帰国させようと決意しているのを知っていた。軍とヒラリー・クリントン国務長官がオバマ政権の第一期一年目に大統領を追い詰めて圧倒した二〇〇九年からずっと、バイデンは撤兵を望んでいた。軍とヒラリーは、アフガニスタンでの任務に米軍を数万人規模で増員するよう要求した。それ以外の選択肢への抵抗がかなり強く、公の批判も多かったため、外交政策と軍事の経験がほとんどなかったオバマには、それ以外の選択肢がなかった。

ジョージ・W・ブッシュ政権の国防長官ロバート・ゲーツを、オバマは予想に反して留任させていたが、ゲーツはオバマが増員を承認しなかったら辞任するかもしれないとほのめかした。評判の高い国家安全保障の権威を失うわけにはいかないと、オバマは考えた。

米軍が撤退した場合、アメリカは残虐な内戦を受け入れるしかないと、二〇〇九年にバイデンが内輪でいったことを、ブリンケンは仄聞していた。「どれほどひどいことになるのか？」バイデンは質問した。アフガニスタンの人口の半分近くを占めるパシュトゥン人のあいだで内戦が起きるかどうかと追及したとき、バイデンは椅子から腰を浮かしそうになった。「当たり《ビンゴ》。当たり《ビンゴ》、当たり《ビンゴ》、当たり《ビンゴ》！」自信たっぷりに、お気に入りの表現を決然とくりかえした。

バイデンは当時、自分が反対であることに加えて、大統領が軍に操られていることに幻滅しているとオバマに伝えた。二〇〇九年にバイデンはひそかに周囲に話していた。「私は軍に踊らされない」オバマが踊らされていることを、あからさまに批判していた。

そしていま、二〇二一年の再検討で、オバマ時代からバイデンを知っているロイド・オースティン国防長官はスタッフに、バイデンの強い感情からして、アフガニスタンでの戦争におけるアメリカの関与が終焉することはほぼ間違いないと告げた。しかし、小規模な米軍部隊を残すべきだという軍事、情報、戦略面での強い意見があることも知っていた。

初の黒人国防長官のオースティンは、ジョージア州出身で、陸軍士官学校を一九七五年に卒業していた。陸軍に四〇年勤務し、先任中将の重職である統合参謀本部事務局長をつとめ、オバマの最初のアフガニスタン政策見直しの際にバイデンの姿勢を知るようになった。翌年、オースティンとバイデンはさらに密接に結びついた。二〇一〇年にオバマがバイデンにイラク駐留米軍の大部分の撤退を監督するよう依頼したとき、オースティンはイラク駐留米軍司令官だった。ボー・バイデン少佐はオースティンの幕僚の法務部将校で、すぐに親しくなった。

バイデンとオースティンは、アフガニスタン戦争の歴史にだれよりも深く没頭していた。

そういうしだいで、それから二カ月間、国家安全保障会議《NSC》が二五回という驚くべき回数ひらかれた。大人数の会議、少人数の会議、バイデンと一対一の会議、上級補佐官と閣僚との会議など、さまざまだった。バイデン抜きでNSCの副長官級と閣僚の会議が行なわれることもあった。これまでになく広範囲にわたる政策の見直しが行なわれた。

ときどき感情的になり、喧嘩腰になって、バイデンは提示されているものよりもっと確実で明確な解決策を求めた。バイデンは怒りっぽく、イライラすることがあった。バイデンが細かい事柄や情報評価を強引に要求するので、いっしょに作業しづらいと、上級補佐官のひとりがこぼした。

あとのものは、この再検討は外交政策の決定はこうあるべきだという教科書どおりの手本だと思った。

任務が本来の意図からずれているというのが、バイデンのもっとも重要な主張で、それが議論を支えていた。

アフガニスタン戦争は、ニューヨークのワールド・トレード・センターのツインタワーと国防総省《ペンタゴン》に対する9・11の攻撃の主犯であるテロ組織、アルカイダを掃滅するために、ジョージ・W・ブッシュ大統領が二〇〇一年一〇月に開始した。

さらなるテロ攻撃を阻止するのが任務だった。だが、やがてその戦争が、テロ攻撃の立案と準備を行なえるようにアルカイダをかくまったイスラム過激派タリバンを打倒して、国家建設を行なうという大事業に拡大した。二〇〇一年九月一一日の五年前から、タリバンはアフガニスタンを残虐に支配していた。強硬派の政権が、自分たちの解釈によるイスラム法を押しつけ、女性を抑圧し、イスラム教が禁じている偶像だと見なした六世紀の仏像も含め、さまざまな文明の遺跡を破壊した。

反乱鎮圧《COIN》と呼ばれる活動が拡大し、タリバン打倒だけではなく、アフガニスタンの住民と政府を守ることも含めるようになった。ある時点で、一部の米軍指導者は、首都カブールのすべての街角に一個小隊を配置することを望んだ。戦争の最盛期だった一〇年前、アフガニスタンの米軍は九万八〇〇〇人に膨らんでいた。二〇二一年にはそれが正規軍と特殊作戦部隊を合わせて三五〇〇人に減少していた。

バイデンの再検討にずっとつきまとっていた基本的な疑問は、なにが任務なのか？　ということだった。

バイデンはことに反乱鎮圧を典型的な任務拡張《ミッション・クリープ》だと見なし、論外だと思っていた。

「私たちの任務は、アフガニスタンがアメリカ本土とアメリカの同盟国に対する攻撃の基地になるのを防ぐことだ。タリバンにとどめを刺すことではない」バイデンはそういって、戦争の本来の意図を全員に徹底した。

バイデンにしてみれば、単純にいって戦争はアフガニスタン政府とタリバンの戦いになっている。米軍は外国の内戦に関わるべきではないし、将兵を帰国させる必要があると、バイデンは補佐官たちに告げた。

サリバンが運営する政策見直しの初期段階として、バイデンの傾向を強く反映しているいくつかの質問の答えを要求された。実際問題として、だれも肯定的に答えられなかったときには、米軍には成し遂げられる任務がないという現実に直面せざるをえない。

「一、アフガニスタンでのアメリカの軍事的存在が、アフガニスタン政府とタリバンの交渉による永続性のある政治的合意に、かなり高い蓋然性で根本的に貢献していると、私たちは確信しているのか？

二、アフガニスタンのアルカイダとＩＳ《イスラム国》の脅威が、数千人の地上軍をアフガニスタンに無期限に駐留させなければならないような性質のものだと、私たちは確信しているのか？

三、五月一日の撤退期限を超え、無期限駐留すると表明した場合、部隊と作戦に対するリスクはどう変化するか？　アフガニスタンへのさらなる派兵が必要になるか？」

トランプ政権との交渉によって五月一日の撤退期限が定められたことに関して、タリバンは米軍兵士を攻撃しないことに同意していた。一年間、攻撃は行なわれなかった。しかし、バイデンが無期限に米軍を駐留させると決定した場合、攻撃が再開されるのは必至だということを、情報が示していた。

バイデンは、米軍が撤退した場合、アフガニスタンの民間人への人道的な影響について、詳細に調査するよう求めた。

サリバンは内輪でいった。「アメリカ合衆国大統領としてこういう決定を下すときには、自分の決定の人道面と人的代償を直視しなければならない」

二〇二〇年の回顧録『約束の地』[2]でオバマは、就任一年目のアフガニスタン政策見直しの際のバイデンの助言をふりかえっている。「私のいうことをよく聞いてください、ボス。私はこの街で世慣れしすぎて人が悪くなっているのかもしれませんが、将軍たちがいつ新大統領を身動きできなくするかは見分けられます」バイデンはオバマと顔がくっつきそうなくらい近くで、芝居がかったささやき声でいった。「やつらに押さえ込まれないように」

バイデンはいま、押さえ込まれないようにすると決意していた。

二カ月間におよぶサリバンの再検討会議と内密の話し合いにより、国防総省は主なオプションをふたつ明示した。大統領はできるだけすみやかに安全に将兵を秩序だって撤退させることができるし、アフガニスタンでの無期限の米軍駐留を承認することもできますと、オースティン国防長官がいった。

米軍は、アフガニスタン大統領を六年つとめている学者のアシュラフ・ガニの政権を安定させるのに役立つ監視と情報の調整を行なっている。また、米軍の駐留は、そこにいなければ得られない状況把握力を提供していますと、オースティンはいった。現場にいて、地上にいることで、問題を探知する能力が格段に向上します。

サリバンの見直し作業中に、バイデンはきっぱりといった。「任務がガニ政権の維持であるなら、私は息子を送り込むようなことはしない」

微妙な問題だった。任務にやる価値があって必要かどうかを判断する基準として、バイデンは亡くなった息子のボーのことを何度か話題にした。

戦域で軍務に服した子供がいた大統領は数十年ぶりだったし、ボーの経験によってバイデンは犠牲と危険が大きいと感じていた。[3]

米軍がとどまれば、タリバンが攻撃を再開するはずだというのが、情報に基づく予測だった。[4]そうなったら、増員するよう求められるだろうと、バイデンはいった。「現地にいるのが三〇〇〇人で、それが攻撃されたら、きみたちは」——オースティンとミリーを指差した——「それではあと五〇〇〇人必要ですと、いいに来るだろう」

そういう悪循環をバイデンは避けたかった。部隊の存在は、さらに大きな部隊を引き寄せる磁石になる。なぜなら、軍の指導者たちが自分たちの部隊を守ろうとするのは自然だからだ。したがって、つねに部隊を増やせという答えが出るのは、けっして意外ではない。

つまり、問題は駐留をつづけるか撤退するかではなく、増員するかそれとも撤退するかだと、サリバンは結論を下した。

それが引き揚げるという主張の強力な論拠になった。なぜなら、バイデンに増員するつもりはないからだ。それは選択肢ですらない。

61

二月の上院でのトランプ弾劾裁判は、派手で感情的だった。民主党が議事堂の暴動の映像を流し、ペンスとその家族が急いで裏の階段をおりていき、ロムニーが足をひきずりながら廊下を進むぼやけた画像が、両党の議員に衝撃をあたえた。ふたりとも暴徒からさほど離れていなかった。

「副大統領を殺せと暴徒が叫んでいるのが聞こえます」[1]バージン諸島選出の民主党議員で下院弾劾委員のステイシー・プラスケットが発言した。

暴動後にツイッターとフェイスブックから締め出されたトランプは、フロリダの自宅にいて訴訟を見守っていた。不愉快になり、ペンシルベニアの弁護士ブルース・キャスターが、ぶかぶかのスーツを着ていて、長たらしくとりとめのない冒頭陳述を行なったことについて、補佐官に文句をいった。トランプ支持者たちですらとまどい、即興でしゃべっているのではないかと思うものもいた。

マコネルは共和党議員たちに、これはそれぞれの良心投票（党議に拘束されることなく自分の良心に従って投票すること。自由投票ともいう）だといった。どちらに投票するか、事前に明かさなかった。

トランプは五七対四三で無罪を宣告された。有罪を宣告するのに必要な六七票に一〇票足りなかった。ロムニーとコリンズを含めて共和党上院議員七人が、トランプ有罪に投票した。

採決のあと、マコネルが発言した。マコネルは、無罪に投票した四三人のうちのひとりだった。自分のいいたいことを正確に伝えられるように、演説を練りあげてあった。

「一月六日は恥ずべきこと」で「テロリズム」の行為だったと、マコネルはいった。[2]「地球上でもっとも強い力を持つ人間に突拍子もない嘘を吹き込まれた人々が」それを煽った。「その人物が、選挙に負けて怒っていたことが原因だった」

マコネルは、怒り狂っているがそれを抑えているような口調だった。議員たちのほうを何度も向き、両手を突き出して力説した。トランプの盟友たちが示した不正選挙の証拠について述べるときには、指と指が触れそうなくらいあいだを狭めて、彼らの主張はきわめて薄っぺらだといった。

「トランプ大統領が実質的に、また倫理的に責任があることに、疑問の余地はありません」マコネルはいった。「また、大惨事が迫っているという雰囲気そのものが、完全な捏造でした。逆転して地滑り的大勝利になった選挙が、現大統領の秘密クーデターによって盗まれたものだという途方もない作り話がでっちあげられたのです」

しかしながら、とマコネルはいった。「刑事上の基準からすれば、大統領の演説は扇動であるとはいえないでしょう」

リンゼー・グラムはマコネルに、そういう激情を目にして驚いたといった。「きみがあんなに怒るとは、思っていなかった」グラムはいった。

いつもは現実主義者の共和党員で、冷血な策士のマコネルは、党が受けた深い傷が癒えないかもしれない領域に追い込まれていた。

「トランプの憎悪には際限がない」とグラムはいったことがある。「そのせいで、人々は自分の利益にならないことをやる。ミッチのように。ドナルド・トランプほど他人に影響をあたえる人間は、ほかに見たことがない。

私はそれを何度もくりかえし見てきた。政治の世界では非常に驚くべきことだ。頭が切れて理性的な人々が、トランプにかかると心が折れてしまう」グラムはいった。「トランプがそう仕向けているわけではない。魔法ではない。トランプはトランプであるだけだ。それだけで相手を疲れさせる。トランプを嫌っているせいで、人は自分のためにならないことをやってしまう」

翌日のバレンタインデーに、トランプはグラムと話をした。グラムは上院の共和党員と激怒している前大統領の仲介人を買ってでていた。

一月六日の暴動のせいで、グラムのトランプとの関係は二重にややこしくなっていた。ふたりは政治談議とゴルフを通じて、ほんものの友情を保っていた。真剣な会話ができた。トランプほどグラムを内部にはいり込ませた大統領は、ほかにはいなかった。それに、その関係によって、グラムはニュースと共和党内部の事情が明瞭に見えるようになる。グラムはテレビ、ことにFOXには欠かせない存在となった。

だが、グラムは、トランプとの深い交流は共和党のために政治的に必要だとも考えていた。「彼がいなかったら復活できないだろう」グラムはいった。「それに、彼が変わらないとそこへ到達できない」

二月一四日、トランプはマコネルの上院での演説のせいで陰鬱で機嫌が悪かった。「これまでなにもかもいっしょにやってきたのに、あんなことをいうとは信じられない」トランプはグラムに憤懣をぶちまけた。つぎつぎと並べ立てた。減税。判事と最高裁。規制緩和。

マコネルは怒りが収まらないのだと、グラムはいった。ジョージア州の二議席を失い、共和党が上院で多数党ではなくなったのは大統領のせいだと、マコネルは思い込んでいるんですよ。

トランプがまたマコネルを攻撃した。

マコネルとトランプはしばらく関係を修復できないのではないかと、グラムは心配になった。それでは二〇二二年に共和党が議席を取り戻す絶好のチャンスを逃すおそれがある。民主党はマコネルが精神的に参ったことを指摘し、共和党を分断するのに利用するにちがいない。

「彼らはミッチの演説の一部を取りあげて、二〇二二年のアリゾナ州、ニューハンプシャー州、ジョージア州その他の激戦区で宣伝に使うでしょう」グラムは予測した。「〝ミッチ・マコネルはトランプについてこんなことをいった。どう思う？〟というでしょうね」

その晩、FOXニュースに出演したグラムは、トランプが離れていくとか、党から追い出せると思っているようなら、それは間違いだと述べた。[3]「彼は心機一転して、共和党を立て直す覚悟でいます」グラムはいった。

数日後、マコネルがFOXで、すくなくともうわべでは後退した。トランプ前大統領が二〇二四年に共和党に指名されれば、「全面的に」支援するといった。[4]

その発言はマコネルなりの平和維持だと、グラムは解釈した。しかし、なにも変わっていないことも知っていた。マコネルの事務局がFOXニュース出演についてのプレスリリースを発表したとき、そこではバイデン批判が強調されていた。トランプの三度目の指名を支援するかもしれないという約束については、ひとことも書かれていなかった。

グラムはなおもトランプに働きかけ、共和党員との関係を維持させようとした。

「大統領、二〇二二年に私たちが勝利を収めるには、最高のチームを現場に送らないといけません」グラムは電話でトランプにいい、アーカンソー州のジョン・ブーズマン、ノースダコタ州のジョン・ホーベン、ミズーリ州のロイ・ブラントなどの共和党上院議員の名前を挙げた。すべて再選を目指している目立たない議員だった。彼らにはあなたの後押しが役に立ちますと、グラムはいった。「できるだけ早く登場して支援するほうがいいでしょう」

よろこんで手を貸すと、トランプはいった。戦いに戻る用意があるようだった。しかし、それよりも、ワイオミング州のリズ・チェイニーも含めて下院で弾劾訴追に賛成した共和党議員に復讐することに関心があるようだった。やつらは不忠で救いようがない裏切り者だ。

「やらなければならない重要なことは、マイク・ペンスとの壊れた関係の修復です」グラムはトランプを諭した。「マイク・ペンスはあなたにとてつもなく忠実だったのに、あなたがひどい仕打ちをしたというのが、共通した見方だと思います」

とんでもないと、トランプはいった。

「あなたは勝ったと思った選挙で負けるという不意打ちを食らった」グラムはいった。「それはわかります。しかし、マイク・ペンスに無理なことを要求し、彼について不当なことをいった。

ですから、大統領、できればそれを修復するのが、あなたのためにいちばんいいことだと思います」

トランプは無言だった。

おなじ週末に、トランプはマール・ア・ラーゴで友人たちとディナーをともにした。二〇一六年のトランプの選挙対策本部長で、その後も密接な関係をつづけていたコーリー・ルワンドウスキと、元フロリダ州司法長官でトランプの最初の弾劾裁判で弁護人をつとめたパム・ボンディもいた。

クラブのメンバーや客たちが、しじゅうトランプに近づいて、へつらい、魅了されていた。「あなたは私の生涯でもっとも偉大な大統領です」といって媚びた。「最高です！」

トランプは彼らにマコネルのことをきいた。二〇二〇年にマコネルの再選立候補を支持したことが、いまも腹立たしいといった。「マコネルが私を嫌っているのはわかっている。しかし、どうすればよかったというんだ？　ほかのだれかを支持するのか？」

不正選挙のことでトランプをけなした下院共和党院内総務のケビン・マッカーシーにも腹を立てていた。「あの男は私に毎日電話をかけてきて、最高の友人だというふりをしていたのに、私をコケにした。あいつはいいやつじゃない」

よりによってトランプが、共和党の指導者たちが利己的だということを理解していないようだったので驚いたと、ルワンドウスキは内輪で語った。

「ケビンは私にゴマをすりにきて、下院を取り戻すのを手伝ってくれというんだ」トランプはいった。

トランプは、自分を崇拝している人々とパームビーチの住民を見まわした。「ツイッターにはずされた」トランプはいった。「それがないと、すごく楽だ。まだツイッターにいたら、どれだけおおぜいの人間をこらしめなければならないか、わかるだろう？」

ペンスは、バージニア州北部の自宅と、ロナルド・レーガン・ワシントン・ナショナル空港に近いクリスタルシティのオフィスを借りた。前よりも静かな生活になった。副大統領の車列はもうない。シークレット・サービスの警護官数人が付けられているだけだ。一冊の本の執筆と、各地での演説を進めていた。ほんとうの計画は政治的な認知度を保つことと名誉回復だった。二〇二四年に勝負できるようにする。

二月二三日にペンスは、かつて自分が委員長をつとめていた下院の保守派組織、共和党研究委員会（ＲＳＣ）のメンバーを、新しいオフィスで歓迎した。尊敬されている古参の政治家を演じるチャンスだった。

だれもトランプのことを持ち出さなかったので、ペンスが話題にした。安心させるために、電話で何度かなごやかに話をしたといった。だれも細かいことはきかなかった。どちらにもいい面があったのだろうと思いながら、友人が離婚の話をするのを聞いているようだった。

一〇年前に下院議員だったころを回顧すると、ペンスは感傷的になった。二〇〇九年に自分が下院にいたときには、オバマ大統領の景気刺激策に共和党議員はひとりも賛成票を投じなかったといった——今回も保守派はバイデンの救済計画に反対する努力をするべきだ。一票もあたえてはならない。党が重要なことで団結できるチャンスなのだ。

「私たち共和党員にとって、決定的瞬間だ」ペンスはいった。「オバマは私たちを交渉から締め出した。今回、彼らが私たちを話し合いに参加させないようなら、その法案には関わらないといえばいい。

共和党は支出を抑えるという任務を取り戻す必要がある」ペンスは彼らにきっぱりといった。

このメッセージには「状況を複雑にする問題」がいくつかあると、ペンスはつけくわえた。だが、それが偽善的であることは明確に認めなかった。トランプ政権下の共和党は、財政保守主義をいっさい放棄して、何兆ドルも支出した。連邦政府の負債は急増した。だが、過ぎ去った年月をとがめるのは安易すぎる。

ペンスを囲んで座っていた保守派下院議員たちは、共和党研究委員会委員長のインディアナ州のジム・バンクスからコロラド州の扇動家の新人議員ローレン・ボーバートに至るまで、しきりにうなずいていた。状況を複雑にする問題があるのを知っていたが、いまはとにかく戦うことが重要だった。

62

二月二七日、下院はバイデンの一兆九〇〇〇億ドルの救済法案を可決した。二〇二五年までに最低賃金を時給一五ドルまで引きあげる条項も含まれていた。共和党議員ひとりが賛成にまわり、二一九対二一二という僅差だった。

ペロシ議長は周囲に、民主党議員のやっていることを、聖書の言葉を使って説明した。「これはマタイによる福音書のようだわ。おまえたちは、私が飢えていたときに食事をあたえてくれた」ペロシはいった。「私に家がなかったときに雨露をしのぐ場所をあたえてくれた」

上院議事運営専門家エリザベス・マクドノーが何日か前に、最低賃金を時給一五ドルまで引きあげる法案は財政調整措置《リコンシリエーション》のルールに違反しているので、救済法案に含められないと裁定していた。[1]

二〇二〇年の選挙戦でバイデンは時給一五ドルを支持していたが、バイデンも補佐官たちも議事運営専門家とことを構えたくはなかった。しかし、下院の民主党議員がそれを望んでいるのをペロシは知っていたので、そのままにした。上院民主党がそれをはずせばいい。

その法案が下院ではずされなかったことで、上院の民主党議員たちは赤裸々な事実を思い知った。下院民主党は上院民主党よりもずっとリベラルになっている。それを忘れるな。この法案を薄めるようなことをやったら、下院で最終決議にかけられるときに廃案になるかもしれない。

ロン・クレインは、小さなメモカードをいつもジャケットのポケットに入れていた。あらゆることが小さな活字体で記入してあった。大統領のスケジュール、やるべきことのリスト、ホワイトハウスのスタッフ向けの指針、かけなければならない電話。

二月下旬に最優先だった一項目は、穏健派の民主党上院議員をバイデンの救済計画に賛成させることだった。

クレインは何回も会議をひらいて、そういった議員と話し合った。〝アメリカ政治の完全な逆転〟に気づいて非常に驚いた。バーニー・サンダースと進歩派の仲間は、刺激策の小切手が年間所得六桁――一〇万ドル――以上の人々にも支給されることを要求した。逆に穏健派は、だめだ、だめだ、そのお金はもっと貧しい人々に渡されるべきだといった。

ようやく妥協に達した。夫婦の年間所得合計が一五万ドルの場合は全額支給されるが、二〇万ドルまでは急カーブで段階的に減額される。[2]

マンチンとそのほかの民主党議員七人は、救済計画のさまざまな面に異議を唱えた。クレインとホワイトハウスのスタッフは、大きな懸念から小さな不満に至るまで、反対意見について調べた。五〇対五〇の上院では、民主党議員すべてが陣営を支える高い柱だった。すべて必要だった。

オバマ政権のころ、民主党上院議員五八人でも厳しいとだれもが考えていたことを、クレインは思い出した。バイデンに民主党上院議員が五八人いれば、大統領首席補佐官として一週間に三日働けばいいだけなのにと空想した。

上院民主党がバイデンの計画の改案を交渉しているとき、バージニア州選出の民主党議員マーク・ワーナーほか数人が、田園地帯で不足しているブロードバンドを拡張するプログラムにもっと予算を注ぎ込むよう要求した。一二月の予算案ですでに、インターネットを拡大するためのブロードバンド・プログラムに三〇億ドル以上が割り当てられ、かなり巨額だと見なされていた。

しかし、ワーナーたちは、パンデミックでアメリカ国民の生活が変わり、医療、遠隔教育、在宅勤務のために高速インターネット・アクセスが不可欠になったと唱え、そのための予算を増やすことを要求した。[3]

バイデンのホワイトハウスは、二〇二一年度のブロードバンド支出を二〇〇億ドルに増やすことに同意した。

当初、ワーナーたちは、ホワイトハウスが去年末に決定された三〇億ドルに二〇〇億ドルを足し、合計二三〇億ドルにするのだと思った。[4]

「きみたちの金額はすこし少ない」その直後に、ワーナーはＺｏｏｍでいった。「二〇〇億ドル増やすといったじゃないか」救済案が民主党議員に持たせる手土産になりつつあることは明らかだった。

スティーブ・リケッティとワーナーはこのことですこしやり合い、リケッティは二〇二一年に総額二〇〇億ドルから譲らなかった。ワーナーと仲間の議員たちは最終的に合意し、ブロードバンド予算を一七〇億ドル上積みできた。

巨額の資金投入で、連邦政府のブロードバンド投資としては史上最大だった。[5]

民主党内の口論は、巨額のお金が掛けられていて、だれもが自分のお気に入りのプログラムにできるだけ多く分捕ろうとしていることを、如実に表わしていた。餌の奪い合いが起きていた。

マコネルとグラムは救済計画を傍観しながら、頻繁に会っていた。主な話題はつねにトランプと、二〇二二年に共和党が勝利を収められる情勢にするために、トランプがどういう役割を果たすべきかということだった。

トランプはいまも党内で支配的な勢力だと、グラムはいった。七四〇〇万の得票がいまも反響しているし、支持層が忠実で力強い。

マコネルは、グラムのことを〝トランプ・ウィスパラー〟だと思っていた。グラムがその役割を演じることに異存はなかった。しかし、グラムの戦略は受け入れなかった。トランプは

〝消え去る銘柄〟だと、マコネルはいった。引退馬だ。ケンタッキーでは〝OTTB〟——走路からおりた《オフ・ザ・トラック》サラブレッド——と呼ばれる。

「明らかな傾向が動きはじめている」マコネルはいった。共和党がトランプに支配されない方向へ向かっている。「ドナルド・トランプにへつらうという戦略ではうまくいかない」

この原動力が作用するのを二〇一四年に見たと、マコネルはグラムに指摘した。その年、デラウェア州のクリスティン・オドネルのようなティーパーティの野放図なプライマリー・チャレンジャーを共和党の主流派議員が撃退した。当時、多くの共和党員がマコネルに、ティーパーティは共和党を呑み込み、すべての選挙で勝つだろうと警告した。

ところが、共和党は一三議席を得て[6]、一九二九年以来最大の多数党になり、下院を支配した。[7]上院でも九議席を得て支配を取り戻した。レーガン政権時の一九八〇年以来、最大の議席増だった。

それに、二〇二二年は、二〇一四年とかなり似た結果になりそうだと、マコネルはいった。共和党員は固く守り、異常ではなく正常を支持する。当選見込みに的を絞り、必要とあれば予備選に介入しよう。

マコネルは自分が好む候補たちが、最後にはトランプが結集しようとする寄せ集め人脈に勝るだろうと確信していた。マコネルとその仲間が、組織力と資金集めで彼らをしのぎ、劇的な衝突は回避される。

「トランプと私がじっさいに対決する部分は、勝てないのが明らかな間抜けを彼が応援するときだけだ」マコネルは鋭い口調でいった。「上院を取り戻す勝機を得るには、もっとも当選する可能性が高い候補を出さなければならない」

なによりも重要なのは勝つことだ。トランプが役に立つなら、おおいに結構。役に立たないようなら、トランプが選んだ候補に反対する。損得のみで判断すると、マコネルはいった。

トランプに倫理的責任があるという二月一三日の発言を民主党が取りあげて、共和党を攻撃する道具に使おうとしても、その戦術は失敗するだろうと、マコネルは確信していた。

「私はそれがうまくいくほど、ひどい悪役ではない」とにかく共和党内では、とマコネルはいった。

どのみちトランプはやろうとするだろう。

63

バイデンにとって、マンチンは一貫してもっとも高い柱だった。バイデンもクレインもそれを知っていたし、マンチンも知っていた。

三月二日火曜日の夜、クレインはマンチンの全長一二メートルのハウスボート〈オールモスト・ヘブン〉に寄った。ふたりだけで食事をした。すてきだったが、超豪華な船ではなかった。〝まるで天国《オールモスト・ヘブン》、ウエストバージニア〟は、ウエストバージニア州の州歌のひとつ、ジョン・デンバーの〈故郷へ帰りたい〉の最初の一節だった。その船はマンチンの浮かぶ砦だった。「舫い綱を解けば、家に帰れる」と、《GQ》誌の記者にいったことがある。

故郷に帰ってウエストバージニア州民に説明することができないと、マンチンはいった。一週間長く失業すれば、私たちが渡す一四〇〇ドルの給付金に加えて追加の四〇〇ドルをもらえるというような話はできない。

失業保険給付は多すぎるし長すぎると、マンチンは反対した。追加の四〇〇ドルを三〇〇ドルに減らし、期間を短縮しなければならない。それがマンチンの主張の中心だった。

法案が否決されないようにするとマンチンがバイデンに約束したことを、クレインは知っていた。だが、マンチンは本物の一匹狼で、圧力には屈しない。その晩、食事を終えて〈オールモスト・ヘブン〉をあとにしたクレインは、なんとかしてマンチンと折り合いをつけなければならないと確信していた。

マンチンに求愛したのは、クレインだけではなかった。マコネルに促されてポートマン上院議員も、共和党議員一〇人が置き去りにされたことがわかった二月初旬からマンチンと話し合いを重ねていた。

マンチンはいまも有効な球だった。ポートマンは、週四〇〇ドルの給付を三〇〇ドルにして期間を短縮する、救済法案に対する修正案を示した。

マンチンはそれを気にいった。[1]三〇〇ドルという数字は、政策上の見解であるとともに、心理的、象徴的な立場でもあった。数週間前からマンチンは元財務長官ラリー・サマーズを含めた民主党中道派と話をしていた。サマーズは《ワシントン・ポスト》に寄稿し、政府の支出が大きすぎるとインフレを引き起こすと警告していた。マンチンは、オバマ政権のエコノミストだったジェイソン・ファーマンとも話をしていた。

マンチンの直感では、それらの会話は、労働者が早急に仕事に戻りたくなるように仕向けなければならないことを浮き彫りにしていた。経済は回復しつつあるし、失業給付の延長は人々が家にいる大きな誘因になる。

マンチンはポートマンに、三〇〇ドルの修正案を支持すると約束した。

バイデンの新型コロナウイルス対策調整官ジェフ・ザイエンツは、大統領に毎日の報告を行なっていた。国防総省は緊急事態管理庁（FEMA）の要請に応じて、ワクチン接種会場を支援するために州兵一〇〇〇人以上を展開していた。国中でコミュニティ接種会場が設置されていた。バイデンは、就任から一カ月のあいだに一〇〇カ所を支援すると約束していた。[2] いまでは四四一カ所になっている。

薬局でワクチン接種を行なえるようにする、試験的な薬局利用計画が段階的に進められていた。公衆緊急事態準備法（PREP法）によって、引退した看護師や医師その他の医療従事者がワクチン接種を行なえるようになった。

しかし、検査はまだじゅうぶんな件数ではなく、ことに無症状者の検査は進んでいなかった。変異株を発見するために使われるDNAシークエンシングでアメリカは世界第三二位だった。変異株は感染力が強まっていることが多いので、新しい変異株の発見はウイルス蔓延を鈍らせる鍵を握っていた。また、変異株が広まっていない初期段階での検査と発見が重要だった。この立遅れは不合理だとザイエンツは思い、不利益を解消するためにもっと予算を注ぎ込んでほしいとバイデンに頼んだ。

バイデンは承認したが、なおもザイエンツに圧力をかけた。「やれるのか？」すこし疑わし気にきいた。

脆弱なコミュニティに公平で平等なワクチン配布を行なえるように、大規模拠点と各拠点《ハブ・アンド・スポーク》方式で三月末には全国で数百カ所のコミュニティ医療センターが稼働しますと、ザイエンツはいった。

「ほんとうに何千カ所もそういうところができるのか？　どれだけの人数に接種できるのか？」バイデンはきいた。「そこはどういうふうにできている？」

「移動ワクチン接種部隊についてはどうなっている？」ウイルス関連でバイデンが最初のころに行なった四〇回の会議のうちの四回で、バイデンはたずねた。ザイエンツはそのあとで四度報告書を提出して、最新の進捗状況を大統領に伝えた。三月末には、コミュニティ医療センター一三八五カ所のうち九五〇カ所でワクチン接種が行なえるようになる。多くはバンか仮設接種所で行なう。

ＦＥＭＡの支援四〇億ドルが州に割りふられたと、ザイエンツは報告した。

その間、ソーニャ・バーンスタインは、あいかわらず半地下のアパートメントで作業を行なっていた。

「玄関を出て階段を二段昇るたびに、光で目が眩むのよ」バーンスタインは周囲にそう冗談をいった。そこは隔離状態だった。ウイルス対策の活動の末端で、連邦政府機関に命令を下し、指示をあたえていた。総動員だった。

64

救済案が上院で失速すると、シューマー上院民主党院内総務はペロシ下院議長に電話をかけた。悦に入る場合ではない。なすべき仕事がある。法案の最終合意をまとめる潮時だった。最低賃金の条項を含めることができないのは残念だ。非常に意味のあることなのに、とシューマーはいった。しかし、これが現実だ。ペロシは同意した。失望してもバイデンの法案をだめにするわけにはいかない。

「生き延びて、いずれまた成立させましょう」ペロシが、最低賃金を引きあげることについてそういった。「いずれやる。それに、成立させるときには、時給一五ドルよりも高くする」

シューマーはいった。最低賃金引きあげを除外することのほかにも修正がある。州と地方への支援を減らして、田園地帯のインターネット・ブロードバンド構築に注ぎ込む。

三つ目の変更は、毎週の失業給付を四〇〇ドルから三〇〇ドルに減額することだった。

下院のリベラルは、その変更が気に入らないでしょうね、ペロシはいった。

ペロシは下院民主党のそういう勢力のことを知っていた。下院進歩派議連《ハウス・プログレッシブ・コーカス》を注意深く観察していた。彼らは派手な戦いを好み、ことにペロシとの争いを好んでいた。オカシオコルテスを含む下院若手進歩派女性議員のグループの〝スクワッド〟はとりわけ好戦的で、ペロシに刃向かい、彼女が推進していた移民法案に反対票を投じたことがあった。[1] あらたな優遇措置抜きで四〇〇ドルの給付金が三〇〇ドルに減額されたと聞いたら、造反するかもしれない。

どういう変更でも私の議員団の大多数を敵にまわす削減になると、ペロシはいった。この法案を彼らに呑ませるには、私たちもなにかを差し出さなければならない。

シューマーは変更を思いついた――失業保険給付が課税されないように、一万二〇〇〇ドルの税額控除を行なう。

すべての交渉に関わり、彼らの動きを仔細に追っていたクレインは、賢明な案だと思った。税額控除がなかったら、失業していた人々は確定申告締切日に巨額の徴税令状を受け取ることになる。悪夢のような事態になり、〝馬鹿な議会がなんとかすべきだ〟といわれるだろう。

シューマーは、デラウエア州選出のトム・カーパー民主党上院議員と協力して、あらたな修正案を早急にまとめあげた。[2] 失業給付三〇〇ドルを一〇月まで延長し、控除を一万二〇〇〇ドルに引きあげる。

ペロシはシューマーとホワイトハウスに、なんとかするが、このままにするようにといった。もう微調整はなしよ。「これで終わらせましょう」ペロシはいった。「さあ手に入れて」クレインもほかの人間も、ペロシに反論しなかった。

シューマーと院内幹事チームは、これをすべて点呼投票にかける金曜日になにが起きるかについてほとんど語らず、用心深かった。

「院内幹事の立場では、いざ出席をとるまで何事も決めてかかることはできない」イリノイ州選出のディック・ダービン上院議員が、CNNにいった。[3]「民主党議員が最後まで忠実でいて、副大統領がタイブレークできる五〇票が得られるかどうか、まだわかっていない」

失業給付の追加三〇〇ドルが一〇月四日まで延長され、下院リベラルをなだめるために一万二〇〇〇ドルの税額控除がつけくわえられたことを知ると、マンチンは怒りを爆発させた。「私たちの合意とは異なる」たしかに、救済法案が否決されないようにすると、バイデンに約束した。だが、失業給付の期間延長には一度も賛成していない。

「よし」マンチンは、クレインかバイデンに話しかけているかのように、補佐官に向かっていった。「私が合意に従わないとあんたたちはいっているが、合意に従っていないのはあんたたちのほうだ」憤然とオフィスから出ていった。

三月五日金曜日の早朝に、クレインはホワイトハウスに着くと、だれもが浮かない顔をしているのに気づいた。

上院の議場では、一五ドルの最低賃金引きあげを修正案に盛り込むというバーニー・サンダースの動議が採決されていた。[4]可決される見込みは薄かった。しかし、サンダースは、否決されたら本法案に反対すると脅してはいなかった。最低賃金引きあげは、四二票しか得られなかった。

「バーニー・サンダースが〝この法案を抱いて死ぬ〟といったら、それが限界点になっていたはずだ」コネティカット州選出のリチャード・ブルーメンソール民主党上院議員が、周囲の人々にいった。救済計画は葬り去られていたにちがいない。だが、サンダースは法案を支持し、バイデンの味方になっていた。

クレインは予備選挙以来ずっと、変わることなくサンダースと交流していた。政権移行のとき、クレインとサンダースは、労働長官としてサンダースを政権に参加させることを検討した。いい考えだと、サンダースは内密にクレインにいった。すこしばかり暴れて、組合の集会に出たり、アマゾンの施設の外に現われたりしてもいい。しかし、民主党が多数党になったので、クレインとサンダースはその案を棚上げにした。サンダースには上院議員のまま委員会の委員長になってもらう。

クレインの盟友でリベラルのシンクタンクの所長だったニーラ・タンデンは、大統領当選後のバイデンが彼女を行政管理予算局（ＯＭＢ）局長に指名すると発表したあとで、サンダースをツイッターで激しく攻撃したために、厳しい批判を浴びていた。共和党はサンダースを挑発して、彼女を非難させようとした。

「あなたはサンダースを無知な売春婦だとはいわなかったが、あらゆる言葉を浴びせましたね」有名な《サタデー・ナイト・ライブ》の寸劇を真似て、ルイジアナ州選出のジョン・ケネディ共和党上院議員が、タンデンの指名承認公聴会でいい切った[5]。

バイデンのホワイトハウスに対して善意を示すために、サンダースはそれを穏便に処理した。

上院のオフィスにタンデンを呼んだ。タンデンのツイートをプリントアウトし、いっしょに朗読した。それを不愉快に思っていることを、タンデンに念押ししたかった。だが、公に口論するつもりはなかった。

「みんな出ていってくれ」サンダースは、スタッフにいった。「私だけにしてくれ」

タンデンの人事は最終的に撤回された。[6]

シューマーが多数党院内総務になって間もないころに、マンチンは取り決めの条件を丁寧に述べ、多数党の一員として自分がどう身を処すかを説明した。

マンチンは、かつてハリー・リードに対して使った手法をくりかえした。「故郷に帰って説明できるようなら投票する。説明できないようなら投票しない」不意打ちにならないように、マンチンはつねに、どう投票するかという決定をリードに事前に伝えていた。ウエストバージニア州はもっとも共和党色が強いと、マンチンはいった。だから、つねにもっとも独立していて、党議の投票から離叛することが多い。

採決当日の朝、マンチンは、議事堂にあるシューマーの院内総務用オフィスへ行った。

「おい、チャック」マンチンはいった。「失業給付についてのこの修正案には投票しないことを、教えておこうと思ってね」三〇〇ドルの追加を一〇月四日まで延長し、下院を満足させるために一万二〇〇〇ドルの税額控除をつけくわえた条項について、そういった。「これは私たちが取り決めた合意ではない」その代わり、ポートマンの修正案に投票する。「ひとつ教えておこう。

私たちは意見が異なっている。わかるか？　意見が異なっているんだ」

マンチンはぶらぶらと議場へおりていった。話がひろまった。無所属で民主党会派のメイン州選出のアンガス・キング上院議員が、マンチンに近づいた。「ジョー、この合意を受け入れるんだ。きっとうまくいく」

だめだ、だめだ、マンチンはいった。うまくいかない。

マンチンの首席補佐官ランス・ウェストがマンチンに、議事堂の地階の隠れ家的なオフィスで仕事をしてはどうかといった。近くに小さなカフェテリアがあるので、食事をとれるし、上院議員たちにも邪魔されない。

ミネソタ州選出のエイミー・クロブシャー民主党上院議員は、上院で自分なりの調査を行なっていて、ホワイトハウスのスティーブ・リケッティに電話をかけた。マンチンが協調しないと警告した。救済計画は潰れるかもしれない。今夜。バイデンの最初の一〇〇日が、党内の対決で傷つく。

その電話が引き金になった。

クレインとほかに数人が、バイデンに連絡した。救済法案が否決されないようにするとマンチンは大統領に約束しました。電話をかける潮時かもしれません。

バイデンはためらった。法案をめぐる戦いは何百回も経験している。大統領の電話には特別の重みがある。それは最後の強引な圧力でなければならない。

「電話は一度しかかけられない」バイデンはいった。「これがそれをやる瞬間なのか、決めなければならない。これが正しいのか？」

全員が、正しいと思っているようだった。

「一度しかできない」バイデンはくりかえした。


バイデンは、午後一時ごろにマンチンに電話をかけた。マンチンはランス・ウェスト首席補佐官とともに、隠れ家オフィスにいた。

「ジョー」バイデンはいった。「きみは失業給付の減額を望んだ。私たちはそれをやった。日にちのこともいった」追加の失業給付の給付期間のことだった。「それにも取り組んだ。給付の対象を絞ることを君が望んだ。私はそれもやった。だから、基本的にこれでいいんだ。きみに同調してもらう必要がある」

マンチンは、バイデンが間違っていることを指摘した。追加の失業給付は、減額にはなっていますが、秋まで延長されました。働かずにお金がもらえる期間が長くなりました。

つづいて、知ったばかりの一万二〇〇ドルの控除についても不満をいった。働かない人間が追加の税制優遇措置を受け、働いている人間がそれを受けられないことになります。

「ジョー」バイデンはいった。「同調してくれなかったら、私をひどい目に遭わせることになる。これにきみが必要なんだ。これにイエスといえる方法を見つけてくれ」

「どうですかね。私はロブ・ポートマンと約束しました」マンチンはいった。何人ものエコノミストと話をしたことも告げた。経済はロケット並みに急上昇していると、エコノミストたちはいっています。大統領、七月より前に人々が働くようにする必要があります。大統領、五月には接種を希望する国民すべてにワクチンを用意できるといったはずです。

この法案を失うことはできない、バイデンはいった。いらだちがこもった声で、執拗にいい張った。この法案を私が失うようにしたいのか。

「私を信じてください」マンチンはいった。「失うことはありません」廃案にするつもりは毛頭なく、いくつかの部分を改善したいだけだと、マンチンはいった。大統領に味方するが、それにはホワイトハウスに協力してもらいたい。

「ジョー、いいかげんにしろ」バイデンがいらだたしげにいった。「この法案を失うことはできない」

「大統領」マンチンはいった。「お言葉ですが、この法案がダイナマイトで吹っ飛ばされて失われることはありませんよ。大量のニトログリセリンでも吹っ飛ばせませんよ。非常にいいことがたくさん盛り込まれていますからね」

マンチンはつけくわえた。「どんな小さな自治体も補助金が得られます。彼らははじめて自分たちの運命を操れるようになります、上下水道を修理し、インターネット接続を改善できます。いいことずくめです、大統領」

「ジョー」バイデンはいった。「私の法案を葬らないでほしい」個人的な頼みだった。

「大統領の法案が葬られることはありません。請け合います、大統領」そこでホワイトハウスが怖れていたマンチンの頑固さが浮かび出た。「これに屈するつもりはありません。なにかが必要です。そう、合意に達しなければなりません。でも、ご心配なく、大統領。なんとかしますから」

電話は終わった。バイデンは補佐官たちに、これをなんとかしろと命じた。マンチンが拒否したのはポートマンのことがあるからにちがいないと、クレインはいった。

隠れ家オフィスで、マンチンは首席補佐官のランス・ウェストのほうを向いた。

「私の立場を、彼らはずっと知っていたはずじゃないか？」マンチンはいった。「ずっと三〇〇ドルを主張していた。初耳のはずはない」

「そうですね。長いあいだ、ずっとそういっていましたね」ウェストはいった。

「仕事にかかろう。解決しよう」マンチンはいった。「だれに電話すればいいか、いってくれ。電話をかける。みんなこれを解決したいと思っているんだ」

動きはじめる潮時だと、シューマーは気づいた。修正案の順序を入れ替えることを提案した。まず、ポートマンの修正案にマンチンが投票し、約束を守れるようにする。それからカーパーの修正案を採決する。ポートマンの修正案に取って代われるように組み立て、マンチンが投票できるようにする。それで五〇票を得て、副大統領の一票で可決する。

ペロシはシューマーに、合意を守ってもらわなければならないといった。ポートマンの修正案が可決されてそのままになれば、給付は三〇〇ドルに減額され、支給は七月で終わってしまう。それでは下院での成立を保証できない。

65

三月五日午後三時ごろ、ミシガン州選出民主党上院議員のデビー・スタベノウが、急いで隠れ家オフィスに向かっているマンチンを見つけた。

スタベノウはオフィスのドアをノックした。マンチンがスタベノウを迎え入れて、ソファに並んで座るよう勧めた。

マンチンが、法案についての懸念材料を挙げはじめた──失業保険給付の延長が長すぎる、一万二〇〇〇ドルの税額控除。

マンチンの苦情は些細なものだと、スタベノウは思った──大きな難題ではなく、小さな問題だ。だれかが真実を告げなければならない。はっきりと。スタベノウは、ジミー・カーター大統領の時代からの上院議員だった。すでに決められたことを、ひとりのせいで頓挫させるわけにはいかない。九九%の総意がある。

「よく聞いて、ジョー」スタベノウは問いかけた。「私たちのだれにでも、あなたとおなじことができる。五〇票だから。それに、この法案のすべてが、私にとって完璧だと思う？」

マンチンは耳を傾けていた。

「あなたに対してかなり怒っている同僚議員がおおぜい廊下の先にいるというのが、現実なのよ」スタベノウはいった。「それはわかっているでしょう?」

「わかっている、わかっている、わかっているよ、デブ」マンチンはいった。「しかし、きみは理解していない。私はウエストバージニア州を代表している」

「そう、私だってミシガン州を代表している。そういう心境のひとはいっぱいいるんじゃないの? 私たちはひとりの議連ではないのよ。五〇人の議連なのよ。だから、なにかが自分の州にとって完璧ではなくても、団結する方法を見つけなければならない。どうしてだかわかる? これはウエストバージニア州のためだけの法案ではないのよ。ミシガン州のための法案でもないのよ」

マンチンが、失業について話しはじめた。ワクチンが迅速に配布されているし、人々がこの失業給付をもらって家にいるのではなく、仕事に戻るようにしたいと、マンチンはいった。企業が働き手を見つけられなくなるのが心配だ。

「あのね」スタベノウはいった。「あなたは知事だったことがある。完璧なことなどないわ。よくしようと努力するだけよ」

「きみは自分勝手だ」

強引過ぎたことは、スタベノウにもわかっていた。やり過ぎかもしれない。それでも、適切だと思っていた。上院の民主党議員はみんな、マンチンを避けている。みんながどう感じているかを、だれかが彼に告げなければならない。遅れが生じていることに対する怒りが現実にある。それに、スタベノウは知っていた――だれもが知っていた――マンチンは人に好かれたいと思っている。マンチンはよくハウスボートにだれかを招く。悪役になるのを楽しむような上院議員ではない。

スタベノウはつぎに、バージニア州選出のティム・ケインの隠れ家オフィスへいった。アリゾナ州選出の穏健派民主党上院議員、キルステン・シネマもそこにいて、視線をあげた。

「どう？」シネマがきいた。

「わからない」スタベノウはシネマにいった。「私にはわからない。彼に真実を告げた。彼が聞かなければならないことを話した。なんともいえない」

マンチンの首席補佐官ランス・ウェストとシューマーの首席補佐官マイク・リンチが、非公式のシャトル外交を開始した。隠れ家オフィスを出たウェストが、シューマーのオフィスへ行く。そして戻る。ウェストはほとんどの記者に顔を知られていないので、シューマーの長年の首席補佐官マイク・リンチとはちがって、目立たずに行き来できた。

「なんだって、きみたちは法案を吹っ飛ばすつもりか」穏やかな態度で知られるリンチが、何時間か前にウェストにいった。

「そんなことがありうるんですか？」ウェストはきいた。

リンチは、ペロシがシューマーにいったことを説明した。この法案がこれ以上骨抜きにされたら、下院進歩派議連が離脱する。

「彼らは突っ返すだろう」リンチがいった。「九月末まで四〇〇ドルでなかったら」

ほんとうですか？ ウェストは疑った。進歩派議連にそんな力がありますかね？

「たしかめたくないね」リンチがいった。

それがきょうの午後の決め台詞だと、ウェストは思った。マンチンのところへ戻って報告した。マンチンは信じなかった。シューマーに嫌がらせをするためにバイデンの法案を葬る？ 冗談も休み休みいえ。ペロシは例によって強気に出ただけだ。民主党は法案を大至急成立させたいと思っている。失業給付が一週間後の三月一四日に期限切れになる。戻れと、マンチンは命じた。合意点を見つけろ。三〇〇ドルは譲らないが、柔軟にやれ。

ウェストとリンチは、九月初旬まで三〇〇ドル、税額控除の適用に所得の上限を設けるという線で話し合った。この変更なら、困窮している人々のためにかなり効果があるはずだった。アメリカ国民一八〇〇万人が失業給付の延長に依存していた。

リンチは活気づいた。カーパーの原案では給付を二〇二一年一〇月四日までとしていた。マンチンはいま、九月六日までなら支持するといっている。実行可能だ。それに、税額控除の適用に所得の上限を設けるのは？ 結構。

シューマーは進展をよろこんだ。マンチンが戻ってきそうだ。[1]

ウェストは、最新の状況をホワイトハウスの議会関係局局長ルイーザ・テレルに報告した。

「ルイーザ、私たちはマイクに合意案を提示した」ウェストはいった。「いい提案で、私たちにも受け入れられると思うから、あなたに知らせたかった」

テレルが、あとで連絡するといった。

バイデンは、電話は一度しかかけられないと、全員に徹底していた。それが大統領だ。上院議員に圧力をかけるのに、一度しか電話しない。やり過ぎはだめだ。

もう一度電話をかけてもらわないといけません、バイデンの補佐官たちが金曜日の夕方にいった。シューマーがカーパー修正案をポートマン修正案の採決直後に提出しようとしています。しかし、シューマーの手配をマンチンは正式に了承していません。取引を成立させるときです。

バイデンは溜息をついた。わかった。

バイデンはマンチンに電話をかけた。電話が鳴ったとき、マンチンは隠れ家オフィスの外にいたので、さっとなかにはいった。

バイデンはそっけなかった。長引きすぎている。マンチンとシューマーの補佐官がひそかに代案を練っているのに、マンチンはいまだに不確定要素《ワイルド・カード》だった。

「いったいなにをやっているんだ、ジョー？」バイデンはきいた。「いいかげんにしろ。いいか」バイデンはいった。「きみがポートマンに投票できるように、私たちは工夫したんだ。終わらせる潮時だ。きみは勝ったんだ、ジョー。このあときみは、ものすごく強力な上院議員だと見られる。政策合意をまとめられる上院議員だと見られる。

イエスと答えろ」バイデンはいった。「ポートマン修正案に投票できる。きみの希望に沿うように私たちは失業給付を変更した。だが、きみはつぎのカーパー修正案にも投票しなければならない。カーパー修正案を支持しなければならない。この決着をつけなければならない」

マンチンは、はっきりイエスとはいわなかった。

「彼らはそれを私に強引に押しつけようとしているんです」マンチンはいった。「もっと下手に出てもいいのに」

「ジョー」バイデンはいった。「きみの確信に反してまで投票してもらおうとは思わない」

元上院議員の言葉として、重要な意味があると、マンチンは思った。党かチームの利益のために引き受けるつらい仕事は、膨大な圧力を伴う。マンチンはいった。「私のチームはウエストバージニア州のチームです。ここでだれかに雇われたのではありません。ここでだれかにクビにされることはありません。それができるのはウエストバージニア州の私のチームだけで、私は彼らの期待に応えなければなりません」

マンチンは投票してくれるだろうと思いながら、バイデンは電話を終えた。クレインとそのほかの補佐官たちもそう思った。

マイク・リンチとランス・ウェストが、電話で話をした。「合意はいまも有効か?」リンチがきいた。

「ええ」ウェストは答えた。有効です。

シューマーはホワイトハウスに電話をかけた。決着がついた。

マンチンとウエストは、隠れ家オフィスを出て、シューマーのオフィスへ行った。ポートマン修正案を支持してから、カーパー修正案を支持すると、マンチンは約束した。共和党の友人との約束を守るが、バイデンの計画を潰しはしない。彼らは腰を据えて、最終的な話し合いをした。

- 現在の週三〇〇ドルの失業給付を九月六日まで延長する。
- 一世帯の年間所得一五万ドル以下を対象に、失業給付を受けている国民に税額控除一万二〇〇ドルを適用する。

「いまもきみが大好きだ、相棒」話し合いについて憤懣を吐き出してから、マンチンはいった。シューマーをハグした。

シューマーとのこの会談について、マンチンはあとで周囲に語った。「チャックと私はすごいどなり合いをした。イタリア人とユダヤ人が一室に閉じこもるわけだからね。ニューヨーク人とウエストバージニア人が」それだけでわかるだろう。

だが、採決まで何時間もかかると、シューマーはホワイトハウスに告げた。夜から午前二時、三時まで、議会予算局といっしょに変更を書き、勘定を記入しなければならない。支出額を計算する必要がある。最終案がなかったので、それまでは計算できなかった。ほかにも採決する修正案があり、その一部は非公式に〝ボート・ア・ラーマ〟と呼ばれているものだった（財政調整措置が発動され、フィリバスターを行なえないため、その代わりとして修正案を多発して時間稼ぎをする手法。票田に対する宣伝の意味もある）。

マンチンとポートマンが会った。「きみが望んだように、四〇〇ドルから三〇〇ドルに下げさせた」マンチンはポートマンにいった。「四〇〇ドルにしないことが重要だ」

ポートマンが、三〇〇ドル給付を七月中旬まで延長するという修正案を固持してほしいとマンチンに頼んだ。

「できない」マンチンはいった。「この変更を決めたのは私だから、それに反対できない」

午後七時四五分ごろに、リンチが民主党議員の首席補佐官たちと電話会議をひらいた。辛抱強く待ってくれたことについて、全員に感謝した。

金曜日の午後八時ごろに、合意が成ったことをシューマーが公式に発表し、九時間の膠着状態に終止符を打った。[2] その晩、採決が終わったときには、上院は点呼投票の最長記録を破っていた――一二時間近かった。それまでの記録を二時間超えていた。

民主党議員たちは疲れ果て、ほっとした。

ブルーメンソール上院議員は、マンチンに対するシューマーの手法に目を留めていた。どなりはするが、遠ざけることなくチームにとどまらせる。ハリー・リードがおなじ立場だったら、それほど辛抱強くやれただろうかと、ブルーメンソールやほかの議員たちは思った。上院エネルギー天然資源委員会委員長というマンチンの地位は、一度も脅かされたことがなかった。バイデンは悪態をついたかもしれない――バイデンが〝クソ〟といった回数は、上院議員たちのあいだに噂が伝わるうちに何倍にも増えた。しかし、バイデンもシューマーも、なにかを脅かすようなことはやらなかった。

ポートマンはその晩、上院財政委員会委員長でオレゴン州選出民主党議員のロイ・ワイデンとの議場での討論がもつれたときに、業を煮やした。[3] 自分の修正案が議題になった場合のためにずっと議場にいなければならなかったので、人生でもっとも長い八時間に思えた。

「突然、失業保険を給付されていても税金を払わなくてもいい、働いていたら税金を払うということになった。どうなっているのでしょうか?」ポートマンは上院議場で述べた。

ワイデンはポートマンの批判を相手にしなかった。

「税金のことで労働者を助けたいと主張している党が、指一本動かさないわけですよ」

その晩、ポートマン修正案が可決された。つづいてカーパー修正案も可決され、シューマーが目論んだようにポートマン修正案に取って代わった。

三月六日土曜日、すべてがまとめられると、完全な救済法案が五〇対四九で可決された。[4] アラスカ州選出の共和党上院議員ダン・サリバンが、家族の葬儀のために投票できなかった。

66

バイデンは居室の条約の間で、三月六日の上院の採決を見守った。アニタ・ダンとともに声明を作成していた。ほかの補佐官たちは、いま行なわれているのは〝クソでかい政策〟だと冗談をいった。オバマケアが成立したときにバイデンがそういったことがよく知られていたので、それに敬意を表したのだ。

バイデンは有頂天だった。上院のクロークルームに電話をかけて、だれでもいいからそこにいる民主党議員を電話に出してくれと、係員に頼んだ。

バイデンは、シューマーに電話した。「金曜日まで待って飛行機を無事着陸させたのは、天才的だった」バイデンはいった。「無理して最終結果を出すのではなく、自然に最後までプレイした」ことを急がなかった。ポートマンとカーパーの修正案を順番に採決した。それで厄介な問題が解決した。

「いいか、チャック」バイデンはいった。「私も上院でこういうものをたくさん見てきた。世知に長けているつもりだ。しかし、きみがここでやったことは、私が見てきたなによりもみごとなる指導力だった」

バイデンは、バーニー・サンダースに電話をかけた。

「これを売り込むには時間をかける必要があります。遊説したらどうですか」サンダースはいった。かつては政敵だったが、いまは仲間のセールスマンになっている。「行事をやって、私たちがここで達成したことを明確に理解させましょう」

バイデンは、助言と味方をしてくれたことについて、サンダースに礼をいった。サンダースの承認は、進歩派が逃げないようにするのに不可欠だった。

そのほかの上院の共和党議員も、Ｚｏｏｍでバイデンと話をするよう招待された。バイデンのカメラが故障していた。音声だけだった。シューマーの動画が出ていた。シューマーは感動していた。全員が同調したことを誇りに思うといい、自分たちが成立させたなかでもっとも歴史的な法案と呼んだ。

「諸君はおおいに誇りに思うべきだ」シューマーはいった。

最終採決は翌週に予定されていた。修正された上院案が、三月一〇日に――二二〇対二一一で――下院を通過した。バイデンとハリスと少数の補佐官が、ルーズベルトの間で採決を見守った。

「ふつうの状況なら、医療保険制度改革法のときとおなじように、全員で見ていたはずだ」バイデンは彼らにいった。

翌日、バイデンは国民向けに、新型コロナウイルス封じ込め対策一周年のテレビ演説を行なった。[1]「一年前に私たちはウイルスに攻撃され、それに沈黙で応じ、阻止されることなく蔓延するのを許しました」バイデンはいった。「いまは私たちのあらゆる努力によって、五月末までにアメリカの成人すべてに行き渡る量のワクチンを供給できるようになりました。予定よりも何カ月も早まりました」

バイデンはトランプのワクチンに関する功績にはひとことも触れなかった。無作法でバイデンらしくなかった。功績はワクチンを開発した医師や科学者のもので、トランプのものではないと、ザイエンツは思っていた。

「まさに第二次世界大戦中に私たちが目の当たりにしたのとおなじ、国民の努力の賜物です」東の間からバイデンはいった。「なぜなら、私たちがすべての資源をこれに充当したとしても、このウイルスを打ち負かして常態に戻るのは、国民の団結しだいだからです」

救済法案に署名したあと、バイデンの気分は明るくなった。バイデンの大統領としての仕事は、力強いスタートを切った。巨額の法案に一勝零敗だった。

バイデンはよろこんでいるようだったが。この法案を自分ひとりで達成したと見なしてはいなかった。若手政治家のころだったら、そう思ったかもしれないが、バイデンはいま七八歳で、ものの見方も変わっていた。

私は正しいことをやると、バイデンは補佐官たちにいった。「ここまで来るのに長い月日がかかった。私はこの仕事をやるためにここにいる」政治の荒々しい動きなど平気だが、たとえば一九八七年当時のような強い思い込みはない。浮き沈みの激しい大統領を何人も見てきた。自分はそういう運命の力を感じ取り、無理をせずに日々それに応じて進む。

マイク・ドニロンは、いまもバイデンに近侍していたが、ニュースにはならないように気をつけていた。ある週末、アレクサンドリアの混み合っているコーヒーショップで旧友と会ったが、だれにも気づかれなかった。クレインにはかなりの数のツイッターのフォロワーがいたが、バイデンのスタッフの大多数は、有名人にはならなかった。興味をそそるという面では、トランプの一年目と正反対だった。

バイデンの報道や政策関連のスタッフの多くはずっと若かったし、ピート・ブティジェッジ運輸長官は三九歳だった。バイデンはつぎの世代の後援者だと見られたかった。しかし、ドニロンとダン、リケッティ、クレイン、ジル・バイデンは、バイデンの年季のはいった感性と政治を反映していた。

三月一二日、バイデンはローズガーデンで記念行事をひらいた。[2]「パラダイムを変える」ハリス副大統領とともに立ち、バイデンはいった。

「人々の力になるためになにをやっているかについて、はっきりした単純で率直な言葉で語らなければならない」バイデンはいった。「物語をしなければならない。自分がなにをやろうとしているのかを物語り、何千万人もの暮らしをきわめて確実な具体的な方法で改善することになるから、それをやるのが重要だということを、語らなければならない」

マコネル上院共和党院内総務は、マンチンの救済計画への〝イエス〟投票に感動しなかった。マコネルは部下たちに、マンチンはシネマ上院議員とおなじように、バイデンの最初の大がかりな新規政策に関して〝党から離脱するのは賢明ではない〟ことを知っていたのだといった。バイデンは大統領になりたてだし、人気がある。

民主党議員たちの圧力を不愉快に思ったマンチンが、年内にまたバイデンのために力を貸すだろうかと、マコネルは思った。マンチンは感情を害したかもしれない。マンチンの共和党的な政治に不満をおぼえた進歩派が、毎日のように彼を激しく非難していた。

「怒り狂っていた」三月五日のマンチンの気分について、マコネルは周囲にいったが、共和党と民主党の何人かは、それは希望的観測だと思った。

シューマーが、カーパーとポートマンの修正案を順繰りに採決させたせいで、マンチンと彼の味方は間抜けに見られたと、マコネルはいった。選挙の広告がいまから目に浮かぶ。二〇〇四年に民主党の大統領候補ジョン・ケリーがイラク介入にいったん賛成したあとで反対したのと似ていると記憶されるはずだ。

67

四月二一日の夕方の午後四時ごろ、下院民主党院内幹事のクライバーンが議事堂のオフィスで会うためにマンチンを招いた。重大な要件の会議だった。双方とも首席補佐官と首席顧問を同席させていた。三人ずつ向き合って、サクランボ色のソファや椅子に座った。

クライバーンのオフィスをあっさりと見つけ出したらしい議事堂の暴徒とはちがって、マンチンは場所をきかなければならなかった。

下院一号決議案と呼ばれるペロシ議長の〝投票《フォー・ザ・ピープル》[1]権法〟（投票権を拡大し、選挙資金規正を強化し、倫理規定を強化する法律）が、三月に下院を通過したあと、上院で議論が空転していた。この法案は、二週間以上前から期日前投票できるようにして、有権者登録を増やすために州が努力することを求めていた。

ソファに腰を据えると、クライバーンは遠慮なく切り出した。おおざっぱにいって、フィリバスターを温存するという見解をマンチンは維持してかまわない。だが、その強硬路線を投票権について固執するのは容認できない。憲法上、倫理上の問題である投票権については譲歩しなければならない。

「フィリバスターについて考えを変えてくれとあなたに頼んだことは一度もなかった」クライバーンはいった。「しかし、憲法上の権利に対するフィリバスターの適用が、予算案に対するのとおなじように扱われることを、私たちは強く願っている」予算案には財政調整措置《リコンシリエーション》が発動され、フィリバスターを阻止して過半数で可決される。「投票《フォー・ザ・ピープル》権法は、全体から分けて考えよう。

財政調整措置という言葉は、予算案よりも憲法上の問題にあてはめるほうが、ぴったりくる」

マンチンは話を聞いていたが、約束はしなかった。愛想はよかった。検討してみる。

「いいかね」クライバーンは、マンチンにいった。「人種差別主義者の国が人種差別を黙認するようにしてはならない。現状ではそうなっている」明らかに人種差別主義者の州における共和党の提案のことをいった。

クライバーンは、自分の出身地サウスカロライナ州で人種差別主義者の上院議員だった、故ストロム・サーモンドと知り合いだったと話した。サーモンドとのあいだでも、意見の相違を調整できたと、クライバーンはいった。「ストロムと私は、きわめて仲良くやっていた」

マンチンが、ふたりが協力したことがあったとは知らなかったといった。

「サウスカロライナ州でやらなければならなかったことをやるのに、私たちはともに働いた」クライバーンはいった。「私たちはいまも彼の子供たちや寡婦とどうにか付き合える。彼の家族といまだに協力している。じつは、ストロムにはガートルードという妹がいてね」何十年も前に州政府でともに働いていたころからの知り合いだった。

「ガートルードと私はおなじオフィスで働いていた。デスクは四、五歩しか離れていなかった。それに、ストロムはよくいっていた。〝妹はほんとうにきみのことが大好きなんだ〟。私はいった。〝そうですか、妹さんへの愛情の証として、これをいっしょにやりましょう〟。そうやって数多くのことをやった」自分たちの州のための予算を確保するために尽力した。

クライバーンは、自分の師のリチャード・フィールド判事の話をした。フィールドは存命だった。一〇〇歳になる。ウエストバージニアの歴史的黒人大学の出身だった。

「ブルーフィールド州立大学」マンチンがいった。

「ウエストバージニア州立大学が一〇〇%黒人だったときのことを憶えている」クライバーンはいった。「いまは八〇%か八五%が白人だ」

力を貸したいと、マンチンはいった。「投票権を守り、維持するために必要なことをやるのに全面的に賛成だ」三月に全面的な投票権制限法案がジョージア州で成立し、共和党員の知事ブライアン・ケンプが署名したことに、マンチンは失望していた。期日前投票の期限を一日延長して投票しやすくしたと共和党は主張していたが、その法律は郵便投票を禁じ、有権者の身元確認を強化していた。

行ったり来たりのくりかえしになると、マンチンはいった。私たちがルールを変え、変革を行なえば、やがて共和党が牛耳って、おなじことをやる。信じがたいことだが、公平で投票しやすい安定した選挙が必要だということに同意する共和党員が見当たらない。

まあ、私は提案しているだけだと、クライバーンはいった。それをやる方法を見つけてくれ。

会談は一時間つづいた。出ていったとき、マンチンは親しげで、人好きのするクオーターバックそのものだった。しかし、やはり明確な約束はしなかった。

クライバーンは補佐官たちに、マンチンは尽力してくれるだろうといった。

クライバーンはますます失望し、腹を立てていた。ここ数十年で最大の後退だ。大統領選挙後に、投票を制限する法案が全国で四〇〇件近く導入されていた。[2]一月以降でも、二〇件の新法が制定され、ほかにも二十数件が州議会で可決されるか、採決されるのを待っていた。[3]

アリゾナ州マリコパ郡の票の監査が、トランプとその盟友たちの活動の中心になっていた。[4]ジュリアーニが州議会議員や州政府高官に働きかけていた。ジョージア州では、アトランタ地域の数十万票を監査するよう、共和党が騒ぎ立てていた。[5]

「投票のために八時間列に並んでいた人間に水のボトル一本をあげるのを重罪にする？　いったいどういうことだ？　いいかげんにしろ」クライバーンは憤慨した。

六月まで、マンチンはフィリバスター改革を進めていなかった。超党派で投票権に関する法案を交渉する土台として、三ページの意見書を出していた。ジョージア州選出の民主党上院議員ステイシー・エイブラムスはマンチンに、意見書は妥協点を見出すための〝最初の重要な一歩〟だといった。

六月二二日、民主党は下院の投票《フォー・ザ・ピープル》権法決議案を上院で成立させるのに必要な六〇票を確保できなかった。[6]

せめてもの明るい希望の光は、この問題が前面中央に押し出されたことだと、民主党議員たちはいった。二〇二二年の選挙で、バイデンと党の運動のかなめになりうる。

クライバーンは、それでは不服だった。

「民主主義が炎上し、上院はバイオリン弾きみたいに操られている！」民主党が苦戦していると、クライバーンは補佐官にいった。「オーケストラの指揮者の名前はマコネルだ」

68

三月二三日と二四日にブリュッセルでひらかれたNATO外相会議に、バイデンはブリンケン国務長官とオースティン国防長官を派遣した。NATOに加盟している三六カ国が、アフガニスタンに一万人近い将兵を残していた。そのうち米軍が最大で、三五〇〇人いる。同盟国はすべて、二〇年を超えるアフガニスタン戦争に強固な取り組みを示してきた。

真摯に話を聞き、協議するようにと、バイデンはいった。力強い協力関係が、バイデンの世界観の信条だった。

バイデンにしてみれば、NATO同盟をけなし、各国の国防予算を増やせと要求したのは、トランプの最悪の過ちに数えられる。

秘密会議で、ブリンケンは三時間にわたりメモをとった。

「私が聞いたのはこういったことです、大統領」その晩、ブリュッセルからの秘密保全措置を講じた電話で、ブリンケンはバイデンにいった。まったく意外ではなかったが、ショックだった。〝4チャンネル方式の〟爆音を聞いたと、ブリンケンはいった。べつのいい方をすれば、とてつもなく激しい反響があったという意味だった。ブリンケンはコーリション・イブ・ウィリングという名の自分のバンドを持ち、ロックギターを弾くミュージシャンだった。

ブリンケンは大統領に報告した。アメリカは米軍撤退を、タリバンを確実に政治的合意に向かわせる梃子に使うべきだと、各国の閣僚たちは望んでいます。理想的には、将来のアフガニスタン国家の基本的な輪郭と、憲法と改革について交渉する。閣僚たちは、途方もない野心的な望みを抱いていて、選挙、人権、女性や女児の権利といった話をしました。

ブリンケンとバイデンは、重大な苦境に追い込まれた。

ワシントンDCに戻ったブリンケンは、自分のスタッフや国務省の専門家と協議した。そのあとで、自分の勧告を変更した。それまでは、全面撤退についてバイデンと完全に考えが一致していた。ブリンケンのあらたな勧告は、政治的解決を生み出せるかどうかを見届けるまで、米軍の任務を延長するというものだった。交渉のための時間を稼ぐ。

オースティン国防長官にも、おなじ主題で形を変えた新しい提案があった。オースティンは中間策を提案した。すべてかゼロかではなく、外交交渉の梃子になるように三段階か四段階のゆっくりした〝水流制御式〟撤退を提案した。〝水流制御式〟撤退は、政治プロセスのための時間と空間を提供し、外交対話が失敗したときの防衛策にもなる。

アフガニスタン戦争をどうするかについての当初の議論がつづいているあいだに、バイデンとジェイク・サリバンは、べつの基本的問題の答えをさまざまな方面に求めた。米軍撤退後の最善の筋書きは？

ＣＩＡと軍の情報担当者たちは、アフガニスタン政府とタリバンが、大規模な持続的戦闘抜きで交渉できる可能性があると述べた。カブールやヘラートのような人口密集地はわりあい平和になり、この二〇年間に築かれた安定を満喫できる。中央政府は、他の地域を支配できたとしても、勢力圏は狭まる。それが最善の場合だが、そうなる可能性が高いとは、だれも示唆しなかった。

バイデンとサリバンは、アメリカが撤兵したら、ロシアや中国はどう出ると思うか？　と質問した。

それらの大国は、だいたいにおいて、米軍が残るほうがありがたいと思っていると、アメリカの各情報機関は報告した。中国とロシアは、努力とコスト抜きで、アフガニスタンが多少安定していることから利益を得ている。

そのほかに、最悪の筋書きも多数存在していた。オースティン、ミリー、情報機関関係者が、米軍撤退のもたらす否定的な側面の長いリストを作成した。暗澹たる見通しだった。

- アフガニスタン政府とタリバンの内戦が大幅に長引き、拡大する。
- 首都カブールなどの都市が最終的に陥落して、タリバンが乗っ取り、数カ月もしくは数年でアフガニスタン国家が崩壊する。
- 五〇〇万人以上のアフガニスタン人難民が集団移動して国外に逃れる。その倍の一〇〇〇万人になるという意見もある。

• いまは勢力が弱まっているアルカイダが、組織を再編して、アメリカもしくは同盟国を攻撃する陰謀を企む完全な能力を得るに至る。

そういうテロリストの能力について、私たちはどれほど事前情報を得られるのか？ と、バイデンは質問した。六カ月前にはわかるはずですと、情報関係者がいった。

「当然ながら、丸六カ月前に知ることができると安心はできない」バイデンはいった。「見通し外《オーバー・ザ・ホライズン》能力を構築してもらいたい」地平線の向こうの見えない地域、つまり近隣諸国からの監視と攻撃の能力を備えるようにしろという意味だった。「アルカイダやそのほかの外部の陰謀再編を抑え、阻止することができるように」

〝見通し外《オーバー・ザ・ホライズン》〟に切り換えると、これまでずっとアメリカの戦闘能力の中核だった現地の重要な状況把握能力を米軍と情報機関が駆使できなくなると、オースティンは全員に注意した。

最悪の場合のプレゼンテーションは、なおもつづいた。

• アフガニスタンで人権は失われる。

• 地域全体が不安定になる。

パキスタンはどうだ？ バイデンが質問した。核兵器を備蓄しているパキスタンを、バイデンはその地域でもっとも危険な国だと見なしていた。

タリバンのアフガニスタン乗っ取りは、パキスタン・タリバン運動（TTP）を勢いづかせる可能性がある。TTPはパキスタン政府に対する反政府武装闘争を行なっていて、二〇〇七年に元首相ベナジル・ブット暗殺に関与したといわれている。

軍の指導者たちと情報機関の高官たちの警告は、いよいよ重苦しいものになっていった。彼らは何十年ものあいだタリバンを調査し、研究してきた。アフガニスタンの国民、ことに女性がどういう目に遭うか、はっきりと知っていた。

- 女性の権利は剝奪され、アフガニスタンの女性は、かつてタリバン支配下でそうであったように、悪名高いカブールでのサッカースタジアムでひざまずかされて鞭や棒で打擲され、叫んでいる聴衆の前で頭を撃ち抜かれるだろう。切り取られた窃盗犯の腕や脚が、見せしめのためにひと目にさらされるだろう。
- この二〇年間に開校された一万六〇〇〇校が、閉鎖されるか破壊されるだろう。

列記された人道的な大惨事と政治的影響の見通しは、惨憺たるものだった。

わかった、バイデンはいった。こういう考えられる影響とリスクを減じる方策について話し合おう。

米軍が撤退した場合の六カ月以内の目標について、バイデンは述べた。アフガニスタン内に米軍基地がないため、あらたな問題に対応するためにじゅうぶんな戦闘能力を有する部隊を湾岸に配置する。さらに、アフガニスタンのテロリストをターゲットとしてひきつづき監視し、必要とあれば彼らを掃滅するための軍事行動に利用できる発進地点を確保する。

サリバンとNSCのスタッフは最終的に、二通の意見書をバイデンに提出した。駐留継続のもっとも強力な論拠と、撤退のもっとも強力な論拠。意見書は、省庁間の多方面にわたる議論に基づいていた。だが、それよりも重要ではないにせよ、おなじくらい重要だったのは、バイデンのこれまでのアフガニスタン関連の経歴だった。

二〇一五年のインタビューで、ロシアのプーチン大統領は、KGBでの一六年間に影響を受けたかと質問された。[1] プーチンの銘記されるべき答えは、つぎのようなものだった。「私の人生のどの段階も、痕跡を残さずに過ぎ去ることはなかった」

バイデンについてもおなじことがいえる。上院外交委員会委員長として二〇年にわたりアフガニスタン戦争に対処し、副大統領として八年間対処し、何度となく現地へ赴いている。それは人生の一段階などではなかった。なかでも、もっとも重要だったのは、オバマ大統領が就任一年目に指揮した、三カ月に及ぶアフガニスタン戦略見直しだった。バイデンは副大統領として、すべての会議に参加し、情報要報を読み、政策見直しにめったにないようなレベルで関わった。微妙に、あるいはあからさまに、増員すべきではないと思っていることを周知させた。

翌二〇一〇年、三万人増員するというその後のオバマの決定を、バイデンはひそかに検討した。国家安全保障の指導者たちが若い大統領を犠牲にして強行した嘆かわしい行為だと位置づけた。オバマは軍と〝五つの大理石の塊〟——当時の有力な当事者五人に転がされたのだと、バイデンはいった。ヒラリー・クリントン国務長官、ロバート・ゲーツ国防長官、マイケル・マレン統合参謀本部議長、中央軍司令官デービッド・ペトレイアス陸軍大将、アフガニスタン米・NATO軍司令官スタンリー・マクリスタル陸軍大将のことを指していた。

マクリスタルはアフガニスタン戦争の秘密アセスメントを作成して、数万人単位の増派を行なわないと〝任務失敗〟になると述べた。[2] マクリスタルは、四万人の増派を求めた。あとの四つの大理石の塊——ヒラリー、ゲーツ、マレン、ペトレイアス——は、マクリスタルを支持した。

バイデンはひそかに、自分が回顧録を書くとしたら、五人の判断の問題点を〝正確かつ簡潔に〟述べるといった。

「タリバンはアルカイダではないということを、私は口を酸っぱくして説いた」バイデンはいった。反政府勢力のタリバンは、内戦の勢力の一部であり、アメリカを脅かしているテロ組織ではない。

次期副大統領としてアフガニスタンを訪れたときのことを、バイデンは回顧した。当時のアフガニスタン米・NATO軍司令官デービッド・マキアナン陸軍大将と会い、アルカイダを一八カ月間目にしていないと聞かされた。

当時、ゲーツ国防長官にバイデンはこういった。「単純な質問をする。アルカイダがいなくても、一〇〇〇億ドル以上を支出して、数万人の男女将兵をアフガニスタンに派遣するのか？〝イエス〟が答えだった。その瞬間に、明確に見えてきた」

大規模な米軍の駐留は、インド亜大陸の戦略的安定に貢献すると、ゲーツは主張した。

そのころにバイデンはいった。「この大理石の塊たちは、パキスタンを安定させるためには、私たちにタリバンを打倒する用意があることを示さなければならないという前提の上に主張を打ち立てている。まったく非論理的だ。タリバンを創りあげたのはパキスタンだ。パキスタンが創って支援をつづけている連中を打倒することが、どうしてパキスタンを強化することに通じるというんだ？」

増派要請を後押しするために、軍は秘密扱いのウォー・ゲーム（いかにして軍事目標を達成するかを示すシミュレーション）〝ポイグナント・ビジョン〟[3]を作成し、四万人未満の増派では地域にとって悲惨な状況になることを証明しようとした。

バイデンはオバマに、軍はアフガニスタン戦争について〝嘘っぱち〟を売り込もうとしていると告げた。上院での長年の経験からバイデンは、軍が専門用語でオバマを圧倒しようとしていることを見抜いていた。

「カトリック系の学校の生徒のようなものだ。懺悔《ざんげ》や聖職者のことを教え込まれる。三年生になると告解にいくことを学ぶ。告解室にはいり、金の鎖を盗んだことを打ち明けられませんでしたと、鎖の端の金の懐中時計を所有する司祭に告白する」

軍の指導者がやっているのはそれだと、バイデンはいった。「そういう連中なんだ。鎖の端の金時計を彼らが所有しているかどうかを、見分けなければならない」さらにいった。「こういったことすべてが、大統領にとっては初体験だった」オバマは二〇〇四年に上院議員に当選し、四年間そこにいただけで、ホワイトハウス入りした。

「彼らの考え方の基本の四つか五つは、完全に砂上の楼閣だ」バイデンはいった。

ひとつはアフガニスタン治安部隊四〇万人の訓練を継続することだった。しかし、アフガニスタン軍の戦闘能力は、米軍とは比較にならないくらい劣悪なので、それでは反政府活動の終結を保証できない。

そして、アフガニスタン軍が国を支配できなかったら、アメリカは永久にそこにいることになる。「情報を省略し、ゆがめて伝えるということが、頻繁に行なわれていた」バイデンはいった。

バイデンは、毎週のランチのときなど、オバマとふたりきりで何時間も過ごした。

「彼らはどんな相手でも策略で騙せると思っていた。ウォー・ゲームでさかんにそれをやっていたが、私はランチ・ゲームで対抗した」

バイデンと見解をともにする人間は、ほかにもいた。遠隔操作の無人攻撃機プレデターの基地がアフガニスタンに必要だと軍の指導者たちが主張すると、レオン・パネッタＣＩＡ長官が、無人機は他の国から運用できると指摘した。

「レオンのやつがいてよかった」バイデンはいった。「レオンは基本的に、私はそうは思わないと、意見をはっきりという」

二〇二一年の見直しが延々とつづくあいだに、バイデンはブリンケンとおおむね意見が一致した。政治的和解を一方的に排除するのは避けなければならない。

だが、見直しにはおそれが付きまとうようになっていた。バイデンのふたつの考えが葛藤していた――撤退するか、最後まで交渉に望みをつなぐか。

軍がよくいうように、〝どのオプションも最適以下だった〟。バイデンはそのなかでもっともましなオプションを選ぶしかなかった。

「私を全能の神と比べないでほしい」バイデンはブリンケンにいった。「代役と比較してくれ」

69

ブリンケンは、カタールのドーハにいる仲介者を通してタリバンに連絡し、米軍撤退を遅らせる提案をした。

タリバンはそれを拒絶し、アメリカが五月一日までに撤退せず、当日になっても遅らせようとしたら、タリバンは米軍部隊と地方都市を攻撃するといった。

それはバイデンがもっとも避けたいことだった。トランプ政権の一年間の空白後に、あらたに米軍に死傷者が生じれば、政治的大失態になるおそれがある。

バイデンはまた考えを変え、米軍三五〇〇人は最低限で、タリバンに圧力をかけるのにはじゅうぶんではないと結論を下した。一万人いれば、梃子になるかもしれない。明確にそうだとはいえないと、ブリンケンはいった。

バイデンはブリンケンに、六年前の二〇一五年のことを思い出させた。当時、バイデンが副大統領で、米軍駐留を延長すべきかについて、シチュエーション・ルームで討議された。軍の指導者たちは、一年間延長する必要があると論じた。アフガニスタン軍が自給自足し、自力で立てるようにするのに、最後の残された要素は、補給線を確保し、航空機の整備を行なう能力を身につけさせることだと、彼らはいった。それには一年以上かかる。

「六年前のことだぞ」いまだにそれが実現していないことを、バイデンはブリンケンに指摘した。「あれから六年たっているんだ！」

軍が金時計を隠していることを示すなによりの好例だった。ブリンケンは、元国務長官数人と相談した。それはきわめて非公式なクラブだった。ひとりがきいた。「9・11の前日の二〇〇一年九月一〇日にだれがアフガニスタンを動かしていたか、知っているか？　タリバンだった。彼らは五年間、国を牛耳っていた。アメリカは、タリバンがやっていることが気に入らないから打倒しようとして戦争を開始したのか？　ちがう。では、いまはどうしてだ？」

「ジェファーソンの民主主義をひろめるために私たちはアフガニスタンへ行ったわけではなかった」ブリンケンはそう結論を下した。

米軍の兵力が三五〇〇人では、梃子の役割を果たさないということに、オースティンも賛成した。二〇二一年四月初旬、ブリンケンとオースティンが全面撤退を支持すると、バイデンは補佐官たちに、アメリカ地上軍を遅くとも二〇二一年九月一一日までに撤退させることを決定したといった。テロ攻撃から二〇周年にあたる。

一年、二年、もしくは三年で状況が変わることを、だれもきちんと教えてくれなかったと、バイデンはいった。撤退より残留のほうが、リスクが大きいと思う。要するにいまやるのか、いつやるのかということだ。不確定要素が多すぎる。もしかすると、いまよりもよくなるかもしれない。最悪の状態を脱するかもしれない。かもしれない、ばかりだ。アルカイダがアフガニスタンで根絶できていないとしても、その脅威は大幅に減じた。テロの脅威の中核は、中東のべつの地域へ移っている。明らかな危険地帯はソマリアとイランだ。

前任者たちも撤退を望んでいたことを、バイデンは指摘した。オバマは撤退を望んだ。トランプも撤退を望んだ。残留させるのは安易な決定だ。

「残すのは簡単だし、アフガニスタンに駐留させておく理由がひとつある。もっと簡単なのは先送りだ」バイデンはいった。「私は安易なことをやる大統領にはなりたくない」

だが、つぎになにが来るかわかっていないと、バイデンはいった。結果が不透明であることを、バイデンは認めた。

バイデンの決定と命令は、伝統的な国家安全保障覚書（NSM）という一通の文書にはまとめられなかった。通常は、オースティン国防長官が、部隊削減要求を司令官たちに送信するという形をとる。しかし今回は、結論要約（SOC）と呼ばれる一連の覚書が発せられた。複数の会議の結果を要約したもので、見通し外《オーバー・ザ・ホライズン》の能力を高めることを具体的に要求し、カブールのアメリカ大使館をひきつづき維持するとしていた。

バイデンは補佐官たちに、厳しい決定だといった。だが、バイデンがそれで悩んでいたふうはなかったと、サリバンは思った。バイデンは自分の選択に安心しているように見えた。

「私たちにできることは、テロリストの脅威に対処する最高の位置に身を置くことだ」バイデンはいった。「そして、私たちの支援を通じて、アフガニスタンの国防軍と治安部隊と政府を、アフガニスタン国内の脅威に対処できる最善の立場に置くことだ」

見直しは公平で隠し立てがなかったと、ミリー統合参謀本部議長は思った。「アフガニスタンの戦争におけるアメリカの地上での関与は、終わりつつある」ミリーは上級の参謀たちにいった。「問題は、この戦争がアメリカにとって終わったかということだ」ミリーの答えはバイデンとおなじだった。結論をいうのは早すぎるし、結果を予測するのは難しい。

おぞましい状況になって安定が脅かされる可能性があると思っていたが、自分の助言が取りあげられなかったことにほっとしていた。「将軍の進言では物事を是正できないからだ。大統領のほうがずっと幅広い見方ができる」

ミリーは、帷幕会議室《ザ・タンク》で統合参謀たちに、国家安全保障の最終的な決定を下す権限は大統領にあると説明した。

「軍の上層部の指導者として、私たちが考えるべきことがある」ミリーはいった。「私たちは、オバマ政権の副大統領だったバイデンに加えて、ブリンケンやサリバンを相手にしている。いずれもオバマ政権で次席もしくはその下の地位で、だれもがオバマ政権の一年目の嫌な記憶が頭にある」当時、軍とヒラリー・クリントン国務長官がオバマを身動きできないような立場に追い込んで、アフガニスタン戦争に米軍を三万人増員させた。

「マレンが統合参謀本部議長だったときには、私は大佐で地階にいた。こういったことの一部を目撃した。マレン、マクリスタル、ペトレイアス、制服組は、大統領を包囲しようとした。

私に心が読めるわけではないが、彼らはシカゴ出身で新人の大統領に付け込んで追い込み、アフガニスタン急激増派を承認させることが可能だと思ったのだろう。

ミリー大佐として、私はそう解釈した。私たちがたどる路線のルールがふたつある。ひとつは、アメリカ合衆国大統領を絶対に、絶対に、身動きできないような立場に追い込んではならない。つねに、大統領に決定できる余裕をあたえなければならない。もうひとつは、ずる賢く立ちまわってはいけないということだ。《ワシントン・ポスト》の第一面で助言をあたえてはならない。それに、演説でも助言を口にしてはならない。絶対にやってはいけない。率直で正直な助言をしなければならない。内密に助言し、面と向かって大統領に伝えるか、職務上の書面で伝えなければならない。駆け引きをやってはならない。それは軍の流儀ではない。私たちは大統領を見くびってはならない。大統領を身動きできない立場に追い込んではならない。それが私たちのプレイするルールだ。じつに単純なことだ。これらのルールを守れないようなら、消えてもらったほうがいい」

バイデンについて、ミリーはいった。「どういうことであれ、私たちはワシントンDCに五〇年もいる経験豊富な政治家を相手にすることになる。オバマ政権で余裕のない意思決定が多数なされ、それがホワイトハウスに影響を及ぼしたのは、最初の一年に成果があがらず、信頼がそこなわれたからだ。そのために、オバマ政権中には将軍たちから、マイクロマネジメントされているという苦情が出た」

オースティンとミリーが米軍撤退を早めたのは、そのほうが将兵にとって安全だったからだ。七月中旬までにすべての将兵が帰国することを、ふたりは願っていた。[1] オースティンの長官室を訪れたある訪問者は、いつかアフガニスタン発のテロ攻撃が行なわれるのではないかと、オースティンが〝死ぬほど怖れていた〟と語った。

「だれかがこの戦争について本を書くときには」ロン・クレインは周囲にいった。「二〇〇一年九月一一日からはじまり、〝私たちは国に帰る〟とジョー・バイデンがいったところで終わるだろう」

実際問題として、バイデンはアフガニスタンを見捨てて内戦に陥らせ、崩壊させることになる。クレインは最終会議で、戦争で犠牲を払ったアメリカ人の遺族、ことに愛する人を失った人々が、バイデンに裏切られたとは思われないようにするのが重要だといった。撤退の決定を公式発表したあと、バイデンはアーリントン国立墓地の第六〇区を訪れて、任務で命を落とした将兵に敬意を払うべきだと、クレインは進言した。そして、それを遺族がきちんと見るようにする。

四月一四日、バイデンは国民に向けて一六分の演説を行なった。[2] 夜のオーバル・オフィスからの演説のような仰々しいものではなく、午後に条約の間から語りかけた。

「いまや私は、アフガニスタンに米軍を駐留させている四人目の大統領になりました。ふたりは共和党、ふたりは民主党です」バイデンはいった。「私はこの責任を五人目に先送りしません。

副大統領に就任してから一二年間、私はイラクとアフガニスタンで死んだ米軍将兵の正確な人数を記したカードを携帯してきました。だいたいの数や四捨五入した数字ではなく、正確な人数であるのは、戦死者が家族をあとに残した神聖な人間であるからです。どのひとりも正確に数えられる必要があるのです。

きょうまでに米軍将兵と軍関係者二四四八人がアフガニスタンの紛争で死に、二万七二二人が負傷しました。

いつまでもつづく戦争を終わらせる時機です」バイデンはいった。

そのあと、バイデンはアーリントン国立墓地を訪れ、アフガニスタンとイラクでの死者が埋葬されている第六〇区を、マスクをつけて独りで歩いた。[3]

「近ごろは、墓地へ行くだけでもつらく、息子のボーのことを思わずにはいられません」バイデンはいった。数百基の白い墓石のほうを向き、両腕をのばしていった。「あれを見てください」

リンゼー・グラムは、アフガニスタンから全面撤兵するという最終決定について、バイデンとトランプの両方に腹を立てていた。ふたりとも最終的な結末を理解していない。

「これをやることで、バイデンを嫌う」グラムはいった。「トランプを嫌う。バイデンへの敬意をいっさい失った。トランプへの敬意をいっさい失った」トランプも全面的に撤兵しようとしたが、米軍上層部の大きな反対に遭った。

この二〇年間に二五回以上アフガニスタンを視察したグラムは、議会のだれよりも、そして軍のほとんどの人間よりも、アフガニスタン紛争に通暁していると確信していた。

グラムはいった。問題は「イスラム過激派を和解させるのは無理だということだ。それを譲歩させることはできない。タリバンは過激なイスラム運動で、私たちが大切にしている価値観のどれとも相反している。タリバンは女性を抑圧し、宗教の多様性に不寛容で、できればアフガニスタンを一一世紀の状態に戻したいと思っている。私にいえるのは、そういう運動はいずれ私たちのところへ戻ってきて、つきまとうだろうということだ。

タリバンは常軌を逸した連中の集団にすぎないと、私たちは思っていた。しかし、タリバンは地域密着型の過激なイスラム運動で、域外活動の意図はないが、国際テロリズムに寛大な環境をこしらえる。それが不安定を醸成して、アルカイダが戻ってくる可能性がある。

タリバンは、私たちを付け狙う連中に安全な場所を提供すると思う。

国際テロリズムに対する最善の聴音哨を、私たちは放棄した」グラムはいった。「アフガニスタン－パキスタン国境のCIA基地のことだ」

だが、理解できるとグラムはいった。「アメリカ国民が引き揚げを望んでいる。国民は疲れている。

アフガニスタンの状況は悪化するはずだから、パキスタンの安定が心配だ。しかし、内戦が起きるだろう。アフガニスタンの特定の地域の女性は、きわめて危険な勢力の手に落ち、アフガニスタンのテレビでおぞましい映像が流されるだろう。バイデンとトランプは、9・11を引き起こした運動に活気をあたえてしまったのだ」

もっと根本的な反対の根拠があると、グラムはいった。「アメリカは欠くことのできない指導者でなければならないと信じていた、共和党のジョン・マケイン派やロナルド・レーガン派の名残を維持するのが、私の仕事だ。したがって、どんな犠牲を払ってでも、世界で私たちの安全保障と価値観を維持しなければならない。アフガニスタンから撤兵してもこちらは安全だという考えは、馬鹿げている。イスラム過激派に反対する勢力と、敵の裏庭に介入して手を組むのが、アメリカを守る最善の方法だということが理解できない人間は愚か者だ」

グラムはいった。アフガニスタン人救済計画がなかったら、「通訳など、私たちに協力して、自分たちの国のために戦った人々はすべて虐殺されるだろう。私たちの名誉にとって汚点になる。そう私は確信している」

アフガニスタンで米軍部隊を指揮し、バイデンが毛嫌いする現代の反乱鎮圧戦略を構築したデービッド・ペトレイアス退役大将は、撤兵の決定を猛攻撃した。

「アメリカはほんとうに、大都市がタリバンに攻略されるのを容認するつもりなのか？　残虐で血みどろの内戦が起きるにちがいないし、内戦の恐ろしい兆候がすべて見られる。

この政権は、民主主義と人権への支援を取り下げるという話をしている。いいかげんにしてほしい。ここはじっさいにそれを防護できる場所だし、それをやらなかった場合の見通しはきわめて暗澹たるものだ。三五〇〇人の駐留を維持しない？　民主主義、人権、女性の権利を支持するという言葉が、空虚に響くだけだ」

見通し外《オーバー・ザ・ホライズン》からの監視と攻撃能力を維持するというのは、絵空事だ。「無人機の滞空時間は六～八時間で、無人機は空中給油できない。状況は悲惨だ。それでも三五〇〇人駐留する必要はないというのか？

悲劇的な甚大な過ちだ」ペトレイアスはいった。「地上の米軍部隊、固定翼機による監視、近接航空支援、その他の情報収集拠点の重要性にまったく無知であることを示している。最後のアメリカ人をベトナムからヘリコプターで脱出させた一九七五年のサイゴンとおなじようになるだろう。ただ、今回は二〇二二年秋の下院と上院の選挙前に、カブールのアメリカ大使館の屋根から、ヘリコプターでアメリカ人を救出することになる」

ジョージ・W・ブッシュ元大統領は、バイデンの決定は誤りだと、公に発言した。[4]「アフガニスタンの女性と女児が、言語に絶する危害を加えられることを私は怖れている」

バイデンは、テレビや新聞でこれほど多くの批判を目の当たりにするとは予想していなかった。最長の戦争を終わらせろと騒いでいた人々が、いまでは女性や女児も含めてアフガニスタンのさまざまな集団の未来に注意を集中していた。

バイデンにしてみれば、〝この戦争を終わらせなければならない〟から〝この人々を私たちはどうするつもりだ？〟への逆転だった。そういう声が急増した。声明発表の数日後、ブリンケンとサリバンは、オーバル・オフィスでバイデンと話し合った。

決定は下されたが、バイデンがいまもその決定について、やってもやらなくても悪い結果が出るという葛藤にさいなまれているのを、ブリンケンは察した。

「大統領」ブリンケンは慰めようとしていった。「これはとてつもなく苦しい決定でした」大統領らしく下された。「大統領が決断したことを私は称賛します」前に話し合ったとき、これまでの大統領のように避けて通ることもできました。しかし、大統領は問題をしっかり見据えていました。

バイデンは、レゾリュート・デスクの横に立っていた。バイデンが決定の重荷をいまも担っていることが、ブリンケンにはわかった。大統領はだれでも最適以下の世界に生きている。

独りでそこに立ち、バイデンはデスクを軽く叩いた。

「そうだな」バイデンはいった。「先送りせず、ここで私が全責任を負う」

70

五月八日土曜日、トランプ、リンゼー・グラム、メジャートーナメントで九度優勝している南アフリカの偉大なゴルファーで、いまは八五歳のゲーリー・プレーヤーが、フロリダ州ウェストパームビーチにあるトランプ・インターナショナル・ゴルフクラブで、一〇番ホールのフェアウェイに立っていた。

一〇八日前にホワイトハウスを去ってフロリダの小さな領地で暮らしているトランプは、マール・ア・ラーゴや自分のゴルフ場で、しばしば後援者や客に囲まれてスタンディングオベーションを受けていた。トランプがウェルダンのステーキかハンバーガーを食べていると、人々が近づいてきて、親指を立て、あなたは正当に選ばれた大統領ですといった。選挙に不正があったとする記事のプリントアウトを、彼らはトランプに渡した。

身長一六八センチのプレーヤーは、語り草になっている筋トレ愛好家だった。[1] いまでも三五〇ポンド（一五九キログラム）のレッグプレスをやり、議事堂襲撃事件の翌日に大統領自由勲章を授与されたとき、トランプに「大統領、すこし痩せたらどうですか」と冗談をいった。

トランプの友人で支持者のプレーヤーは、バッグから救援クラブを出した。ゴルファーをトラブルから脱出させるクラブを、そう呼んでいる。

「一五〇ヤード打つには、こうやるんです」いつもは二五〇ヤード飛ばすが、プレーヤーはそういった。「グリップをゆるめる。クラブフェースをオープンにして、もっと小さなスイングをする。そうするとボールが高く飛ぶし、九番アイアンよりもずっといい」

黒ずくめなので黒い騎士という綽名のあるプレーヤーは、狙いをつけて、抑制された小さなスイングをした。ボールが完璧な弧を描いて上昇し、グリーンに乗って、ワンバウンドし、カップインした。

ワーオ！　ワーオ！　トランプとグラムは歓声をあげた。馬鹿笑いをした。

プレーヤーの手法――控え目にして、落ち着き、小さめのクラブで大げさでないスイングをして、制御しやすくする――は、選挙後にグラムがトランプにさんざん説いてきたことの完璧な暗喩に近かった。

「大統領」その朝の数時間前に、グラムはいった。「共和党はあなたなしでは躍進できません。あなたが共和党のリーダーです。しかし、被害を修復しなければなりません」

不満、憎悪、絶え間ない集中攻撃が、トランプを頓挫させているというのが、グラムの見方だった。トランプは被害に気づいているのだろうかと、グラムは思った。それを修復する能力があるのか？

トランプは、二〇二二年の中間選挙についての話を斥けた。二〇二〇年の選挙のことが、まだ頭にあった。不正をやられたと、くりかえした。選挙は盗まれた。共和党の支援がじゅうぶんではない。

ミッチ・マコネルとリズ・チェイニー下院議員をまたしても腹立たしげに責めた。一月六日の暴動につながったトランプの行動をマコネルが、〝恥ずべき職務怠慢〟だといったことは絶対に許せない。背中を刺された。

ペンスは選挙を下院に送って私を救うことができたと、トランプはつけくわえた。

「いいえ」グラムはいった。「マイク・ペンスは自分の仕事をやりました」

トランプは耳を貸さなかった。

グラムは、いつものやりとりに慣れていた。操作された、不正をやられた、盗まれたと、トランプはいう。

「あなたは選挙に負けたんです」グラムはもう一〇〇回くらい、そういっていた。トランプはやはり耳を貸さなかった。

トランプは負けたことを絶対に認めないかもしれないと、グラムは思った。トランプの影響圏内にとどまり、最悪の衝動を和らげるのが、トランプと共和党のためになると決心していた。二〇二二年に上院と下院を取り戻すのに、共和党はトランプの助けが必要だった。

目的――勝利を収めること――はおなじだがトランプとおなじ部屋にいることにも耐えられない人々との仲介役になれるかもしれない。それに、トランプは面白かった。敵はトランプの魅力に気づいていない。

ショットのあいまにプレーヤーがグラムとトランプに、南アフリカの未開地に自分が建設しようと思っている新しいゴルフ場の話をした。あらゆる種類の野生動物――スイギュウ、ライオン、シマウマ、ゾウ――が草地を徘徊しているのがゴルファーに見える、美しい土地だという。

「ゲーリー、ライオン二頭がきみを見て、〝おい、あそこに肥ったやつがいる。あいつを食いたい。食いにいこう〟といったらどうなる？」トランプがジョークをいった。

「フェンスやらなんやらがある」プレーヤーがいった。

「そいつらがフェンスをよじ登れないというのか？」トランプが、疑わし気にきいた。

「ジープに乗れば、なかにはいってこない」プレーヤーが、安心させようとしていった。「でも、ジープをおりたら食われる」

「どうしてジープのなかにはいってこないといえるんだ？」トランプはきいた。

「私はそれに命を賭けたくない」グラムがいった。

トランプがしつこくきいた。

「銃を持つんだろう？」

「いや」プレーヤーはいった。

「そうか、私は銃を持つ」トランプがいった。

トランプが笑って楽しそうにするのを、グラムは久しぶりに見た。トランプは上機嫌で、元気だった。大統領の仕事はない。ツイートの嵐もない。ツイッターとフェイスブックのアカウントを使用禁止にされたことで、びっくりするくらい自由になったと、トランプは主張していた。

「それ以外のことをやる時間が一日にたっぷりあることがわかった」トランプはいった。

ゴルフは最高の気晴らしだったし、その日、トランプは献金者とキャディーを伴っていた。プレーヤーは孫を連れていた。上空で飛行機がひしめいている空港のように、ボールがあちこちに飛ぶので、六人はカートでコースを何時間もかけて縦横に走った。

プレーヤーは、4アンダーの68で終えた。トランプはたぶん6オーバーだった。グラムは六ホールでうまくいき、六ホールでだいぶ叩き、六ホールが中くらいだった。平均的で、たいしたスコアではないと、グラムはいった。トランプはグラムのスイングを批判した。「ボールに飛びかかっているみたいだ」

ゴルフのあと、グラムは鼓舞しつづけた。「政策について話をしているときのあなたが最強です」グラムは項目を挙げた。「国境の混乱を収めて安全を確保した。税制改革。より小さな政府。イランを恫喝した。中国に勇ましく立ち向かった」

民主党とバイデンは、実力以上のことをやろうとしているし、過激すぎると、グラムはいった。「民主党がやっていることは、私たちがふたたび勝負するのに役立つでしょう」グラムはさらに強気なことをいった。「仮に来週の火曜日に選挙が行なわれたとしたら、私たちが下院を勝ち取るでしょう。勢いを盛り返して、上院で一議席を得られる可能性もじゅうぶんにあります。

私たちは、あなた抜きではそれをやることができないんです、大統領。私たちを助けてください。しかし、私たちが成功する見込みを最大にするには、未来に注意を集中してもらわなければなりません」

グラムは、アルコール依存症の患者がもう一杯飲むのをとめようとしているカウンセラーのようなものだった。トランプは過去の美酒を飲みたいと思っている。

「だれを支持するか、だれを支持しないかを、決めなければなりません」グラムはいった。「現場で最高のチームが必要です。下院と上院で勝つのは、あなたのためにもなるんです。共和党が勢いを盛り返すには、一月六日をあなたの経歴から消さなければなりません」

そして、肝心なのは、「それをやる最善の策は、それぞれの州や選挙区で勝てる人間を選ぶことです。あなたがいちばん好きな人間とは限らないが、勝てる人間を」つねにトランプ支持者か同盟者であるとは限らない人間を支持しなければならない。

「私たちの同僚のほとんどを支持する必要がありますよ」グラムはいった。二〇二二年に再選の対象になる共和党上院議員は、ぜんぶで一五人いる。[2] 二月の弾劾裁判でトランプ有罪に投票したリサ・マコウスキーもそこに含まれていた。

だめだ、トランプはマコウスキーについてきっぱりといった。絶対にだめだ。マコウスキーはきわめて不忠だし、石油と天然ガスの探鉱再開など、私がアラスカ州でやったことを評価していない。

グラムはいった。ジョージア州ではあなたのお気に入りのハーシェル・ウォーカーを採用するつもりです。ウォーカーはオールアメリカン選出三回で、ハイズマン賞を受賞し、史上最高のアメリカンフットボール選手のひとりと見なされている。トランプの長年の友人でもあった。ウォーカーを候補者に選ぶのは、共和党にとってテストケースだった。ウォーカーは有名で、保守的で、アフリカ系アメリカ人だった。しかし、ワシントンDCでは、数多くの熟練コンサルタントが、前歴と精神状態を危惧していた。ウォーカーは一度ABCに、家に客が来たときに実弾をこめた拳銃をこめかみに向ける〝ロシアン・ルーレット〟をやるのが好きだといったことがあった。[3] ウォーカーは選挙に不正があったというトランプの主張と〝盗むのを阻止しろ〟運動を応援していた。[4] 二〇二二年のジョージア州の選挙では、党紀に従うよう要求される可能性が高い。

グラムはさらに、一九九四年のニュート・ギングリッチの〝アメリカとの契約〟を雛型とするアメリカ・ファースト政策目標を作成すべきだと、トランプに進言した。〝アメリカとの契約〟は、共和党が下院を奪回したときに法制化する具体的な法案をまとめた、保守派の重要な計画案だった。それが公表されてから六週間後の中間選挙で、共和党は民主党を大差で打ち負かし、下院で五四議席を得て、両院を支配した。[5]

一時間半後、ゴルフのあとのグラムの講義は終わった。グラムは自分の主張をいくつも述べていた。

「私も攻撃することはできる」トランプが去ったあとで、グラムはいった。「彼のために戦える。しかし、できるだけ対決姿勢ではないような手法でやるように、つねにトランプに圧力をかけつづけている。

二〇二四年にトランプが出馬するつもりなら、そのために人格のさまざまな問題に対処しなければならない。トランプの人格が引き起こす問題は、共和党が完全に分裂した場合に起きる内戦よりもずっと解決するのが簡単だ。トランプを共和党から追い出したら、第三党を設立する動きがはじまるだろう。

政策に関して、私たちは非常に有利な位置を占めている。だが、チームのキャプテンが大きく傷ついている」

トランプは、自分のことをそう見てはいなかった。

「私の支持率はほんとうにそんなにいいのか？」六月一六日、ニュージャージー州ベッドミンスターのゴルフ場でひらいた政治会議で、トランプは長年世論調査担当をつとめているジョン・マクラフリンにきいた。

「はい」マクラフリンはうなずき、自分の会社が五月二一日に共和党予備選挙の有権者に対して行なった世論調査に関するプリントアウトを指差した。[6] 七三％が、二〇二四年にトランプが再出馬することを望んでいた。しかも、トランプが戦いに加われば予備選挙で支持すると、八二％が答えていた。

マクラフリンが、つぎのページに移った。共和党予備選挙の有権者への質問だった。〝二〇二四年の共和党大統領予備選挙を予想し、以下の候補者でいま選挙が行なわれるとしたら、だれに投票しますか？〟。

競争相手のなかでトランプがずば抜けていて、ほかの一二人以上をしのぎ、五七％を得ていた。二位のマイク・ペンスはわずか一〇％だった。人気が急上昇しているフロリダ州知事ロン・デサンティスが、八％で三位だった。

「こういう数字を、これまで見たことがあるか？」トランプはきいた。

「いいえ」マクラフリンはいった。「この数字、あなたの数字は、レーガンよりもずっといいです」

「多くの面で、あなたはレーガンよりもずっと保守的な大統領でした」マクラフリンはいった。「移民と貿易でずっと強硬で、中絶反対で、ほかにもさまざまなことで強硬でした。レーガンはつねに、民主党員の支持を得たり、労働者階級の有権者を惹きつけたりしようと努力していましたが、あなたはほんとうに共和党をアメリカの男女労働者の党に変革しました」

それは一回限りの会議ではなかった。大統領を辞任したあとは規模こそかなり縮小したが、トランプはずっと活発な政治活動をつづけていた。

そのほかの数件の政治世論調査も、共和党員のトランプ支持が根強いことを示していたが、かなり不利な数字も出ていた。四月に実施された全米の登録有権者を対象としたＮＢＣニュースと《ウォール・ストリート・ジャーナル》の共同世論調査では、トランプ支持三二％、不支持五五％で、対してバイデンは支持五〇％、不支持三六％だった。

「あなたが攻撃されればされるほど、支持基盤は強固になります」マクラフリンはトランプにいった。「増大します。あなたへの支持がどこかへ行ってしまうことはありません」

マクラフリンは数週間前からトランプに、バイデンの支持は一九八〇年の選挙以降のジミー・カーターとおなじように、いずれ落ちこむといいつづけていた。カーター政権はイランのアメリカ大使館の人質危機に呑み込まれて、ロナルド・レーガンが勝った。

「振り子は戻ってきます、大統領」マクラフリンはいった。「辛抱しましょう。じっと待ち、なにが起きるか見届けましょう。バイデンを選んで損をしたという有権者が出てきます。これはあなたのワクチンです。国を経済が復活する寸前の状態にしたのはあなたです。バイデンにその功績を奪うことはできません」

ケリーアン・コンウェイは、いまもトランプの側近のひとりだった。「私のケリーアン、私のケリーアン」夏のゴルフを終えたあと、トランプはさかんに彼女に電話をかけはじめた。昨年にホワイトハウスを去ったあと、コンウェイは二〇二〇年の選挙には公式に参加しなかった。二〇一六年にトランプの選挙対策本部長だったときから五年が過ぎているいま、トランプの敗北とは一定の距離を置いていた。

「私のケリーアンと呼ぶのは結構ですけど」コンウェイはいった。「でも、そうではないように見なしてもらいたいんです」コンウェイはもうトランプに雇われてはいないし、トランプの巨大な資金集めの組織を選挙後の生計として当てにしている補佐官たちに疑いの目を向けていた。「私はそういう人間ではないにせよ、一個の人間で、あなたと親しいけど、一四億ドルの再選挙運動資金から一〇セントどころか一セントももらっていません」

わかった。納得して、トランプはいった。

「あなたに知っておいてもらいたいことが、八つか一〇あります。基本に立ち返りましょう。そもそも二〇一六年に勝てたのはどうしてですか？　庶民と肌で結び付いていたからです。庶民は忘れ去られています。あなたは彼らを引きあげました。経済、文化、心情の面で、彼らはほんとうに利益を得ました。あなたが大統領だったとき、経済は上向き、社会的移動性が増しました。ですから、あなたが負けたことでもっとも傷ついたのは彼らです。もっとも傷ついたのは、彼らが炭鉱労働者、鉄鋼労働者、エネルギー産業の労働者だったからです。彼らは中所得者層です。子供はひとりではなく、三人か四人います。その人たちはいま、経済的移動性で後退しつつあります」

不満をいうのはやめましょう。もう選挙に固執するのはやめましょう。ほんとうの心配事を論じましょう。二〇一六年にあなたを応援した郊外の女性たちの支持を取り戻しましょう。ジョージア州ではなく中国について怒りの声をあげましょう。

トランプは助言に礼をいい、二〇一六年の選挙が懐かしいといった。最後のほうではごく少数の補佐官とともに自家用機で集会から集会へと飛びまわった。それを取り戻し、アウトサイダーになりたいと、トランプはいった。二〇二〇年の選挙は大企業的だった。

「それじゃ、きみはすべてを指揮したいんだね、ハニー？　次回に」トランプはいった。

コンウェイは笑い、約束はしなかった。

「いいですか、二度目にアメリカ合衆国大統領になれたけど、あなたは二度とも勝ち目が薄かったのですよ（アメリカ合衆国改革党から出馬しようとしたことを含めている）。でも、今回のあなたにはハングリー精神と気炎万丈の態度がありませんでした。今回は資源が豊富で、スタッフもおおぜいいた。アーリントンは」トランプが選挙対策本部を置いたところだ。「ブルックリンになったんです」二〇一六年にヒラリーがそこに選挙対策本部を置いた。

「どういう意味だ？」トランプがきいた。

「二〇二〇年のトランプは、二〇一六年のヒラリーに似ていました。お金、時間、エゴがありすぎたんです」

その後、友人や献金者とともにコースに出たときに、トランプはゴルフ仲間に、バイデンを嘲るために自家用機のボーイング757を使うことを考えているといった。二〇二二年の中間選挙に先駆けて、影のエアフォース・ワンが、国中を飛びまわる。

「アメリカ国民は飛行機が好きだ」トランプはいった。「赤と白とブルーに塗り替えようかと思っている。エアフォース・ワンみたいに。エアフォース・ワンはこうあるべきだというように。

それが私の銘柄《ブランド》だ。ビジネスジェット機みたいなものは使わない。ＣＥＯみたいにちっぽけなガルフストリームに乗って現われるようなことはやらない」

71

「あなたが私を殺人者と呼んだことに腹を立てている」四月一三日の電話で、ロシアのプーチン大統領はバイデン大統領にそういった。バイデンはABCニュースのインタビューで、プーチンを〝殺人者〟だと思うかという質問に、「そう思う」と答えていた。[1]

「私は質問された」バイデンはプーチンにいった。「私は答えた。まったくちがう話題についてのインタビューだった。それに、前もって考えた答えでもなかった」それで言葉の意味が改善されるとでもいうような口調だった。クレムリンはそれを前代未聞の侮辱だとして、駐米ロシア大使をモスクワに召還し、対策を協議した。[2]

また、プーチンは公に反撃した。「そっちこそそうだ」といって、アメリカ政府がネイティブ・アメリカンを集団虐殺したことや、第二次世界大戦中に日本に原子爆弾を投下した決定のことをまくしたてた。[3]

その電話は、トランプ政権時よりも落ち着いた関係を期待していることをプーチンに伝えようとするバイデンの努力の一環だった。

それに先駆けて、バイデンは電話の前に、対ロシアの新戦略がほしいとジェイク・サリバンに話していた。私たちはなにを達成しようとするのか？

「一歩戻ってみよう」バイデンはいった。「リセットは望まない」オバマの対ロシア戦略に触れた。「良好な関係までは望まないが、プーチンとロシアに対して、安定した予想がつきやすいやり方で進められるようにしたい」

第一段階として、バイデンはアメリカの各情報機関に、最近のロシアの疑わしい行動に関する情報の質を評価することを求めた。

情報機関は、ロシアが三件の重大な違法行為に関与していたとかなりの確率で断定していた。野党党首アレクセイ・ナワリヌイ毒殺未遂、世界中でコンピューター・システム一万六〇〇〇台が混乱に陥った大規模サイバー攻撃、トランプを支援するための二〇二〇年のアメリカ大統領選挙干渉。

四月のプーチンとの電話で、バイデンはこれらの容疑を並べて見せた。

「あなたがたはすべてについて間違っている」プーチンはいった。「証拠がなにもない。私たちはあなたがたの選挙に干渉していない。私たちはそのどれもやっていない」

バイデンは、プーチンの否定を斥けた。「つぎのような対応であなたがたに反撃することを警告します」バイデンはいった。一連の過激な制裁措置を説明した。「これは今週中に実行されるし、私からじかに伝えたいと思いました。あなたがたが特定の事柄を行なったからです。

対応すると私はいいました。そしていま、対応します」

バイデンはプーチンに、ウクライナに対するあらたな軍事侵攻を行なわないようにと警告した。

プーチンは断定的に否定しつづけ、殺人者という非難に怒っているといった。

「会いましょう」バイデンは、ふたりだけの首脳会談を提案した。「あなたと私が腰を据えて。そちらはそちらの懸念材料、こちらはこちらの懸念材料を、持ち寄りましょう」どんな話題でも、すべての話題を。「面と向かって座り、すべてについて話しましょう」

「率直にいいますが」プーチンがいった。「私たちの関係のすべての問題を会って話したいというのですか？　すべてを？」

電話会談を聞いていたサリバンは、プーチンはいつもどおり疑り深く、これがなにかの罠ではないことをたしかめようとしているようだと思った。

腹蔵ない対話になると、バイデンはプーチンに約束した。会談はアメリカ大統領に敬意を表されている証になるとプーチンが認識していることを、バイデンは知っていた。ふたりは一〇年前の二〇一一年に、バイデンが副大統領で、プーチンが一時的に首相だったときに会ったことがあった。

バイデンはその後《ニューヨーカー》に、会談のときに自分が〝首相、あなたの目を覗き込んでいるのですが、あなたに魂があるとは思えません〟といったことを語った。[4]

プーチンは笑みを浮かべ、通訳を介してバイデンに返事をした。〝私たちはおたがいのことがよくわかっていますね〟。

バイデンにしてみれば、アメリカの大統領がロシアの指導者と会うのは通例だった。ロシアは経済が衰退して、GDPがアメリカの一〇分の一になったが、いまなお二〇〇〇発以上の戦略核兵器と数千発の小型戦術核兵器を保有している。かなりの規模の正規軍と不正規軍を世界中に展開している。

「わかりました」プーチンがようやくバイデンにいった。「私も首脳会談を持ちたい。私たちのチームに手配りさせましょう」

バイデンはしばしば、すべての政治は局地的だという、元下院議長ティップ・オニールの格言を引き合いに出す。[5]「つまり」バイデンはいった。「すべての外交は個人的なものだ。結局、個人の人間関係を発展させなければならない」

四月一五日、ホワイトハウスと財務省は、ロシア連邦中央銀行とその総裁、ソブリン・ウエルス・ファンド、IT企業六社、二〇二〇年の大統領選挙に影響をあたえようとした三二の組織と個人、ロシアのクリミア占領と抑圧に関与した個人と集団八つに制裁を科すと発表した。[6]

その後、バイデンとプーチンは六月一六日にスイスのジュネーブで会うことを発表した。[7]

「この会談についてメディアが喧伝していることは知っていますが、私にとってはいたって単純なこと――会談です」六月一六日、会談終了後にスイスの湖畔でバイデンは記者団に語った。[8]

「私を取材してきた記者のかたがたはわかっていると思いますが、まず、指導者が顔を合わせて対話することに代わるものはありません。なにひとつないのです。そして、プーチン大統領と私は、強力で誇り高い両国の関係、安定していて予想がつくような関係を運営するというたぐいまれな責任を共有しているのです」

「プーチン大統領が態度を変えると確信しておられるのはなぜですか、大統領？」そのとき、CNNのホワイトハウス主任特派員のケイトラン・コリンズが質問した。[9]

歩き去ろうとしていたバイデンが、いらだたしげにふりむいた。

「プーチン大統領が態度を変えると確信してはいません」バイデンは指をふってコリンズを睨みつけた。「いったい――どうしてあなたがたはいつもそうなのか？　いつ私が確信しているといいましたか？　私は――」

「今後六カ月のあいだに、判断がつくだろうとおっしゃいました――」

「私がいったのは、はっきりさせておきましょう。私は、国際社会が彼らに対して反応し、彼らの世界における立場を弱めるなら、彼らの態度を変えることができるだろうといいました。何事も確信してはいません。事実を述べているだけです」

「しかし」コリンズはなおもいった。[10]「これまでプーチン大統領は態度を変えたことはありませんし、あなたとの数時間の会談後の記者会見で、サイバー攻撃にはまったく関与していないと否定し、人権侵害について軽くあしらい、アレクセイ・ナワリヌイの名前をいうことすら拒みました。大統領の立場で――プーチン大統領が述べたように、それを建設的な会談だったといえるでしょうか？」

バイデンは、二九歳の記者を叱りつけた。「それが理解できないようでは、きみは職業を間違えた」

そのやりとりの抜粋が、ツイッター拡散された。その日の後刻、エアフォース・ワンの機外に立って、バイデンはいった。「最後に質問した記者に謝罪したい。最後の質問に答えるのに、聞いたふうなことをいうべきではなかった」謝罪は必要ないと、コリンズはいった。

バイデンには数々の失言歴があったが、大統領に就任してからは台本に忠実だったので、それが休眠していた。コリンズとのやりとりは、バイデンのそういう面を垣間見せた一幕だった。

バイデンのそういう面——ときどき癇癪をおこしたり、せっかくの声明を台無しにしたりする傾向——は、いまも消えておらず、バイデンの大統領としての仕事につきまとっていた。台本のない行事や長いインタビューからバイデンを遠ざけることで、クレインとダンがこの問題に取り組んでいることを、バイデンの補佐官数人がひそかに打ち明けた。大統領を繭でくるむその現象を、彼らは〝壁〟と呼んでいた。

だが、台本抜きのバイデンが、ときどき出現した。

「進歩派は私を嫌っている。私と彼らが社会主義者の政策課題と呼ぶものに取り組もうとしないからだ」五月にバイデンは、《ニューヨーク・タイムズ》のコラムニスト、デービッド・ブルックスにいった。[11]〝社会主義者〟という言葉に結びつけられたため、進歩派の多くはこのコメントに腹を立てた。

六月下旬、バイデンは共和党上院議員たちと超党派のインフラに関する政策合意に達したと発表したが、その直後に、その合意は財政調整措置《リコンシリエーション》によって今後成立させるはずのもっとリベラルな包括歳出予算案を条件としていると述べて、合意を覆した。[12]

「どちらもやる必要があります」バイデンはいった。「それに、ペロシ議長やシューマー院内総務と密接に協力して、両党ともすみやかに並行して法制化プロセスを通過させるつもりです。強調しておきますが、並行して、です」

バイデンの発言に、二股戦略がどういうものかをつねに見守っていた民主党議員の一部はびっくりした。共和党議員も、大型の超党派政策合意がおおいに宣伝されたあとで但し書きをつけくわえられたことを不快に思った。

ホワイトハウスと二大政党との関係を修復し、話し合いがつづけられるように、スティーブ・リケッティが何日ものあいだ電話で働きかけた。バイデンは結局、自分の立場を明確にするために、六二八語の声明を発表した。[13]

マコネルは、変節を非難した。[14]「頭がクラクラした」といった。

バイデンはなおも説いた。インフラが中心だ。政策目標のなかでなんとしても成立させなければならない部分だ。過ちを犯したら、気を取り直して前に進む。

〝立てっ！〟。

それに、ほんとうのつまずきに対処しなければならないこともあった。

三月一九日、アトランタへ行くためにエアフォース・ワンに乗るときに、バイデンはタラットランプを登っていたときに膝を突いた。[15] 立ちあがり、数段登って、また転んだ。

共和党員たちがバイデンを嘲り、その動画を見て楽しんだ。二〇二〇年の選挙中にバイデン陣営がトランプのたどたどしい足どりを何度も馬鹿にしたから、なおさらだった。

ホワイトハウスは記者団に、バイデン大統領は「一〇〇%健康だ」と断言した。[16]

しかし、バイデンは不満だった。タラップで立ちあがって機内にはいったときに、小声で悪態をついたと、その後、周囲に語っている。

「クソ」バイデンはささやいた。「クソ!」まわりに聞こえるほど大きな声だった。

ロシア問題はいっかな消えようとしなかった。アメリカの情報機関は、大量のランサムウェア攻撃を追跡し、ロシアの犯罪組織によるものであることを突き止めた。しばしば数百万ドル単位の身代金を払うまで、コンピューターへのアクセスを電子的にブロックするこの犯罪が、大きな問題になっていた。この攻撃はサイバー戦争であるだけではなく、経済戦争でもあった。ロシアの情報機関やプーチンと結び付けられるような証拠はいまのところなかったが、ロシアで起きていることはすべて、プーチンが強力な支配力で牛耳っている。

七月九日、バイデン大統領とプーチン大統領は、秘密保全措置をほどこした電話で話し合った。故意の悪質な攻撃に関与しているロシアの犯罪組織を取り締まってほしいと、バイデンはプーチンに要求した。

「そちらが取り締まれないか、取り締まらないのなら、私がやります」バイデンはいった。「はっきりと明確にしておきます」

会話の終わりに、バイデンはつけくわえた。「いいですか、大統領、大国には大きな責任があります。大きな弱みもあります」

アメリカのサイバー攻撃能力が無敵であることを、プーチンは知っていた。バイデンは、それ以上いうのを控えた。バイデンはほとんど、ロシア大統領を直接脅迫する段階に達していた。

バイデンはこれまでの半生、大統領の地位を得ようとしてきた。だが、ペンシルベニア・アベニュー一六〇〇番地（ホワイトハウスの所在地）に到達すると、バイデンが居心地悪そうにしていることに、補佐官たちは気づいた。バイデンはデラウェア州を懐かしんでいた。自分の家にいないのが淋しかった。

バイデンは、ホワイトハウスをひそかに〝墓場〟と呼ぶようになった。ひと気がなく、寒々しかった。ウイルスのために当初は公式行事を行なうことができず、ジル夫人とジャーマンシエパード二匹だけで住んでいた。家族は来ると約束していたが、デラウェア州で孫たちとのんびり過ごし、夜にフリーザーからチョコレート・アイスクリームを出して食べるという暮らしのほうが、ずっと魅力的に思えた。

バイデンは補佐官や友人たちに、ホワイトハウスのスタッフはすばらしいと褒めるようにしていた。みんな親切だ。つねにご用はありますかとか、軽い食べ物を用意しましょうかときく。高級ホテルに泊まっているようだ。副大統領だった八年のあいだ、一度も行ったことがなかっった居室は、そういうホテルのような造りだった。美しい絨毯が敷かれている。壁には絵画が飾ってある。凝った装飾のシャンデリアがある。ウォルドーフ・アストリア・ホテルを彷彿させる。

「コートを脱いだらだれかが取ってハンガーにかけるようなことに慣れていないだけなんだ」バイデンはいった。「でも、みんな感じがいい」ホワイトハウスから四キロメートル離れたところにある副大統領公邸は、一三エーカー（東京ドーム一・一個分）の敷地の木立にひっそりと隠れて建っていて、バイデンのカジュアルな好みに合っていた。

すぐに週末をウィルミントンで過ごすことが、あたりまえになった。マリーン・ワンに乗り、アンドリューズ空軍基地へ行って、帰宅する。ぶらぶら歩いたり、いまだにバイデンをジョーと呼ぶ、上院の以前の友だちやデラウェア州の人々とだらだら長電話をしたりする。

「彼はホワイトハウスで暮らすのが居心地悪いんだ」ロン・クレインは周囲にそういった。「ペンシルベニア・アベニュー一六〇〇番地の執事やスタッフについて、「そういうものは彼らしくない。彼はふつうの家で暮らすほうが好きなんだ。

ジョー・バイデンはつねにそうだった。それなら、仕事をやっているか、家にいるかの区別がはっきりしている。ホワイトハウス二階の居室にいると、他人の家に泊まっているような心地になるんだ」

何十年もいっしょに働いてきたもっとも近しい補佐官たちに対して、バイデンは緊密な信頼を維持していた。彼らはお互いのことをよく知っていた。バイデンのことを知っていた。苦しい日があっても、大失敗があっても、その信頼やバイデンを揺るがすことはなかった。

希望もあった。[17] 一月二〇日の就任式で政権が発足した時点で、アメリカ国内の新型コロナウイルス感染者は一九万一四五八人で、あらたな死者は三九九二人だった。六月下旬の新型コロナウイルスによる一日の死者は、三〇〇人以下に減っていた。九〇%以上もの急激な減少だった。ワクチン接種計画が成功したことが大きかった。

アメリカ疾病対策センター（CDC）が、ワクチンを完全に接種した人々は、マスクをつけずに集会をひらいたり外出して活動したりできると発表した。[18] 企業活動が再開され、カフェやレストランが屋内に客を入れるようになった。街路に活気が戻りはじめた。

しかしながら、パンデミックの今後の進展は不確かなままだった。毒力と感染力の強いデルタ株が、世界各国を脅かしていた。ワクチン接種をためらう人々や反対する人々がいるために、アメリカが集団免疫に達するのが妨げられていた。変異する新型コロナウイルスに対する長期的なワクチンの有効性は未知のままだった。

「いま大統領は、中程度の感情空間で毎日、執務室にはいっている」クレインはひそかにそういったことがあった。

希望はあるが、それが現実だった。大統領になってもバイデンは感情が豊かな人間でありつづけ、何事についても自分の気持ちを表わした。〝中程度の感情空間〟は、自然ではなかった。

クレインはいった。「朝に私がはいっていって大統領に伝える報せはどれも、彼がこれまでの人生で伝えられたものよりも悪い報せではなかった」一九七二年の最初の妻と幼い娘の死や、二〇一五年のボーの死と比べれば。

「逆に、朝に私がはいっていって大統領に伝える報せはどれも、彼が人生のべつの時期に伝えられたものよりもよい報せではなかった」

たとえば、バイデンはニューハンプシャー州の予備選挙では五位だったが、その九カ月後にアメリカ大統領に選ばれた。

72

「劇的すぎるのが、あなたの問題です」夏の終わりごろに、いまでは日常茶飯事になっている延々とつづく電話で、リンゼー・グラムはトランプにいった。「変動《ボラティリティ》が激しすぎる。やろうと思えば、バイデンよりも簡単にご自分の問題を解決できるのに。

選挙が操作された、不正があったといいつづけていますね。あなたは接戦で負けたんです。大統領の仕事に失敗したんですよ」

トランプが、不意に電話を切った。

一日ほどたってから、トランプはグラムに電話をかけた。

「いいですか、あなたを責めはしません」グラムはいった。「私だって電話を切ったでしょう！」

荒療治だったが、私はあなたの味方で、永遠に友人だと、グラムはトランプにいい聞かせた。調子を取り戻させようとした。だが、トランプが売り込みや手法を再調整して復帰したら、なにが起きるかはだれにもわからない。

支持者は私の個性が大好きなのだといって、トランプは反論した。私が変わったら「支持基盤を失う」彼らは私が戦い、破壊的になるのを期待している。それが組み込まれている。これは失敗ではない。選挙が盗まれたのだ。

六月二二日火曜日の夜、トランプとグラムはまた電話で長話をした。

グラムは、トランプの注意をバイデンに向けさせようとしていった。バイデンの政策はひどいもので、共和党に突破口をもたらしている。

だが、トランプは選挙運動中にバイデンの特徴を明確にするのに失敗し、逆にバイデンによって特徴づけられてしまった。いまバイデンは、ふたたび自分を特徴づけている。

「あなたはだれよりも上手にバイデンの罪状を追及できます」グラムはいった。「しかし、それをやるのと負けたことに苦情をいうのを、同時にやることはできません。メディアはあなたの味方ではない。あなたが二〇二〇年の選挙について演説で述べたさりげないひとことを、彼らは取りあげるでしょう。そうなったら、バイデンが国を間違った方向へ推し進めているとあなたが力説しても、それは帳消しになる。

二〇二二年に私たちが勢いを盛り返して、下院を奪回し、上院を取り戻せば、あなたは大きな功績を認められるでしょう。二〇二二年に下院と上院を取り戻すのに失敗したら、トランプ主義は滅びるでしょうね。一月六日があなたの死亡記事になります。

二〇二二年に勝てなかったら、私たちは終わりですよ」

下院では、共和党が民主党との差をわずか五議席にまで縮めていた。[1] しかし、下院共和党院内総務ケビン・マッカーシーは、始末に負えない状況に対処していた。派閥が多すぎる。二〇〇三年に上院に移る前に、グラムは八年間、下院議員をつとめていたので、それをよく知っていた。「共和党研究委員会がある。穏健派がいる。下院はバラバラに分裂している」

移民に対する強硬姿勢がなかったら、トランプは二〇一六年に共和党の大統領指名を受けられなかっただろうと、グラムは確信していた。アメリカ国民は、国境管理の強化を望んでいた。トランプにはそれがよくわかっていた。その問題が共和党に役立つようにして、共和党のポール・ライアン派やミッチ・マコネル派に共鳴しない有権者を勝ち取った。移民になるための法的手順の簡便化と移民の増大を望んだバイデンは、中米からの最近の移民の殺到について、すでに共和党の猛攻撃にさらされている。

経済と政府の支出に関して国民は、なにもかもがいつでも無料というのはありえないと本能的に理解していると、グラムは確信していた。現在、国民は働かないことを奨励されているようなものだった。インフレは中流層の敵だ。

「無秩序な国境に加え」グラムは自分の見解を要約した。「犯罪の波や、ガソリンと食品の価格の上昇は、二〇二二年の共和党圧勝をもたらします」

「そんな大勝になるのか？」トランプがきいた。

「なります」グラムはいった。

しかし、そこでまたトランプは、選挙で不正があったとくりかえした。「そうとも、ジョージア州を勝ち取ったんだ」トランプはいった。

「いいえ」グラムはいった。「私はそう理解していません。その話は理解できません」

「有権者名簿から一〇万人がはずされたんだぞ」トランプはいった。

「大統領」グラムはいった。「お言葉ですが、だからといってあなたがジョージア州で勝ったとはいえません」ジョージア州の住民六万七〇〇〇人が有権者名簿からはずされたのは移転通知が出ていたからだったし、三万四〇〇〇人が消去されたのは自宅に送付した投票用紙が宛先不明で返ってきたからだった。「あなたがジョージア州かアリゾナ州を勝ち取るような出来事はありませんでした。以上。ほかの州でも、あなたが勝ち取れるようなことは起きていません。選挙についてあなたが主張しているようなことは、筋道が立っていません」グラムはいった。些細な投票の問題はあったが、それだけだった。どの州でも結果が覆るようなことはなにもなかった。自分とスタッフが調査したことを、グラムはトランプにあらためて説明した。「ジョージア州で一八歳未満六万人が投票したという事実はなく、アリゾナ州で重罪犯八〇〇〇人が刑務所から投票したという事実はありません。事実ではなかったのです」

トランプはいいつのった。不正にやられた。

「あなたが復帰できる見込みがあるということに、賛成ですね」グラムは、攻め口を変えた。

「ああ」

「それに集中しましょう、大統領。アメリカ史上もっとも偉大なカムバックが可能です。一月六日のせいで、あなたはもうだめだといわれています。あなたのリーダーシップのもとで共和党が崩壊したというのが、共通の見方です。あなたが党のリーダーとして二〇二二年に私たちを勝利に導き、ホワイトハウスを奪い返したら、アメリカ史上最大のカムバックになります。国全体の空気を知っているとはいいません」グラムはいった。「しかし、サウスカロライナ州の主な共和党支持者の空気を私はよく知っています。トランプを堅固に支持しています」しかし、それは永久につづくとは限らない。

「大統領、あなたは受けた被害が大きすぎて、二度と勝てないのではないかと思っている人々の集団が増えています。しかも、それはかなりトランプを支持している層です。あなたは変われることを彼らに示さなければなりません」

トランプは、トランプ本を書く著者をつぎつぎとマール・ア・ラーゴでもてなし、インタビューに応じた。何度も応じることもあった。

「彼らは私についてひどい本を書くだろう」トランプはいった。

「ああ、きっとそうでしょう」グラムは相槌を打った。

「しかし、本のたった一行でも、そんなにひどくないのがあるかもしれないと思った」

「賛成です」グラムはいった。「それはそうでしょう」

「私はだれとでも話をする」

ウーバーの運転手を除き、だれが相手でもトランプはドアを開けてきたと、グラムは思った。

「とにかく、私の側のいい分をいえる」トランプはいった。インタビューが大好きなようだった。

「いい仕事をしたとあなたが思っていなかったら、あなたがいい仕事をしたと思う人間はどこにもいないでしょうね」グラムはいった。

「いい仕事をしたと思っている」

「理由をいうといい。大統領としての仕事を弁護すればいい。大統領としての実績を守るのは当然でしょう?」

「そうだな」

「では、弁護しましょう。あなたの大統領としての仕事を、楽しませてもらいました。へとへとに疲れました。最後の三年間は、髪が白くなったほどですよ」

トランプはメディアを扱うのに半分くらい成功したが、あとの半分は「彼自身が最悪の敵だった」とグラムは結論を下した。トランプを相手にするのは、太陽に近づくようなものだ。火傷しかねない。グラムのような共和党員にとって問題は、〝溶けてしまわないようにどれだけ太陽に近づきたいか〟ということだった。

「彼は回復可能だと思う。彼には魔法があるし、暗い裏面がある。それを私は何度となくいってきた。

彼の成功願望と、成功したと見られたい願望に、私は望みをつないでいる。彼は優秀な大統領として記憶されたいと思っている」

自分のことを優秀な大統領だと思うとトランプがいったときに、グラムはこういった。「そのとおりです。しかし、あなたは負けた」

「不正をやられたからだ」

しかし、カムバックを可能にするには、一月六日の事件を払いのけてトランプが身を清めることが不可欠だと、グラムは考えていた。

「一月六日はアメリカの歴史上、おぞましい日だった。一九六八年の再現だった。毎朝目が醒めるたびに、いったいなにが起きそうかと考える。つぎはなにが起きるのだろう？　ロバート・ケネディが殺された。キング牧師が殺された。街路では暴動が起きていた。民主党大会は完全な大混乱だった。そのあと、私たちは立て直した。今回も立て直す」

グラムはトランプに、議事堂の暴徒の行動を弁解するのをやめてほしいと頼んだ。

だが、トランプはやめようとしなかった。

「彼らは平和な人々だった。すばらしい人々だった」七月一一日のFOXニュースのインタビューで、トランプはいった。[2]「愛。愛が漂っていた。ああいうものは一度も見たことがなかった。行進した人々は銃を持っていなかった。それに正直いって、ドアは開いていたし、警官はたいがい、そう、銃を持っていた――合計数百時間分の録画がある。その録画を公開し、ほんとうになにがあったかを見せるべきだ」しかし、暴動の最中に警官一〇〇人以上が負傷していた。

グラムが聞きたくなかった発言だった。夏までに連邦検察官は暴動の参加者五〇〇人以上を起訴した。[3]

「どんな調子ですか、ボス？」七月初旬、ブラッド・パースケールが電話でトランプにきいた。トランプの選挙対策本部長だったが、タルサの大規模集会が失敗に終わったあと、側近から追い出されたパースケールは、また仲間に戻されていた。トランプは補佐官を重用しては退け、また重用するということをしばしばやる。

「出馬するんでしょう？」

「考えているところだ」トランプはいった。落ち着かない口調だった。いらだたしげだった。出馬する方向に傾いていた。「かなり真剣に、出馬を考えている」

「ああ、それを聞きたかったんです」パースケールがいった。

「私たちはこれをつづけなければならない、ブラッド」バイデンは認知症にかかっているのだろうかと、思っていることをトランプは口にした。

「耄碌してるのさ」トランプはバイデンのことを、吐き捨てるようにいった。

「バイデンは大量の票を握っている。トランプのための票を。それをトランプは取り戻したいんだ」その後、パースケールは周囲にいった。「トランプは前のように戦っていないことに、ちょっとプレッシャーを感じていて、どうやって戻ろうかと頭をひねっている。トランプはそれをカムバックだとは見なしていないと思う。復讐だと見なしている」

エピローグ

ポトマック川の向かいのクオーターズ6の二階では、ホワイトハウスや世界中と接続されている秘密保全措置を施したビデオ会議用スクリーンが何台もある、最高の秘密区分に属する機密情報隔離施設（SCIF）で、ミリー統合参謀本部議長がいまも一月六日の暴動の意味を突き止めようとしていた。

「一月六日は、リスクが高い日だった」ミリーは先任の参謀にいった。「私も、FBIその他も含めて、私が知っている限りではだれも、数千人の人々が議事堂を襲撃することなど想像もしていなかった。

議事堂を包囲し、複数の方角から同時に襲撃して、ああいうことをやるのは、そもそもふつうでは考えられない事態だ。

一月六日は非常に過激だった。考えてみれば、内戦の手前といえるくらい過激だった」

警戒を促す情報がいくつもあったというのが、ワシントンDCで定着した一般的な見方だった。しかし、インターネットでのおしゃべりが一貫性を欠き、大惨事を避けられるような特定の信頼できる情報が得られないことを、ミリーは知っていた。

そうはいっても、9・11テロや真珠湾攻撃の前兆を見逃したことと比較されるような、アメリカの情報機関の重大な失態だった。アメリカのシステムに大きな欠落と弱点があることが暴露された。

自分たちはなにを見逃していたのか？　なにを理解していなかったのか？

つねに歴史家のミリーは、ほとんど忘れられている一九〇五年のロシアでの革命を思い浮かべた。その蜂起は失敗に終わったが、ソ連建国につながった一九一七年の革命が成功する舞台を用意した。一九一七年の革命の指導者ウラジーミル・レーニンはのちに一九〇五年の革命のことを、〝偉大な舞台稽古〟と呼んだ。

一月六日は舞台稽古なのか？

ミリーは先任参謀にいった。「きみたちが目撃したものは、将来のもっとひどいなにかの前触れかもしれない」

歴史はゆっくりと進むが、しばしばなんの前兆もなしに突然暴走し、とめられなくなることを、ミリーは知っていた。アメリカはトランプの終焉を目撃しているのか、それともこれは未来になってふりかえらないとわからない、トランプのつぎの段階のはじまりなのか。

トランプは活動を休止していなかった。二〇二一年夏、全米で選挙運動のような大会をひらいていた。六月二六日のオハイオ州ウェリントンの集会では、出席者一万人以上が、トランプの帽子をかぶり、〝アメリカを救え〟と書いたプラカードをふっていた。

「私たちは負けなかった。私たちは負けなかった。私たちは負けなかった」トランプは群衆に告げた[1]。

「あと四年！　あと四年！」群衆が大声をあげた。

「私たちは選挙に二度勝った！」トランプはいった。最近は、バイデンを打ち負かしたという主張を、そう表現していた。群衆が大歓声をあげた。「三度目も勝てる」

集会開始の九〇分後、トランプはまた群衆を叱咤した[2]。これはお別れ会ではない。

「私たちは服従しない」トランプは、チャーチル風の演説の抑揚を取り入れていた。それは戦時の演説だった。「私たちは屈服しない。私たちは降伏しない。私たちは絶対に折れない。絶対にあきらめない。絶対に後退しない。絶対に、断じて降伏しない。私の仲間のアメリカ国民たちよ、私たちの運動は、まだ終わっていない。それどころか、私たちの戦いはいまはじまったばかりだ」

力を見せつけるのがトランプの望みなのだろうか？　とミリーは思った。それとも絶対的な力を握るのが望みなのか？


大統領は、前任者が終えなかった仕事のなかで暮らす。ジョセフ・R・バイデン・ジュニアほど、それを痛感した大統領はいなかった。

バイデンと補佐官たちは、トランプの名前を口にすることを嫌悪していた。補佐官たちはしばしば、〝T〟ではじまる言葉を避けるよう、お互いに注意していた。

だが、トランプの存在はホワイトハウスに充満し、居室も例外ではなかった。ある晩にバイデンは、巨大なスクリーンがある部屋にぶらりとはいっていった。トランプは気晴らしに、世界の有名ゴルフコースのほとんどをバーチャルにプレイできるようにしていた。「なんたるクソ野郎だ」前大統領のゴルフおもちゃを見て、バイデンはそういったことがある。[3]

一九七四年のフォード大統領も、前任者の重苦しい影を背負わされた。フォードはウォーターゲート事件を〝国家の悪夢〟と呼んだ。ウォーターゲート事件は消滅したが、ニクソンは消えなかった。大統領就任後の三〇日間、ニクソンがニュースを支配しつづけ、フォードは非難の矢面に立たされた。

「私独自の大統領としての地位がなかった」のちにフォードはいった。

対策はニクソンの全面的恩赦だった。それが国の利益になり、ニクソンという存在を過去に捨て去る唯一の方法だと、フォードは確信していた。フォードは二年後に大統領選挙で敗れたが、政治の師の前大統領が刑務所に送られないように尽力したという疑惑が主な敗因だった。

バイデンは絶対にトランプに恩赦をかけないといっていた。だが、フォードとおなじジレンマに直面した。バイデンがときどき怒りっぽく、荒々しくなることに、補佐官たちは気づいていた。評論家が自由に話し合うMSNBCのトーク番組〈モーニング・ジョー〉でまたぞろトランプが話題になった朝、バイデンは不機嫌な顔でオーバル・オフィスにはいってきた。

五年前の二〇一六年三月三一日、トランプが共和党の大統領候補に当選する直前に、まだ完成していなかったワシントンDCのペンシルベニア・アベニューのトランプ・インターナショナル・ホテルで、私たちははじめて共同でインタビューを行なった。[4]

その日、トランプがずばぬけた政治勢力であることを、私たちは認識した。さまざまな面で、アメリカ国民が思い描いていた台本から生まれた勢力だった。アウトサイダー。反エスタブリッシュメント。ビジネスマン。建設者。大言壮語。自信満々。早口でしゃべる喧嘩っ早い男。だが、暗い裏面もあった。狭量になることがある。残酷。アメリカの歴史に興味がなく、選挙で選ばれた指導者が長年、指針としてきた政府の伝統をないがしろにした。力を行使したくてうずうずしている。自分のやり方を押し通すために、恐怖を利用するのにやぶさかでない。

「真の力とは――この言葉は使いたくないんだが――恐怖だ」トランプは私たちにいった。

「私は人々の怒り《レイジ》を引き出す。怒りを引き出すんだ。つねにそうだった。それが長所なのか、不都合なことなのかはわからないが、なんであろうと、私はそうする」

トランプがふたたび目的を達成することはありうるのか？　トランプと彼の支持者たちが、彼を権力の座に戻すのに、なんらかの限度があるのだろうか？

危機は残っている。

読者への覚書

本書のためのインタビューはすべて、〝ディープ・バックグラウンド〟というジャーナリストの基本ルールの下で行われた。つまり、情報はすべて使用してよいが、情報を提供した人物についてはなにも明かさない。

描写されている出来事に直接関わったか、それをじかに目撃した二〇〇人以上との数百時間のインタビューをもとに本書は書かれている。ほぼ全員がインタビューの録音を承諾した。登場人物の言葉、思考、結論の正確な引用は、本人、じかに見聞きした同僚、政府もしくは個人の文書、カレンダー、日記、メール、会議のメモ、発言記録その他の記録が情報源である。

トランプ前大統領とバイデン大統領は、本書のためのインタビューを拒否した。

謝辞

私たちは、サイモン＆シュスター社のＣＥＯジョナサン・カープに深く感謝している。彼は年間数千点を発行する事業を監督するいっぽうで、私たちの仕事を直接手掛ける編集者でもある。構想、下書き、口絵キャプションから表紙の帯の惹句に至るまで、すべての段階で彼は関与した。重要な問題を投げかけて、私たちと自分を頑張らせた。これを正しく解釈しているか？　これを理解しているか？　ほかにだれが私たちと話をするのか？

ジョンは良心と思いやりを重んじる編集者、真実と明瞭さの探求者だった。本と著者と読者を愛し、出版を市民としての義務、道徳的責任だと見なしている。

本書を刊行するための組織的・技術的活動を監督したキンブリー・ゴールドスタインには、格別に感謝している。彼女は達人だ。また、揺るぎなく支援してくれたサイモン＆シュスター社の以下の幹部社員や指導者たちに感謝する。ダナ・カネディ、ジュリア・プロサー、リザ・ヒーリー、リザ・アーウィン、ポール・ディッポリト、アイリーン・ケラディ、スティーブン・ベッドフォード、ケイト・マーテス、リチャード・シュラウト、Ｗ・アン・ジョーンズ、ジャッキー・シュウ、ラファエル・タバラス、ミカエラ・ビーラウスキー、エリサ・リブリン。

原稿整理担当のフレッド・チェイスは、テキサス州の自宅からワシントンＤＣに来て、鋭い眼力と言語感覚を駆使して原稿を何度も読んだ。メアリ・Ｅ・テイラーは長時間を費やし、このプロジェクトで私たちをプロフェッショナルらしく巧みに支援してくれた。彼女に永遠の感謝を捧げる。

弁護士兼カウンセラーのロバート・B・バーネットは、ワシントンDCの上級出版指導者という称号を得ている。このプロジェクトのあらゆる部分で彼は私たちをつねに賢明に、熱心に導いてくれ、必要なときにつねにいてくれた。

ウッドワードは五〇年、コスタは八年、《ワシントン・ポスト》に勤務してきた。同紙はつねに成長しているアメリカの偉大な報道機関のひとつで――高い質を要求し、伝統的だが実験的でもある。《ワシントン・ポスト》社主のジェフ・ベゾスは、活力となんとしても必要だった安定を同紙にもたらした。発行人フレッド・ライアンは、私たちふたりを支援し、報道の自由の揺るがぬ擁護者でありつづけた。

編集局について私たちは、元エグゼクティブ・エディターのマーティ・バロン、マネジング・ディレクターのキャメロン・バーとトレイシー・グラントのこの共同作業への激励に感謝するとともに、マーティの後任として今後《ワシントン・ポスト》を率い、支えてゆくサリー・バズビーを支援することにわくわくしている。国内ニュース・エディターのスティーブン・ギンズバーグと国内ニュース・チームを、私たちはともに高く評価している。

本書に写真を掲載するにあたって専門知識を駆使して手助けしてくれた《ワシントン・ポスト》の写真ディレクター、メアリアン・ゴロンと、写真エディターのトーマス・シモネッティに感謝する。

コピー助手、私たちと緊密に作業した編集者、日々成果を挙げている熟練の記者など、そのほかの《ワシントン・ポスト》の同僚数百人とのつながりを、私たちは満喫した。すべての人々の名前をここに書き記すことはできないが。彼らが私たちにとって大切な存在だということを知っていただきたいと願っている。私たちは《ワシントン・ポスト》一家に属していることを名誉に思う。

ホワイトハウスと選挙運動について本を書くには、絶え間ない調査を必要とする。無数のメディアのなかでも、《ワシントン・ポスト》、《ニューヨーク・タイムズ》、《ウォール・ストリート・ジャーナル》、CNN、NBCニュース、MSNBC、ABC、CBSニュース、AP通信、ロイター、《アクシオス》、《アトランティック》、《ポリティコ》の報道から多くを学んだ。

私たちは、他の著者たちとおなじ時期に、トランプ政権の最後の数カ月も取材した。当然ながら、私たちの取材の路線はときどきおなじ道をたどったので、その期間については、彼らの著書、とりわけ、キャロル・レーニングとフィリップ・ラッカーの『*I Alone Can Fix It*』、マイケル・ウォルフの『*Landslide*』、マイケル・C・ベンダーの『*Frankly, We Did Win This Election*』の成果を尊重した。

ボブ・ウッドワード
ロバート・コスタ

元同僚と永年の友人たちに、おおいに感謝する。

ドン・グラム、サリー・クイン、デービッドとリンダ・マラニス、リック・アトキンソン、クリスチャン・ウィリアムズ、ポール・リチャード、パトリック・タイラー、トム・ウィルキンソン、スティーブ・ルクセンバーグ、スコット・アームストロング、アル・ケイメン、ベン・ワイザー、マーサ・シェリル、ビル・パワー、ジョン・ファインスタイン、マイケル・ニューマン、リチャード・スナイダー、ジェイミー・ガンゲル、ダニー・シルバ、アンディ・ラック、ベッツイ・ラック、リタ・ブレーバー、カール・フェルドボーム、アン・スワロー、セイモア・ハーシュ、リチャード・コーエン、スティーブ・ブリル、トム・ボズウエル、ウエンディ・ボズウエル、ジュディ・コブラー、ピーター・コブラー、テッド・オルソン、レディ・オルソン、カレン・アレクサンダー、ブレンダン・サリバン、ビル・ネルソン、ジム・ホーグランド、ジェーン・ヒッチコック、ロバート・レッドフォード、デービッド・ロムニク、デービッド・マーティン、ジェラルド・ラフシューン、シェリル・ヘイウッド、ジョージ・ヘイウッド、ジム・ウートン、ペーシャンス・オコナー、クリスティン・クーバック、ウエンディ・ウッドワード、スー・ウエール、キャスリン・ジョイス、ジョン・ソワニック、ビル・スレイター、ゲーリー・グリーナウアー、ドン・ゴールド、カイル・プルエット、マーシャ・プルエット、ベロニカ・ウォルシュ、ミッキー・カフィエロ、グレイル・ウォルシュ、レドモンド・ウォルシュ、ディアナ・ウォルシュ、ケント・ウォーカー、ダリア・ウォルシュ、ブルース・マクナマラ、ジョシユ・ホーウィッツ、エリッカ・マークマン、バーバラ・ガス、ボブ・タイラー、シアン・スパーニー、マイケル・フィリップス、ニール・スター、シェリー・ホール、イブリン・ダフィー、ウィリアム・ハミルトン博士、ジョーン・フェルト、ケン・エイデルマン、キャロル・エイデルマン、トニー・ダメリオ、ジョアンナ・ダメリオ、マット・アンダーソン、ブレイディ・デニス、ジェフ・グラサー、ビル・マーフィー、ジョシュ・ボーク、ロブ・ガーバー、スティーブン・エニス、スティーブ・ミルケ、パット・スティーブンス、バサム・フレイチャ、ジャッキー・クロウ、ブライアン・フォリー、シリル・フォンテーン、ダン・フォリー、ベティ・ゴバトス、バーバラ・ウッドワード。

このプロジェクトを通じてローザ・クリオロが示した寛大な精神に感謝する。

ロバート・コスタは三五歳で、七八歳になる私の半分以下の年齢だ。しかし、政治、中央政界、ジャーナリズムについての理解は、私をしのいでいる。コスタは驚異的な人物である。洞察力のある率直な質問をして、答えを詳しく調べるよう私たちを駆り立てながら、多くのことを私に教えてくれた。一日に一度か二度インタビューを行なえばいいと、私は思っていた。たいがいの日に、コスタは七回行なう。彼をしのぐ精力と好奇心の持ち主はいないだろう。彼はバイデンとトランプの関係や、共和党、民主党、ホワイトハウス、議会の結束中心の政治をたちどころに見極め、この物語の構造を見出した。

家族のことを考えない日はない。娘のディアナとターリ、ターリの夫ゲーブ、孫のゼイディーとセオ。

妻のエルサ・ウォルシュは、本書に何日も、何週間も割いてくれた。公式に、非公式に話をして、さらに話をした。だが、もっとも重要なのは、彼女が才能にあふれ、情報に通じている、きわめて熱心な編集者であることだった。コスタと私は、説得力のある書き直しの提案をしじゅう受けた。私が長年のあいだに学んだのとおなじように、一ページのもとの原稿よりも多くの提案や編集が可能だということを、コスタは学んだ。

エルサの非凡な才能には、まだ謎の部分がある。私は二〇〇回以上インタビューを行ない、そのほとんどが録音されていて、コスタと私はそこから六二〇〇ページの筆記録を作成した。本格的な長い著作二〇冊分に相当する量で——トランプとバイデンの大統領としての仕事のバーチャル図書館だった。私たちはときどき、なにが重要でなにが重要ではないかを突き止められなくなることがあった。だが、エルサはちがう。だれが重要な情報を握っているか、だれがそういう情報を提供できるか、狙いを定めることができる。ある晩、エルサは原稿の束とグリーンのペンを持って、自室へ行った。すぐさま私たちを質問攻めにした。どうしてこれは最新稿に含まれていないの？　これがほかの人がいったことと結び付いているのがわからないの？

エルサは毎日、《ワシントン・ポスト》、《ニューヨーク・タイムズ》、《ウォール・ストリート・ジャーナル》、政治や軍事専門の出版物からの切り抜きを渡し、仕事の割り当てリストや読む資料のリストまで用意した。

すべてにつながりがあることを、エルサは数十通りのいい方で伝えた。この人と連絡をとったらどうとか、この人までたどったらどうと、彼女はいう。この部分は十分に深掘りしている？　エルサの作業は、すべての場面と本全体にまでひろがっていた。

私がつねに自分にいい聞かせているように、エルサはヘンリー・ジェームズに心酔していて、やさしさが大切だというヘンリー・ジェームズの意見を信奉している。エルサはいつでもやさしい。私たちの暮らし、私の物書きの仕事、ともに暮らすようになってから私が書いた一七冊への彼女の貢献については、いくら感謝しても足りない。

一九八九年に私たちが結婚したとき、ウォーレス・スティーブンズの詩が朗読された。

〝結束とはすばらしいもの、それは至上のよろこび
私たちを愛するものと結び付ける
私のそばにいて、もっと近づき、私の手に触れて
親しい関係から成り立っている語句が、二度語られる
一度は口で、もう一度は尽くすことで〟

ボブ・ウッドワード

私のきょうだい、ジェームズ・コスタ、エレン・ダンカン、ティム・コスタは、両親、トムとディロン・コスタとともに、私の人生の柱石である。きょうだいの配偶者、メガン・ダリー・コスタとポール・ダンカン、いとこのディロンとスローン・ダンカンは、私たちの人生に

喜びをあたえてくれる。

ダルトン家とコスタ家のすべての一族に格別に感謝する。すばらしいおばやおじやいとこが、ここで名前を挙げられないほどおおぜいいる。みんな、わたしにとって大切な人々だということを知っている。

バックス郡と国中の長年の家族の友人たちや、ワシントンDC近辺の友人たちに感謝している。

出版物とテレビの仕事で、私は聡明で面倒見のいい同僚たちに恵まれた。二〇一四年以降、私は運よく《ワシントン・ポスト》をプロフェッショナルとしての本拠地にすることができた。大きなニュースを取材するときに組んだ記者と編集者、タミー・ハッダドとワシントン・ポスト・ライブのチームにたいへん感謝している。

PBSとWETAでは、シャロン・ロックフェラーがドアを開けて、「ワシントン・ウィーク」の司会をつとめるという特権をあたえてくれた。その番組のすばらしいチーム、PBSの幹部社員、アメリカ公共放送社の取締役会にたいへん感謝している。

政治アナリストとして、MSNBCとNBCニュースに参加した五年間は、たいへんすばらしかった。ラシダ・ジョーンズ、エレナ・ナクマノフ、アンディ・ラック、友人になったアンカーとレポーターと疲れを知らないプロデューサーたちにたいへん感謝している。

ノートルダム大学学長のジョン・ジェンキンズ師（聖十字架修道会）が、私の仕事人生の重大な局面に、記者になるよう勧めてくれた。ジェンキンズ師は一〇年以上もメンターでありつづけた。私のジャーナリズムの師ロバート・シュムール教授は、私の仕事において知恵と導きをずっと授けてくれる。

作家マイケル・バムバーガーは、著述と話を聞くことと、ほんの一瞬のあいだに感情的な真実を見つけることについて、数多くの教示をあたえてくれた。

ペンズベリー高校の教師三人、アル・ウィルソン、スティーブ・メドフ、フランク・ショーラには格別に感謝している。三人の理想と取り組みによって、私はジャーナリズムにはじめて触れた。

ボブ、エルサ、ディアナ・ウッドワードと知り合うことがどんなに楽しいかは、言葉に尽くせない。一生ずっと感謝しつづけるだろう。それに、ボブ、あなたは私に報道とリーダーシップの上級特別クラスの授業をほどこしてくれた。毎日が贈り物だった。

ロバート・コスタ

3　以下を参照。Bob Woodward, *Shadow* (New York: Simon & Schuster, 1999), p. 13.（邦訳『権力の失墜――大統領たちの危機管理（上・下）』新庄哲夫訳、日本経済新聞出版）

4　ボブ・ウッドワードとロバート・コスタは2016年3月31日にドナルド・J・トランプにオンレコでインタビューを行なった。

11 David Brooks, "Has Biden Changed? He Tells Us," *The New York Times*, May 20, 2021.
12 "Remarks by President Biden on the Bipartisan Infrastructure Deal," East Room, White House, June 24, 2021, WhiteHouse.gov.
13 Seung Min Kim and Sean Sullivan, "Biden Tries to Move Beyond Flubbed Rollout of Infrastructure Deal," *The Washington Post*, June 29, 2021.
14 "Democrats Pull the Rug out from Under Bipartisan Infrastructure Negotiators with 'Unserious Demands,'" June 24, 2021, republicanleader.senate.gov.
15 "President Biden Departure from Joint Base Andrews," C-SPAN, March 19, 2021.
16 Katie Rogers, "Biden Is 'Doing 100 Percent Fine' After Tripping While Boarding Air Force One," *The New York Times*, March 19, 2021.
17 CDC Data Tracker, "Trends in Number of COVID-19 Cases and Deaths in the US Reported to CDC, by State/Territory," covid.CDC.gov.
18 "Remarks by President Biden on the COVID-19 Response and the Vaccination Program," Rose Garden, White House, May 13, 2021, 3:58 p.m., WhiteHouse.gov.

第72章

1 Nathan L. Gonzales, "These 4 States Could Decide Control of Congress in 2022," *Roll Call*, June 16, 2021.
2 FOXニュースのマリア・バルティロモが2021年7月11日に行なったドナルド・J・トランプ前大統領へのインタビューの発言記録。以下を参照。*Sunday Morning Futures*, Fox News, July 11, 2021.
3 "Six Months Since the January 6th Attack on the Capitol," United States Attorney's Office, District of Columbia, justice.gov.

エピローグ

1 "Former President Trump Holds Rally in Ohio," C-SPAN, June 26, 2021.
2 Ibid.

第70章

1 "Donald Trump Cracked Fat Joke with Golf Legends at Private Ceremony Day After Insurrection," *TMZ Sports*, February 25, 2021.

2 "Senators up for Re-Election in 2020," U.S. Senate Press Gallery, July 9, 2021, dailypress.senate.

3 Bob Woodruff, Jaime Hennessey, and James Hill, "Herschel Walker: 'Tell the World My Truth,'" ABC News, April 15, 2008.

4 Bill Barrow, "In Georgia, Herschel Walker Puts GOP in a Holding Pattern," Associated Press, June 26, 2021.

5 Martine Powers and Reuben Fischer-Baum, "How to Flip the House," *The Washington Post*, June 26, 2018.

6 "National Survey Results General Election Likely Voters Political Environment, Trends & Analysis," McLaughlin & Associates, May 2021, mclaughlinonline.com.

第71章

1 "Transcript: ABC News' George Stephanopoulos Interviews President Joe Biden," ABC News, March 16, 2021.

2 Sarah Rainsford, "Putin on Biden: Russian President Reacts to US Leader's Criticism," BBC News, March 18, 2021.

3 以下の動画を参照。"Putin on Biden Killer Remark," Reuters, March 18, 2021, youtube.com.

4 Evan Osnos, "The Biden Agenda," *The New Yorker*, July 20, 2014.

5 Tip O'Neill, *All Politics Is Local* (New York: Random House, 1995).

6 "Fact Sheet: Imposing Costs for Harmful Foreign Activities by the Russian Government," Briefing Room, White House, April 15, 2021, WhiteHouse.gov.

7 "Statement by White House Press Secretary Jen Psaki on the Meeting Between President Joe Biden and President Vladimir Putin of Russia," Briefing Room, May 25, 2021, WhiteHouse.gov.

8 "Remarks by President Biden in Press Conference," Hôtel du Parc des Eaux-Vives Geneva, Switzerland, June 16, 2021, WhiteHouse.gov.

9 Ibid.

10 Ibid.

28, 2021, brennancenter.org.
3 Ibid.
4 "Arizona Election Audit Enters New Phase as Ballot Count Ends," Associated Press, June 25, 2021.
5 Mark Niesse, "More Ballot Reviews Pending in Georgia, Sowing Doubts in Elections," *The Atlanta Journal-Constitution*, June 10, 2021.
6 David Morgan, "Democrats Hope a Voting Rights Failure Sparks Change on Senate Filibuster," Reuters, June 22, 2021.

第68章

1 チャーリー・ローズが2015年9月28日に行なったウラジーミル・プーチン大統領へのインタビュー。以下を参照。"President Vladimir Putin Part 1," charlierose.com. クレムリンが公表した英訳は少しニュアンスがちがう。「人生のすべての段階が自分に影響を与えます。したこと、知識、経験、すべてをそのまま持ちつづけ、なにかにつけてそれらを使うのです。その意味においては、イエス、そのとおりです」クレムリンが2015年9月29日に公表した以下を参照。"Interview to American TV channel CBS and PBS," en.kremlin.ru.
2 Bob Woodward, *Obama's Wars* (New York: Simon & Schuster, 2010), p. 161（邦訳『オバマの戦争』）; Bob Woodward, "McChrystal: More Forces or 'Mission Failure,'" *The Washington Post*, September 21, 2009, p. A1.
3 Woodward, *Obama's Wars*, pp. 244–45.（邦訳『オバマの戦争』）

第69章

1 Thomas Gibbons-Neff, Eric Schmitt, and Helene Cooper, "Pentagon Accelerates Withdrawal from Afghanistan," *The New York Times*, May 25, 2021.
2 "Remarks by President Biden on the Way Forward in Afghanistan," Treaty Room, White House, April 14, 2021, WhiteHouse.gov.
3 Anne Gearan, Karen DeYoung, and Tyler Pager, "Biden Tells Americans 'We Cannot Continue the Cycle' in Afghanistan as He Announces Troop Withdrawal," *The Washington Post*, April 14, 2021.
4 Kate Martyr, "George W. Bush: Afghanistan Troop Withdrawal 'A Mistake,'" DW, July 14, 2021.

3 Transcript of *The Situation Room*, CNN, March 4, 2021.
4 U.S. Government Publishing Office, Legislative Session, *Congressional Record*, Vol. 167, No. 42, United States Senate, March 5, 2021, "Amendment No. 972," S1219.
5 "Office of Management and Budget Director Confirmation Hearing," C-SPAN, February 10, 2021.
6 Seung Min Kim and Tyler Pager, "Tanden Withdraws as Budget Nominee in Biden's First Cabinet Defeat," *The Washington Post*, March 2, 2021.

第 65 章

1 Emily Cochrane, "Senate Is on Track for Stimulus Vote After Democrats Agree to Trim Jobless Aid," *The New York Times*, March 5, 2021.
2 U.S. Government Publishing Office, Legislative Session, *Congressional Record*, Vol. 167, No. 42, United States Senate, March 5, 2021, S1230; Erica Werner, Jeff Stein, and Tony Romm, "Senate Democrats Announce Deal on Unemployment Insurance, Allowing Biden Bill to Move Forward," *The Washington Post*, March 5, 2021.
3 "Senators Wyden and Portman on Extending Unemployment Benefits to September," C-SPAN, March 5, 2021.
4 H.R.1319—American Rescue Plan Act, as amended, passed in the Senate by Yea-Nay Vote 50–49, March 6, 2021, 12:12 p.m.

第 66 章

1 "Remarks by President Biden on the Anniversary of the COVID-19 Shutdown," East Room, White House, March 11, 2021, WhiteHouse.gov.
2 "Remarks by President Biden on the American Rescue Plan," Rose Garden, White House, March 12, 2021, WhiteHouse.gov.

第 67 章

1 *For the People Act of 2021*, H.R.1, 117th Congress (2021–2022).
2 "Voting Laws Roundup: May 2021," Brennan Center for Justice, May

第62章

1 Emily Cochrane, "Top Senate Official Disqualifies Minimum Wage from Stimulus Plan," *The New York Times*, February 27, 2021.

2 "Fact Sheet: The American Rescue Plan Will Deliver Immediate Economic Relief to Families," U.S. Department of Treasury, March 18, 2021, treasury.gov.

3 "Federal Reserve Chair to Sen. Warner, Broadband Is an Economic Necessity," February 23, 2021, warner.senate.gov.

4 "Three programs—the Emergency Broadband Benefit, the ARP Emergency Connectivity Fund, and the ARP Capital Projects Fund — exclusively set aside funding for digital equity policies. These three programs together total $20.371 billion," Adie Tomer and Caroline George, "The American Rescue Plan Is the Broadband Down Payment the Country Needs," Brookings, June 1, 2021, brookings.edu.

5 "Statement of Sen. Warner on Senate Passage of the American Rescue Plan," March 6, 2021, warner.se.

6 "House Election Results 2014," *The New York Times*, December 17, 2014.

7 Phillip Bump, "It's All but Official: This Will Be the Most Dominant Republican Congress Since 1929," *The Washington Post*, November 5, 2014.

第63章

1 Larry Summers, "The Biden Stimulus Is Admirably Ambitious. But It Brings Some Big Risks, Too," *The Washington Post*, February 4, 2021.

2 "Fact Sheet: 441 Federally-Supported Community Vaccination Centers in First Month of Biden-Harris Administration," Briefing Room, February 26, 2021, WhiteHouse.gov.

第64章

1 Susan Page, "Inside Nancy Pelosi's War with AOC and the Squad," *Politico*, April 15, 2021.

2 Kristina Peterson, Andrew Duehren, and Richard Rubin, "Senate Democrats Overcome Impasse, Reach Agreement to Advance Covid Relief Bill," *The Wall Street Journal*, March 5, 2021.

2 Ellen Barry, "The Democrats Went All Out Against Susan Collins. Rural Maine Grimaced," *The New York Times*, November 17, 2020.

第 59 章

1 Maritsa Georgiou, "Tester Discusses Stimulus Proposal Talks, First Visit to Oval Office," NBC Montana, February 3, 2021.
2 Bernie Sanders, "As a Child, Rent Control Kept a Roof over My Head," CNN, July 30, 2019.
3 "Group of 11 Republican Senators Push for Targeted $650 Billion COVID-19 Relief Plan," March 5, 2021, collins.senate.gov.

第 60 章

1 "Agreement for Bringing Peace to Afghanistan Between the Islamic Emirate of Afghanistan Which Is Not Recognized by the United States as a State and Is Known as the Taliban and the United States of America," February 29, 2020.
2 Barack Obama, *A Promised Land* (New York: Crown, 2020), pp. 318–19.（邦訳『約束の地　大統領回顧録Ⅰ（上・下）』山田文ほか訳、集英社）
3 "Remarks by President Biden on the Way Forward in Afghanistan," Treaty Room, April 14, 2021, WhiteHouse.gov.
4 Jacob Knutson, "Taliban Threatens to Attack U.S. Troops as Trump Withdrawal Date Passes," Axios, May 1, 2021.

第 61 章

1 "Trump Impeachment Trial Day Two," transcript, CNN, February 10, 2021.
2 "McConnell on Impeachment: 'Disgraceful Dereliction' Cannot Lead Senate to 'Defy Our Own Constitutional Guardrails,'" February 13, 2021, mcconnell.senate.gov.
3 "Trump Is Ready to 'Move on and Rebuild the Republican Party,' Sen. Graham," *Fox News Sunday*, February 14, 2021.
4 Axios staff, "McConnell Says He'll 'Absolutely' Support Trump if He's 2024 GOP Presidential Nominee," Axios, February 26, 2021.

第54章

1 Seung Min Kim, "On His First Day, Biden Signs Executive Orders to Reverse Trump's Policies," *The Washington Post*, January 20, 2021.

2 "Remarks by President Biden on the Fight to Contain the COVID-19 Pandemic," Briefing Room, January 26, 2021, WhiteHouse.gov.

3 "Biden Says He Will Ask Americans to Wear Masks for the First 100 Days He's in Office," CNN, December 3, 2020.

第55章

1 Camila Domonoske, "QAnon Supporter Who Made Bigoted Videos Wins Ga. Primary, Likely Heading to Congress," NPR, August 12, 2020.

第56章

1 Statement: "Group of 10 Republican Senators Outline Covid-19 Relief Compromise, Request Meeting with President Biden," January 31, 2021.

2 Ashley Parker, Matt Viser, and Seung Min Kim, " 'An Easy Choice,' " *The Washington Post*, February 7, 2021.

3 Thomas B. Edsall, "Clinton Stuns Rainbow Coalition," *The Washington Post*, June 14, 1992.

4 "President Biden Announces American Rescue Plan," Briefing Room, January 20, 2021, WhiteHouse.gov.

第57章

1 "Senate Republicans on Covid-19 Relief Talks with President Biden," C-SPAN, February 1, 2021.

2 Ashley Parker, Matt Viser, and Seung Min Kim, "Inside Biden's Decision to Go It Alone with Democrats on Coronavirus Relief," *The Washington Post*, February 7, 2021.

第58章

1 "Majority Leader Schumer Remarks on the Urgent Need to Begin the Process of Passing COVID Relief Legislation by Advancing the Budget Resolution Today," February 2, 2021, democrats.senate.gov.

January 20, 2021, WhiteHouse.gov.
3 バイデン大統領とハリス副大統領に宛てた2021年1月28日付の書簡。イルハン・オマル民主党下院議員が主導した書簡には50人超の民主党下院議員が署名した。omar.house.gov.
4 Mitch McConnell, *The Long Game: A Memoir* (New York: Sentinel, 2016).
5 筆者は電話会議の録音を入手した。
6 "A Pillow Salesman Apparently Has Some Ideas About Declaring Martial Law," *The Washington Post*, January 15, 2021.
7 Rosalind S. Helderman, Josh Dawsey, and Beth Reinhard, "Trump Grants Clemency to 143 People in Late-Night Pardon Blast," *The Washington Post*, January 20, 2021.
8 "President-elect Biden Departure from Delaware," C-SPAN, January 19, 2021.

第53章

1 Alayna Treene, "Trump's Final Act as President: Pardoning Jeanine Pirro's Ex-Husband," Axios, January 20, 2021.
2 Annie Linskey, "A Look Inside Biden's Oval Office," *The Washington Post*, January 21, 2021.
3 Chelsea Jane and Cleve Wootston Jr., "Kamala Harris Sworn into History with Vice-Presidential Oath," *The Washington Post*, January 20, 2021.
4 Amanda Gorman, *The Hill We Climb: An Inaugural Poem for the Country* (New York: Penguin Young Readers Group, 2021).
5 Shane O'Brien, "Celtic Cross Featured on Joe Biden's Irish Ancestors' Bible Used in Inauguration," January 21, 2021.
6 "Inaugural Address by President Joseph R. Biden, Jr.," Briefing Room, January 20, 2021, WhiteHouse.gov.
7 Jason Samenow, "Inaugural 'Field of Flags' on the Mall Seen from Space," *The Washington Post*, January 20, 2021.
8 筆者は朝食のメニューを入手した。
9 "Former VP Mike Pence and Former Second Lady Karen Pence Return Home to Indiana," WLKY News Louisville, January 20, 2021.

第50章

1 Unclassified "Memorandum for the Joint Force," The Joint Chiefs of Staff, January 12, 2021.

2 Alex Ward, "US Military Chiefs Warn Troops Against 'Sedition and Insurrection' Before Biden Inauguration," *Vox*, January 12, 2021.

3 "Historic Conmy Hall Transformed with Christie LED Wall," Christie Digital Systems, September 24, 2020, christiedigital.com.

4 Craig Timberg, Elizabeth Dwoskin, and Souad Mekhennet, "Men Wearing Hawaiian Shirts and Carrying Guns Add a Volatile New Element to Protests," *The Washington Post*, June 4, 2020.

第51章

1 Doug Ferguson, "PGA Championship Leaving Trump National in '22 Tournament," Associated Press, January 11, 2021.

2 Steve Gardner, "Patriots' Bill Belichick Declines Medal of Freedom from Donald Trump, Says He Has 'Great Reverence' for Democracy," *USA Today*, January 11, 2001.

3 以下の発言記録を参照。"Read Pence's Full Letter Saying He Can't Claim 'Unilateral Authority' to Reject Electoral Votes," PBS, January 6, 2021.

4 "H.Res.24—Impeaching Donald John Trump, President of the United States, For High Crimes and Misdemeanors," *Congressional Record*, January 11, 2021, Congress.gov.

5 "The Latest: Pelosi Wants Fines for Bypassing House Security," Associated Press, January 13, 2021.

6 Nick Niedzwiadek, "McConnell Says He Hasn't Ruled Out Convicting Trump in Senate Trial," *Politico*, January 13, 2021.

7 "A Message from President Donald Trump," Trump White House Archives, January 13, 2021.

第52章

1 以下の動画を参照。"Biden Unveils $1.9 Trillion COVID Relief Bill," CBS News, January 15, 2021.

2 "President Biden Announces American Rescue Plan," Briefing Room,

Between Donald Trump and Mike Pence," *The Washington Post*, January 11, 2021.

第 47 章

1 "Pelosi, Schumer Joint Statement on Call to Vice President Pence on Invoking 25th Amendment," January 7, 2021, speaker.gov/newsroom.

2 The Editorial Board, "Donald Trump's Final Days: The Best Outcome Would Be for Him to Resign to Spare the U.S. Another Impeachment Fight," *The Wall Street Journal*, January 7, 2021.

3 イレーン・チャオ運輸長官（@SecElaineChao）の 2021 年 1 月 7 日午後 1 時 36 分の辞意表明ツイート。"It has been the honor of a lifetime to serve the U.S. department of Transportation," Twitter.com.

4 Paul P. Murphy, Gregory Wallace, Ali Zaslav, and Clare Foran, "Trump Supporters Confront and Scream at Sen. Lindsey Graham," CNN, January 10, 2021.

5 Phillip Connor, "6 Facts About South Korea's Growing Christian Population," Pew Research Center, August 12, 2014.

第 48 章

本章の情報はディープ・バックグラウンド・インタビューによる。

第 49 章

1 CDC Data Tracker, "Trends in Number of COVID-19 Cases and Deaths in the US Reported to CDC, by State/Territory," covid.cdc.gov.

2 "Current Employment Statistics Highlights: December 2020," U.S. Bureau of Labor Statistics, January 8, 2021, bls.gov.

3 Glen Kessler, "Biden's Claim that Trump Will Be the First President with a Negative Jobs Record," *The Washington Post*, October 2, 2020.

4 "DeLauro, DelBene, Torres Introduce Legislation to Expand the Child Tax Credit to Permanently Give Families Monthly Payments and Cut Child Poverty Nearly in Half," February 8, 2021, delauro.house.gov.

5 Rosa L. DeLauro, *The Least Among Us: Waging the Battle for the Vulnerable* (New York: The New Press, 2017).

Party of Law & Order— respect the Law and our great men and women in Blue. Thank you!," Twitter.com.
6 "President-elect Biden Remarks on U.S. Capitol Protesters," C-SPAN, January 6, 2021.

第46章

1 Lisa Mascaro, Ben Fox, and Lolita C. Baldor, " 'Clear the Capitol,' Pence Pleaded, Timeline of Riot Shows," Associated Press, April 10, 2021.
2 "President Trump Video Statement on Capitol Protesters," C-SPAN, January 6, 2021.
3 アメリカ連邦保安官局（@USMarshalsHQ）の2021年1月6日午後4時24分のツイート。"The U.S. Marshals Service is joining with other law enforcement agencies in supporting the U.S. Capitol Police during operations in Washington, D.C.," Twitter.com.
4 Katie Bernard, "A Photographer and a Fist Pump. The Story Behind the Image That Will Haunt Josh Hawley," *The Kansas City Star*, January 7, 2021.
5 Matthew Choi, "Loeffler Reverses on Challenging Biden's Win After Riot at Capitol," *Politico*, January 6, 2021.
6 ドナルド・J・トランプ（@realDonaldTrump）の2021年1月6日午後6時1分のツイート。"These are the things and events that happen when a sacred landslide election victory is so unceremoniously & viciously stripped away from great patriots who have been badly & unfairly treated for so long. Go home with love & in peace. Remember this day forever!," Twitter.com.
7 Senator Kelly Loeffler floor statement, "I Cannot Now in Good Conscience Object," C-SPAN, January 6, 2021.
8 "Sen. Lee Speaks on Counting Electoral Votes," January 6, 2021, lee.senate.gov.
9 "Graham Addresses Electoral Results on Senate Floor," January 6, 2021, lgraham.senate.gov.
10 CBS News staff, "Pence Announces Biden's Victory After Congress Completes Electoral Count," CBS News, January 7, 2021.
11 Josh Dawsey and Ashley Parker, "Inside the Remarkable Rift

第44章

1 ドナルド・J・トランプ（@realDonaldTrump）の2021年1月6日午前8時17分のツイート。"All Mike Pence has to do," Twitter.com.

2 ルディ・ジュリアーニの発言を収めた動画。" 'Let's Have Trial by Combat' over Election," Reuters, January 6, 2021.

3 マイク・ペンス（@Mike_Pence）の2021年1月6日午後1時2分のツイート。Twitter.com.

4 以下の発言記録を参照。"Former President Donald Trump's January 6 Speech," CNN Transcript, February 8, 2021.

5 Lesley Stahl, "Nancy Pelosi on the Riot at the Capitol, Congress' Mandate Under Joe Biden and the Youth in the Democratic Party," CBS News transcript, from CBS's *60 Minutes*, January 11, 2021.

第45章

1 Elyse Samuels, Joyce Sohyun Lee, Sarah Cahlan, and Meg Kelly, "Previously Unpublished Video Shows Pence, Romney, Schumer and Others Rushing to Evacuate the Capitol," *The Washington Post*, February 10, 2021.

2 ドナルド・J・トランプ（@realDonaldTrump）の2021年1月6日午後2時24分のツイート。"Mike Pence didn't have the courage to do what should have been done to protect our Country and our Constitution, giving States a chance to certify a corrected set of facts, not the fraudulent or inaccurate ones which they were asked to previously certify. USA demands the truth!," Twitter.com.

3 Dalton Bennett, Emma Brown, Atthar Mirza, Sarah Cahlan, Joyce Sohyun Lee, Meg Kelly, Elyse Samuels, Jon Swaine, "41 Minutes of Fear: A Video Timeline from Inside the Capitol Siege," *The Washington Post*, January 16, 2021.

4 Aaron Blake, "9 Witnesses Who Could Have Offered Vital Testimony at Trump's Impeachment Trial," *The Washington Post*, February 13, 2021.

5 ドナルド・J・トランプ（@realDonaldTrump）の2021年1月6日午後3時13分のツイート。"I am asking for everyone at the U.S. Capitol to remain peaceful. No violence! Remember, WE are the

6 Rachel Abrams, "One America News Network Stays True to Trump," *The New York Times*, April 18, 2021.

7 *Arizona v. Inter Tribal Council of Ariz., Inc.*, 570 U.S. 1 (2013).

第42章

1 "Vice President Pence Remarks at Georgia Senate Campaign Event," C-SPAN, January 4, 2021.

2 "President Trump Remarks at Georgia U.S. Senate Campaign Event," C-SPAN, January 4, 2021.

第43章

1 Marissa J. Lang, Emily Davies, Peter Hermann, Jessica Contrera, and Clarence Williams, "Trump Supporters Pour Into Washington to Begin Demonstrating Against Election," *The Washington Post*, January 5, 2021.

2 Maggie Haberman and Annie Karni, "Pence Said to Have Told Trump He Lacks Power to Change Election Result," *The New York Times*, January 5, 2020.

3 ドナルド・J・トランプ（@realDonaldTrump）の2021年1月6日午前1時のツイート。"If Vice President @Mike_Pence comes through for us, we will win the Presidency. Many States want to decertify the mistake they made in certifying incorrect & even fraudulent numbers in a process NOT approved by their State Legislatures (which it must be). Mike can send it back!," Twitter.com.

4 ドナルド・J・トランプ（@realDonaldTrump）の2020年12月19日のツイート。"Peter Navarro releases 36-page report alleging election fraud 'more than sufficient' to swing victory to Trump. A great report by Peter. Statistically impossible to have lost the 2020 Election. Big protest in D.C. on January 6th. Be there, will be wild!," Twitter.com.

5 2021年1月5日に、ワシントンDC市長ミュリエル・バウザーからローゼン司法長官代行、マッカーシー陸軍長官、ミラー国防長官代行に宛てて送られた手紙。以下を参照。ミュリエル・バウザー（@MayorBowser）の2021年1月5日午後1時53分のツイート。Twitter.com.

Post, August 20, 2020.

第40章

1 筆者は、ジョン・イーストマンがマイク・リーに2020年1月2日に送付した「秘匿特権対象・親展:1月6日の筋書き」と題された覚書を入手した。
2 Robert Barnes, "Supreme Court Considers 'Faithless' Presidential Electors and Finds More Questions than Answers," *The Washington Post*, May 13, 2020.
3 Mark Joyella, "On Fox News, Stephen Miller Says 'An Alternate Set of Electors' Will Certify Trump as Winner," *Forbes*, December 14, 2020.
4 Gabriella Muñoz, "Mark Meadows' Journey from 'Fat Nerd' to Trump Chief of Staff," *The Washington Times*, March 12, 2020.
5 Maggie Haberman, "For Mark Meadows, Transition from Trump Confidant to Chief of Staff Is a Hard One," *The New York Times*, April 16, 2020.
6 Reuters staff, "Fact check: Clarifying the Comparison Between Popular Vote and Counties Won in the 2020 Election," Reuters, December 29, 2020.
7 Zoe Tillman, "Trump and His Allies Have Lost Nearly 60 Election Fights in Court (And Counting)," BuzzFeed News, December 14, 2020.

第41章

1 筆者はルディ・ジュリアーニとトランプの弁護団がリンゼー・グラムに送付した覚書を入手した。"Deceased People Who Voted in the 2021 Election in GA," January 4, 2021.
2 筆者入手の覚書。"Voting Irregularities, Impossibilities, and Illegalities in the 2020 General Election," January 4, 2021.
3 筆者入手の覚書。"Analysis of Vote Irregularities in Georgia's 2020 General Election," January 2021.
4 筆者入手の覚書。"Confidential Memo on Voting Irregularities in Georgia," January 3, 2021.
5 ルディ・ジュリアーニがリンゼー・グラムに送付したメール。"Voting Irregularities, Impossibilities, and Illegalities in the 2020 General Election," January 4, 2021.

University: Center for American Women and Politics, November 4, 2020.
2 Adam Nagourney, "A Stinging Setback in California Is a Warning for Democrats in 2022," *The New York Times*, December 26, 2020.

第37章

1 Cade Metz and Julie Creswell, "Patrick Byrne, Overstock CEO Resigns After Disclosing Romance with Russian Agent," *The New York Times*, August 22, 2019.
2 Sheelah Kolhatkar, "A Tycoon's Deep-State Conspiracy Dive," *The New Yorker*, December 7, 2020.
3 *Youngstown Sheet & Tube Co. v. Sawyer*, 343 US 579 (1952).
4 ロイター配信の動画を参照。"'No Plan to Do So,' Barr Says of Appointing Special Counsels," *The New York Times*, December 21, 2020.

第38章

1 アメリカ合衆国憲法修正第12条
2 Kyle Kondik, "Republican Edge in Electoral College Tie Endures," University of Virginia, Center for Politics, January 9, 2020.
3 "Electoral Ballot Count," C-SPAN, January 6, 1993.
4 Jacques Billeaud, "US Supreme Court Asked to Decertify Biden's Win in Arizona," Associated Press, December 13, 2020.

第39章

1 "Sen. Hawley Will Object During Electoral College Certification Process On Jan 6," December 30, 2020, Hawley.senate.gov.
2 ドナルド・J・トランプ（@realDonaldTrump）の2020年12月30日午後2時6分のツイート。"JANUARY SIXTH, SEE YOU IN DC!," Twitter.com.
3 Brian Schwartz, "Pro-Trump Dark Money Groups Organized the Rally That Led to Deadly Capitol Hill Riot," CNBC, January 9, 2021.
4 Matt Zapotosky, Josh Dawsey, Rosalind S. Helderman, and Shayna Jacobs, "Steve Bannon Charged with Defrauding Donors in Private Effort to Raise Money for Trump's Border Wall," *The Washington*

NUMEROUS great new vaccines, it is still a big, old, slow turtle. Get the dam vaccines out NOW, Dr. Hahn. Stop playing games and start saving lives!!!," Twitter.com.
2 "Pfizer and BioNTech Celebrate Historic First Authorization in the U.S. of Vaccine to Prevent Covid-19," Pfizer, December 11, 2020.
3 "FDA Takes Additional Action in Fight Against COVID-19 by Issuing Emergency Use Authorization for Second COVID-19 Vaccine," U.S. Food and Drug Administration, December 18, 2020.
4 "Trends in Number of COVID-19 Vaccinations in the U.S.," Centers for Disease Control and Prevention, covid.cdc.gov/covid-data-tracker/#vaccination-trends.
5 アメリカ疾病対策センター（CDC）のデータトラッカーを参照。covid.cdc.gov.
6 Ibid.
7 "The Employment Situation: December 2020," U.S. Bureau of Labor Statistics, January 8, 2021.
8 "Fact Sheet: The U.S. Response to the Ebola Epidemic in West Africa," October 6, 2014, Obamawhitehouse.archives.gov.
9 Chad Day, Luis Melgar, and John McCormick, "Biden's Wealthiest Cabinet Officials: Zients, Lander, Rice Top the List," *The Wall Street Journal*, March 23, 2021.
10 "Fact Sheet: President Biden Announces Community Health Centers Vaccination Program to Launch Next Week and Another Increase in States, Tribes, & Territories' Vaccine Supply," Briefing Room, February 9, 2021, WhiteHouse.gov.
11 U.S. Department of Health and Human Services, "Ensuring Equity in COVID-19 Vaccine Distribution: Engaging Federally Qualified Health Centers," Hrsa.gov.
12 Rachel Siegel, Josh Dawsey, and Mike Debonis, "Trump Calls on Congress to Approve $2,000 Stimulus Checks, Hinting He Might Not Sign Relief Bill Without Changes," *The Washington Post*, December 22, 2020.

第36章

1 "Results: Women Candidates in the 2020 Elections," Rutgers

2 Joey Garrison, "'They Have Not Earned Your Vote': Trump Allies Urge Georgia Republicans to Sit Out Senate Runoffs," *USA Today*, December 3, 2020.

3 Alison Durkee, "Trump and the GOP Have Now Lost More than 50 Post-Election Lawsuits," *Forbes*, December 8, 2020.

4 Justice Samuel Alito order in *Mike Kelly, United States Congressman, et al., Applicants et al. v. Pennsylvania, et al.*, delivered December 8, 2020.

5 ドナルド・J・トランプ（@realDonaldTrump）の2016年3月23日午後8時55分のツイート。"A picture is worth a thousand words," Twitter.com.

6 Maureen Dowd, "Trump Does It His Way," *The New York Times*, April 2, 2016.

7 "Read William Barr's Resignation Letter to President Trump," *The Washington Post*, December 14, 2020.

8 ドナルド・J・トランプ（@realDonaldTrump）の2020年12月14日午後5時39分のツイート。"Just had a very nice meeting with Attorney General Bill Barr at the White House. Our relationship has been a very good one, he has done an outstanding job! As per letter, Bill will be leaving just before Christmas to spend the holidays with his family . . .," Twitter.com.

9 たとえば以下を参照。Ann Gerhart, "Election Results Under Attack: Here Are the facts," updated March 11, 2021, washingtonpost.com.

10 Sarah Binder, "Why So Many House Republicans Co-Signed Texas's Lawsuit to Overturn the Election," *The Washington Post*, December 15, 2020.

11 "McConnell Applauds President Trump & Congratulates President-Elect Biden," December 15, 2020, mcconnell.senate.gov.

12 以下の動画を参照。"Vice President Joe Biden Visits McConnell Center," University of Louisville, February 11, 2011.

第35章

1 ドナルド・J・トランプ（@realDonaldTrump）の2020年12月11日午前7時11分のツイート。"While my pushing the money drenched but heavily bureaucratic FDA saved five years in the approval of

第32章

1 筆者はジュリアーニのチームがトランプの選挙対策本部に送った手紙のコピーを入手した。

2 "Trump Campaign News Conference on Legal Challenges," C-SPAN, November 19, 2020.

3 Bess Levin, "Rudy Giuliani's Hair Dye Melting Off His Face Was the Least Crazy Part of His Batshit-Crazy Press Conference," *Vanity Fair*, November 19, 2020.

4 Tucker Carlson, "Time for Sidney Powell to Show Us Her Evidence," Fox News, November 19, 2020.

5 David Marchese, "Why Stacey Abrams Is Still Saying She Won," *The New York Times* magazine, April 28, 2019.

6 Carol D. Leonnig and Josh Dawsey, "Trump's Personal Aide Apparently Lost White House Position over Gambling Habit," *The Washington Post*, March 15, 2018.

7 Mike Lillis, "Clyburn: Biden Falling Short on Naming Black Figures to Top Posts," *The Hill*, November 25, 2020.

第33章

1 Michael Balsamo, "Disputing Trump, Barr Says No Widespread Election Fraud," Associated Press, December 1, 2020.

2 Zachary Cohen, "The Tweet That Got James Comey to Go to the Press," CNN.com, June 8, 2017.

3 ドナルド・トランプ・ジュニア（@donaldjtrumpjr）の2020年12月8日のインスタグラムへの投稿。"Amazing time," Instagram.com.

4 スティーブ・コルテス（@CortesSteve）のツイッターのプロフィール。2021年7月7日時点。

5 「惨めな人々」はヒラリー・クリントンが2016年9月9日にニューヨークで開いた資金集めのイベントで記者たちに述べた言葉。Katie Reilly, "Read Hillary Clinton's 'Basket of Deplorables' Remarks About Donald Trump Supporters," *Time*, September 10, 2016.

第34章

1 Karl Rove, "This Election Result Won't Be Overturned," *The Wall Street Journal*, November 11, 2020.

came out five days later - As I've said all along!," Twitter.com.

5 マイク・ペンス（@Mike_Pence）の 2020 年 11 月 9 日午後 1 時 41 分のツイート。"Told @VP Team Today, 'it ain't over til it's over..and this AIN'T over! President @realDonaldTrump has never stopped fighting for us and we're gonna Keep Fighting until every LEGAL vote is counted!,' " Twitter.com.

6 "Exclusive—President Donald Trump: Paul Ryan Blocked Subpoenas of Democrats," *Breitbart*, March 13, 2019.

7 以下の動画を参照。Secretary of State Mike Pompeo, " 'There Will Be a Smooth Transition to a Second Trump Administration,' " *The Washington Post*, November 10, 2020.

第 31 章

1 "Remarks by General Mark A. Milley at the Opening Ceremony for the National Museum of the United States Army," *Joint Staff Public Affairs*, November 11, 2020.

2 Courtney Kube, "Gen. Milley's Wife Saved Vet Who Collapsed at Veterans Day Ceremony in Arlington," NBC News, November 13, 2020.

3 David Ignatius, "How Kash Patel Rose from Obscure Hill Staffer to Key Operative in Trump's Battle with the Intelligence Community," *The Washington Post*, April 16, 2021.

4 "Episode 9: Trump's War with His Generals," Axios, May 16, 2021.

5 "Joint Statement from Elections Infrastructure Government Coordinating Council & The Election Infrastructure Sector Coordinating Executive Committees," November 12, 2020, cisa.gov.

6 ドナルド・J・トランプ（@realDonaldTrump）の 2020 年 11 月 17 日午後 7 時 7 分のツイート。"The recent statement by Chris Krebs on the security of the 2020 Election was highly inaccurate . . . Therefore, effective immediately, Chris Krebs has been terminated as Director of the Cybersecurity and Infrastructure Security Agency," 7:07 p.m. November 17, 2020, Twitter.com.

7 "UN Agency: Iran Uranium Stockpile Still Violates Atomic Deal," Associated Press, November 11, 2020.

（訳注：「主は汝を鷲の翼に載せ」は聖歌〈On Eagle's Wings〉の一部。歌詞のモチーフは出エジプト記19章3節で、この箇所はバイデンの大統領選勝利演説にもはいっている）

第29章

1 Bob Woodward, *Obama's Wars* (New York: Simon & Schuster, 2010), p. 62.（邦訳『オバマの戦争』伏見威蕃訳、日本経済新聞出版）

2 "Senator Graham Speaks to Reporters" Calling for a Special Counsel to Investigate Hunter Biden, C-SPAN, December 16, 2020.

3 Katelyn Burns, "The Trump Legal Team's Failed Four Seasons Press Conference, Explained," *Vox*, November 8, 2020.

4 以下の動画を参照。"Four Seasons Total Landscaping Press Conference," AP Archive, November 17, 2020.

5 Ibid.

6 "Election Drama Unfolds as Counting Continues," Sidney Powell on *Lou Dobbs Tonight*, Fox Business, November 6, 2020.

第30章

1 ドナルド・J・トランプ（@realDonaldTrump）の2020年11月9日午後零時54分のツイート。"I am pleased to announce that Christopher C. Miller, the highly respected Director of the National Counterterrorism Center (unanimously confirmed by the Senate), will be Acting Secretary of Defense, effective immediately. . . . Chris will do a GREAT job! Mark Esper has been terminated. I would like to thank him for his service," Twitter.com.

2 Meghann Myers, "Exclusive: Esper, on His Way Out, Says He Was No Yes Man," *Military Times*, November 9, 2020.

3 Katie Thomas, David Gelles and Carl Zimmer, "Pfizer's Early Data Shows Vaccine Is More Than 90% Effective," *The New York Times*, November 9, 2020.

4 ドナルド・J・トランプ（@realDonaldTrump）の2020年11月10日のツイート。"The @US_FDA and the Democrats didn't want to have me get a Vaccine WIN, prior to the election," he later tweeted, "so instead it

8　バイデンはお悔やみの手紙も送っている。筆者はマンラブ家から提供を受けた。

ジョセフ・R・バイデン

2020年11月9日

マンラブ家の皆様へ

バイデン家を代表し、最愛のエレインとウェインの突然の訃報に心よりお悔み申しあげます。デラウェア州の多くの方々と同様に、私たちも悲報に打ちひしがれています。

エレインは愛情あふれる妻であり、母であり、祖母であり、友であり、公僕でした。デラウェア州選挙委員会の一員としてのエレインが人生をかけて遺したものは、より包摂的で、より平等で、よりよい民主主義そのものに体現されています。有権者である私の一票も候補者であった私への一票も、選挙権という基本的権利は彼女の注意深い監視の目と深い愛国心によって守られていました。

エレインはすべての政治的立場のリーダーから愛され、指名されてきました。彼女はどれほど難しい任務であったとしても、すべての政治は個人的なものであるというデラウェア州の非公式な信条を受け入れていました。彼女の喜びは周りの人々にも伝わって、みんなを団結させ、アメリカ人同士としての絆を強めてくれました。そして、先日の歴史的な選挙では、史上最多のデラウェア州民が投票しました。しかしそれより深い絆が、彼女とウェインとのあいだにあったことを知っています。ウェインは善良で、慎み深く、高潔な男でした。

マシュー、ジョー、マイケル。私たちは、愛する人たちと早すぎる突然の別れを経験するという、不幸な絆を共有しています。悲痛を和らげる言葉がないことも知っています。ですが、ご両親の思い出が涙ではなく笑みをもたらす日も来るのだと知っておいていただきたいのです。それには時間がかかりますが、いつの日かかならずその日が来ることをお約束します。そしてきょうこの日、またこれから来る困難の日々において、聖歌が心の支えになることをお祈りしています。聖歌は私たち家族を元気づけ、そして私たちの州と国とを支えました。

「主は汝を鷲の翼に載せ、明け初める空を飛び、汝を太陽のごとく輝かせ、その御手に抱く」

愛するご両親の聖霊が鷲の翼に載せられ、太陽のごとく輝き、主の御手に抱かれますように。

心よりお悔やみ申しあげます。

THE SCANDAL OF OUR TIMES!," Twitter.com.
3 "Full Transcript: President Trump's Republican National Convention Speech," *The New York Times*, August 28, 2020.
4 Patrick Maks, "Calling the 2020 Presidential Race State by State," Associated Press, November 8, 2020.
5 Elahe Izadi, "Who Won Arizona? Why the Call Still Differs by Media Organization," *The Washington Post*, November 5, 2020; David Bauder, "Two Fox News Political Executives Out After Arizona Call," Associated Press, January 19, 2021.
6 Grace Segers, "Joe Biden Expresses Confidence in Election Night Speech: 'We Feel Good About Where We Are,'" CBS News, 1:15 a.m. November 4, 2020.
7 選挙日の夜に行なわれたトランプ大統領の演説。2020年11月4日。
8 Benjamin Swasey and Connie Hanzhang Jin, "Narrow Wins in These Key States Powered Biden to the Presidency," NPR, December 2, 2020.
9 David Brady and Brett Parker, "This Is How Biden Eked Out His 2020 Victory," *The Washington Post*, February 12, 2021.
10 Nick Vlahos, "After Close Shave, Cheri Bustos Furious About Polling That Missed GOP Gains in House," *The Journal Star*, November 6, 2020.

第28章

1 Brian Slodysko, "Explaining Race Cals: How AP Called the Race for Biden," Associated Press, November 7, 2020.
2 Katie Glueck, *The New York Times*, November 7, 2020.
3 Amber Phillips, "Joe Biden's Victory Speech, Annotated," *The Washington Post*, November 7, 2020.
4 たとえば以下を参照。"A Time to Heal: Gerald Ford's America," C-SPAN, January 31, 2010.
5 "(Your Love Keeps Lifting Me) Higher and Higher," Columbia Studios, 1967.
6 Margaret Aitken Interview with Jim Gilmore, *Frontline*, July 21, 2020.
7 Seamus Heaney, "The Cure at Troy: A Version of Sophocles' Philoctetes" (New York: Noonday Press, 1991).

9　以下の大統領選挙討論会の発言記録を参照。Vice President Joe Biden, Transcript of Presidential Debate, The Commission on Presidential Debates, September 29, 2020, debates.org.
10　Noah Weiland, Maggie Haberman, Mark Mazzetti, and Annie Karni, "Trump Was Sicker than Acknowledged with Covid-19," *The New York Times*, February 11, 2021.
11　Katie Thomas and Gina Kolata, "President Trump Received Experimental Antibody Treatment," *The New York Times*, October 2, 2020.
12　Yasmeen Abutaleb and Damian Paletta, *Nightmare Scenario: Inside the Trump Administration's Response to the Pandemic That Changed History* (New York: HarperCollins, 2021).
13　Josh Margolin and Lucien Bruggeman, "34 People Connected to White House, More Than Previously Known, Infected by Coronavirus: Internal FEMA Memo," ABCNews.com, October 7, 2020.
14　Meghan Keneally, "State Department Denies Tillerson called Trump a 'Moron,'" ABC News, October 4, 2017.

第26章

1　以下を参照。Bob Woodward, *The Commanders* (New York: Simon & Schuster, 1991), p. 40.（邦訳『司令官たち──湾岸戦争突入にいたる"決断"のプロセス』石山鈴子、染田屋茂訳、文藝春秋）
2　FOXニュースのマリア・バルティロモが2020年10月11日に行なったドナルド・J・トランプ大統領へのインタビュー。
3　チーム・トランプの2020年9月21日のフェイスブックへの投稿。"We need you to join ARMY FOR TRUMP's election security operation," Facebook.com.

第27章

1　Annika Merrilees, "President Donald Trump Once Again Serves Fast Food to College Athletes at White House Celebration," ABCNews.go.com, March 4, 2019.
2　ドナルド・J・トランプ（@realDonaldTrump）の2020年6月22日午前5時16分のツイート。"MILLIONS OF MAIL- IN BALLOTS WILL BE PRINTED BY FOREIGN COUNTRIES, AND OTHERS. IT WILL BE

NPR, November 18, 2017.
13 "Elections: Data and Analysis for Current and Past Races with Women Candidates, by Election Year," Rutgers: Center for American Women and Politics, cawp.rutgers.edu; Ruth Igielnik, "Men and Women in the U.S. Continue to Differ in Voter Turnout Rate, Party Identification," Pew Research Center, August 18, 2020.
14 James Oliphant and Kanishka Singh, "Biden Campaign Raises $48 Million in 48 Hours After Naming Kamala Harris as VP Choice," Reuters, August 13, 2020.
15 "Joe Biden Introduces Senator Kamala Harris as Running Mate," C-SPAN, August 12, 2020.

第25章

1 Clarence Williams, Anne Gearan, Carol D. Leonnig, and Martin Weil, "Secret Service Shoots Man Near the White House," *The Washington Post*, August 10, 2020.
2 ドナルド・J・トランプ（@realDonaldTrump）の2020年8月12日午前7時33分のツイート。"Kamala Harris started strong in the Democrat Primaries, and finished weak, ultimately fleeing the race with almost zero support. That's the kind of opponent everyone dreams of!," Twitter.com.
3 Donald J. Trump for President, August 11, 2020, youtube.com.
4 Andrew Restuccia and Rebecca Ballhaus, "Trump Replaces Campaign Manager," *The Wall Street Journal*, July 15, 2020.
5 Noah Weiland and Sharon LaFraniere, "F.D.A. to Release Stricter Guidelines for Emergency Vaccine Authorization," *The New York Times*, September 22, 2020.
6 Robert Califf, Scott Gottlieb, Margaret Hamburg, Jane Henney, David Kessler, Mark McClellan, and Andy von Eschenbach, "7 former FDA commissioners: The Trump Administration Is Undermining the Credibility of the FDA," *The Washington Post*, September 29, 2020.
7 以下の大統領選挙討論会の発言記録を参照。The Commission on Presidential Debates, September 29, 2020, debates.org.
8 "Moving at the Speed of Science: An open letter from Pfizer Chairman and CEO Albert Bourla to U.S. colleagues," October 1, 2020, Pfizer.com.

第24章

1 Brian Schwartz, "Joe Biden Pledges to Pick a Woman to Be His Running Mate," CNBC, March 15, 2020.

2 Stephanie Saul, "Kamala Harris's Secret Weapon: The Sisterhood of Alpha Kappa Alpha," *The New York Times*, July 1, 2019.

3 Edward-Isaac Dovere, "The Battle That Changed Kamala Harris," *The Atlantic*, August 19, 2020.

4 Kamala Harris, *The Truths We Hold: An American Journey* (New York: Penguin, 2019). (邦訳『私たちの真実――アメリカン・ジャーニー』藤田美菜子、安藤貴子訳、光文社)

5 カマラ・ハリス（@kamalaharris）の2015年6月8日のインスタグラムの投稿。"Over the weekend, I attended the memorial service for my dear friend Beau Biden. It was a moving tribute to Beau, who cared so deeply for his family, the people of Delaware, and our country. I feel fortunate to have known Beau as a friend as to have had the opportunity to work closely with him as Attorneys General. My heart and prayers go out to his family, which he loved so passionately," Instagram.com.

6 Scott Bixby, "Kamala Harris Was in Biden Circle of Trust. Then Came Debate Night," *The Daily Beast*, July 13, 2020.

7 Ellen Barry, "How Kamala Harris's Immigrant Parents Found a Home, and Each Other, in a Black Study Group," *The New York Times*, September 13, 2020.

8 David Lightman, "How Liberal Is She? Watchdog Groups Rate the Senate Record of Kamala Harris," *The Sacramento Bee*, August 12, 2020.

9 Colby Itkowitz, "Joe Biden's Personal Notes on Kamala Harris: No Grudges," *The Washington Post*, July 28, 2020.

10 Julie Pace, David Eggert, and Kathleen Ronayne, "How Biden Decided: Whitmer Pulled Back, Pushing Pick to Harris," Associated Press, August 12, 2020.

11 Philip Elliott, "How Joe Biden's Enduring Grief for His Son Helped Lead Him to Kamala Harris, *Time*, August 12, 2020.

12 Michel Martin, "Joe Biden Remembers His Son in His New Memoir,"

第21章

1 "Joe Biden's Remarks on Civil Unrest and Nationwide Protests," CNN, June 2, 2020.

2 Matthew Impelli, "U.S. Secretary of Defense Breaks with Trump, Says He Doesn't Support Invoking Insurrection Act," *Newsweek*, June 3, 2020.

第22章

1 以下の発言記録を参照。"General Mark Milley's Message to the National Defense University Class of 2020," *Joint Staff Public Affairs*, June 11, 2020.

2 Michael P. Farrell, "A Visual History of Albany's Top Dog: Nipper Through the Years," Albany *Times Union*, January 25, 2021.

3 Dan Lamothe and Josh Dawsey, "U.S. Military Faces a Reckoning on How to Handle Its Confederate Symbols Without Provoking Trump," *The Washington Post*, June 12, 2020.

4 『ウワサの真相/ワグ・ザ・ドッグ』バリー・レビンソン監督、ニュー・ライン・シネマ配給、1997年12月17日公開。

第23章

1 Nicole Sganga, Musadiq Bidar, and Eleanor Watson, "Oklahoma Officials Worry About Trump's Rally as Tulsa County COVID Infections Rise to Record Levels," CBSNews.com, June 18, 2020.

2 以下を参照。Bob Woodward, *Rage* (New York: Simon & Schuster, 2020), p. 357.(邦訳『RAGE 怒り』)

3 Philip Rucker and Robert Costa, "Trump Rallies in Red-State America —and Faces a Sea of Empty Blue Seats," *The Washington Post*, June 20, 2020.

4 Annie Karni and Maggie Haberman, "Away from Gridlock in Washington, Trump Puts on a Show for His Club," *The New York Times*, January 12, 2021.

5 ドナルド・J・トランプ(@realDonaldTrump)の2020年8月22日午前7時49分のツイート。"The deep state," Twitter. com.

6 Sarah Karlin-Smith, "Trump to Pick Texas Cancer Doctor to Head FDA," *Politico*, November 1, 2019.

Timeline Won't Affect Charges, County Says," Minneapolis *Star Tribune*, June 18, 2020.

3 ボブ・ウッドワードが2020年6月3日に行なったドナルド・J・トランプ大統領へのインタビュー。以下を参照。*Rage* (New York: Simon & Schuster, 2020), p. 343.（邦訳『RAGE　怒り』）

4 Nick Miroff and Josh Dawsey, "The Adviser Who Scripts Trump's Immigration Policy," *The Washington Post*, August 17, 2019.

5 Denise Kersten Wills, "'People Were Out of Control': Remembering the 1968 Riots," *Washingtonian* magazine, April 1, 2008.

6 Tara Isabella Burton, "The Waco Tragedy, Explained," *Vox*, April 19, 2018.

7 Lauren Pearlman, "A President Deploying Troops at Home Subverts Local Control and Accountability," *The Washington Post*, June 5, 2020.

8 Jonathan Lemire and Zeke Miller, "Trump Took Shelter in White House Bunker as Protests Raged," Associated Press, May 31, 2020.

9 Robert Costa, Seung Min Kim, and Josh Dawsey, "Trump Calls Governors 'Weak,' Urges Them to Use Force Against Unruly Protests," *The Washington Post*, June 1, 2020.

10 "President Trump's Call with US Governors over Protests," CNN, June 1, 2020.

第20章

1 "Guard Chief Stresses Strategic Use of Force, Parity with Active Force," Defense.gov, March 4, 2020.

2 U.S. Government Publishing Office, "Oversight Hearing Before the Committee on Natural Resources, U.S. House of Representatives, June 28–29, 2020.

3 Ibid.

4 以下の発言記録を参照。"President Trump's Rose Garden Speech on Protests," CNN, June 1, 2020.

5 Philip Kennicott, "The Dystopian Lincoln Memorial Photo Raises a Grim Question: Will They Protect Us, or Will They Shoot Us?," *The Washington Post*, June 3, 2020.

第18章

1 Marc Caputo and Christopher Cadelago, "Dems Warm to Biden's Bunker Strategy," *Politico*, June 24, 2020.

2 Ibid.

3 Justin Wise, "Poll: Biden Widens Lead over Trump to 10 points," *The Hill*, May 31, 2020.

4 Allyson Chiu, Katie Shepherd, Brittany Shammas, and Colby Itkowitz, "Trump Claims Controversial Comment About Injecting Disinfectants Was 'Sarcastic,'" *The Washington Post*, April 24, 2020.

5 ボブ・ウッドワードが2020年3月19日に行なったドナルド・J・トランプ大統領へのインタビュー。以下を参照。*Rage* (New York: Simon & Schuster, 2020), p. xviii.（邦訳『RAGE　怒り』）

6 ドナルド・J・トランプ（@realDonaldTrump）の2020年3月9日午後2時47分のツイート。"So last year 37,000 Americans died from the common Flu. It averages between 27,000 and 70,000 per year. Nothing is shut down, life & the economy go on. At this moment there are 546 confirmed cases of CoronaVirus, with 22 deaths. Think about that!," Twitter.com.

7 "President Trump with Coronavirus Task Force Briefing," C-SPAN, March 23, 2020.

8 Kate Sheridan, "The Coronavirus Sneaks into Cells Through a Key Receptor," STAT News, April 10, 2010; Krishna Sriram, Paul Insel, and Rohit Loomba, "What Is the ACE2 receptor," *The Conversation*, May 14, 2020.

9 ボブ・ウッドワードが2020年3月19日に行なったドナルド・J・トランプ大統領へのインタビュー。以下を参照。*Rage*, pp. 287–88.（邦訳『RAGE　怒り』）

10 Dr. Vivek Murthy, *Together: The Healing Power of Human Connection in a Sometimes Lonely World* (New York: HarperCollins, 2020).

第19章

1 Derrick Bryson Taylor, "George Floyd Protests: A Timeline," *The New York Times*, March 28, 2021.

2 Paul Walsh, "7 Minutes, 46 Seconds: Error in George Floyd Killing

4 Matt Viser and Annie Linskey, "Live from His Basement, Joe Biden Pushes for Visibility as Democrats Worry," *The Washington Post*, March 25, 2020.
5 Aaron Sharockman, "Biden Isn't in the Basement, but the Trump Campaign Keeps Saying So," *PolitiFact*, October 4, 2020.
6 Jess Bidgood, "Elizabeth Warren's Oldest Brother Dies of Coronavirus in Oklahoma," *The Boston Globe*, April 23, 2020.
7 筆者はこの報告書を入手した。
8 Douglas MacKinnon, "Bye Bye Biden? Democrats Could Replace Joe Biden with John Kerry as Presidential Candidate," *The Sun*, July 31, 2020.
9 Ashley Parker and Josh Dawsey, "Adviser, Son-in-Law and Hidden Campaign Hand," *The Washington Post*, July 26, 2019.

第16章

1 Dareh Gregorian, "Who Is Attorney General William Barr?," NBC News, April 18, 2019.
2 "William P. Barr Oral History," Miller Center, University of Virginia, April 5, 2001.

第17章

1 Kaitlan Collins, Joan Biskupic, Evan Perez, and Tami Luhby, "Barr Urges Trump Administration to Back Off Call to Fully Strike Down Obamacare," CNN, May 5, 2020.
2 Jessie Hellmann, "GOP Senator: DOJ's Obamacare Argument 'as Far-fetched as Any I've Ever Heard,'" *The Hill*, June 12, 2018.
3 Harold Ramis, *Groundhog Day*, Columbia Pictures, 1993.
4 FOXニュースのマリア・バルティロモが2020年5月14日に行なったドナルド・J・トランプ大統領へのインタビュー。
5 Michael Balsamo and Eric Tucker, "Barr Appoints Special Counsel in Russia Probe Investigation," Associated Press, December 1, 2020.
6 Matt Zapotosky, "Barr Says He Does Not Expect Obama or Biden Will Be Investigated by Prosecutor Reviewing 2016 Russia Probe," *The Washington Post*, May 18, 2020.

11 Nathan Robinson, "Joe Biden Flopped in Iowa," *The Guardian*, February 4, 2020.
12 Chris Sikich, "Pete Buttigieg Surges in New Hampshire After Seizing Iowa Narrative with Claim of Victory," *Indianapolis Star*, February 7, 2020.
13 Adam Shaw, "Brutal Biden Campaign Ad Mocks Buttigieg's Experience as South Bend Mayor," Fox News, February 8, 2020.

第14章

1 Matt Viser and Cleve R. Wootson Jr., "Eighteen Days That Resuscitated Joe Biden's Nearly Five Decade Career," *The Washington Post*, February 29, 2020.
2 Tracy Jan, "Reparations, Rebranded," *The Washington Post*, February 24, 2020.
3 Jonathan Martin and Alexander Burns, "Bernie Sanders Wins Nevada Caucuses, Strengthening His Primary Lead," *The New York Times*, February 22, 2020.
4 "Read the Full Transcript of the South Carolina Democratic Debate," CBS News, February 25, 2020.
5 "Representative Jim Clyburn Endorses Joe Biden Ahead of South Carolina Primary," C-SPAN, February 26, 2020.
6 Jeff Zeleny and Arlette Saenz, "Joe Biden Grapples with Attacks from Trump and the Rising Warren Threat," CNN, October 7, 2019.
7 以下の発言記録を参照。"Clyburn on Biden Endorsement," CNN, February 28, 2020.
8 " 'He Reminds Me of My Son Beau,'" CNN, March 2, 2020.

第15章

1 "Live Results: Super Tuesday 2020," *The Washington Post*, washingtonpost.com/elections.
2 Alex Seitz-Wald, "How Sanders Delegates Organized a Walkout Under Everyone's Nose," NBC News, July 26, 2016.
3 Sydney Ember, Annie Karni, and Maggie Haberman, "Sanders and Biden Cancel Events as Coronavirus Fears Upend Primary," *The New York Times*, March 10, 2020.

3 Sean Sullivan and Amy Gardner, "Sanders's Heart Attack Raises Questions About His Age, Potential Damage to Campaign," *The Washington Post*, October 5, 2019.

4 Robert Costa, "Ascendant Bernie Sanders Turns His Focus to Joe Biden as Iowa Nears," *The Washington Post*, January 2, 2020.

5 April McCullum, "As Mayor, Bernie Sanders Had to Wait for a Revolution," *Burlington Free Press*, February 27, 2016.

6 Asma Khalid, "In a Month, Michael Bloomberg Has Spent More than $100 Million on Campaign Ads," NPR, December 27, 2019.

7 ボブ・ウッドワードが2019年12月5日に行なったドナルド・J・トランプ大統領へのインタビュー。以下を参照。*Rage* (New York: Simon & Schuster, 2020), p. 189.（邦訳『RAGE　怒り』）

第13章

1 Graeme Wood, "Biden's Sleepily Reassuring Appointments," *The Atlantic*, November 23, 2020.

2 Claire Shaffer, "Yes, Biden's Secretary of State Hopeful Antony Blinken Has a Band," *Rolling Stone*, November 23, 2020.

3 以下を参照。Bob Woodward, *Rage* (New York: Simon & Schuster, 2020), pp. xiii–xv.（邦訳『RAGE　怒り』）

4 Juliet Eilperin and Lena H. Sun, "Ebola Czar Ron Klain to Leave Feb. 15 After Leading U.S. Response to Outbreak," *The Washington Post*, January 29, 2015.

5 Joe Biden, "Trump Is Worst Possible Leader to Deal with Coronavirus Outbreak," *USA Today*, January 27, 2021.

6 Woodward, *Rage*, p. xiii.（邦訳『RAGE　怒り』）

7 Natasha Korecki, "How Trump's Biden Mania Led Him to the Brink of Impeachment," *Politico*, September 27, 2019.

8 "Telephone Conversation with President Zelensky of Ukraine," July 25, 2019, transcript, declassified September 24, 2019, WhiteHouse.gov.

9 Seung Min Kim, "In Historic Vote, Trump Acquitted of Impeachment Charges," *The Washington Post*, February 5, 2020.

10 Alexander Burns, Jonathan Martin, and Katie Glueck, "How Joe Biden Won the Presidency," *The New York Times*, November 7, 2020.

youngest person—I am a young, vibrant man. I look at Joe—I don't know about him," Twitter.com.

9 以下の動画を参照。"Joe Biden on Why He's Running for President," *The View*, ABC News, April 26, 2019.

10 "Joe Biden Campaign Rally in Pittsburgh," C-SPAN, April 29, 2019.

11 筆者は世論調査結果を入手した。

第11章

1 Gillian Brockell, "A Civil Rights Love Story," *The Washington Post*, January 10, 2020.

2 Jonathan Martin, "Hoping to Woo Black Voters, Democratic Candidates Gather at James Clyburn's Fish Fry," *The New York Times*, June 21, 2019.

3 Isaac Stanley-Becker, " 'We Got Things Done': Biden Recalls 'Civility' with Segregationist Senators," *The Washington Post*, June 19, 2019.

4 Ibid.

5 Justin Wise, "Biden Defends Remarks About Segregationist Senators: 'Apologize for What?,'" *The Hill*, June 19, 2019.

6 Emma Dumain, "Biden Said He Found Common Ground with Segregationists," McClatchy, June 19, 2019.

7 Emma Dumain, "Emily Clyburn—Librarian, Activist, Wife of SC Congressman Jim Clyburn—Dies at 80," *The State*, September 19, 2019.

8 "Transcript: Night 2 of the First Democratic Debate," *The Washington Post*, June 28, 2019.

9 "Harris Gets Big Debate Bounce While Biden Sinks Quinnipiac University National Poll Finds," *Quinnipiac University Poll*, July 2, 2019, poll.qu.edu.

第12章

1 Astead W. Herndon, Shane Goldmacher, and Jonathan Martin, "Kamala Harris Says She's Still 'In This Fight,' but out of the 2020 Race," *The New York Times*, December 3, 2019.

2 Jonathan Martin, "Elizabeth Warren and Bernie Sanders Have a Problem: Each Other," *The New York Times*, December 16, 2019.

4 Christina Jedra and Xerxes Wilson, "Lisa Blunt Rochester Wins Second Term in Congress," *The News Journal*, November 6, 2018.
5 Natasha Korecki, Marc Caputo, and Alex Thomp son, "'Friendly Grandpa' or Creepy Uncle? Generations Split over Biden Behavior," *Politico*, April 1, 2019.
6 Hailey Fuchs, "Me Too Is Still a Movement," *The Washington Post*, August 11, 2019.
7 Lucy Flores, *New York* magazine, March 29, 2019.
8 Lisa Lerer, "Joe Biden Jokes About Hugging in a Speech, Then Offers a Mixed Apology," *The New York Times*, April 5, 2019.
9 Jill Biden, *Where the Light Enters* (New York: Flatiron Books, 2019), p. 53.
10 Jill Biden, *CBS This Morning*, May 7, 2019.

第10章

1 Matthew Yglesias, "The Comically Large 2020 Democratic Field, Explained," *Vox*, December 17, 2018.
2 ジョー・バイデン(@JoeBiden)の2019年4月25日午前6時のツイート。"The core values of this nation . . . our standing in the world . . . our very democracy . . . everything that has made America—America—is at stake. That's why today I'm announcing my candidacy for President of the United States. #Joe2020," Twitter.com.
3 Elana Schor, "Joe Biden Faces a Challenge Winning Over Progressives," Associated Press, March 22, 2019.
4 Michael Scherer and John Wagner, "Former Vice President Joe Biden Jumps into White House Race," *The Washington Post*, April 25, 2019.
5 Michelle Ye Hee Lee, "Joe Biden Campaign Reports Raising $6.3 Million in 24 Hours," *The Washington Post*, April 26, 2019.
6 Tim Meko, Denise Lu, and Lazaro Gamio, "How Trump Won the Presidency with Razor-Thin Margins in Swing States," *The Washington Post*, November 11, 2016.
7 ドナルド・J・トランプ（@realDonaldTrump）の2020年4月25日のツイート。"Welcome to the race Sleepy Joe," Twitter.com.
8 The Hill(@thehill)に2019年4月26日午後零時37分に投稿された動画。"I just feel like a young man. I'm so young. I can't believe it. I'm the

4 Nate Cohn, "Moderate Democrats Fared Best in 2018," *The New York Times*, September 10, 2019.
5 Alex Thompson and Theodoric Meyer, "Ron Klain's Possible Resurrection," *Politico: West Wing Playbook*, November 11, 2020.
6 Ibid.
7 Margie Fishman, "Divorce Filing Details Split of Kathleen, Hunter Biden," *The News Journal*, March 2, 2017.
8 Gabriel Debenedetti, "Rising Stars Collide in Shadow 2020 Primary," *Politico*, January 29, 2018.
9 Eric Bradner, "Pete Buttigieg Makes Star Turn in Town Hall Spotlight," CNN, March 11, 2019.

第8章

1 Jill Biden, *CBS This Morning*, May 7, 2019.
2 Naomi Lim, " 'Pop, you Got to Run,' " *Washington Examiner*, September 26, 2019.
3 Samantha Putterman, "Fact-checking the Pedophilia Attacks Against Joe Biden," *PolitiFact*, August 12, 2020.
4 "Biden School Celebration: Conversation with Joe Biden and Presidential Historian Jon Meacham," University of Delaware, February 26, 2019.
5 Hunter Biden, *Beautiful Things* (New York: Gallery Books, 2021), pp. 204–17.
6 Ibid., p. 215.
7 Ibid., p. 217.

第9章

1 Jon Meacham, *The Soul of America: The Battle for Our Better Angels* (New York: Random House, 2018).
2 以下の動画を参照。"Biden School Celebration: Conversation with Joe Biden and Presidential Historian Jon Meacham," University of Delaware, February 26, 2019.
3 Annie Karni and John Koblin, "Helping to Shape the Words of the President-Elect: A Presidential Historian," *The New York Times*, November 9, 2020.

The Washington Post, December 8, 2018.
7 Andrew Prokop, "Trump's Attorney General Nominee Wrote a Memo Expressing Deep Suspicion of the Mueller Probe," *Vox*, December 20, 2018.
8 U.S. Government Publishing Office, "Confirmation Hearing on the Nomination of Hon. William Pelham Barr to Be Attorney General of the United States," Senate Hearing 116-65, January 15 and 16, 2019, Congress.gov.
9 Robert S. Mueller, "Report on the Investigation into Russian Interference in the 2016 Presidential Election," United States Department of Justice, March 2019.
10 Ibid., p. 2.
11 "Read Attorney General William Barr's Summary of the Mueller Report," *The New York Times*, March 24, 2019.
12 President Trump, C-SPAN, March 24, 2019.
13 Devlin Barrett and Matt Zapotosky, "Mueller Complained That Barr's Letter Did Not Capture 'Context' of Trump Probe," *The Washington Post*, April 30, 2019
14 Dartunorro Clark, "Hundreds of Former Prosecutors Say Trump Would Have Been Indicted if He Were Not President," NBC News, May 6, 2019.
15 Aaron Blake, "A GOP-Appointed Judge's Scathing Review of William Barr's 'Candor' and 'Credibility,' Annotated," *The Washington Post*, March 5, 2020.
16 ボブ・ウッドワードが2019年12月20日に行なったドナルド・J・トランプ大統領へのインタビュー。以下を参照。*Rage* (New York, Simon & Schuster, 2020), p. 164.（邦訳『RAGE　怒り』）

第7章

1 Jordan Fabian, "Biden Hires Former Obama Official Anita Dunn as Senior Adviser," Bloomberg News, January 15, 2021.
2 Kristen Schott, "See the NoVA Home Where the Bidens Used to Reside," *Northern Virginia* magazine, January 8, 2021
3 Ryan Lizza, "Why Biden's Retro Inner Circle Is Succeeding So Far," *Politico*, December 19, 2019.

the Baseball Diamond," *The Atlantic*, June 11, 2013.
9 "Hardcover Nonfiction," *The New York Times*, December 3, 2017.
10 Roy S. Johnson, "Overlooked No More: Joseph Bartholomew, Golf Course Architect," *The New York Times*, February 5, 2020.

第5章

1 Robert Costa, "McGahn's Last Stand," *The Washington Post*, October 4, 2018.
2 Emma Brown, "California Professor, Writer of Confidential Brett Kavanaugh Letter, Speaks Out About Her Allegation of Sexual Assault," *The Washington Post*, September 16, 2018.
3 Jane C. Timm, "Democrats Gain 40 House Seats, as NBC Projects TJ Cox Wins California's 21st District," NBC News, December 6, 2018; Harry Enten, "Latest House Results Confirm 2018 Wasn't a Blue Wave. It Was a Blue Tsunami," CNN, December 6, 2018.
4 筆者はこの意見書を入手した。
5 Annie Karni, "A Peek Inside Hillary Clinton's Brooklyn HQ," *Politico*, July 16, 2015.

第6章

1 Shannon Van Sant, "Trump Appoints Gen. Mark Milley Chairman of the Joint Chiefs of Staff," NPR, December 8, 2018.
2 David Brown, Daniel Lippman, and Wesley Morgan, "Trump's Newest 'Central Casting' General," *Politico*, July 10, 2019.
3 Kenneth P. Vogel, Michael LaForgia, and Hailey Fuchs, "Trump Vowed to 'Drain the Swamp,' but Lobbyists Are Helping Run His Campaign," *The New York Times*, July 6, 2020.
4 "Hearing to Consider the Nomination of General Mark A. Milley, for Reappointment to the Grade of General and to Be Chairman of the Joint Chiefs of Staff," Committee on Armed Services, United States Senate, July 11, 2019, armed-services.senate.gov.
5 以下を参照。Bob Woodward, *Rage* (New York: Simon & Schuster, 2020), p. 136.（邦訳『RAGE　怒り』伏見威蕃訳、日本経済新聞出版）
6 Michael Kranish and Hamza Shaban, "In Corporate Role, William P. Barr Clashed with Justice Department That He Now Seeks to Lead,"

4 以下を参照。Bob Woodward, *The Price of Politics* (New York: Simon & Schuster, 2013).（邦訳『政治の代償』伏見威蕃訳、日本経済新聞出版社）
5 Peter Baker, "Biden and Obama's 'Odd Couple' Relationship Aged into Family Ties," *The New York Times*, April 28, 2019.
6 Luis Martinez and Arlette Saenz, "Joe Biden's Son Hunter Biden Discharged from Navy After Positive Cocaine Test," ABC News, October 16, 2014.
7 Hunter Biden, *Beautiful Things* (New York: Gallery Books, 2021), pp. 215–17.
8 Michael D. Shear, "Beau Biden, Vice President Joe Biden's Son, Dies at 46," *The New York Times*, May 30, 2015.
9 Steve Holland, "Standing Among U.S. Graves, Biden Explains Afghanistan Decision in Personal Terms," Reuters, April 14, 2021.
10 "Full text: Biden's Announcement That He Won't Run for President," *The Washington Post*, October 21, 2015.

第4章

1 Jill Biden, *Where the Light Enters* (New York: Flatiron Books, 2019).
2 Lauren Easton, "Calling the Presidential Race State by State," Associated Press, November 9, 2020.
3 以下の動画を参照。"Conversation with President Amy Gutmann & The Honorable Joseph R. Biden, Jr.," Irvine Auditorium, University of Pennsylvania, March 30, 2017, president.upenn.edu/bidenevent-3-30-17.
4 "Donald Trump Inauguration Speech Transcript," *Politico*, January 20, 2017; Joe Biden, *Promise Me, Dad* (New York: Flatiron Books, 2017).（邦訳『約束してくれないか、父さん――希望、苦難、そして決意の日々』長尾莉紗ほか訳、早川書房）
5 Emily Smith, "Beau Biden's Widow Having Affair with His Married Brother," *New York Post*, March 1, 2017.
6 Hunter Biden, *Beautiful Things* (New York: Gallery Books, 2021), p. 183.
7 Bryn Stole, "As Congressional Black Caucus Chair, Cedric Richmond Steps Forward to Cut a National Figure," *The Advocate*, August 10, 2018.
8 Ben Terris and National Journal, "The Fiercest Battle in D.C. Is on